河北省金融学重点学科建设经费资助项目（JY2016QR14）
河北省科技金融协同创新中心资助项目（JY2016ZB51）
河北省高等学校人文社科重点研究基地：河北金融学院
金融创新与风险管理研究中心资助

中国地方政府投融资平台转型发展评价报告

（2017）

An Evaluation Report:The Transformation and Development of Local Government 's Investment and Financing Platform（2017）

胡恒松 鲍静海 赵晓明 著

人民出版社

策划编辑:郑海燕
责任编辑:郑海燕　张　燕　孟　雪　李甜甜
封面设计:孙文君
责任校对:刘　青

图书在版编目(CIP)数据

中国地方政府投融资平台转型发展评价报告.2017/胡恒松,鲍静海,
赵晓明 著. —北京:人民出版社,2017.9
ISBN 978 - 7 - 01 - 018219 - 3

Ⅰ.①中…　Ⅱ.①胡…②鲍…③赵…　Ⅲ.①地方政府-投融资体制-研究报告-中国-2017　Ⅳ.①F832.7

中国版本图书馆 CIP 数据核字(2017)第 221935 号

中国地方政府投融资平台转型发展评价报告(2017)

ZHONGGUO DIFANG ZHENGFU TOURONGZI PINGTAI ZHUANXING FAZHAN PINGJIA BAOGAO(2017)

胡恒松　鲍静海　赵晓明　著

人民出版社 出版发行
(100706　北京市东城区隆福寺街 99 号)

北京龙之冉印务有限公司印刷　新华书店经销

2017 年 9 月第 1 版　2017 年 9 月北京第 1 次印刷
开本:710 毫米×1000 毫米 1/16　印张:22.5
字数:350 千字

ISBN 978 - 7 - 01 - 018219 - 3　定价:75.00 元

邮购地址 100706　北京市东城区隆福寺街 99 号
人民东方图书销售中心　电话 (010)65250042　65289539

序　一

地方政府投融资平台是中国经济与政治体制下地方政府为发展地方经济的特殊产物，它承担地方政府一些重大项目的投融资职能，地方政府投融资平台的投融资活动有效推动了地方经济的发展与城镇化水平的提升。

20世纪90年代，旧时的《预算法》《担保法》和《贷款通则》等极大限制了地方政府的融资途径，导致地方政府在基础设施、公共服务等建设过程中捉襟见肘，严重制约了地方经济发展。对于地方政府投融资平台的困局，其根本原因在于财政分权改革后所带来的中央与地方政府财权和事权不匹配，地方政府长期面临基建资金不足、融资渠道受限的窘境。随着地方经济建设进程的不断推进，地方政府融资规模急速扩张，其偿债压力不断增大。与此同时，由于地方政府投融资平台治理结构不健全、担保行为不规范、项目投资效率低等问题日益凸显，地方政府投融资平台对地方经济的贡献是否可持续以及地方政府投融资平台过度融资带来的地方债务风险成为各方关注的焦点。

在新常态下，我国宏观经济和区域经济的发展呈现出新的特点，地方政府投融资平台仍然是解决地方资金缺口的有效途径，是地方综合实力进步与发展的引擎。短期来看，地方政府投融资平台仍有其继续存在的必要性与合理性，但面对地方政府投融资平台的畸形特质所引发的一系列严重后果，必须对其体制机制所存在的缺陷进行纠正，加快推进转型发展。

对于中国地方政府投融资平台而言，2014年10月2日《国务院关于加强地方政府性债务管理的意见》（国发〔2014〕43号）的出台，是地方政府投融资平台转型发展的开端。国发〔2014〕43号文明确剥离融资平台的政府性融资职能。自此,各部委及地方政府就地方政府债务管理出台了多项文件,地方政府债务管理相关制度逐渐完善,尽管如此,地方政府违规举债问题仍存在,如明股实债的PPP、产业基金、违规政府购买服务等。随着监管逐步加码,《国务院办公厅关于印发地方政府性债务风险应急处置预案的通知》(国办函〔2016〕88号,以下简称“88号文”)作为《国务院关于加强地方政府性债务管理的意见》(国发〔2014〕43号,以下简称“43号文”)的延伸,明确或有债务责任,细化风险处置机制;《关于进一步规范地方政府举债融资行为的通知》(财预〔2017〕50号,以下简称“50号文”)关注政府融资担保,严格规范PPP、各类型产业基金,《财政部关于坚决制止地方以政府购买服务名义违法违规融资的通知》(财预〔2017〕87号,以下简称“87号文”)又限制以政府购买服务之名、行违规举债之实。其主要意义都在于控制地方债务风险,化解地方债务,促进地方政府投融资平台转型发展。2017年7月14日至15日,第五次全国金融工作会议在京召开,会上再次强调了要严控地方政府债务增量,严防系统性风险的发生,并首次提出“终身问责,倒查责任”的制度,足以窥见我国对地方债务管控的力度与决心,地方政府投融资平台转型势在必行。

面对中国地方政府债务问题严峻,对于地方政府投融资平台的质疑之声迭起,胡恒松博士等此时推出的《中国地方政府投融资平台转型发展评价报告(2017)》可谓是非常及时,恰恰响应了当前地方政府投融资平台举债规范化的要求。本书研究的核心问题是地方政府投融资平台的转型发展,通过构建一个较为完整的地方政府投融资平台评价体系,将地方政府投融资平台按照行政级别及区域,划分为省、地级市、区县三级进行分析。本报告基于公司业绩、市场化转型、社会责任三个板块进行综合评价,上述三个指标将作为一级指标,在每个一级指标下设二级指标,通过指标赋值整合后形成对地方政府投融资平台的总体评分,同时列示各级地方政府投融资平台的具体排名情况并对排名结果进行解析。本书主要以中国地方政府投融资平台转型发展评价总报告与部分省份分报告的形式呈现,数据丰富,内容翔实,致力于为地方政府投融资平台的转型发展提供参考及借鉴,促进地方政府投融资平台的良性发展,进而助力地方经济的发展。

目前,我国已进入全面建成小康社会的攻坚阶段,也处于区域发展的关键时期,必须准确判断并认识区域发展的新形势,牢牢把握区域发展所蕴含的机遇,对地方政府债务问题的管控、对区域经济发展的影响毋庸置疑。在此背景下,地方政府应从建设新型地方政府融资体系的角度出发,切实处理好地方政府投融资平台存在的风险和问题,加强风险防范意识,提高风险管理能力,采取措施积极防范金融危机,以捍卫国家金融安全,保证地方经济持续、健康、稳定发展。

为者常成,行者常至。胡恒松博士是河北金融学院副教授、中国人民大学经济学院区域与城市经济研究所的博士后,长期从事融资领域的工作,积累了丰富的实践经验。希望《中国地方政府投融资平台转型发展评价报告(2017)》一书可以为政府经济政策的制定拓宽思路,为地方政府投融资平台的转型发展提供参考,并在具体实践中不断加以调整与探索,进而有效地防范债务风险。

是为序。

孙久文

中国人民大学经济学院教授、博士生导师

区域与城市经济研究所所长

全国经济地理研究会会长

2017 年 8 月 1 日于问渠书屋

序　二

截至2013年6月,全国政府性债务总额高达20.6万亿元,尤其是各类地方政府债务(含偿还责任、担保责任、救助责任债务)高达17.89万亿元。2014年10月,国务院发布《国务院关于加强地方政府性债务管理的意见》(国发〔2014〕43号),明确要求剥离地方政府投融资平台的政府融资职能,地方政府投融资平台开始面临转型问题。但是,地方政府融资举债规模依然进一步攀升。

2016年11月14日,《国务院办公厅关于印发地方政府性债务风险应急处置预案的通知》(国办函〔2016〕88号),对存量债务的风险管理、后期处置及保障措施等进行了规定。2017年4月26日,财政部等六部委联合发布《关于进一步规范地方政府举债融资行为的通知》(财预〔2017〕50号),要求政府不得通过担保、承诺等形式增加隐性负债。2017年5月28日,财政部发布《关于坚决制止地方以政府购买服务名义违法违规融资的通知》(财预〔2017〕87号),严禁以政府购买服务的名义变相融资,并制定了负面清单。2017年7月14日至15日,第五次全国金融工作会议首次提出“终身问责,倒查责任”的制度。由此种种,足可见中央严控地方政府债务、力促平台转型的决心,地方政府投融资平台转型已迫在眉睫。

转型已成为地方政府投融资平台的必然选择,对于完全覆盖型的地方政府投融资平台而言,其可以转型为普通企业。对半覆盖型准公益投融资平台而言,其可以转制为地方公营结构,融入社会资本。对无覆盖型且纯粹为政府融资的投融资平台而言,其可以选择退出市场。地方政府可以根据各地的具体情况,整合现有资源,完善产业布局,将杂乱无章的地方政府投融资平台进行重组，形成一个具有市场竞争力、现代化的大型国有集团。

地方政府投融资平台转型已成共识，但是对于全国成千上万家地方政府投融资平台而言，由于其地理位置、管理制度以及经营能力的不同，其转型的程度也存在着巨大的差异。遗憾的是，在此之前，社会上并没有一套系统的评价标准来衡量评价地方政府投融资平台转型的效果，胡恒松博士此时推出本书，大胆尝试，首次构建了一个较为完整的地方政府投融资平台评价体系，公布第一届地方政府投融资平台转型效果评价，恰恰呼应了当前中央政府剥离地方政府投融资平台政府融资功能、实现平台市场化转型的要求，为全国上千家地方政府投融资平台提供了纵向比较，为地方政府投融资平台未来转型提供了有益的政策和技术支持。

本书是胡恒松博士继《产融结合监管问题及制度创新研究》和《我国地方政府投融资体系构建——基于对政府投融资平台的研究》之后，紧贴地方政府投融资平台转型发展热点的又一延伸。该著作通过对各级地方政府投融资平台按照省、地级市、区县来进行分类，对各公司的财务指标、社会责任指标、国有资产运营指标等进行科学的赋值，最终形成一个具有说服力的地方政府投融资平台转型效果评价排名。该书采取总分的结构，全篇以报告的形式分析地方经济形势以及省、地级市、区县三级地方政府投融资平台的市场化转型情况，以全国总报告综述全国地方政府投融资平台转型现状，辅之以15个典型省份作为样本详细分析区域特色，具体问题具体分析，根据各地经济发展的不同以及地方政府投融资平台转型的不同程度提出具有针对性的建议，为大家全方位地展现了我国地方政府投融资平台的转型现状，为全国政府投融资平台转型发展提供了一个全方位的参考。

地方政府投融资平台曾为地方发展建设作出了巨大贡献，我们也相信，未来其亦将一如既往，当前转型升级所有地方政府投融资平台的任务极为紧迫。如今面对转型，需要政府和市场各方积极探索，全力配合，共同破解转型难题。衷心希望这本著作可以帮助国内地方政府投融资平台、政府部门以及研究工作者更加深入地了解国内地方政府投融资平台目前转型现状,共同促进地方政府投融资平台转型与国内市场化改革的协调发展,促进地方政府投融资平台在实现伟大复兴中国梦的征程中健康发展。

乔宝云

中央财经大学教授、博士生导师

中央财经大学中国公共财政与政策研究院院长

2017年8月1日于北京

目　录

前　言

地方政府投融资平台的出现和发展具有特殊的时代背景和发展需要。20世纪90年代以来,旧《预算法》《担保法》和《贷款通则》等法律法规极大地限制了地方政府的融资渠道和资金规模,影响区域经济增长和地方基础设施建设。基于此背景,各地方政府投融资平台应运而生,并在此后有效地推动地方城镇化水平的提升,对区域发展建设起到重要的支撑作用。

但是,随着地方现代化进程的不断推进,地方政府投融资平台发展中所存在的问题也逐渐暴露出来。一方面,地方政府投融资平台作为支持区域经济发展和基础设施建设的重要融资渠道,融资规模急速扩张,导致地方政府偿债压力不断增大,严重影响地方政府投融资平台与地方政府的正常运转;另一方面,治理结构不健全、担保行为不规范、项目投资效率低、发展方向不清晰等问题日益凸显,地方政府投融资平台对地方经济贡献的作用程度及可持续性受到社会各方的质疑。事实上,地方政府投融资平台的发展困局,根本原因在于我国财政分权改革所导致的中央与地方政府财权和事权的不匹配,使得地方政府长期面临基建资金不足、融资渠道受限的窘境。所以,如何处理地方政府的债务问题和地方政府投融资平台的发展问题成为促进区域经济稳健发展和保障人民生活福祉的迫切要求。

在此背景下,2014年10月2日,国务院发布《国务院关于加强地方政府性债务管理的意见》(国发〔2014〕43号),提出加快建立规范的地方政府举债融资机制,对地方政府债务实行规模控制和预算管理,剥离地方政府投融资平台的政府融资职能。以此为起点,我国各级政府及监管部门相继出台一系列政策措施严格规范地方政府债务并力促地方政府投融资平台转型发展，政策涉及地方债券发行管理、PPP 模式推广及规范、国企制度化改革、地方政府债务限额管理机制、严格排查政府融资担保行为和政府购买服务信息公开等多个方面。改革转型号角已吹响，但是因各政府投融资平台在发展水平、服务领域、组织结构等方面存在较大的差异，其转型发展效果也大不相同。

为科学、合理地对我国地方政府投融资平台展开转型发展情况综合评价，本报告选取公司业绩、市场化转型、社会责任作为三个一级指标，每个一级指标下设若干个二级指标，共同构建评价体系。基于数据的可得性、公开性等因素，本书分析的样本范围界定为 30 个省、自治区、直辖市进行过公开发债行为的地方政府投融资平台。

本书主要针对我国地方政府投融资平台发展现状及其未来发展方向展开研究。通过构建测度指标体系，展开对地方政府平台公司发展评价及问题方面的研究，形成我国地方政府投融资平台发展评价的综合报告，全面反映我国地方政府投融资平台的整体发展，并针对性地指出未来发展建议。全书采用总分的结构，核心内容的结构安排大致分为以下几章：第一章以总报告的形式总领全书，主要由三部分构成。第一部分是对我国地方政府投融资平台及其发展环境形成一个全面的认识和掌握；第二部分是我国地方政府投融资平台的实证研究，通过构建指标评价体系，基于整理平台公司相关信息形成的数据库，分析得出城投公司的评价结果，产生省、地级市、区县三级政府投融资平台的排名结果。第三部分基于对地方政府投融资平台实际发展情况的认识，对其转型发展展开分析。第二至第七章采取分报告的形式，对中国八大经济区划的 15 个重点省（直辖市/自治区）进行系统分析，分报告通过分析重点省（直辖市/自治区）区域经济发展状况、平台发债情况以及省、地级市、区县三级排名前十的地方政府投融资平台的自身特色，因地制宜地提出了适合当地融资平台转型的相关建议，对地区政府、平台公司领导具有极大的参考价值。由于初始选择样本时是从全国层面选取重点地区进行分析，导致部分经济区选取了唯一样本，不能很好地对经济区内的样本展开对比分析，鉴于黄河中下游及长江中下游经济区均为我国重要的农业基地,下文将两者合在一起进行分析;而东北和西北经济区均为我国重要的能源战略基地,在下文将两者放在一起展开分析。

本书主要的创新点是通过构建测度指标体系,展开对地方政府投融资平台转型发展的研究,全面反映我国地方政府投融资平台的整体发展,并在结合作者多年的地方政府投融资平台运作实战经验的基础上,对地方政府投融资平台的转型发展提出可行的建议。

第一章　中国地方政府投融资平台转型发展评价总报告

第一节　地方政府投融资平台的概念

一、地方政府投融资平台的概念界定

根据国务院 2010 年 6 月 10 日印发的《国务院关于加强地方政府融资平台公司管理有关问题的通知》(国发〔2010〕19 号文),地方政府投融资平台是指由地方政府及其部门和机构等通过财政拨款或注入土地、股权等资产设立,承担政府投资项目融资功能,并拥有独立法人资格的经济实体[①]。2010 年 7 月 30 日,财政部、国家发改委、中国人民银行、银监会四部委联合下发的《关于贯彻〈国务院关于加强地方政府融资平台公司管理有关问题的通知〉相关事项的通知》(财预〔2010〕412 号)进一步明确地方政府投融资平台具体包括各类综合性投资公司,如建设投资公司、建设开发公司、投资开发公司、投资控股公司、投资发展公司、投资集团公司、国有资产运营公司、国有资本经营管理中心等,以及行业性投资公司,如交通投资公司等。[②]

---

① 国务院办公厅,http://www.gov.cn/zhengce/content/2015-05/15/content_9760.htm。

② 中华人民共和国中央人民政府网,http://www.gov.cn/zwgk/2010-08/19/content_1683624.htm。

表 1-1　2010 年以来各部委文件对地方政府投融资平台的定义

发文单位	文件名称	地方政府投融资平台定义
国务院	《国务院关于加强地方政府融资平台公司管理有关问题的通知》	由地方政府及其部门和机构等通过财政拨款或注入土地、股权等资产设立,承担政府投资项目融资功能,并拥有独立法人资格的经济实体
财政部、国家发改委、中国人民银行、银监会	《关于贯彻〈国务院关于加强地方政府融资平台公司管理有关问题的通知〉相关事项的通知》	由地方政府及其部门和机构、所属事业单位等通过财政拨款或注入土地、股权等资产设立,具有政府公益性项目投融资功能,并拥有独立法人资格的经济实体,包括各类综合性投资公司,如建设投资公司、建设开发公司、投资开发公司、投资控股公司、投资发展公司、投资集团公司、国有资产运营公司、国有资本经营管理中心等,以及行业性投资公司,如交通投资公司等
银监会	《中国银监会办公厅关于地方政府融资平台贷款清查工作的通知》	综合性公司、行业性公司、政府性机构(包括政府组成部门及政府财政预算拨款的事业单位)、土储性公司(中心)四类
银监会	《关于地方政府融资平台贷款监管有关问题的说明》	由地方政府出资设立并承担连带还款责任的机关、事业、企业三类法人
国务院办公厅	《关于妥善解决地方政府融资平台公司在建项目后续融资问题的意见》	由地方政府及其部门和机构等通过财政拨款或注入土地、股权等资产设立,承担政府投资项目融资功能,并拥有独立法人资格的经济实体

资料来源:根据相关公开文件整理获得。

本报告所指地方政府投融资平台包括地方政府出资设立的综合性投资公司以及行业性投资公司,也包括地方各类国有资产经营管理公司。

二、地方政府投融资平台的发展历程

地方政府投融资平台是中国现行经济和政治体制下的特殊产物,对我国经济的高速发展起到重要的支撑作用。20 世纪 90 年代是我国城镇化进程的关键时期,由于实行分税制改革,地方政府财政收入有限,建设任务重,融资需求巨大。在地方政府受原《预算法》约束不得发行地方政府债券的背景下,加之《担保法》和《贷款通则》分别限制了地方政府为贷款提供担保和直接向银行贷款的能力,地方政府在资金供给严重不满足需求的情况下,通过投融资平台实现融资。地方政府投融资平台在地方政府事权财权不匹配和土地财政不可持续的背景下,对过去很长一段时间中国城市建设的高速发展发挥了资金供给方面的基础性功能,其重要的经济和社会贡献均不容忽视。

(一) 初步发展阶段

地方政府投融资平台产生的大背景是20世纪80年代末至90年代初,我国政府开始对城市展开经营,城镇化进程处于关键时期。但自1994年分税制度改革以来,中央和地方在财政收支体制中的角色更加明确,在基础设施建设方面的责任也更加清晰,总体上呈现出财权层层上移,集中至中央,而事权层层下移,下放至地方的格局。这样的政策安排使得中央政府基本掌握财政体制改革的主动权,在一定程度上减弱了地方政府的财政自主性。而同一时期,银行体系则在加快清理不良贷款工作,地方政府无法继续通过银行贷款方式弥补财政资金缺口,作为基础设施建设主力军的地方政府面临巨大的资金缺口压力。在资金供给严重不满足需求的情况下,为了解决地方政府的融资问题,地方政府投融资平台便应运而生,同时,地方政府投融资平台也随着政府经营城市理论和实践的不断深化而发展壮大。

(二) 繁荣发展阶段

这一时期,各地方政府开始大量组建自己的地方政府投融资平台,但投融资平台的融资渠道并未有效扩展,仍主要通过银行信贷系统实现对外融资,承接政策性贷款,发行债券等直接融资方式发展却相对比较缓慢。其中,一些城市的投融资平台开始进行转型,逐步探索更为市场化的经营模式。2009年,在中央政府应对全球经济危机的投资刺激政策出台后,各商业银行也加快了信贷扩张,积极支持国家重点项目和基础设施建设投资,融资平台的融资规模迅速增加,银行贷款和企业债的规模均大幅增长。

2009年3月,央行和银监会联合提出:"支持有条件的地方政府组建融资平台,发行企业债、中期票据等融资工具,拓宽中央政府投资项目的配套资金融资渠道。”[①]从此地方政府投融资平台的发展进入快速扩张的新阶段。但此时的地方政府投融资平台多数并不具备自主盈利能力，而是主要通过政府补贴的方式实现盈利。2010 年国家发改委（发改办财金〔2010〕2881 号文）明确规定，凡是申请发行企业债券的地方政府投融资平台，其偿债资金 70%以上（含 70%）必须来自公司自身收益，且公司资产构成等必须符合《国务院关于加强地方政府投融资平台公司管理有关问题的通知》（即“19 号文”）的要求。这一规定对于限制地方政府财政支出，避免中央财政赤字具有重要意义。[②]

（三）转型发展阶段

根据审计署对地方政府债务的审计结果，截止到 2013 年 6 月 30 日，全国各级政府负有偿还责任的债务余额总计约为 20.7 万亿元，负有担保责任的债务余额总计约为 2.9 万亿元，可能承担一定救助责任的债务余额总计约为 6.7 万亿元。[③]

2014 年 9 月 21 日，《国务院关于加强地方政府性债务管理的意见》（国发〔2014〕43 号文）（以下简称“43 号文”）中明确规定：剥离地方政府投融资平台政府融资职能，地方政府投融资平台不得新增政府债务。地方政府新发生或有债务，要严格限定在依法担保的范围内，并根据担保合同，依法承担相关责任[④]。“43 号文”旨在防范风险和强化约束，牢牢守住不发生区域性和系统性风险的底线，同时硬化预算约束，剥离平台的政府信用，抑制成本不敏感的融资，引导信贷流向，从而降低社会融资成本。“43 号文”的推出，使地方政府投融资平台进入了转型发展的新阶段。这一阶段，在地方政府债务形成及融资平台发展的过程中产生诸多问题，致使政策频繁调整，投融资平台的经营运作模式也受到了相应的限制。虽然地方政府投融资平台通过银行信贷体系进行融资受到了严格监管，但

① 中国经济信息网，http://www.cet.com.cn/wzsy/gysd/1889187.shtml。

② 国家发展和改革委员会，http://www.ndrc.gov.cn/zcfb/zcfbtz/201106/t20110627419769.html。

③ 国家审计署网站，http://www.audit.gov.cn/。

④ 国务院办公厅，http://www.gov.cn/zhengce/content/2014-10/02/content_9111.htm。

与此同时，企业债、信托等其他融资方式的发展，拓展了地方政府投融资平台的融资渠道，投融资平台对外融资规模整体增长的趋势并未发生改变。

由上文分析可知，我国地方政府投融资平台的发展主要经历了三大发展阶段，在每个阶段中，受宏观经济环境或政策法规的影响，地方政府投融资平台的发展也表现出不同的发展特征，具体见图 1-1。

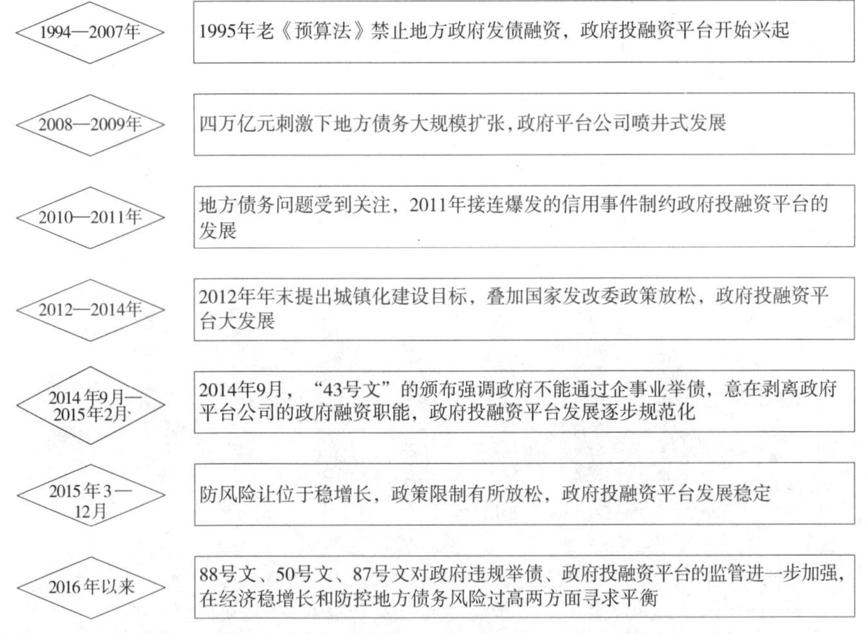

图 1-1　地方政府投融资平台发展时间轴

资料来源：根据公开文件整理获得。

第二节　地方政府投融资平台发展环境分析

一、地方政府投融资平台宏观经济环境分析

过去一年，我国发展面临国内外诸多矛盾叠加、风险隐患交汇的严峻挑战。在以习近平同志为核心的党中央的坚强领导下，全国上下迎难而

上，砥砺前行，推动经济社会持续健康发展，“十三五”实现了良好开局。

（一）国内生产总值

根据公开统计数据显示，2016 年国内生产总值 744127.2 亿元，较 2015 年增长 6.7%，名列世界前茅，对全球经济增长的贡献率超过 30%。① 分产业看，第一产业对 GDP 增长贡献率为 4.4%，第二产业对 GDP 增长贡献率为 37.2%，第三产业对 GDP 增长贡献率为 58.4%。人均国内生产总值 53980 元，比上年增长 7.9%。全国 2010 年以来的 GDP 总量及各产业对经济拉动作用情况见图 1-2。

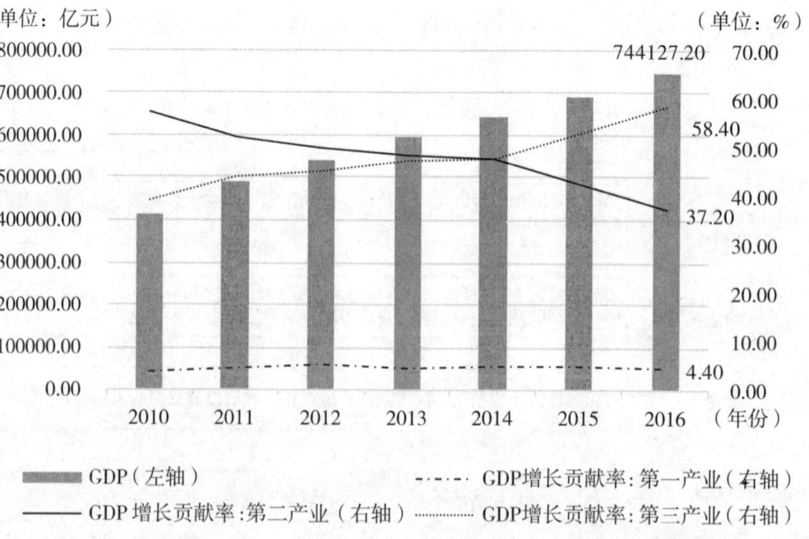

图 1-2　2010—2016 年国内生产总值及三大产业对 GDP 增长贡献率

资料来源：wind 数据库。

从图 1-2 可以看出，自 2010 年以来，我国的 GDP 实现稳定逐年增长，但受全球经济萧条以及我国产业转型压力的影响，GDP 年增长率逐步放缓，从 2010 年的 7.9%降到了 2016 年的 6.7%。值得注意的是，第三产业已于 2014 年取代第二产业成为我国 GDP 增长的主要拉动因素。国际经验表明，第三产业快速发展一般发生在一个国家的整体经济由中低

① 国家统计局，http://www.stats.gov.cn/tjsj/zxfb./201702/t20170228_1467424.html。

收入水平向中上收入水平转化时期。它反映了一个国家的工业化和城市化的发达程度。第三产业占比持续上升表明我国经济结构和增长动力正在发生深刻变化，我国正在从中低收入水平向中高收入水平迈进，转型升级已到了关键阶段。

（二）工业增加值

根据公开统计数据显示，2016 年实现全部工业增加值 247860.1 亿元，比上年增长 4.8%。规模以上工业增加值增长 6.0%。在规模以上工业中，分经济类型看，国有控股企业增长 2.0%；集体企业下降 1.3%，股份制企业增长 6.9%，外商及港澳台商投资企业增长 4.5%；私营企业增长 7.5%。分门类看，采矿业下降 1.0%，制造业增长 6.8%，电力、热力、燃气及水生产和供应业增长 5.5%。①

由图 1-3 可知，全部工业增加值增速由 2012 年的 7.05%下降至 2015 年的 1.13%，然后在 2016 年回升至 4.8%。这反映出在世界经济逐步回暖的大背景下，中国工业增加值也在逐步回升。

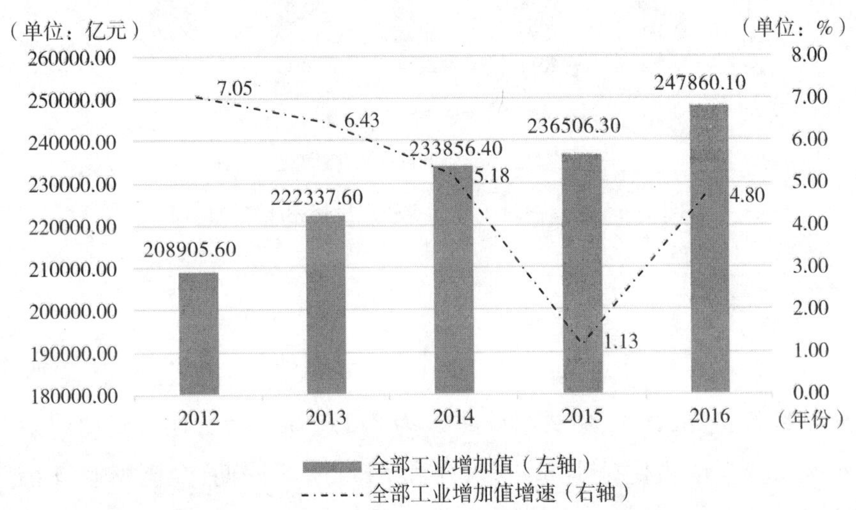

图 1-3　2012—2016 年全部工业增加值及增速

资料来源：wind 数据库。

① 国家统计局，http://www.stats.gov.cn/tjsj/zxfb./201702/t20170228_1467424.html。

（三）固定资产投资

根据公开统计数据显示，2016 年，全国全年实现全社会固定资产投资 606466 亿元（见图 1-4），比上年增长 7.91%，扣除价格因素，实际增长 8.6%。其中，固定资产投资（不含农户）596501 亿元，增长 8.1%。分区域看，东部地区固定资产投资 249665 亿元，比上年增长 9.1%；中部地区固定资产投资 156762 亿元，增长 12.0%；西部地区固定资产投资 154054 亿元，增长 12.2%；东北地区固定资产投资 30642 亿元，下降 23.5%。①

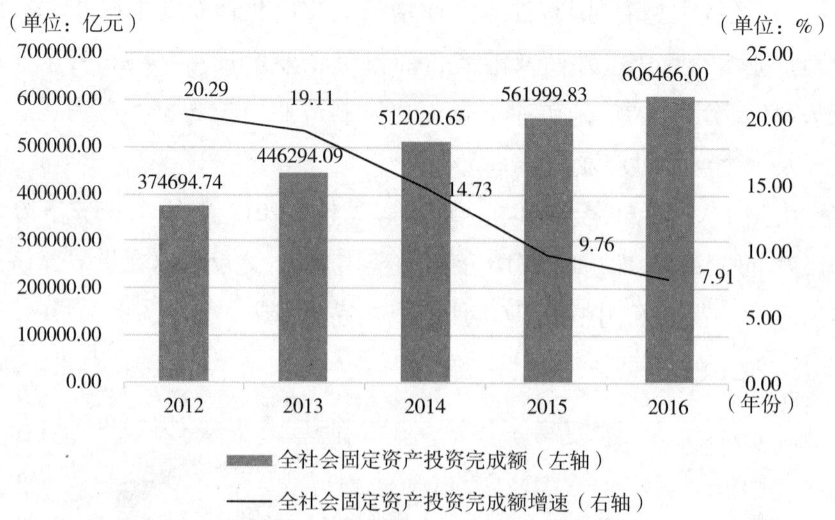

图 1-4　2012—2016 年固定资产投资完成额及增速

资料来源：wind 数据库。

（四）财政收支水平

根据公开统计数据显示，2016 年全年共实现全国财政收入 159552.08 亿元，其中，中央财政收入为 72357.30 亿元，地方财政收入为 87194.80 亿元，占比分别为 45.35%和 54.65%。同期，全国财政支出为 187841.10 亿元，其中，中央财政支出为 27404.00 亿元，地方财政支出为 160437.10 亿元，占比分别为 14.59%和 85.41%②。地方政府存在着巨大

---

① 国家统计局，http://www.stats.gov.cn/tjsj/zxfb./201702/t20170228_1467424.html。

② 国家财政部网站，http://www.mof.gov.cn/index.htm。

的财政资金缺口。见图 1-5、图 1-6。

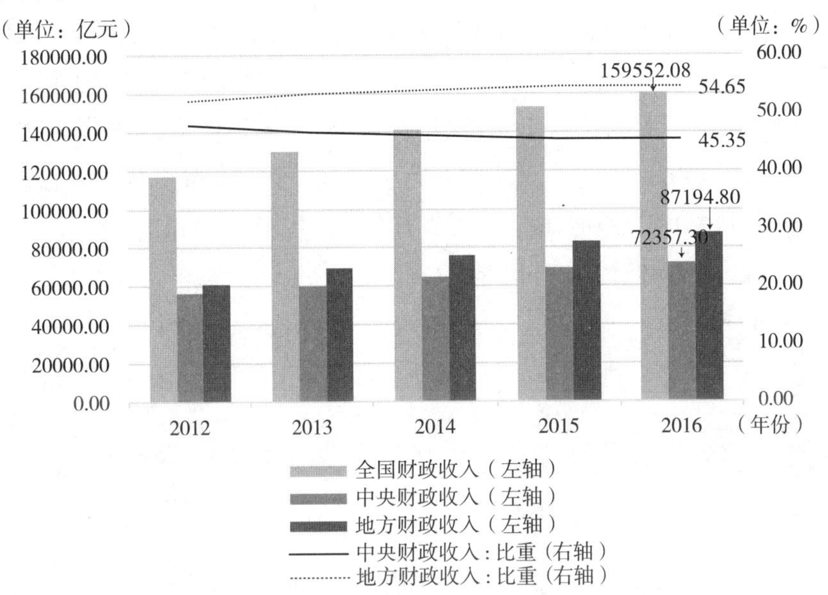

图 1-5　2012—2016 年我国财政收入及分配情况

资料来源：wind 数据库。

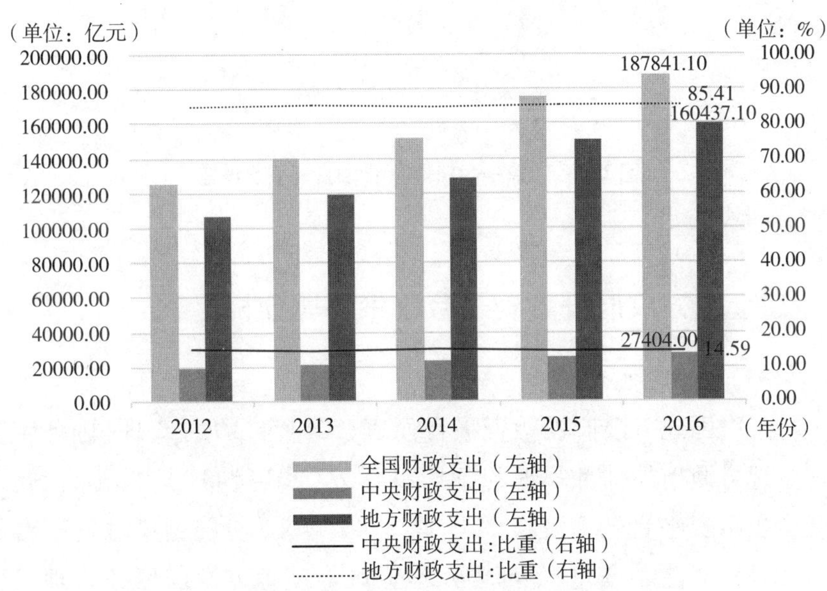

图 1-6　2012—2016 年我国财政支出及分配情况

资料来源：wind 数据库。

(五) 社会融资规模

根据公开统计数据显示,2016 年全年实现社会融资规模增量 17.8 万亿元(见图 1-7),比上年多 2.4 万亿元。2016 年末全部金融机构本外币各项存款余额 155.5 万亿元,比年初增加 15.7 万亿元,其中人民币各项存款余额 150.6 万亿元,增加 14.9 万亿元。全部金融机构本外币各项贷款余额 112.1 万亿元,增加 12.7 万亿元,其中人民币各项贷款余额 106.6 万亿元,增加 12.6 万亿元。①

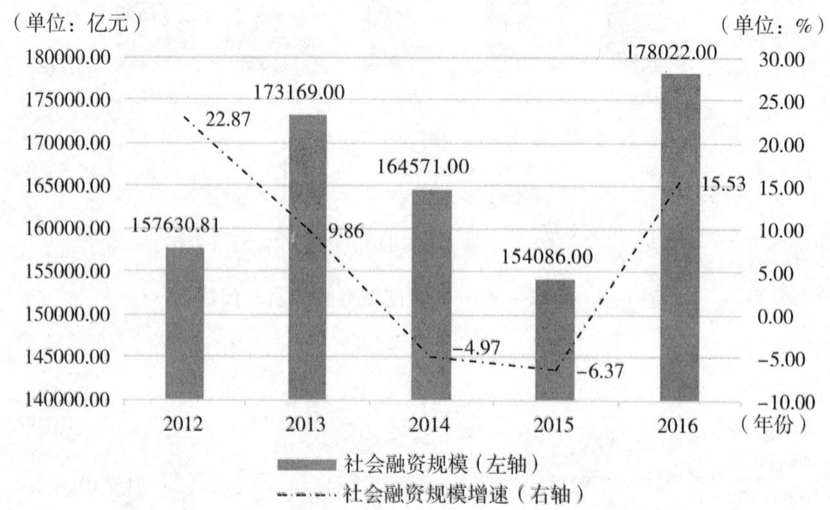

图 1-7 2012—2016 年社会融资规模及增速

资料来源:wind 数据库。

二、地方政府投融资平台政策环境分析

(一) 政策汇总

对于中国地方政府投融资平台而言,2014 年 10 月 2 日《国务院关于加强地方政府性债务管理的意见》(国发〔2014〕43 号)的出台,是地方政府投融资平台转型发展的开端。"43 号文"明确剥离融资平台的政府性融资职能。自此,各部委及地方政府就地方政府债务管理出台

① 中国人民银行网站,http://www.pbc.gov.cn/。

了多项文件，地方政府债务管理相关制度逐渐完善，但近几年地方政府债发行规模并不大，地方政府违规举债问题仍较多，如明股实债的PPP、产业基金、政府违规购买服务等。近一年来，监管逐步加码。“88号文”作为“43号文”的延伸，明确或有债务责任，细化风险处置机制；“50号文”关注政府融资担保，严格规范PPP、各类型产业基金；“87号文”又限制以政府购买服务之名、行违规举债之实。其主要意义都在于控制地方债务风险，化解地方债务，促进地方政府投融资平台转型发展。对地方政府投融资平台转型发展具有重大影响的主要政策汇总见表1-2。

表1-2　地方政府投融资平台转型发展相关重要政策概览

发文单位	时间	文件名	主要内容摘要
国务院	2014年10月2日	《国务院关于加强地方政府性债务管理的意见》	提出加快建立规范的地方政府举债融资机制、对地方政府债务实行规模控制和预算管理、控制和化解地方政府性债务风险、完善配套制度、妥善处理存量债务和在建项目后续融资的总体原则和措施
财政部	2015年3月12日	《地方政府一般债券发行管理暂行办法》	明确地方政府发行一般债券的要求和流程
财政部、国家发展改革委、中国人民银行	2015年5月22日	《关于在公共服务领域推广政府和社会资本合作模式的指导意见》	明确推广PPP模式的意义、总体要求、具体措施和要求、政策保障、组织实施等
国家发展改革委办公厅	2015年5月25日	《国家发展改革委办公厅关于充分发挥企业债券融资功能支持重点项目建设促进经济平稳较快发展的通知》	鼓励优质企业发债用于重点领域、重点项目融资，战略性新兴产业、养老产业等重点领域专项债券，不受发债企业数量指标限制。支持县域企业发债。放宽发债条件：包括资产负债率要求、净利润认定、债券募资占比等。鼓励企业发债用于特许经营等PPP项目建设
中共中央、国务院	2015年8月4日	《中共中央、国务院关于深化国有企业改革的指导意见》	就分类改革、完善现代企业制度和国资管理体制、强化监督防止国有资产流失等方面提出国有资产改革目标和举措，为地方政府投融资平台的转型发展指明了方向

续表

发文单位	时间	文件名	主要内容摘要
财政部	2016年1月11日	《关于对地方政府债务实行限额管理的实施意见》	合理确定地方政府债务总限额，实行限额管理；逐级下达分地区地方政府债务限额；严格按照限额举借地方政府债务，严格在建项目后续融资纳入债务限额管理；建立健全地方政府债务风险防控机制；妥善处理存量债务
国务院办公厅	2016年11月14日	《地方政府性债务风险应急处置预案》	重申地方政府责任范围，明确各类政府性债务处置原则；进一步提出风险事件分级细则及相应处置方法；新设政府性债务管理领导小组，明确责任追究机制
财政部、国家发展改革委、司法部、中国人民银行、银监会、证监会	2017年4月26日	《关于进一步规范地方政府举债融资行为的通知》	摸底排查政府融资担保行为；监管规范PPP融资模式
财政部	2017年5月28日	《关于坚决制止地方以政府购买服务名义违法违规融资的通知》	严格规范政府购买服务预算管理；严禁利用或虚构政府购买服务合同违法违规融资；切实做好政府购买服务信息公开

资料来源：根据公开文件整理获得。

（二）政策解读

1.《国务院关于加强地方政府性债务管理的意见》

2014年10月2日，国务院出台《国务院关于加强地方政府性债务管理的意见》，即43号文。43号文是国务院首个地方政府性债务管理规范的文件，围绕建立规范的地方政府举债融资机制，明确举债主体、规范举债方式、严格举债程序等措施，建立了我国地方政府债务管理的新框架，旨在解决地方政府债务“借”“管”“还”的问题。43号文不仅关乎地方政府债务问题，还将影响到各地区地方政府投融资平台的发展，明确了未来改革的大方向。

第一，地方政府融资体系（见图1-8）。在新的地方政府举债融资机制下，管理层“通明渠、堵暗道”的思路十分明确，政府负有偿还责任的一般债券和专项债券均纳入限额管理，需由国务院确定并报全国人大及其常委会批准,意味着未来具有政府信用的债券额度将被严格控制,发行程序也较为审慎。但对 PPP 模式下的融资方式与额度并没有相应规定,灵活度相对较高,是未来满足地方政府超额建设资金需求最可能的方式。

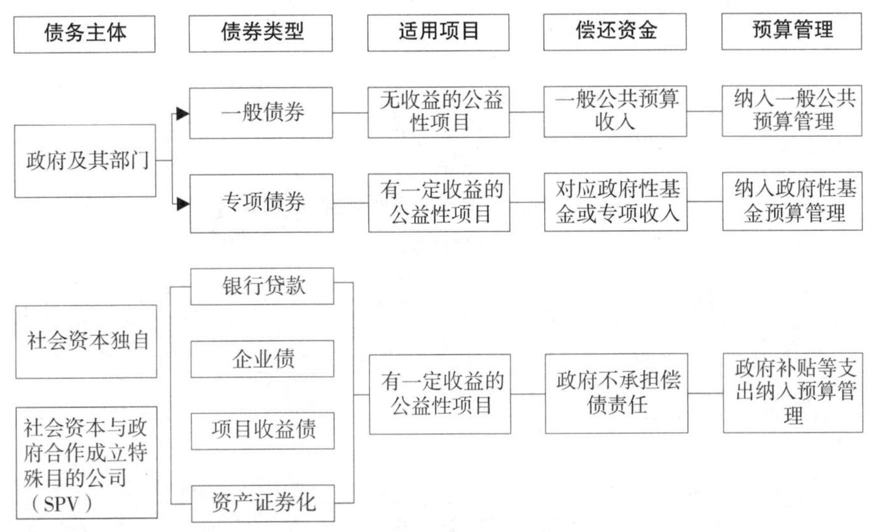

图 1-8　地方政府债务融资框架

资料来源:根据国发〔2014〕43 号文相关内容整理获得。

第二,地方政府投融资平台分类清理(见图 1-9)。地方政府投融资平台的转型方向,可遵照党的十八届三中全会以来国企改革提及的分类管理的思路。在地方政府投融资平台转型的初期,仍需以项目为主要载体,若一家地方政府投融资平台下拥有多种性质的项目,将根据项目性质分类进行改革,而并非以地方政府投融资平台作为整体展开。政府和社会资本合作(PPP)模式的发展仍在探索当中,初期规模不会太大,因为绝大部分公益性项目均可转为由政府发债融资开展。项目分类转型后的投融资平台最终的存在形式可能是以一般企业(从事经营性项目)与特殊目的公司(与政府合作开展 PPP 模式)的形式存在。

第三,存量债务分类处置(见图 1-10)。在存量债务处置中,最关键的环节是进行债务甄别,根据项目性质、项目收益、偿债资金数据来源、举债单位等因素,判断其是否属于政府应当偿还的债务。经过甄别认定后,

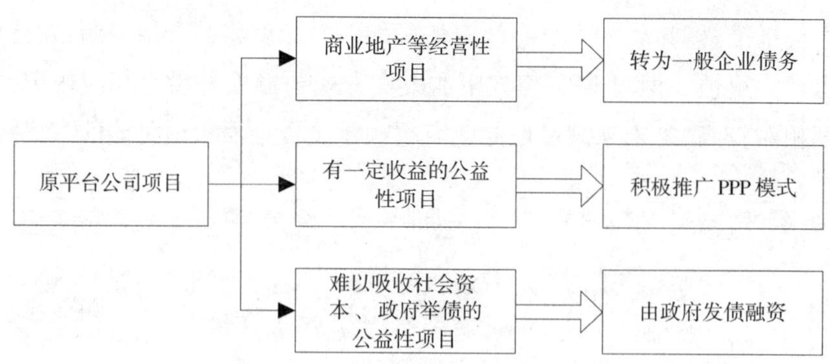

图 1-9 地方政府投融资平台分类清理

资料来源:根据国发〔2014〕43 号文相关内容整理获得。

针对属于政府应当偿还的债务通过地方政府债券发行进行置换,这样可以明显地降低融资成本。对于不属于政府应当偿还的债务,且项目资金流不足以还本付息的情况,地方政府兜底的可能性仍然很大。

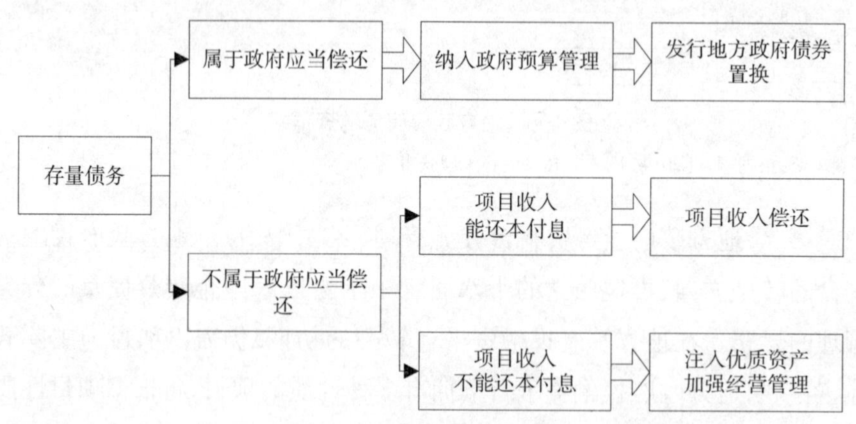

图 1-10 存量债务分类处置

资料来源:根据国发〔2014〕43 号文相关内容整理获得。

2.《中共中央、国务院关于深化国有企业改革的指导意见》

党的十八届三中全会以来,国企改革正式驶入快车道。推动国企改革是我国进一步深化改革,促进企业良性竞争,优化资源配置的重要举措。而混合所有制的引入也将为国企注入新的活力,提升企业的运营效率,增强企业的竞争意识,对企业的综合实力提升起到积极的作用。随着改革步伐的进一步深入与加快,相关的法律及规章制度也在不断完善,在顶层设计正式出台的催化下，国资改革概念股有望再次获得市场的青睐。《中共中央、国务院关于深化国有企业改革的指导意见》指出：

第一，要增强国有经济活力、控制力、影响力、抗风险能力。到2020年在重要领域和关键环节取得决定性成果，形成更符合我国基本经济制度和社会主义市场经济要求的国资管理体制、现代企业制度、市场化经营机制。

第二，积极引入各类投资者，实现股权多元化。针对国有企业存在的制约不足的问题，应大力推动国有企业改制上市，创造条件实现集团公司整体上市，以促进股权多元化，通过多元化的股权结构来打破以往组织架构中的僵局。

第三，明确发展目标，推动工作稳健开展。发展混合所有制经济的目标是促进国有企业转换经营机制，放大国有资本功能，提高国有资本配置和运行效率。坚持因地施策、因业施策、因企施策，不搞拉郎配、不搞全覆盖，不设时间表，成熟一个推进一个。

3. 国务院办公厅《地方政府性债务风险应急处置预案》

为落实《预算法》关于"国务院建立地方政府债务应急处置机制以及责任追究制度"的相关要求，国务院办公厅于2016年11月14日印发了《地方政府性债务风险应急处置预案》。该预案是对新《预算法》及国发〔2014〕43号文关于厘清政府和企业债务债权关系，完善地方政府债务风险防控机制政策的延伸和延续，是我国进一步细化地方政府债务管理及风险防控措施的体现。

第一，重申地方政府责任范围，明确各类政府性债务处置原则。88号文中所称地方政府性债务是指清理甄别认定的2014年年末存量政府债务和存量或有债务。未被认定为政府债务的部分及2015年以后任何新增债务，由平台自行承担。同时，明确各类政府性债务的处置原则：一是对于地方政府债券，地方政府依法承担全部偿还责任。二是对于非政府债券形式的存量地方政府债务，在三年置换期内，若债权人同意政府债券置换，地方政府承担全部偿还责任；若债权人拒绝地方债置换，三年置换期后，地方政府债务的唯一存在仅为地方政府债券。三是对于或有债务，存量政府担保债务和救助责任均不属于政府债务，地方政府及其部门存量违法违规担保债务及新《预算法》施行后新增地方政府违法违规担保承诺形成债务,地方政府及部门均不承担偿还责任。

第二,进一步提出风险事件分级细则及相应处置方法。根据风险事件的性质、影响范围、危害程度等,将其分为四级,并提出相应的处置方法。同时要关注以下几个问题:一是市县级政府的政府债务及或有债务风险事件应分别至少提前2个月及1个月报告上级政府;二是对于县级以上政府派出机构的风险事件,应按照行政隶属关系,纳入其所属政府统一进行监测;三是将“省级政府连续3次以上出现地方政府债券发行流标现象”纳入二级(重大)债务风险事件范畴;四是将“财政重整”引入我国政府债务风险处置,允许市县级政府在确有必要时启动财政重整计划。

第三,突出省级政府在地方政府性债务偿还和应急处置过程中的主体作用。对于地方政府债务,中央实行不救助原则,国务院有关部门在地方政府性债务处置中负有“指导”职能,省级政府对本地区政府性债务应急处置“负总责”,市、县政府按照属地原则“各负其责”。同时,“88号文”也赋予了省级政府在债务应急处置过程中更多的权力,包括决定是否收回临时救助资金,负责组织对发生风险事件的政府开展专项调查。

第四,新设政府性债务管理领导小组,明确责任追究机制。“88号文”首次提出县级以上政府要设立政府性债务管理领导小组,统筹各个部门机构组织、协调、指挥风险事件应对工作,并明确各机构的职责。管理领导小组涉及财政部、国家发展改革委、中国人民银行、国资委、银监会等各相关部门,全方位对地方政府债务进行管理,防控债务风险,落实风险处置。

4. 财政部、国家发展改革委、司法部、中国人民银行、银监会、证监会《关于进一步规范地方政府举债融资行为的通知》

2017年4月26日,财政部、国家发展改革委、司法部、中国人民银行、银监会、证监会等六部委联合发布《关于进一步规范地方政府举债融资行为的通知》,即50号文,规范地方政府举债融资行为,地方政府债务监管继续加码。50号文是《国务院关于加强地方政府性债务管理的意见》(国发〔2014〕43号)和《地方政府性债务风险应急处置预案》(国办函〔2016〕88号)的进一步延伸,重点更多地在融资担保行为,意在将地方政府的隐性担保，转化为市场化操作的显性担保；同时重点监管 PPP 变相融资行为。

第一，摸底排查政府融资担保行为。43 号文以后，地方政府债券大量发行，地方政府举债融资已经明显规范，50 号文的重点更多地在融资担保行为，意在将地方政府的隐性担保，转化为市场化操作的显性担保：地方政府不能出现承诺函，但允许地方政府结合财力设立或参股担保公司，构建市场化运作的融资担保体系，明确市场化担保人和被担保人的法律责任。地方隐性担保显性化，并非对融资平台寻求市场化的外部担保增信行为一刀切，也旨在理清政府与平台的债务关系。

第二，监管规范 PPP 融资模式。43 号文之后，随着地方融资平台与政府信用剥离，PPP 和贷款成为拉动基建投资的主要力量。50 号文明确提出规范政府与社会资本方的合作行为，"地方政府不得以借贷资金出资设立各类投资基金，严禁地方政府利用 PPP、政府出资的各类投资基金等方式违法违规变相举债，除国务院另有规定外，地方政府及其所属部门参与 PPP 项目、设立政府出资的各类投资基金时，不得以任何方式承诺回购社会资本方的投资本金，不得以任何方式承担社会资本方的投资本金损失，不得以任何方式向社会资本方承诺最低收益，不得对有限合伙制基金等任何股权投资方式额外附加条款变相举债"。

5. 财政部《关于坚决制止地方以政府购买服务名义违法违规融资的通知》

2017 年 5 月 28 日，财政部发布《关于坚决制止地方以政府购买服务名义违法违规融资的通知》（即"87 号文"）。要求各省、自治区、直辖市财政厅（局）在坚持政府购买服务改革正确方向下，严格按照规定范围实施政府购买服务，严格规范政府购买服务预算管理，严禁利用或虚构政府购买服务合同违法违规融资，切实做好政府购买服务信息公开。

第一，坚持规范政府购买服务方向不动摇。适合政府购买服务的领域，继续受到政策的保护和支持，但坚决不能泛化政府购买服务，工程建设和融资不能纳入政府购买服务的范畴。

第二，严格政府购买服务的预算管理。坚决不能先购买服务，后纳入政府预算，原有"先上车，后补票"的违规做法将不复存在。

第三，严禁利用政府购买服务合同违规融资。针对金融机构，原有以政府补贴作为应收账款保障的融资方式将受到影响。

第四，地方政府融资平台转型。对于地方政府融资平台，明确切断了融资平台和政府关联交易的又一个纽带，未来融资平台必然要自谋出路，寻找转型之道已然迫在眉睫。

6. 第五届全国金融工作会议解读

第一，国企降杠杆可能和国企改革、债转股相联系。在防范金融系统性风险部分中，这次会议提到了两个内容：国企降杠杆和地方债，从过去一两年的经济运行情况来看，非国有企业的杠杆率出现了下行，而国企的杠杆率仍然居高不下。考虑到未来美联储加息对我国流动性环境产生的外围压力，以及金融去杠杆带来的内部压力，流动性环境转紧将成为大概率事件。而部分杠杆率高、效益较差的国企将很容易受到冲击。因此，从防范未来系统性金融风险的角度出发，目前阶段国企降杠杆显得尤为必要。

第二，控制地方债增量的要求进一步提升。2012 年的全国金融工作会议中也提出了防范化解地方债风险。然而，与本次会议不同的是，2012 年在处理存量的同时，对增量的控制并不非常严格，仅仅是要求“规范地方政府举债融资机制，将地方政府债务收支分类纳入预算管理，构建地方政府债务规模控制和风险预警机制”。但这次会议则提出要严控地方债务增量，要终身问责倒查责任。这相当于将责任落实到个人身上，控增量要求明显上升。未来地方债的新增规模可能会受到极大压缩，考虑到地方债还与地方财政相关联，严控地方债将使得地方政府需要开辟新的建设资金来源。

第三节　中国地方政府投融资平台发展评价指标体系说明

本报告借鉴国内外指标体系构建的研究经验，综合国内承担政府投资项目融资功能投融资主体——地方政府投融资平台自身的实际情况，构建了省、地级市、区县三级评价指标体系，旨在对全国地方政府投融资平台的运营发展情况进行客观及综合的评价，引导地方政府投融资平台逐步转型和发展。

一、指标体系构建的原则

为了准确、直观地反映国内地方政府投融资平台自身经营及发展情况，本报告坚持“公司业绩、社会责任、市场化转型”三个板块的体系构建，通过这三个板块的全面分析，对国内地方政府投融资平台的运营及未来发展提供一个较为全面的视角。同时，在构建中国地方政府投融资平台发展评价指标体系的过程中，本报告坚持六个基本原则。

（一）全面性原则

充分发挥指标对全国范围内的地方政府投融资平台评价作用，在指标及方法选取时，注重指标的全面性，尽量使所选取的指标能够较为全面地反映地方政府投融资平台在经营过程中的实际情况。

在以往的报告中，企业的经营业绩往往作为最主要或唯一的指标，评价企业发展水平及价值，本评价指标在重视经营业绩重要作用的同时，充分考虑地方政府投融资平台自身所处行业的特殊属性，更为全面地反映地方政府投融资平台的发展情况。

（二）典型性原则

确保本评价指标具有一定的典型代表性，这主要表现在两个方面：一是在评价省、市、县三级地方政府投融资平台时，选择不同的侧重点，尽可能准确地反映相同行政级别地方政府投融资平台的发展情况，使本评价指标具有一定的客观性；二是尽可能准确地反映不同区域——中部、东部、西部地方政府投融资平台社会、经济发展情况的差异。

本评价体系在指标的设置、权重在各指标间的分配及评价标准的划分是与地方政府投融资平台的行政级别相适应的。

（三）系统性原则

本评价指标之间存在合理的逻辑关系，它们将从不同的侧面反映地方政府投融资平台的发展情况，每个一级指标由一组指标构成，各一级指标之间相互独立，又彼此联系，具有一定的层次性，共同构成一个有机统一体。

（四）问题导向性原则

本评价指标综合考虑了目前平台行业发展存在的问题，对平台企业未来的市场化转型等核心问题综合选取靶向性指标，旨在一定程度上梳理未来地方政府投融资平台的发展路径。

（五）可比性、可操作、可量化原则

本评价指标在选择指标时，特别注意在总体范围内的一致性，指标选取的计算量度和计算方法必须一致统一，各指标尽量简单明了、微观性强、便于收集，各指标应该具有很强的现实可操作性和可比性。而且，选择指标时也考虑能否进行定量处理，以便于进行数学计算和分析。

（六）动态性原则

地方政府投融资平台自身的发展情况需要通过一定时间尺度的指标才能反映出来。因此，本评价指标的选择要充分考虑到相关指标的动态变化，应该收集若干年度的变化数值。

二、指标体系的研究设计

中国地方政府投融资平台发展评价指标的构建主要包括：确定体系包含范围，设计指标体系，确定指标权重和选择测算方法三个环节。

本指标体系旨在对全国地方政府投融资平台的运营发展情况进行客观及综合的评价，因此本指标所包含的地方政府投融资平台范围包含在中华人民共和国境内注册的，由地方政府（包含省、市、县三级）或地方政府相关部门控股的，承担政府投资项目融资功能的企事业单位（即地方政府融资平台）。

在指标体系的设计过程中，本报告将尽可能地包含所有目前运营的地方政府投融资平台，对公司业绩、社会责任、市场化转型三个方面分别进行评价，并汇总形成中国地方政府投融资平台发展的评价指标。同时，由于不同行政级别的地方政府投融资平台存在较大的差异，本报告将按照省、市、县三级政府控股的地方政府投融资平台进行分类，并分别进行评价，形成省、市、县三级地方政府投融资平台发展评价指标。

在中国地方政府投融资平台发展评价指标体系的构建过程中，本报告将始终坚持公司业绩、社会责任、市场化转型三个板块进行综合评价。上述三个指标将作为一级指标，在每个一级指标下设二级指标。由于不同一级指标侧重点有较大不同，每个一级指标的二级指标数可能有较大不同（见表1-3）。

表 1-3　地方政府投融资平台转型发展评价指标体系

总指标	一级指标	二级指标	三级指标
地方政府投融资平台转型发展评价	公司业绩	基础指标	总资产
			净资产
		财务效益指标	资产收益率
			总资产报酬率
			主营业务利润率
			盈余现金保障倍数
			成本费用利润率
		资产运营指标	总资产周转率
			流动资产周转率
			存货周转率
			应收账款周转率
			不良资产比率
		偿债能力指标	资产负债率
			EBITDA（税息折旧及摊销前利润）利息倍数
			现金流动负债比率
			速动比率
			流动比率
		发展能力指标	总资产增长率
			销售增长率
			三年资本平均增长率
			三年销售平均增长率
			固定资产成新率
	社会责任	国资运营指标	资本金利润率
			综合社会贡献
		企业责任指标	纳税管理
			企业社会责任报告制度
			失信执行人
			监管函、处罚决定
	市场化转型	市场化转型指标	是否控股（参股）金融企业
			市场化收入占比
			公司在所属区域市场占有度
			政府补贴占比
			主营业务集中度
			融资渠道单一程度

（一）公司业绩指标

现代企业实行经营权与所有权分离，企业信息具有一定的不对称性，所以财务层面的评价指标在企业评价体系中往往占有较大的比重，它所具有的综合性和数据可收集性强等特点，使其成为企业经营分析的重要组成部分。此外，企业财务业绩指标是企业生存与发展的基础和原动力，也是构成本评价指标体系的主要内容。

在公司业绩这个一级指标下，共设计基础指标、财务效益指标、资产运营指标、偿债能力指标和发展能力指标五个二级指标，旨在较为客观地量化公司实际经营情况。

1. 基础指标

本评价体系在基础指标项下仅选取了总资产及净资产作为评价指标，可以在一定程度上客观地反映企业的经营规模。

（1）总资产

总资产是指某一经济实体拥有或控制的、能够带来经济利益的全部资产。一般可以认为，某一会计主体的总资产金额等于其资产负债表的“资产总计”金额。与联合国SNA中的核算口径相同，我国资产负债核算中的“资产”指经济资产。所谓经济资产，是指资产的所有权已经界定，其所有者由于在一定时期内对它们的有效使用、持有或者处置，可以从中获得经济利益的那部分资产。

（2）净资产

净资产，属企业所有，并可以自由支配的资产，即所有者权益或者权益资本。企业的净资产，是指企业的资产总额减去负债以后的净额，它由两大部分组成：一部分是企业开办当初投入的资本，包括溢价部分，另一部分是企业在经营之中创造的，也包括接受捐赠的资产，属于所有者权益。

净资产=资产-负债（受每年的盈亏影响而增减）=所有者权益（包括实收资本或者股本、资本公积、盈余公积和未分配利润等）　　(1-1)

净资产就是所有者权益，是指所有者在企业资产中享有的经济利益，其金额为资产减去负债后的余额。所有者权益包括实收资本（或者股本）、资本公积、盈余公积和未分配利润等。

2. 财务效益指标

本评价体系在财务效益指标项下选取了资产收益率、总资产报酬率、主营业务利润率、盈余现金保障倍数及成本费用利润率五个指标来衡量企业的经营及盈利能力。

(1)资产收益率

资产收益率，又称资产回报率，它是用来衡量每单位资产创造多少净利润的指标。

资产收益率=净利润/平均资产总额×100%　(1-2)

(2)总资产报酬率

总资产报酬率，又称资产所得率，是指企业一定时期内获得的报酬总额与平均资产总额的比率。它表示企业包括净资产和负债在内的全部资产的总体获利能力，用以评价企业运用全部资产的总体获利能力，是评价企业资产运营效益的重要指标。

总资产报酬率=(利润总额+利息支出)/平均资产总额×100%(1-3)

表示企业全部资产获取收益的水平，全面反映了企业的获利能力和投入产出状况，该指标越高，表明企业投入产出的水平越好，企业的资产运营越有效。

(3)主营业务利润率

主营业务利润率是指企业一定时期主营业务利润同主营业务收入净额的比率。它表明企业每单位主营业务收入能带来多少主营业务利润，反映了企业主营业务的获利能力，是评价企业经营效益的主要指标。

主营业务利润率=(主营业务收入-主营业务成本-主营业务税金及附加)/主营业务收入×100%　(1-4)

(4)盈余现金保障倍数

盈余现金保障倍数，又叫利润现金保障倍数，是指企业一定时期经营现金净流量同净利润的比值，反映了企业当期净利润中现金收益的保障程度，真实地反映了企业的盈余质量。盈余现金保障倍数从现金流入和流出的动态角度，对企业收益的质量进行评价，是衡量企业的实际收益能力的财务指标。

盈余现金保障倍数＝经营现金净流量/净利润×100%　　（1-5）

（5）成本费用利润率

成本费用利润率是指企业一定期间的利润总额与成本费用总额的比率。

成本费用利润率＝利润总额/成本费用总额×100%　　（1-6）

3. 资产运营指标

本评价指标体系在资产运营指标项下选取了总资产周转率、流动资产周转率、存货周转率、应收账款周转率及不良资产比率五个指标来衡量企业的资产运营能力，考核企业对其资产的利用效率。

（1）总资产周转率

总资产周转率是指企业在一定时期营业收入净额同平均资产总额的比率。

总资产周转率（次）＝营业收入净额/平均资产总额　　（1-7）

总资产周转率＝销售收入/总资产　　（1-8）

（2）流动资产周转率

流动资产周转率是指企业一定时期内主营业务收入净额同平均流动资产总额的比率，流动资产周转率是评价企业资产利用率的一个重要指标。

流动资产周转率（次）＝主营业务收入净额/平均流动资产总额　　（1-9）

（3）存货周转率

存货周转率是企业一定时期销售成本与平均存货余额的比率。用于反映存货的周转速度，即存货的流动性及存货资金占用量是否合理，促使企业在保证生产经营连续性的同时，提高资金的使用效率，增强企业的短期偿债能力。

存货周转率（次数）＝销售成本/平均存货余额　　（1-10）

（4）应收账款周转率

应收账款周转率是反映公司应收账款周转速度的比率。它说明一定期间内公司应收账款转为现金的平均次数。用时间表示的应收账款周转速度为应收账款周转天数，也称平均应收账款回收期或平均收现期。它表示公司从获得应收账款的权利到收回款项、变成现金所需要的时间。

应收账款周转率=销售收入/平均应收账款余额　　(1-11)

(5)不良资产比率

不良资产比率是指不良资产占全部资产的比率。

不良资产比率=年末不良资产总额/年末资产总额×100%　　(1-12)

4. 偿债能力指标

本评价指标体系在偿债能力指标项下选取了资产负债率、EBITDA利息倍数、现金流动负债比率、速动比率及流动比率五个指标来衡量企业偿还到期债务的能力。

(1)资产负债率

资产负债率,是期末负债总额除以资产总额的百分比,也就是负债总额与资产总额的比例关系。资产负债率反映在总资产中有多大比例是通过借债来筹资的,也可以衡量企业在清算时保护债权人利益的程度。指标反映债权人所提供的资本占全部资本的比例,表示公司总资产中有多少是通过负债筹集的,该指标是评价公司负债水平的综合指标。同时也是一项衡量公司利用债权人资金进行经营活动能力的指标,反映债权人发放贷款的安全程度。

资产负债率=负债总额/资产总额×100%　　(1-13)

它包含以下几层含义:

1)资产负债率能够揭示出企业的全部资金来源中有多少由债权人提供。

2)从债权人的角度看,资产负债率越低越好。

3)对投资人或股东来说,负债比率较高可能带来一定的好处(财务杠杆、利息税前扣除、以较少的资本或股本投入获得企业的控制权)。

4)从经营者的角度看,他们最关心的是在充分利用借入资金给企业带来好处的同时,尽可能降低财务风险。

5)企业的负债比率应在不发生偿债危机的情况下,尽可能择高。

(2)EBITDA 利息倍数

EBITDA 利息倍数,又称已获利息倍数(或者叫作企业利息支付能力)，是指企业生产经营所获得的息税前利润与利息费用的比率（企业息税前利润与利息费用之比）。它是衡量企业支付负债利息能力的指标(用以衡量偿付借款利息的能力)。企业生产经营所获得的息税前利润与利息费用相比，倍数越大，说明企业支付利息费用的能力越强。因此，债权人要分析利息保障倍数指标，以此来衡量债权的安全程度。

利息保障倍数=EBITDA/利息费用　　(1-14)

息税前利润(EBITDA)=净销售额-营业费用　　(1-15)

利息保障倍数指标反映企业经营收益为所需支付的债务利息的多少倍。利息保障倍数不仅反映了企业获利能力的大小，而且反映了获利能力对偿还到期债务的保证程度，它既是企业举债经营的前提依据，也是衡量企业长期偿债能力大小的重要标志。要维持正常偿债能力，利息保障倍数至少应大于1，且比值越高，企业长期偿债能力越强。如果利息保障倍数过低，企业将面临亏损、偿债的安全性与稳定性下降的风险。

(3)现金流动负债比率

现金流动负债比率，是企业一定时期经营现金净流量同流动负债的比率，它可以从现金流量角度来反映企业当期偿付短期负债的能力。

现金流动负债比率=年经营现金净流量/年末流动负债×100%

(1-16)

(4)速动比率

速动比率，是指速动资产同流动负债的比率。它是衡量企业流动资产中可以立即变现用于偿还流动负债的能力。

速动比率=速动资产/流动负债　　(1-17)

其中：速动资产=流动资产-存货　　(1-18)

(5)流动比率

流动比率是指流动资产同流动负债的比率，用来衡量企业流动资产在短期债务到期以前，可以变为现金用于偿还负债的能力。

流动比率=流动资产/流动负债×100%　　(1-19)

5.发展能力指标

本评价指标体系在发展指标项下选取了总资产增长率、销售增长率、三年资本平均增长率、三年销售平均增长率及固定资产成新率五个指标来衡量企业在一段时间内的发展能力。

(1)总资产增长率

总资产增长率，又名总资产扩张率，是企业本年总资产增长额同年初资产总额的比率，反映企业本期资产规模的增长情况。

总资产增长率=本年总资产增长额/年初资产总额×100%　　(1-20)

其中：本年总资产增长额=年末资产总额-年初资产总额　　(1-21)

总资产增长率越高，表明企业一定时期内资产经营规模扩张的速度越快。但在分析时，需要关注资产规模扩张的质和量的关系，以及企业的后续发展能力，避免盲目扩张。

(2)销售增长率

销售增长率是衡量企业经营状况和市场占有能力、预测企业经营业务拓展趋势的重要指标，也是企业扩张增量资本和存量资本的重要前提，是评价企业成长状况和发展能力的重要指标。该指标越大，表明其增长速度越快，企业市场前景越好。

销售增长率=本年销售增长额/上年销售总额=(本年销售额-上年销售额)/上年销售总额　　(1-22)

(3)三年资本平均增长率

三年资本平均增长率表示企业资本连续三年的积累情况，在一定程度上反映了企业的持续发展水平和发展趋势。

三年资本平均增长率=[(当年净资产总额/三年前净资产总额)^(1/3)-1]×100%　　(1-23)

(4)三年销售平均增长率

表明企业主营业务连续三年的增长情况，体现企业的持续发展态势和市场扩张能力，尤其能够衡量上市公司持续性盈利能力。

三年销售平均增长率=[(当年主营业务收入总额/三年前主营业务收入总额)^(1/3)-1]×100%　　(1-24)

(5)固定资产成新率

固定资产成新率又称“固定资产净值率”或“有用系数”，是企业当期平均固定资产净值同平均固定资产原值的比率，反映了企业所拥有的固定资产的新旧程度，体现了企业固定资产更新的快慢和持续发展的能力。

固定资产成新率＝平均固定资产净值/平均固定资产原值×100%（1-25）

（二）社会责任指标

1. 国资运营指标

(1)资本金利润率

这项指标反映了资本的净利润水平，是企业经营效益的中心指标，它能揭示企业的自我发展和竞争能力。企业资本金是所有者投入的主权资金，资本金利润率的高低直接关系到投资者的权益，是投资者最关心的问题。

资本金利润率＝利润总额/资本金总额×100%（1-26）

另外，会计期间若资本金发生变动，则公式中的“资本金总额”要用平均数，其计算公式为：

资本金平均余额＝(期初资本金余额＋期末资本金余额)/2（1-27）

这一比率越高，说明企业资本金的利用效果越好，企业资本金盈利能力越强；反之，则说明资本金的利用效果不佳，企业资本金盈利能力越弱。

(2)综合社会贡献

综合社会贡献，是企业对社会的贡献总额与企业资产的比值，其中，企业对社会的贡献总额是指企业在一定期间通过生产经营活动，为社会创造的价值，包括支付给职工的工资、奖金、津贴、劳保退休统筹及其他社会公益性支出、利息支出、各种税款及附加、净利润等。

2. 企业责任指标

(1)纳税管理

加强企业税务管理有助于降低税收成本，有助于企业内部产品结构调整和资源合理配置。在履行纳税义务中，要充分利用税法对纳税期限的规定、预缴与结算的时间差，合理处理税款，从而减少企业流动资金利息的支出。在选择不同的纳税方案时，应全面衡量该方案对企业整体税负的影响,避免由于选择某种方案减轻了一种税负而引起另一些税负增加,造成整体税负加重。

(2)企业社会责任报告制度

企业社会责任报告(简称 CSR 报告)指的是企业将其履行社会责任的理念、战略、方式方法,其经营活动对经济、环境、社会等领域造成的直接和间接影响、取得的成绩及不足等信息,进行系统的梳理和总结,并向利益相关方进行披露的方式。企业社会责任报告是企业非财务信息披露的重要载体,是企业与利益相关方沟通的重要桥梁。

(3)失信执行人

被执行人具有履行能力而不履行生效法律文书确定的义务,并具有下列情形之一的,人民法院应当将其纳入失信被执行人名单,依法对其进行信用惩戒。

1)以伪造证据、暴力、威胁等方法妨碍、抗拒执行的;

2)以虚假诉讼、虚假仲裁或者以隐匿、转移财产等方法规避执行的;

3)违反财产报告制度的;

4)违反限制高消费令的;

5)被执行人无正当理由拒不履行执行和解协议的;

6)其他有履行能力而拒不履行生效法律文书确定义务的。

(4)监管函、处罚决定

公司是否曾收到证监会、上交所、深交所处罚及重点监管决定等。

(三) 市场化转型指标

(1)是否控股(参股)金融企业

是否控股(参股)金融企业是指公司是否存在控股或参股其他金融企业的情形。

(2)市场化收入占比

市场化收入占比是指公司某一个项目或产品的市场化收入占总公司的所有产品总收入的比例。

(3)公司在所属区域市场占有度

市场占有率是判断企业竞争水平的重要因素。在市场大小不变的情况下，市场占有率越高的公司其产品销售量越大。同时由于规模经济的作用，提高市场占有率也可能降低单位产品的成本、增加利润率。

（4）政府补贴占比

政府补贴占比高，代表公司市场化不足，为逆向指标。

（5）主营业务集中度

主营业务集中度越高，代表公司较高的经营风险，为逆向指标。

（6）融资渠道单一程度

融资渠道越单一，代表公司资金流动性风险较高，为逆向指标。

三、指标体系的测算方法

本评价指标体系以2014—2016年地方政府投融资平台经营数据，通过时序变化跟踪近三年地方政府投融资平台在公司业绩、社会责任、市场化转型三个板块指标的数值，进而对全国地方政府投融资平台的发展情况进行打分评价。

（一）权重确定

本评价指标体系考虑到各一级指标下的二级指标数及三级指标数有所不同，且在评价地方政府投融资平台发展时对公司自身财务经营情况有所侧重，对公司业绩、社会责任、市场化转型三个一级指标按照70%、15%、15%设置权重。

对于一级指标公司业绩项下的二级指标基础指标、财务效益指标、资产运营指标、偿债能力指标和发展能力指标亦分别设置了权重。其中，除基础指标包含两个三级指标外，其他四个二级指标分别包含5个三级指标。因此为了突出公司资产水平的同时客观反映公司经营情况，除基础指标外的三级指标均设定均等权重，而基础指标中的总资产及净资产权重略高。

对于一级指标社会责任、市场化转型项下的三级指标均设定了均等权重。

最终评价得分通过加总经过标准化的三级指标值取得，各指标权重情况见表1-4。

表 1-4　各指标权重设置

一级指标	权重	二级指标	权重	三级指标	权重
公司业绩	70%	基础指标	8%	总资产	4%
				净资产	4%
		财务效益指标	15.5%	资产收益率	3.1%
				总资产报酬率	3.1%
				主营业务利润率	3.1%
				盈余现金保障倍数	3.1%
				成本费用利润率	3.1%
		资产运营指标	15.5%	总资产周转率	3.1%
				流动资产周转率	3.1%
				存货周转率	3.1%
				应收账款周转率	3.1%
				不良资产比率	3.1%
		偿债能力指标	15.5%	资产负债率	3.1%
				EBITDA 利息倍数	3.1%
				现金流动负债比率	3.1%
				速动比率	3.1%
				流动比率	3.1%
		发展能力指标	15.5%	总资产增长率	3.1%
				销售增长率	3.1%
				三年资本平均增长率	3.1%
				三年销售平均增长率	3.1%
				固定资产成新率	3.1%
社会责任	15%	国资运营指标	5%	资本金利润率	2.5%
				综合社会贡献	2.5%
		企业责任指标	10%	纳税管理	2.5%
				企业社会责任报告制度	2.5%
				失信执行人	2.5%
				监管函、处罚决定	2.5%

续表

一级指标	权重	二级指标	权重	三级指标	权重
市场化转型	15%	市场化转型指标	15%	是否控股(参股)金融企业	2.5%
				市场化收入占比	2.5%
				公司在所属区域市场占有度	2.5%
				政府补贴占比	2.5%
				主营业务集中度	2.5%
				融资渠道单一程度	2.5%
合计	100%		100%		

（二）标准化处理

由于各三级指标的最终测算结果包含不同单位和范围，为了保证各个三级指标的可加性，我们选择了0—1标准化的方式对本指标内的正向及逆向指标进行标准化处理，使其结果均落到[0,1]区间。

处理方法如下：x为某指标的测算值，x_{min}为某指标出现的最小值，x_{max}为某指标出现的最大值，x'为标准化后的标准值，这样标准化处理的优势在于，所有结果均落在相同区间内，便于数据进行处理及权重赋值。

正向指标标准化处理：

$$x' = \frac{x - x_{min}}{x_{max} - x_{min}} \tag{1-28}$$

逆向指标标准化处理：

$$x' = \frac{\frac{1}{x} - \frac{1}{x_{max}}}{\frac{1}{x_{min}} - \frac{1}{x_{max}}} \tag{1-29}$$

四、指标体系的数据来源

本评价指标测算所使用数据均为市场披露的公开数据，数据涵盖2014—2016年，主要数据来源见表1-5。在数据的具体使用过程中，根据整体指标安排对数据进行了处理。

表 1-5 数据来源

数据来源	wind 中国债券信息网 中国外汇交易中心网 上海证券交易所——公司债券项目信息平台 深圳证券交易所——固定收益信息平台 各省、自治区、直辖市政府工作报告

在具体数据使用中，根据不同指标对数据进行计算；此外，在个别年份指标缺失的情况下，根据年平均增长率或相邻年份指标的算术平均值进行补齐。

第四节 中国地方政府投融资平台发展分析

一、地方国有企业公开债券发行融资规模

我国地方政府国有企业公开发行的第一只债券是“2002 年江苏交通控股有限公司企业债券”，于 2002 年 12 月 12 日发行，当年地方政府国有企业共发行了 1 只债券。直到 2010 年以前，我国的地方国有企业债券规模始终较小，发展较为缓慢。但从 2010 年，我国的地方国有企业债券发行数量迅猛增加，规模得到很大的提升，仅 2012 年发行量就达到 581 只。2016 年度，全国的地方国有企业债券当年发行数已达到 1780 只，债券发行规模达到了 1.9 万亿元，几乎是 2015 年债券发行规模的两倍，见图 1-11。

下面从债券期限、债券类型及债券发行人所在地三个维度对全国地方国有企业债券的发行情况进行分析，结果如下。

从图 1-12 可以看出近 15 年我国地方国有企业公开发行的债券以 7 年期、5 年期为主，累计占比达到 70.45%，此外，3 年期与 10 年期占比分别为 8.67%与 6.23%，这四种期限为主要的期限类型，其余期限的地方国有企业债券公开发行量较少，仅占 14.65%。

从图 1-13 可以看出近 15 年我国地方国有企业公开发行的债券以一

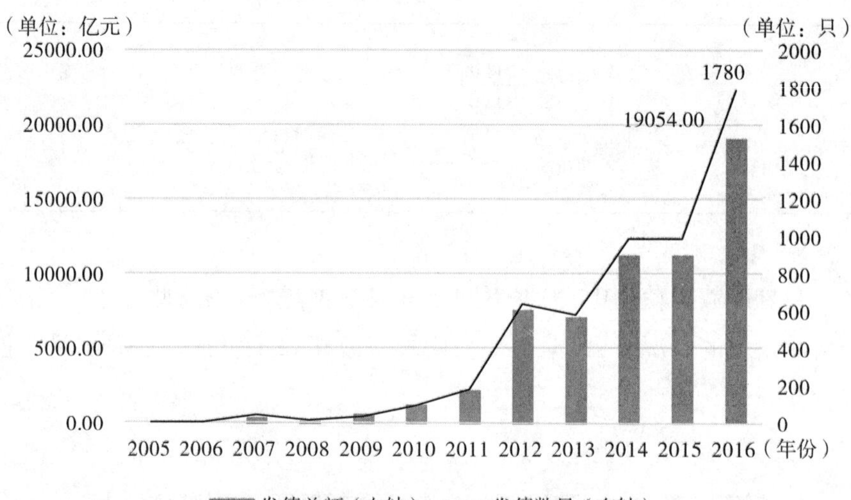

图 1-11　2005—2016 年全国地方国有企业债券发行概况

资料来源：wind 数据库。

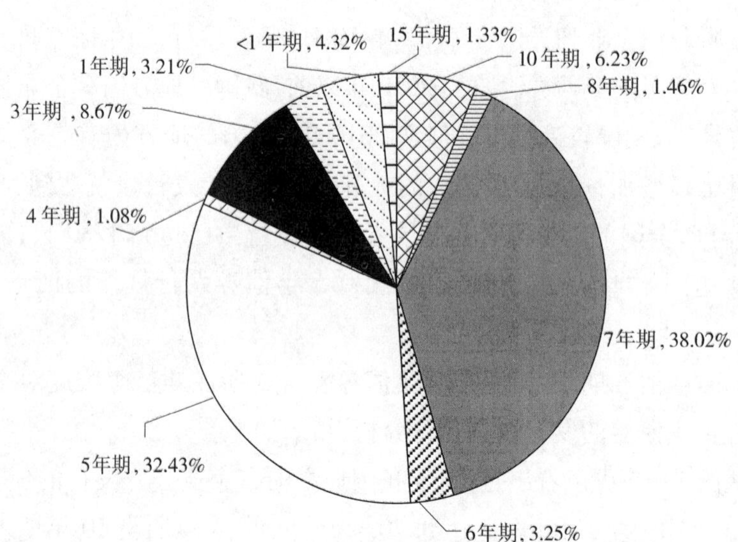

图 1-12　2002—2016 年全国地方国有企业公开发行债券期限分布情况

资料来源：wind 数据库。

般企业债、一般中期票据为主,累计占比达 83%,发行最少的是一般短期融资券,只占 3%。

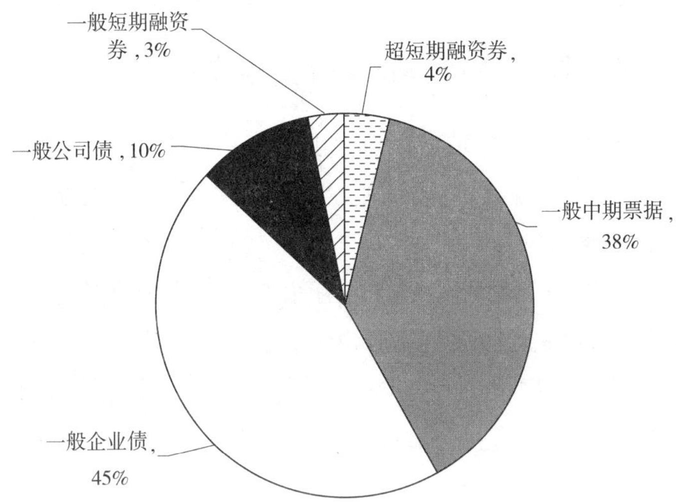

图 1-13 2002—2016 年全国地方国有企业各类型公开债券分布情况

资料来源:wind 数据库。

从图 1-14 可以看出,全国各省份及地区中,江苏省以 718 只地方国

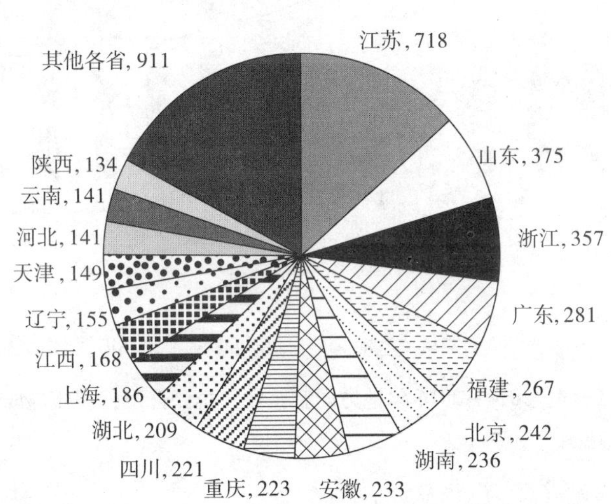

图 1-14 2002—2016 年地方国有企业公开债券发行分布

资料来源:wind 数据库。

有企业公开债券、14%的占比遥遥领先其他省份及地区，成为全国地方政府公开债券最主要发行省份。排在第二名的是山东省，发行量为 375 只，占比 7%。北京和上海分别发行了 242 只与 186 只。

二、地方国有企业公开发行债券成本分析

2014—2016 年，全国地方国有企业共发行了 3752 只、总额 41591. 39 亿元的债券①，其中固定利率类型占 82. 13%，累进利率类型占 17. 4%，浮动利率类型占比极少②。

据统计，2014—2016 年，地方国有企业公开发行债券规模整体呈上涨趋势，而发行时平均票面利率显著下降，从 2014 年第一季度的 7. 58% 下降至 2016 年第四季度的 3. 85%，融资规模的上升与融资成本的下降反映出这三年债市的蓬勃发展。具体发行规模与利率水平见图 1-15。

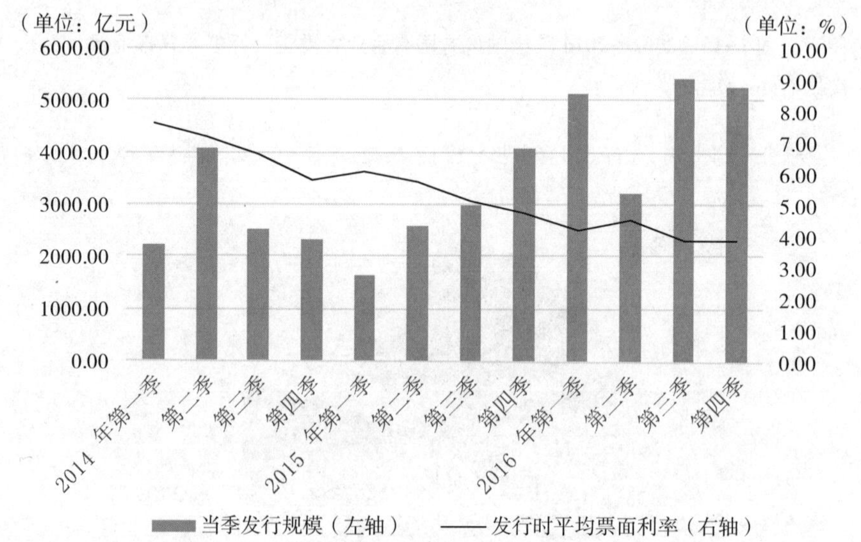

图 1-15　2014—2016 年地方国有企业债券公开发行规模与成本

资料来源：wind 数据库。

① 注：统计口径为一般企业债、一般公司债、一般中期票据、一般短期融资券。

② 资料来源：wind 数据库。

三、地方国有企业信用评级情况

2016 年全国地方国有企业主体评级变动情况以及评级展望变化情况见表 1-6 和表 1-7。

表 1-6　2016 年我国地方国有企业信用评级正向变动情况①

公司名称	所属地区	2015 年主体评级	2016 年主体评级	2015 年评级展望	2016 年评级展望
安徽皖江物流（集团）股份有限公司	安徽省	AA	AA	负面	稳定
淮南矿业（集团）有限责任公司	安徽省	AAA	AAA	负面	稳定
安徽古井集团有限责任公司	安徽省	AA	AA+	正面	稳定
首创置业股份有限公司	北京市	AA+	AAA	稳定	稳定
北京首都开发股份有限公司	北京市	AA+	AAA	稳定	稳定
北京金融街资本运营中心	北京市	AA+	AAA	稳定	稳定
福州市水务投资发展有限公司	福建省	AA−	AA	稳定	稳定
福鼎市城市建设投资有限公司	福建省	AA−	AA	稳定	稳定
广州海格通信集团股份有限公司	广东省	AA	AA+	稳定	稳定
瀚蓝环境股份有限公司	广东省	AA	AA+	正面	稳定
广西建工集团有限责任公司	广西壮族自治区	AA	AA+	正面	稳定
都匀市国有资本营运有限责任公司	贵州省	AA−	AA	稳定	稳定
贵阳白云工业发展投资有限公司	贵州省	AA−	AA	稳定	稳定
任丘市建设投资集团有限公司	河北省	AA−	AA	稳定	稳定
伊春市城市建设投资开发有限责任公司	黑龙江省	AA−	AA−	负面	稳定
湖北省长江产业投资集团有限公司	湖北省	AA+	AAA	稳定	稳定
宜昌市城市建设投资开发有限公司	湖北省	AA	AA+	稳定	稳定
武汉金融控股（集团）有限公司	湖北省	AA+	AAA	稳定	稳定

① 注：主体评级或评级展望至少有一方向好的方面调整即为正向变动。

续表

公司名称	所属地区	2015年主体评级	2016年主体评级	2015年评级展望	2016年评级展望
天门市城市建设投资有限公司	湖北省	AA−	AA	稳定	稳定
老河口市建设投资经营有限公司	湖北省	AA−	AA	稳定	稳定
湖南湘投金天科技集团有限责任公司	湖南省	AA−	A+	稳定	稳定
湖南省轻工盐业集团有限公司	湖南省	AA	AA+	稳定	稳定
湖南昭山经济建设投资有限公司	湖南省	AA−	AA	稳定	稳定
岳阳市城市建设投资有限公司	湖南省	AA	AA+	稳定	稳定
长沙市轨道交通集团有限公司	湖南省	AA+	AAA	稳定	稳定
永兴银都投资建设发展（集团）有限公司	湖南省	AA−	AA	稳定	稳定
长沙市芙蓉城市建设投资有限责任公司	湖南省	AA	AA+	稳定	稳定
江苏省农垦集团有限公司	江苏省	AA	AA+	正面	稳定
淮安开发控股有限公司	江苏省	AA	AA+	稳定	稳定
南京新工投资集团有限责任公司	江苏省	AA+	AAA	稳定	稳定
苏州国际发展集团有限公司	江苏省	AA+	AAA	稳定	稳定
南通产业控股集团有限公司	江苏省	AA	AA	负面	稳定
南通城市建设集团有限公司	江苏省	AA	AA+	稳定	稳定
淮安市交通控股有限公司	江苏省	AA	AA+	稳定	稳定
昆山银桥控股集团有限公司	江苏省	AA	AA+	稳定	稳定
昆山高新集团有限公司	江苏省	AA	AA+	稳定	稳定
昆山交通发展控股有限公司	江苏省	AA	AA+	稳定	稳定
常熟东南资产经营投资有限公司	江苏省	AA	AA+	稳定	稳定
张家港市城市投资发展集团有限公司	江苏省	AA	AA+	稳定	稳定
江西省投资集团公司	江西省	AA+	AAA	稳定	稳定
上饶市城市建设投资开发集团有限公司	江西省	AA	AA+	稳定	稳定
九江市城市建设投资有限公司	江西省	AA	AA+	稳定	稳定
鹰潭市龙岗资产运营有限公司	江西省	AA−	AA	稳定	稳定
凌源钢铁股份有限公司	辽宁省	AA−	AA	稳定	稳定
鞍山高新技术产业投资有限公司	辽宁省	AA−	AA−	负面	稳定

续表

公司名称	所属地区	2015年主体评级	2016年主体评级	2015年评级展望	2016年评级展望
大连市建设投资集团有限公司	辽宁省	AA	AA+	稳定	稳定
鄂尔多斯市城市建设投资集团有限公司	内蒙古自治区	AA	AA	负面	稳定
内蒙古盛祥投资有限公司	内蒙古自治区	AA-	AA	稳定	稳定
潍坊渤海水产综合开发有限公司	山东省	AA-	AA	稳定	稳定
青岛出版集团有限公司	山东省	AA-	AA	稳定	稳定
滨州城建投资集团有限公司	山东省	AA	AA+	稳定	稳定
济南市城市建设投资有限公司	山东省	AA+	AAA	稳定	稳定
潍坊滨城投资开发有限公司	山东省	AA-	AA	稳定	稳定
昌邑市经济开发投资公司	山东省	AA-	AA	稳定	稳定
太重煤机有限公司	山西省	AA-	A+	负面	负面
陕西建工集团有限公司	陕西省	AA	AA+	正面	稳定
商洛市城市建设投资开发有限公司	陕西省	AA-	AA	稳定	稳定
陕西华山旅游集团有限公司	陕西省	AA-	AA	稳定	稳定
上海金桥出口加工区开发股份有限公司	上海市	AA+	AAA	稳定	稳定
上海张江(集团)有限公司	上海市	AA+	AAA	稳定	稳定
上海永业企业(集团)有限公司	上海市	AA	AA+	稳定	稳定
上海市北高新(集团)有限公司	上海市	AA	AA+	稳定	稳定
上海淀山湖新城发展有限公司	上海市	AA	AA+	稳定	稳定
宜宾市国有资产经营有限公司	四川省	AA+	AAA	稳定	稳定
遂宁发展投资集团有限公司	四川省	AA-	AA	稳定	稳定
广元市园区建设投资有限公司	四川省	AA-	AA	稳定	稳定
成都交通投资集团有限公司	四川省	AA+	AAA	稳定	稳定
成都城建投资管理集团有限责任公司	四川省	AA+	AAA	稳定	稳定
仁寿县资产经营有限公司	四川省	AA-	AA	稳定	稳定
成都市蜀州城市建设投资有限责任公司	四川省	AA-	AA	稳定	稳定

续表

公司名称	所属地区	2015 年主体评级	2016 年主体评级	2015 年评级展望	2016 年评级展望
新疆生产建设兵团投资有限责任公司	新疆维吾尔自治区	AA	AA+	正面	稳定
乌鲁木齐经济技术开发区建设投资开发有限公司	新疆维吾尔自治区	AA-	AA	稳定	稳定
昌吉州国有资产投资经营集团有限公司	新疆维吾尔自治区	AA	AA+	稳定	稳定
云南省建设投资控股集团有限公司	云南省	AA+	AAA	稳定	稳定
杭州高新技术产业开发区资产经营有限公司	浙江省	AA	AA+	稳定	稳定
宁波经济技术开发区控股有限公司	浙江省	AA	AA+	稳定	稳定
桐庐县国有资产投资经营有限公司	浙江省	AA-	AA	稳定	稳定
桐乡市城市建设投资有限公司	浙江省	AA	AA+	稳定	稳定
余姚市城市建设投资发展有限公司	浙江省	AA	AA+	稳定	稳定
浙江仙琚制药股份有限公司	浙江省	AA-	AA	稳定	稳定
重庆市南川区惠农投资有限公司	重庆市	AA-	AA	稳定	稳定
重庆大晟资产经营(集团)有限公司	重庆市	AA-	AA	稳定	稳定
重庆西部现代物流产业园区开发建设有限责任公司	重庆市	AA	AA+	稳定	稳定
重庆园业实业有限公司	重庆市	AA-	AA	稳定	稳定

资料来源:wind 数据库。

表 1-7 2016 年我国地方国有企业信用评级负向变动情况①

公司名称	所属地区	2015 年主体评级	2016 年主体评级	2015 年评级展望	2016 年评级展望
马鞍山钢铁股份有限公司	安徽省	AA+	AA+	稳定	负面
北京京城机电控股有限责任公司	北京市	AA+	AA+	稳定	负面

① 注:主体评级或评级展望至少有一方向坏的方面调整即为负向变动。

续表

公司名称	所属地区	2015年主体评级	2016年主体评级	2015年评级展望	2016年评级展望
北京昊华能源股份有限公司	北京市	AA+	AA+	稳定	负面
甘肃省国有资产投资集团有限公司	甘肃省	AAA	AAA	稳定	负面
酒泉钢铁(集团)有限责任公司	甘肃省	AA+	AA	负面	稳定
金川集团股份有限公司	甘肃省	AAA	AA+	稳定	稳定
兰州国资投资(控股)建设集团有限公司	甘肃省	AA	AA-	稳定	稳定
广西北部湾国际港务集团有限公司	广西壮族自治区	AA+	AA+	稳定	负面
柳州钢铁股份有限公司	广西壮族自治区	AA	AA	稳定	负面
柳州化工股份有限公司	广西壮族自治区	A+	BBB	稳定	负面
广西柳州市产业投资发展集团有限公司	广西壮族自治区	AA	AA-	稳定	负面
贵州旅游投资控股(集团)有限责任公司	贵州省	AA-	AA-	稳定	负面
贵州轮胎股份有限公司	贵州省	AA	AA	稳定	负面
贵阳市水利交通发展投资(集团)有限公司	贵州省	AA	AA+	稳定	稳定
开滦(集团)有限责任公司	河北省	AAA	AA+	负面	稳定
开滦能源化工股份有限公司	河北省	AA+	AA+	稳定	负面
保定国家高新技术产业开发区发展有限公司	河北省	AA	AA-	稳定	稳定
廊坊开发区建设发展有限公司	河北省	AA	AA	稳定	负面
冀东发展集团有限责任公司	河北省	AA+	AA	负面	稳定
石家庄市建设投资集团有限责任公司	河北省	AA-	AA-	稳定	负面
安阳钢铁股份有限公司	河南省	AA-	AA-	稳定	负面
郑州煤炭工业(集团)有限责任公司	河南省	AA+	AA-	负面	负面
河南能源化工集团有限公司	河南省	AAA	AAA	稳定	负面
义马煤业集团股份有限公司	河南省	AA+	AA-	负面	负面
河南神火煤电股份有限公司	河南省	AA	AA-	稳定	稳定

续表

公司名称	所属地区	2015年主体评级	2016年主体评级	2015年评级展望	2016年评级展望
大兴安岭林业集团公司	黑龙江省	AA-	A-	负面	负面
湘电集团有限公司	湖南省	AA	AA-	负面	稳定
湖南华菱钢铁集团有限责任公司	湖南省	AA	AA	稳定	负面
湖南黑金时代股份有限公司	湖南省	AA	AA	稳定	负面
吉林亚泰（集团）股份有限公司	吉林省	AA	AA	稳定	负面
江西省能源集团公司	江西省	AA	AA	稳定	负面
中文天地出版传媒股份有限公司	江西省	AAA	AA+	稳定	正面
安源煤业集团股份有限公司	江西省	AA	AA	稳定	负面
九江富和建设投资有限公司	江西省	AA	AA	稳定	负面
东北特殊钢集团有限责任公司	辽宁省	AA	C	负面	稳定
阜新矿业（集团）有限责任公司	辽宁省	AA+	AA	稳定	负面
沈阳机床（集团）有限责任公司	辽宁省	AA	AA-	稳定	稳定
本钢板材股份有限公司	辽宁省	AA+	AA+	稳定	负面
铁法煤业（集团）有限责任公司	辽宁省	AA+	AA+	稳定	负面
沈阳焦煤股份有限公司	辽宁省	AA	AA-	负面	稳定
沈阳南湖科技开发集团公司	辽宁省	AA	AA	稳定	负面
铁岭新城投资控股股份有限公司	辽宁省	AA	AA-	负面	稳定
大连融强投资有限公司	辽宁省	AA	AA	负面	稳定
北票市建设投资有限公司	辽宁省	AA-	AA-	稳定	负面
东港市城市建设投资有限公司	辽宁省	AA	AA-	稳定	稳定
凤城市现代产业园区开发建设投资有限公司	辽宁省	AA	AA	稳定	负面
盘山县国有资产经营有限公司	辽宁省	AA-	A+	稳定	稳定
内蒙古包钢钢联股份有限公司	内蒙古自治区	AA+	AA+	稳定	负面
包头钢铁（集团）有限责任公司	内蒙古自治区	AA+	AA+	稳定	负面
内蒙古矿业（集团）有限责任公司	内蒙古自治区	AA+	AA+	稳定	负面
内蒙古霍林河煤业集团有限责任公司	内蒙古自治区	AA-	BB	稳定	负面
新汶矿业集团有限责任公司	山东省	AA+	AA	稳定	稳定

续表

公司名称	所属地区	2015 年主体评级	2016 年主体评级	2015 年评级展望	2016 年评级展望
山推工程机械股份有限公司	山东省	AA+	AA	稳定	稳定
山东钢铁股份有限公司	山东省	AA+	AA	负面	稳定
青岛海湾集团有限公司	山东省	AA	AA-	负面	稳定
龙口煤电有限公司	山东省	A+	A	负面	稳定
山西煤炭进出口集团有限公司	山西省	AAA	AA	负面	稳定
山西蓝焰控股股份有限公司	山西省	A+	BBB	负面	负面
大同煤业股份有限公司	山西省	AAA	AAA	稳定	负面
山西煤炭运销集团有限公司	山西省	AA+	AA	稳定	稳定
太原煤炭气化(集团)有限责任公司	山西省	A	BBB+	负面	负面
山西阳煤化工投资有限责任公司	山西省	AA+	AA	负面	稳定
山西兰花科技创业股份有限公司	山西省	AA+	AA	负面	稳定
天脊煤化工集团股份有限公司	山西省	AA-	A+	负面	稳定
阳城县阳泰集团实业有限公司	山西省	AA	AA	稳定	负面
山西乡宁焦煤集团有限责任公司	山西省	AA-	A	负面	负面
府谷县国有资产运营有限责任公司	陕西省	AA	AA	稳定	负面
中华企业股份有限公司	上海市	AA	AA	稳定	负面
四川省煤炭产业集团有限责任公司	四川省	AA+	C	负面	稳定
绵阳市投资控股(集团)有限公司	四川省	AA	AA	稳定	观望
绵阳科技城发展投资(集团)有限公司	四川省	AA	AA	稳定	观望
潞安新疆煤化工(集团)有限公司	新疆维吾尔自治区	AA	AA-	负面	稳定
新疆新鑫矿业股份有限公司	新疆维吾尔自治区	AA	AA	稳定	负面
新疆青松建材化工(集团)股份有限公司	新疆维吾尔自治区	AA	AA	稳定	负面
新疆生产建设兵团第六师国有资产经营有限责任公司	新疆维吾尔自治区	AA	AA	稳定	负面
新疆石河子开发区经济建设总公司	新疆维吾尔自治区	A+	A	负面	负面

续表

公司名称	所属地区	2015 年主体评级	2016 年主体评级	2015 年评级展望	2016 年评级展望
云天化集团有限责任公司	云南省	AA+	AA	负面	稳定
云南煤业能源股份有限公司	云南省	AA	AA-	稳定	稳定
浙江省商业集团有限公司	浙江省	AA	AA	稳定	负面
杭州前进齿轮箱集团股份有限公司	浙江省	AA	AA	稳定	负面
重庆交通旅游投资集团有限公司	重庆市	AA-	AA-	稳定	负面

资料来源:wind 数据库。

据统计,全国共有 165 家公司信用评级情况发生变化,其中向正向变化的公司有 84 家,负向变化的公司有 81 家,两者数量相同。[①] 根据各公司的评级报告分析,我们可以发现,企业信用评级正向变动的主要原因有:第一,所属地方政府经济财政保持持续增长,综合能力显著增强,而企业由于在该区域有重要地位所以在资产注入和财政补贴方面能够得到政府的大力支持,对于债务的偿还能力较有保障。第二,公司产品市场占有率高,技术创新能力强,在多元化业务转型方面具有优势,并且具有较高的国际销售水平。第三,公司财务政策稳健,融资渠道畅通,2016 年流动性充足,债务规模有所下降,总资本化率持续下降,资本结构得到进一步优化。企业评级发生变动的省份见表 1-7。

企业信用评级负向变动的主要原因有:第一,工程机械、光伏、能源化工等行业持续低迷、市场竞争加剧导致上下游企业盈利能力减弱,企业收入减少。第二,世界经济复苏缓慢导致企业出口市场环境不佳、产品销量和价格齐跌,企业全年经营亏损。第三,所属地方政府经济总量较小或财政收入减少,同时企业来源于地方政府的收入较多,对于政府补贴的依赖性较大,导致企业在未来一段时期的收入增长乏力,偿还债务的能力下降。

① 资料来源:wind 数据库。

表 1-8　2016 年我国地方政府国有企业信用评级变动地区分布一览表

所属地区	个数	所属地区	个数
安徽省	4	江苏省	12
北京市	5	江西省	8
福建省	2	辽宁省	16
甘肃省	4	内蒙古自治区	6
广东省	2	山东省	11
广西壮族自治区	5	山西省	11
贵州省	5	陕西省	4
河北省	7	上海市	6
河南省	5	四川省	10
黑龙江省	2	新疆维吾尔自治区	8
湖北省	5	云南省	3
湖南省	10	浙江省	8
吉林省	1	重庆	5
总计	165		

资料来源：wind 数据库。

从表 1-8 中可以看出，江苏省、辽宁省、山东省、山西省评级发生变动较多，这可能一方面是因为这几个省份的地方国有企业数量较多、基数较大，另一方面也是由于 2016 年中国经济运行情况对各个省的冲击影响不同，具体情况将在分报告中结合各个省份及地区的案例进行详细分析。

第五节　中国地方政府投融资平台排名情况分析

一、省级 30 强

表 1-9　中国省级地方政府投融资平台排名一览表

排名	公司名称	得分	评级	省（自治区/直辖市）	所属证监会行业
1	北京国有资本经营管理中心	52.18	AAA	北京市	综合

续表

排名	公司名称	得分	评级	省(自治区/直辖市)	所属证监会行业
2	上海城投控股股份有限公司	51.40	AAA	上海市	房地产业
3	安徽省投资集团控股有限公司	51.32	AAA	安徽省	综合
4	甘肃省公路航空旅游投资集团有限公司	51.16	AAA	甘肃省	交通运输、仓储和邮政业
5	天津泰达投资控股有限公司	50.60	AAA	天津市	房地产业
6	广西投资集团有限公司	50.03	AAA	广西壮族自治区	电力、热力、燃气及水生产和供应业
7	上海城投(集团)有限公司	49.83	AAA	上海市	综合
8	湖南省高速公路建设开发总公司	49.43	AAA	湖南省	交通运输、仓储和邮政业
9	陕西能源集团有限公司	49.39	AAA	陕西省	综合
10	甘肃省电力投资集团有限责任公司	49.26	AA+	甘肃省	电力、热力、燃气及水生产和供应业
11	云南省能源投资集团有限公司	49.08	AAA	云南省	综合
12	云南省城市建设投资集团有限公司	48.73	AAA	云南省	建筑业
13	山东省国有资产投资控股有限公司	48.57	AAA	山东省	综合
14	云南省公路开发投资有限责任公司	48.56	AAA	云南省	建筑业
15	四川川投能源股份有限公司	48.47	AAA	四川省	电力、热力、燃气及水生产和供应业
16	北京京能电力股份有限公司	48.42	AAA	北京市	电力、热力、燃气及水生产和供应业
17	河北建设投资集团有限责任公司	48.40	AAA	河北省	综合
18	广东电力发展股份有限公司	48.14	AAA	广东省	电力、热力、燃气及水生产和供应业
19	福建省投资开发集团有限责任公司	47.99	AAA	福建省	综合

续表

排名	公司名称	得分	评级	省（自治区/直辖市）	所属证监会行业
20	山东省鲁信投资控股集团有限公司	47.96	AAA	山东省	综合
21	浙江省建设投资集团股份有限公司	47.95	AA	浙江省	建筑业
22	浙江省国有资本运营有限公司	47.87	AAA	浙江省	房地产业
23	广西交通投资集团有限公司	47.86	AA+	广西壮族自治区	建筑业
24	广西北部湾国际港务集团有限公司	47.74	AA+	广西壮族自治区	交通运输、仓储和邮政业
25	北京控股集团有限公司	47.64	AAA	北京市	综合
26	内蒙古高等级公路建设开发有限责任公司	47.63	AA+	内蒙古自治区	建筑业
27	上海国盛（集团）有限公司	47.29	AAA	上海市	综合
28	甘肃省国有资产投资集团有限公司	47.25	AAA	甘肃省	综合
29	湖南省建筑工程集团总公司	47.08	AA+	湖南省	建筑业
30	天津滨海新区建设投资集团有限公司	47.06	AAA	天津市	综合

资料来源：笔者根据相关资料整理计算获得。

全国前30位省级政府平台公司排名情况如表1-9所示，分值处于47.06分到52.18分之间，在各省中分布较为平均。排名中位于前列的如北京国有资本经营管理中心、上海城投控股股份有限公司具有较大的资产规模，北京国有资本经营管理中心的总资产规模更是达到了2.3万亿元，位列全国之冠，这反映出了这些公司在行业内举足轻重的地位以及对促进区域经济发展具有的重要作用，并且该公司的各项指标均处于合理区间之内，因此整体得分较高，排名靠前。

值得注意的是，排名第二位的上海城投控股股份有限公司的总资产仅为446亿元，资产规模在全国范围内的省级投融资平台仅处于中等水平，是位列省级排名第一位的北京国有资本经营管理中心的五十分之一。

分析其财务指标，可以发现，上海城投控股股份有限公司有较低的资产负债率，EBITDA 利息保障倍数较高，反映出公司有比较强的负债管理能力以及比较强的盈利能力，公司的现金流可对公司偿债提供有效保障，有较强的短期偿债能力，同时一个较低的资产负债率在长期有助于促进公司的资本增长。该公司在近几年快速发展，近三年的主营业务收入增长迅速，三年销售平均增长率达到 20%。与此同时，上海城投控股股份有限公司积极参与市政工程建设、园区开发、人才引进等公益性活动，取得了较为良好的社会贡献，因此综合来看，该公司在我们的综合评价中表现较好，排名靠前。

二、地市级 50 强

表 1-10　中国地市级政府投融资平台排名一览表

排名	公司名称	得分	评级	省（自治区/直辖市）	所属证监会行业
1	厦门象屿集团有限公司	47.41	AAA	福建省	综合
2	广州金融控股集团有限公司	46.35	AAA	广东省	金融业
3	深圳市地铁集团有限公司	45.36	AAA	广东省	交通运输、仓储和邮政业
4	厦门建发集团有限公司	45.13	AAA	福建省	综合
5	大连港集团有限公司	44.98	AAA	辽宁省	交通运输、仓储和邮政业
6	郑州航空港兴港投资集团有限公司	44.34	AA+	河南省	房地产业
7	厦门国贸控股集团有限公司	44.30	AAA	福建省	综合
8	厦门港务控股集团有限公司	44.17	AAA	福建省	交通运输、仓储和邮政业
9	深圳市投资控股有限公司	44.10	AAA	广东省	综合
10	北京金融街投资（集团）有限公司	43.77	AAA	北京市	房地产业
11	合肥市建设投资控股（集团）有限公司	43.56	AAA	安徽省	综合

续表

排名	公司名称	得分	评级	省（自治区/直辖市）	所属证监会行业
12	宜宾市国有资产经营有限公司	42.57	AAA	四川省	批发和零售业
13	滁州市城市建设投资有限公司	42.52	AA+	安徽省	建筑业
14	淮安市水利控股集团有限公司	42.44	AA+	江苏省	建筑业
15	厦门建发股份有限公司	42.32	AAA	福建省	批发和零售业
16	广州地铁集团有限公司	41.84	AAA	广东省	交通运输、仓储和邮政业
17	无锡产业发展集团有限公司	41.76	AAA	江苏省	综合
18	西安高新控股有限公司	41.74	AAA	陕西省	综合
19	上海陆家嘴金融贸易区开发股份有限公司	41.57	AAA	上海市	房地产业
20	武汉金融控股（集团）有限公司	41.36	AAA	湖北省	综合
21	鄂尔多斯市国有资产投资控股集团有限公司	41.26	AA+	内蒙古自治区	金融业
22	长沙市轨道交通集团有限公司	41.21	AAA	湖南省	建筑业
23	上海外高桥资产管理有限公司	41.13	AAA	上海市	综合
24	株洲市城市建设发展集团有限公司	41.11	AA+	湖南省	综合
25	江东控股集团有限责任公司	41.06	AA+	安徽省	建筑业
26	安庆市城市建设投资发展（集团）有限公司	41.04	AA	安徽省	综合
27	滁州市同创建设投资有限责任公司	40.99	AA	安徽省	综合
28	石家庄国控投资集团有限责任公司	40.97	AAA	河北省	房地产业
29	常州投资集团有限公司	40.84	AA	江苏省	综合
30	宁波开发投资集团有限公司	40.77	AAA	浙江省	电力、热力、燃气及水生产和供应业

续表

排名	公司名称	得分	评级	省(自治区/直辖市)	所属证监会行业
31	张家口通泰控股集团有限公司	40.76	AA	河北省	建筑业
32	珠海华发集团有限公司	40.74	AAA	广东省	水利、环境和公共设施管理业
33	陕西省西咸新区沣西新城开发建设(集团)有限公司	40.72	AA	陕西省	房地产业
34	马鞍山南部承接产业转移新区经济技术发展有限公司	40.71	AA	安徽省	房地产业
35	重庆市江北嘴中央商务区投资集团有限公司	40.69	AA+	重庆市	房地产业
36	合肥高新建设投资集团公司	40.65	AA	安徽省	建筑业
37	自贡高新国有资本投资运营集团有限公司	40.58	AA	四川省	建筑业
38	吉林市城市建设控股集团有限公司	40.55	AA+	吉林省	综合
39	昌吉州国有资产投资经营集团有限公司	40.50	AA+	新疆维吾尔自治区	建筑业
40	宁德市国有资产投资经营有限公司	40.45	AA	福建省	综合
41	宝鸡市投资(集团)有限公司	40.42	AA	陕西省	综合
42	杭州市城市建设发展有限公司	40.40	AA+	浙江省	建筑业
43	阜阳市建设投资控股集团有限公司	40.34	AA+	安徽省	建筑业
44	济南西城投资开发集团有限公司	40.34	AAA	山东省	建筑业
45	泉州市国有资产投资经营公司	40.34	AA+	福建省	建筑业
46	南京高科股份有限公司	40.33	AA+	江苏省	房地产业
47	凉山州国有投资发展有限责任公司	40.31	AA	四川省	综合
48	西安投资控股有限公司	40.30	AA	陕西省	综合

续表

排名	公司名称	得分	评级	省（自治区/直辖市）	所属证监会行业
49	宁波交通投资控股有限公司	40.30	AAA	浙江省	交通运输、仓储和邮政业
50	南宁新技术产业建设开发总公司	40.28	AA	广西壮族自治区	房地产业

资料来源：根据笔者整理计算获得。

全国参与排名的市级政府投融资平台共1125家，排名前50的市级公司见表1-10，分值位于40.28—47.41分之间。在排名前10位的公司中，来自厦门市的地方政府投融资平台就占据半数，厦门象屿集团有限公司更是排名第一。

通过分析其财务指标以及公司运营的特点，可以发现：厦门市政府投融资平台除了总资产普遍较高、盈利能力较强、经营杠杆合理等特点之外，更重要的是市场化程度较高。具体包括，公司积极推行企业管理制度改革、盈利和经营模式改革、人才培养和考核激励体系的改革，厦门各公司行业主要存在于完全竞争性领域，企业发展按市场化来运作，厦门各公司市场化收入占比较高，来源于政府的收入以及政府补贴比例很低，融资渠道广泛，均在公开市场上发行过一般中期票据、一般企业债、一般公司债、超短期融资券等。厦门公司的发展模式，可以作为我国地方政府投融资平台转型和发展的借鉴对象。

三、区县级100强

表1-11　中国区县级政府投融资平台排名一览表

排名	公司名称	得分	评级	省（自治区/直辖市）	所属证监会行业
1	绍兴市柯桥区国有资产投资经营集团有限公司	43.85	AA+	浙江省	综合
2	闽西兴杭国有资产投资经营有限公司	41.18	AA+	福建省	综合

续表

排名	公司名称	得分	评级	省（自治区/直辖市）	所属证监会行业
3	江苏武进经济发展集团有限公司	40.51	AA+	江苏省	建筑业
4	丹阳投资集团有限公司	40.38	AA	江苏省	建筑业
5	河源市润业投资有限公司	40.26	AA	广东省	建筑业
6	韩城市城市投资（集团）有限公司	40.24	AA	陕西省	建筑业
7	城发投资集团有限公司	40.16	AA+	山东省	建筑业
8	盐城市城南新区开发建设投资有限公司	39.88	AA+	江苏省	建筑业
9	杭州市萧山区国有资产经营总公司	39.80	AA+	浙江省	综合
10	江阴城市建设投资有限公司	39.71	AA+	江苏省	建筑业
11	江苏大丰海港控股集团有限公司	39.65	AA	江苏省	交通运输、仓储和邮政业
12	唐山曹妃甸发展投资集团有限公司	39.64	AA	河北省	建筑业
13	张家界市武陵源旅游产业发展有限公司	39.62	AA	湖南省	居民服务、修理和其他服务业
14	湘潭九华经济建设投资有限公司	39.58	AA	湖南省	建筑业
15	如东县东泰社会发展投资有限责任公司	39.51	AA	江苏省	综合
16	桐乡市城市建设投资有限公司	39.35	AA	浙江省	建筑业
17	义乌市国有资本运营有限公司	39.35	AA+	浙江省	综合
18	江苏金坛国发国际投资发展有限公司	39.34	AA	江苏省	建筑业
19	淮安清河新区投资发展有限公司	39.24	AA	江苏省	建筑业
20	义乌市市场发展集团有限公司	39.24	AA+	浙江省	批发和零售业
21	江苏华靖资产经营有限公司	39.16	AA	江苏省	金融业

续表

排名	公司名称	得分	评级	省（自治区/直辖市）	所属证监会行业
22	吴江经济技术开发区发展总公司	39.13	AA+	江苏省	建筑业
23	长兴交通投资集团有限公司	38.97	AA	浙江省	建筑业
24	江阴市公有资产经营有限公司	38.79	AA	江苏省	综合
25	绍兴市柯桥区中国轻纺城市场开发经营集团有限公司	38.74	AA+	浙江省	房地产业
26	盐城市盐都区国有资产投资经营有限公司	38.71	AA	江苏省	房地产业
27	杭州余杭创新投资有限公司	38.67	AA+	浙江省	建筑业
28	禹州市投资总公司	38.64	AA	河南省	房地产业
29	海宁市资产经营公司	38.57	AA+	浙江省	综合
30	南京扬子国资投资集团有限责任公司	38.48	AAA	江苏省	金融业
31	文登金滩投资管理有限公司	38.45	AA	山东省	建筑业
32	瀚蓝环境股份有限公司	38.37	AA+	广东省	电力、热力、燃气及水生产和供应业
33	平度市国有资产经营管理有限公司	38.31	AA	山东省	建筑业
34	南京新城科技园建设发展有限责任公司	38.15	AA	江苏省	建筑业
35	四川广安爱众股份有限公司	38.10	AA	四川省	电力、热力、燃气及水生产和供应业
36	府谷县国有资产运营有限责任公司	38.04	AA	陕西省	电力、热力、燃气及水生产和供应业
37	宁海县城投集团有限公司	38.02	AA	浙江省	综合
38	广东南海控股投资有限公司	38.02	AA+	广东省	电力、热力、燃气及水生产和供应业
39	丰县经济开发区投资发展有限责任公司	37.93	AA	江苏省	建筑业

续表

排名	公司名称	得分	评级	省（自治区/直辖市）	所属证监会行业
40	昆山创业控股集团有限公司	37.88	AA+	江苏省	综合
41	无锡锡东科技投资控股有限公司	37.83	AA+	江苏省	建筑业
42	安吉县资产经营有限公司	37.72	AA	浙江省	建筑业
43	余姚市城市建设投资发展有限公司	37.71	AA+	浙江省	建筑业
44	潍坊滨城投资开发有限公司	37.71	AA	山东省	综合
45	嘉善县国有资产投资有限公司	37.71	AA	浙江省	综合
46	瓦房店市国有资产经营管理中心	37.70	AA	辽宁省	综合
47	威海市文登区城市资产经营有限公司	37.65	AA	山东省	综合
48	即墨市城市开发投资有限公司	37.48	AA	山东省	房地产业
49	新沂市城市投资发展有限公司	37.46	AA	江苏省	建筑业
50	江苏筑富实业投资有限公司	37.31	AA	江苏省	房地产业
51	汝州市鑫源投资有限公司	37.29	AA	河南省	综合
52	南通苏通科技产业园控股发展有限公司	37.29	AA	江苏省	建筑业
53	苏州科技城发展集团有限公司	37.23	AA	江苏省	建筑业
54	芜湖县建设投资有限公司	37.23	AA	安徽省	建筑业
55	建湖县开发区建设投资有限公司	37.17	AA	江苏省	建筑业
56	都江堰兴市集团有限责任公司	37.11	AA	四川省	建筑业

续表

排名	公司名称	得分	评级	省(自治区/直辖市)	所属证监会行业
57	苏州市相城城市建设有限责任公司	37.11	AA	江苏省	建筑业
58	伟驰控股集团有限公司	37.04	AA	江苏省	房地产业
59	苏州市吴江城市投资发展有限公司	37.00	AA+	江苏省	金融业
60	大连德泰控股有限公司	36.99	AA+	辽宁省	建筑业
61	新疆润盛投资发展有限公司	36.98	AA	新疆维吾尔自治区	综合
62	如东县开泰城建投资有限公司	36.98	AA	江苏省	房地产业
63	浙江省德清县交通投资集团有限公司	36.92	AA-	浙江省	建筑业
64	山东任城融鑫发展有限公司	36.91	AA	山东省	建筑业
65	南京市浦口区国有资产投资经营有限公司	36.89	AA	江苏省	综合
66	张家港市金城投资发展有限公司	36.88	AA+	江苏省	综合
67	临汾市尧都区投资建设开发有限公司	36.83	AA-	山西省	建筑业
68	高密市国有资产经营投资有限公司	36.80	AA	山东省	建筑业
69	长沙开福城市建设投资有限公司	36.80	AA	湖南省	建筑业
70	台州市路桥公共资产投资管理有限公司	36.80	AA	浙江省	综合
71	大冶市城市建设投资开发有限公司	36.77	AA	湖北省	建筑业
72	厦门海沧投资集团有限公司	36.74	AA+	福建省	综合
73	东港市城市建设投资有限公司	36.70	AA-	辽宁省	房地产业
74	溧阳市城市建设发展有限公司	36.69	AA	江苏省	综合

续表

排名	公司名称	得分	评级	省（自治区/直辖市）	所属证监会行业
75	杭州余杭城市建设集团有限公司	36.64	AA+	浙江省	建筑业
76	厦门思明国有控股集团有限公司	36.60	AA	福建省	房地产业
77	扬中市城市建设投资发展总公司	36.60	AA	江苏省	建筑业
78	诸城市经济开发投资公司	36.59	AA	山东省	综合
79	沭阳金源资产经营有限公司	36.57	AA	江苏省	综合
80	大连普湾工程项目管理有限公司	36.56	AA+	辽宁省	建筑业
81	肥城市城市资产经营有限公司	36.53	AA	山东省	建筑业
82	繁昌县建设投资有限公司	36.49	AA	安徽省	建筑业
83	太原国有投资集团有限公司	36.39	AA+	山西省	建筑业
84	东台市国有资产经营有限公司	36.38	AA	江苏省	综合
85	伊宁市国有资产投资经营有限责任公司	36.32	AA	新疆维吾尔自治区	房地产业
86	桂林新城投资开发集团有限公司	36.30	AA	广西壮族自治区	房地产业
87	南通市崇川城市建设投资有限公司	36.30	AA	江苏省	房地产业
88	淄博高新技术产业开发区国有资产经营管理公司	36.24	AA	山东省	建筑业
89	北票市建设投资有限公司	36.24	A+	辽宁省	房地产业
90	常州市金坛区建设资产经营有限公司	36.24	AA	江苏省	综合
91	东台市交通投资建设集团有限公司	36.19	AA	江苏省	建筑业

续表

排名	公司名称	得分	评级	省(自治区/直辖市)	所属证监会行业
92	江苏洋口港建设发展集团有限公司	36.18	AA	江苏省	交通运输、仓储和邮政业
93	江苏联峰实业股份有限公司	36.17	AA-	江苏省	批发和零售业
94	贵州宏财投资集团有限责任公司	36.15	AA	贵州省	建筑业
95	高邮市经济发展总公司	36.13	AA	江苏省	建筑业
96	西安市浐灞河发展有限公司	36.11	AA	陕西省	建筑业
97	常州钟楼经济开发区投资建设有限公司	36.10	AA	江苏省	建筑业
98	扬中市交通投资发展有限公司	36.09	AA	江苏省	交通运输、仓储和邮政业
99	昆山高新集团有限公司	36.07	AA+	江苏省	建筑业
100	马鞍山市花山区城市发展投资集团有限责任公司	36.06	AA	安徽省	建筑业

在全国参与排名的602家县级地方政府投融资平台中，排名前100的公司(见表1-11)，分值位于36.06—43.85分之间，在各地区分布中，江苏省入选公司居于榜首，浙江省排名第二，山东省排名第三，其他各省份公司入选数量均不到10家。

江苏省以绝对的优势领先全国其他省份，有其深刻的内在原因。其一，江苏省的区县经济实力较强，往往其一个县级地区的经济实力已经接近其他省份的市级地区的经济实力。地方政府有较强的财政实力，可以给地方政府投融资平台带来更多的补贴收入，偿债能力也更有保证。其二，江苏省地处沿海，国有企业市场化程度相对较高，企业运营决策主要以市场为导向，在市场化运营指标上相对其他省份有更高的得分。

综合分析入选前100名公司，在财务效益方面，上述公司的总资产报酬率表现较好，公司的主营业务利润率较高，确保公司可以达到较高的利润水平；在资产运营方面，公司利用资产的能力水平参差不齐，但总体均能保证公司净资产的不断积累；在发展能力方面，以上地方政府投融资平台同样在总资产增长率和销售增长率上表现较好，但仍与省级、市级公司存在差距。

第六节　地方政府投融资平台转型分析

一、地方政府投融资平台历史的功与过

（一）地方政府投融资平台债务的形成是历史遗留的产物

近年来地方政府债务的迅速膨胀受到监管层的密切关注，最近半年来国家连续下发“88 号文”、“50 号文”及“87 号文”等来规范地方政府及融资平台融资问题。地方融资平台的发展，为国家的基础设施建设作出了重要的贡献，但同时也形成了大量的隐性债务。可以说地方融资平台债务的形成是历史遗留的产物，主要基于两个主要的背景：一是 1994 年分税制改革后，中央极大地压缩了地方的税收分成，但土地收益划给了地方政府，债务大部分由地方承担。二是自改革开放后，中国经济经历快速发展的时期，地方政府“政绩锦标赛”现象非常明显，只有融到资，地方政府才有进一步发展的空间，地方政府及融资平台债务应运而生。

地方政府投融资平台成为土地财政信用创造的最重要载体。新中国成立以来的很长一段时间，依靠农业部门补贴工业部门的方式建立了近代的工业体系。但在改革开放以后，农业补贴工业部门的方式较为乏力。20 世纪 90 年代以后，深圳、厦门等经济特区开始效仿香港，通过出让城市土地使用权的方式为基础设施融资，即土地财政模式。在 1998 年房改和 2003 年建立土地招拍挂制度以后，中国的土地财政制度不断完善。土地财政的信用制度在于：资本作为抵押品，原始资本（基础设施）积累——创造税收——再抵押——自我循环，加速积累。而融资平台是土地财政信用创造的主要载体，也是地方政府债务的主要形成方。从本质上来看，中国的土地财政是通过出售土地未来的增值，为城市公共服务进行一次性的投融资。地方政府出售土地的本质也是直接销售未来的公共

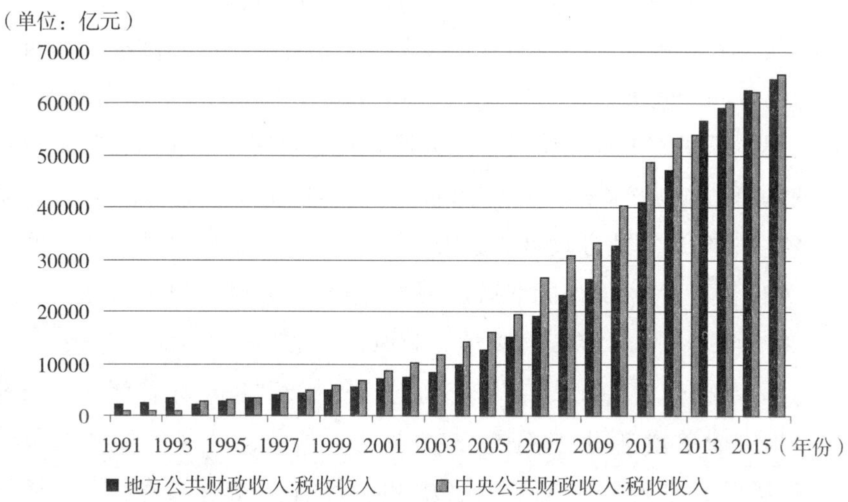

图 1-16　分税制改革后中央税收高于地方税收

资料来源:wind 数据库。

服务。在地方政府的资产负债表上,土地收益是负债,而税收是收益。

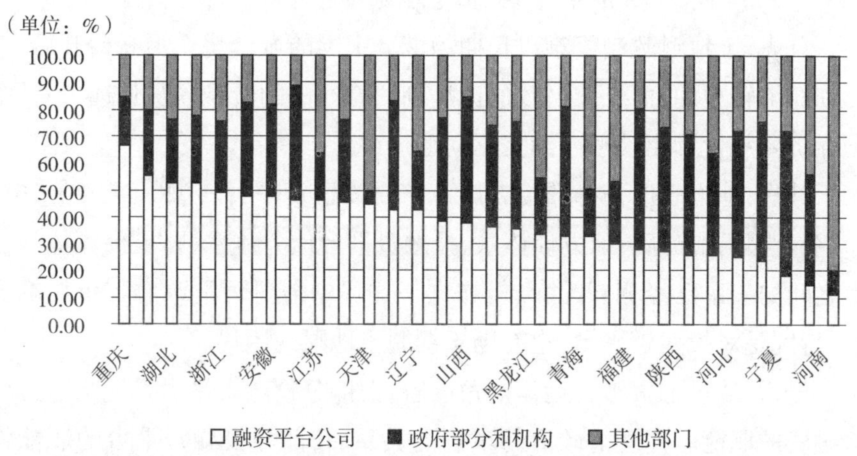

图 1-17　地方政府投融资平台债务占比情况

资料来源:根据审计署公开资料整理获得。

（二）地方政府投融资平台的困境

既然地方投融资平台是土地信用创造的载体,承担着重要的投融资功能,地方投融资平台的发展对拉动地方经济增长有非常重要的作用。

积极的因素在于：第一，快速拉动了当地经济的发展，特别是在固定资产投资方面；第二，带动了相关产业的发展，以基建作为核心，地产、建筑等上下游行业联动发展。但依靠土地财政的信用创造也造成了重要弊端。一是宏观债务率的上升。城投公司为地方政府解决了过去财权与事权不匹配的困境，为地方基础建设作出了重要贡献，但确实造成地方债务飙升。截止到2015年地方政府债务限额为16万亿元，相比过去几年明显增长。加上责任尚未清晰的非政府债务，隐性债务增长更加迅速。正因如此，2015年全国人大常委会将地方政府债务率（地方政府债务余额/综合财力×100%）作为警戒线，部分省份已经超标，这将意味着部分省份即使通过地方债举债空间也有限。二是地方政府投融资平台模式简单粗暴，给后续发展埋下隐患，当前的地方政府投融资平台主要存在三大矛盾（治理结构矛盾、体制改革矛盾、运作经验矛盾）和四大问题（合力方向问题、发展源头问题、机制保障问题和能力储备问题）。这都是地方政府债务处理和地方政府投融资平台市场化转型的主要关注点。

（三）地方融资平台转型迫在眉睫

首先，土地财政制度难以长期为继。中国的城镇化率不断抬升后，正面临经济转型期，而土地财政的诟病制约着经济的转型。从长远来看，中国经济要从投资驱动型向消费驱动型过渡。

其次，地方政府债务监控客观上需要投融资平台转型。虽然在2014年“43号文”出台后，地方债体系、投融资平台债务体系、财税预算体系三者之间的关系已经相互配套，但在这一过程中需要理清政府与市场的关系，特别是对投融资平台，也有助于摆脱土地财政困局。

最后，从投融资平台运作的角度看，大部分投融资平台是充当地方政府融资的职能。在理清政府与市场的关系后，部分投融资平台的职能将逐步弱化，转型为地方国有企业或者退出历史舞台。

二、地方政府投融资平台转型分析

（一）投融资平台转型是国企改革的一部分

本轮深化国企改革为第五轮改革，前四轮改革主要是：（1）1978—1986

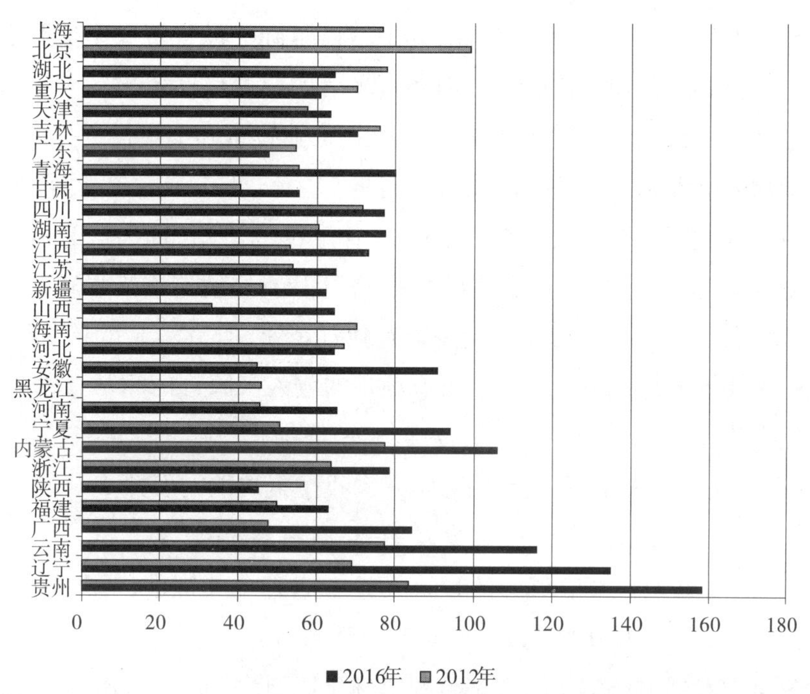

图 1-18 各省地方政府债务率比较

资料来源:根据公开资料整理获得。

年的经营权改革时代,主要是强调放权让利,以经营层面上的改革为主。(2)1987—1992 年的经营权、所有权改革并存时代,主要推进股份制公司改革。(3)1993—2002 年的现代企业制度改革时代,推进国有控股企业实行公司制改革。(4)2002—2013 年的监管体制改革时代,成立国资委实行"政企分开、政资分开、经营权和所有权分开"。党的十八届三中全会对国企改革和国有资产管理体制改革作出了总部署和指引,并发布了《中共中央、国务院关于深化国有企业改革的指导意见》,标志着第五轮国企改革拉开序幕。

国企改革的两大主要类型:资本运营平台型国企和产业经营平台型国企。其中,资本运营平台型国企定位于以政府出资人的身份管理各类投资主体,更多是以财务投资者身份履行管理责任,重点是实现资产证券化。而产业经营平台型国企,除了代表出资人身份外,同时履行对具体企业的经营管理责任,重点是企业的市场化经营能力的培育。

从功能上看,投融资平台兼并着城市基础建设投资、城市运营、产业投资、金融投资、土地开发等功能,其中城市基础建设投资和土地开发为最主要的功能,公益性比较强。而融资平台的改革要向资本运营平台和产业经营平台转变,则需要增加城市运营、产业投资和金融投资方面的职能,增加公益性和准公益性的项目比例。

在现实经营中,融资平台普遍面临着定位不清晰、资产盈利能力较差、融资渠道单一、专业化经营人才匮乏的问题,这就造成诸多转型的困难。例如,尽管平台公司名义上是国有独资企业,但事实上是介于行政、事业、企业性质之间的混合体。没有稳定的收入来源,自身不具备偿债能力,完全依靠政府财政安排的还贷准备金,增加财政还贷压力,这种状况是平台发展的巨大障碍,最终将影响平台投融资功能的发挥。

(二)各项政策在积极促使融资平台转型发展

43 号文在地方政府债务的顶层设计中起到了关键的作用,而 88 号文在遵循 43 号文原则的基础上,对政府债务进行"新老划断"。43 号文和 88 号文对地方政府投融资平台的市场化转型均有涉及。而"50 号文"在地方政府融资担保清理整改、加强融资平台融资管理、政府与社会资本方的合作行为、健全规范的地方政府举债融资机制、跨部门联合监测和防控机制、信息公开等方面作出了详细规定(见表 1-12),为投融资平台和 PPP 实现市场化运作奠定基础。

表 1-12 50 号文对地方政府及融资平台、PPP 的监管要求

监管要求	主要内容
地方政府融资担保清理整改	①组织一次地方政府及其部门融资担保行为摸底排查;②全面改正地方政府不规范的融资担保行为;③应当于 2017 年 7 月 31 日前清理整改到位
加强融资平台融资管理	①地方政府不得将公益性资产、储备土地注入融资平台,不得承诺将储备土地预期出让收入作为融资平台偿债资金来源,不得利用政府性资源干预金融机构正常经营行为。②融资平台在境内外举债融资时,应当向债权人主动书面声明不承担政府融资职能,并明确自 2015 年 1 月 1 日起其新增债务依法不属于地方政府债务。③金融机构为融资平台等企业提供融资时,不得要求或接受地方政府及其所属部门以担保函、承诺函、安慰函等任何形式提供担保

续表

监管要求	主要内容
政府与社会资本方的合作行为	地方政府不得以借贷资金出资设立各类投资基金，严禁地方政府利用PPP、政府出资的各类投资基金等方式违法违规变相举债
健全规范的地方政府举债融资机制	①地方政府及其所属部门不得以文件、会议纪要、领导批示等任何形式，要求或决定企业为政府举债或变相为政府举债。②地方政府及其所属部门不得为任何单位和个人的债务以任何方式提供担保，不得承诺为其他任何单位和个人的融资承担偿债责任。③允许地方政府结合财力可能设立或参股担保公司(含各类融资担保基金公司)，构建市场化运作的融资担保体系，鼓励政府出资的担保公司依法依规提供融资担保服务，地方政府依法在出资范围内对担保公司承担责任
跨部门联合监测和防控机制	①建设大数据监测平台，统计监测政府中长期支出事项以及融资平台公司举借或发行的银行贷款、资产管理产品、企业债券、公司债券、非金融企业债务融资工具等情况。②对金融机构违法违规向地方政府提供融资、要求或接受地方政府提供担保承诺的，依法依规追究金融机构及其相关负责人和授信审批人员责任
信息公开	公开政府购买服务决策主体、购买主体、承接主体、服务内容、合同资金规模、分年财政资金安排、合同期限、绩效评价等内容

三、地方政府投融资平台转型案例分析

(一) 融资平台转型需有不同的阶段

随着融资平台承担地方政府融资功能的逐步弱化和历史责任的逐步结束，加之在地方政府债务管理的环境下，地方政府融资平台转型势在必行。融资平台转型的模式，从各地地方政府投融资平台的发展实践看，优秀投融资平台的发展一般需要经历三个阶段的跨越，最终实现从单纯的“土地运作模式”跨越至“产业经营与资本运营两翼齐飞模式”，这也是地方政府投融资平台最为理想的转型模式。

转型第一阶段：转型为政府服务、专业投融资平台。地方政府债的发行权集中于省级政府，省级以下政府的融资能力可能更多地取决于其与

省政府的谈判能力及当地的经济实力。所以,未来地市级政府发展离不开地方政府投融资平台。在新形势下,政府给予更多支持以实现转型:

第一,注入优质资产,提升资信。注入更多优质的能够变现或有稳定收益的资产或项目,为其提供增信措施或隐性担保,提高其资信等级,便于其社会融资。

第二,按照《公司法》要求,完善法人治理结构。改制重组和完善法人治理结构,以提升其市场化经营能力及资产质量和偿债能力。

第三,统筹协调好"投"和"融"两方面,即"政府的事必须执行,但账要算清楚",确保偿付轻松。

第四,在政府依赖投融资平台的基础上,逐步接管城市运营管理工作,提升投融资平台的盈利能力。

转型第二阶段:产融结合的综合性集团。城投公司发展的最优途径就是产融结合——成为一个市场化运用的实业运营、资本运作的综合集团。

第一,必须是区域内核心国有企业,对政府把控的资源有一定垄断性;比如土地一级和二级联动开发,进行旧房改造或保障房、公租房、廉租房等公益性住房的建设;或建立产业园区,成为园区管理公司,通过为园区内企业的服务和地方税收返回来获得收益。

第二,利用其资本收益参与设立产业引导基金或并购基金,发展其他产业,或参股实体企业或金融机构(如小额贷款、金融租赁、担保公司等多种金融业态),进行多元业务发展,让金融服务于实业运营管理,可让小贷公司成为对外合作的抓手。

第三,培育或收购一个上市公司,这有助于资产证券化和资产变现,能够成为地方政府化解历史债券的抓手。

地方政府投融资平台经过一定时期的发展,业务一般可分为三类:公益性、准公益性和经营性业务,三者既相互支撑,又有各自的独特管理重点和要求。地方政府投融资平台的转型,实现纯粹的城市基础设施建设和土地开发职能向城市运营、产业投资、金融投资职能的过渡,需逐步减弱公益性项目比例,增加公益性和经营性项目比例。从已经在逐步实现转型的上海城投、杭州城投、云南城投、滁州城投、盐城国资等均出现相类似的特征。

（二）融资平台转型案例分析

1.“马鞍山城投”改制为“江东控股”

马鞍山市城市发展投资集团有限责任公司是马鞍山市在原马鞍山市建设投资有限公司的基础上，联合马鞍山市工业投资公司、马鞍山市城发集团资产经营管理有限责任公司（现名为安徽普邦资产经营有限公司）等城投和平台组建的马鞍山市基础设施建设的投融资主体和国有资产运营主体，业务涵盖城市基础设施项目及大型公建项目的投融资、建设与运营管理；工业、能源、交通、金融等国有资产运营和管理；燃气、供水、公交等城市公用事业的建设和运营；国有土地整理开发；以及其他产业投资业务。

马鞍山城投拥有全资子公司资产经营公司、工业投资公司、普邦担保公司、高新创投公司、城投置业公司、基础设施建设公司、物业公司和土地分中心8家；拥有山鹰集团、星马集团、南湖宾馆、港华燃气、中北巴士、首创水务、港口集团、十七冶等授权经营和参（控）股企业34家。

马鞍山城投是首家地方城市投融资平台创新改制而成的普通国企。2014年5月20日，马鞍山城投发布公告，将公司名称更名为江东控股集团有限责任公司（简称“江东控股”）。集团分设8个事业部（金融事业部、土地开发事业部、房地产开发事业部、投资管理事业部、市政公用事业部、基础设施事业部、资产运营事业部和文化旅游集团）。

马鞍山城投能够顺利实现改制，主要得益于经营性业务收入比重的不断上升。根据2013年第三季度的财报情况，经营性收入占比达到了74%（这是顺利实现改制的重要前提）、土地整理开发收入（21%）、政府项目回购收入（5%）。即意味着该地方政府投融资平台在向普通国企改制时已经具备了依靠自身项目现金流运作的基础。截至2015年年底，各项收入占比汽车制造达到49%、公共服务类收入15%、基础设施建设7%、土地整理5%和其他业务24%。

2.“亳州建投”改制为“建安投资控股”

亳州建设投资集团有限公司成立于2002年9月,是亳州市政府直属的国有独资公司,也是当地最大的政府融资平台,其主要职能是负责城市建设资金的筹措和投入,同时承担土地开发、经营和国有资产经营、保值增值任务。经营产业涉及土地整理、保障房建设、房地产开发、公用事业经营和类金融业务。

2014年6月底,在亳州市委、市政府主导下,亳州建投通过对市国资委管理的文化旅游公司、地产公司、交投公司、公交公司、保安公司进行整合,组建了建安投资控股集团有限公司(简称“建安集团”)。整合之后,建安集团是亳州市最大的国有企业,成为亳州市除古井集团外整合所有亳州市属国有企业的平台。拥有全资子公司11家、控股子公司12家、参股子公司9家、三级子公司36家的国有投资控股集团公司。

3. 上海城投、上海同盛、上港集团资产重组

上海城投(集团)2014年年底由上海城投总公司改制成立。根据上海国资改革20条意见的相关规定,上海城投集团是专业从事城市基础设施投资、建设、运营管理的特大型国有企业集团,实行改制后上海城投集团将成为整个城投集团顶层的控股型国有独资公司,主要下辖路桥、水务、环境等专业化的大型产业集团,以及上海中心等直管企业,参股绿地、光明、申通、国泰君安等大型企业。

上海同盛投资(集团)于2002年4月1日成立,由上海市国有资产监督管理委员会、上海国际(集团)有限公司、上海国有资产经营有限公司共同出资组建。2015年2月25日,上海同盛发布公告,根据上海市政府对公司的整体改革方案的批示精神,公司拟将下属三家子公司上海同盛内河航道建设发展有限公司、上海同盛大桥建设股份有限公司和上海同盛城北置业有限公司的100%股权无偿划转给上海城投。上述产权划转以2014年12月31日经审计账面净资产值为依据,合计人民币168.98亿元。

除了上海同盛将三家子公司股权无偿划转给上海城投(集团)外,上海国资委控股的上市公司上海国际港务(集团)股份有限公司在2014年

11 月公告拟现金收购上海同盛持有的 6 家公司股权，2015 年 1 月上港集团公告上海国资委拟将其持有的 5.61%股权无偿划转给上海城投（集团）。

实现资产重组后，业务模式发生变化：(1)同盛集团除持有上港集团股权外，主营业务范围主要是东海大桥与洋山深水港区工程建设及综合开发经营。(2)原内河航道和疏浚等公益性业务随相关资产一并划入上海城投（集团），而其他经营性资产则进入上港集团。

（三）融资平台转型思考

地方政府投融资平台实现转型不能一蹴而就，一步到位不太现实。因为诸多平台在发展初期都是承担了地方政府融资的职能，所做项目完全靠项目自身现金流盈利不太现实，所以要求投融资平台短期内全部实现市场化转型存在现实中的困难。只要地方政府城市基础设施建设的职能未被剥离，在政府职能转变和财税体制改革的大框架下，仍然需要平台这一载体，这涉及财政预算体系改革的长远问题。

PPP 发展与投融资平台转型存在一定冲突。“43 号文”和“50 号文”核心是让平台不要给地方政府造成太多的债务压力，都要求平台转型，也要求 PPP 实现市场化运作。平台转型，理论上要先由政府把一些能够实实在在运营的公司或项目给平台公司，现在 PPP 通常好的项目是热力公司、污水处理、城市交通等，好的项目反而给社会资本，地方政府投融资平台在市场化转型中不占优势，再加上现行要求下政府不允许在 PPP 项目融资中占大股份，也就是说地方政府投融资平台是没办法实现并表，在实际运营过程中平台转型面临压力，因为优质项目都已经给社会资本。所以每个地方政府在推进 PPP 发展和投融资平台转型时需衡量两者之间的利弊，如何实现资源利用最大化。

地方政府投融资平台转型的可能结果是夹在政府与市场化运作的过程中。如果短期内快速剥离融资城投的职能，可能会加大地方政府投融资平台的投融资压力，反而爆发平台的信用风险，这对转型极为不利。应该要逐步加大地方政府投融资平台的经营性和准公益性项目运作比例，逐步实现由政府职能向市场化运作转变。

第二章　北部沿海综合经济区重点省市地方政府投融资平台发展状况

第一节　北京市地方政府投融资平台发展状况

一、北京市经济财政状况

（一）北京市经济发展情况

1. 北京市经济产出情况

根据公开统计数据显示，北京市 2016 年全年实现地区生产总值 24899. 3 亿元，比上年增长 6. 7%。其中，第一产业增加值 129. 6 亿元，下降 8. 8%；第二产业增加值 4774. 4 亿元，增长 5. 6%；第三产业增加值 19995. 3 亿元，增长 7. 1%。三次产业构成由上年的 0. 6 ∶ 19. 7 ∶ 79. 7，调整为 0. 5 ∶ 19. 2 ∶ 80. 3①。2012 年以来历年地区生产总值及增长速度见图 2-1。

按常住人口计算，2016 年北京市全市人均地区生产总值达到 11. 5 万元②。如图 2-2 所示，2012—2016 年北京市人均地区生产总值呈现出稳定增长的趋势。

2016 年北京市文化创意产业实现增加值 3570. 5 亿元，比上年增长 12. 3%；占地区生产总值的比重为 14. 3%，比上年提高 0. 5 个百分点。高

---

① 北京统计信息网，http://tjzb. bjes. gov. cn/tjsj/tjgb/ndgb/201702/t20170227_369467. html。

② 北京统计信息网，http://tjzb. bjes. gov. cn/tjsj/tjgb/ndgb/201702/t20170227_369467. html。

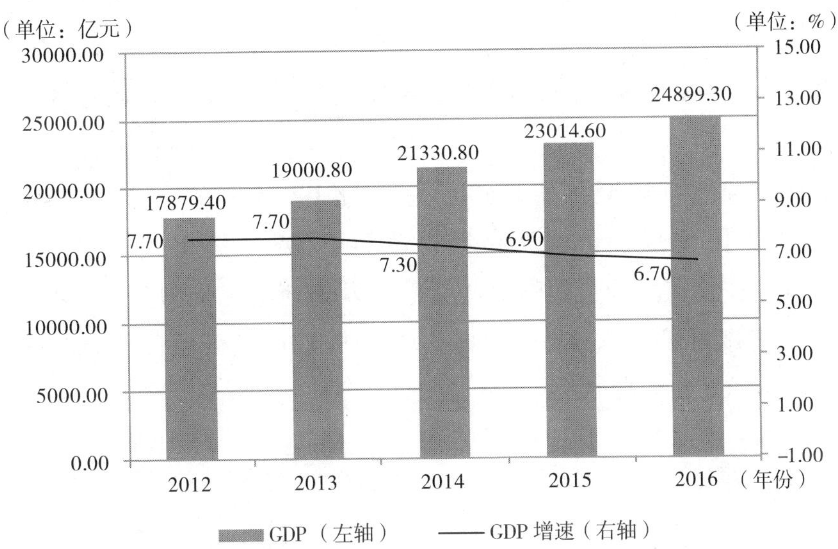

图 2-1　2012—2016 年北京市地区生产总值及增长速度

资料来源：北京统计信息网。

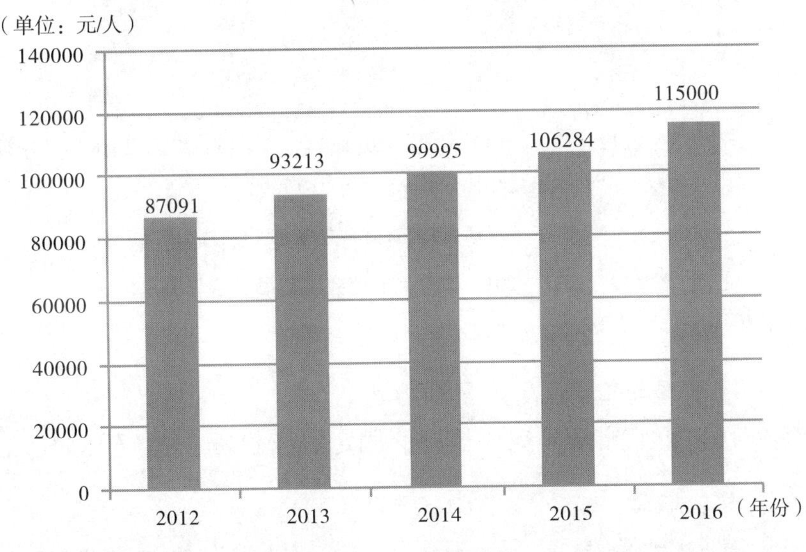

图 2-2　2012—2016 年北京市人均地区生产总值

资料来源：北京统计信息网。

技术产业实现增加值 5646.7 亿元，增长 9.1%；占地区生产总值的比重为 22.7%，比上年提高 0.2 个百分点。信息产业实现增加值 3797.6 亿元，增长 10.1%；占地区生产总值的比重为 15.3%，比上年提高 0.3 个百分点①。

2016 年北京市全年实现市场总消费 19926.2 亿元，比上年增长 8.1%。其中，实现社会消费品零售总额 11005.1 亿元，增长 6.5%②。2012 年以来历年的社会消费品零售总额及增速情况见图 2-3。可以看出，社会消费品零售总额稳定增长，增长率从 2013 年开始缓慢下滑，但是增长率依旧处在较高的水平。

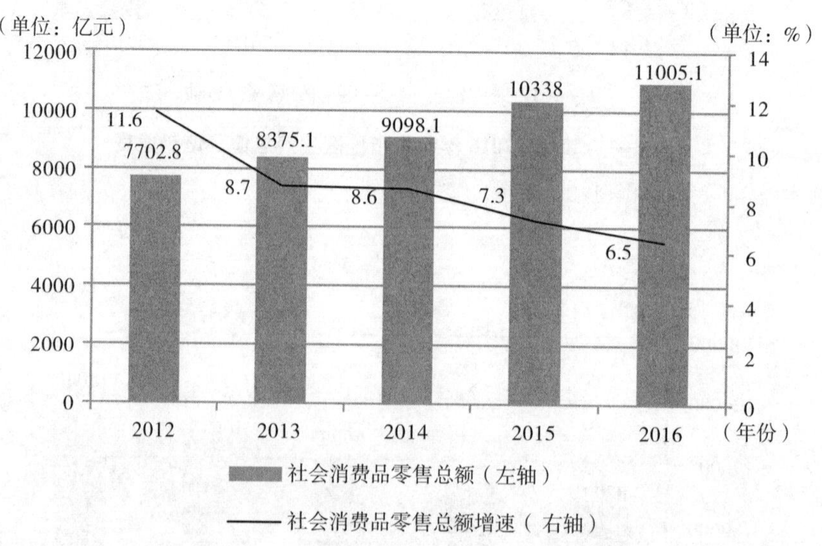

图 2-3 2012—2016 年北京市社会消费品零售总额及增速

资料来源：北京统计信息网。

2. 北京市固定资产投资情况

2016 年北京市全年完成全社会固定资产投资 8461.7 亿元，比上年

① 北京统计信息网，http://tjzb.bjes.gov.cn/tjsj/tjgb/ndgb/201702/t20170227_369467.html。

② 北京统计信息网，http://tjzb.bjes.gov.cn/tjsj/tjgb/ndgb/201702/t20170227_369467.html。

增长 5.9%。其中,完成基础设施投资 2399.5 亿元,增长 10.3%。从基础设施投资投向上看,交通运输投资 973 亿元,所占比重为 40.6%;公共服务业投资 643.8 亿元,所占比重为 26.8%,完成民间投资 2766 亿元,下降 5.6%①。

分产业看,北京市 2016 年第一产业固定资产投资 99.8 亿元,比上年下降 10.1%;第二产业投资 722.9 亿元,增长 6.8%;第三产业投资 7639 亿元,增长 6.1%②。

从图 2-4 可以看出,北京市全社会固定资产投资增速虽然在 2014 年小幅下滑,但是从 2015 年开始回升,并稳定上升,预计未来几年内会继续上升。

(二) 北京市地方财政情况

2016 年北京市完成一般公共预算收入 5081.3 亿元,比上年增长 7.6%。其中,增值税 1214.3 亿元,增长 69.6%;营业税 584.4 亿元,下降 50.7%;企业所得税和个人所得税分别为 1095.2 亿元和 571.3 亿元,分别增长 6.9%和 19.5%。一般公共预算支出 6406.7 亿元,增长 11.4%。其中,用于住房保障、节能环保、交通运输、城乡社区的支出分别增长 200%、19.8%、19.6%和 12.5%(见图 2-5 和图 2-6)。③

从图 2-5、图 2-6 可以看出,2012 年以来北京市财政收入稳定上升,同时一般公共预算支出也保持着上升趋势。不仅一般公共预算的数量在增加,一般公共预算收入中税收收入的比重也呈现出逐年增加的趋势,说明财政收入的质量在提高。

① 北京统计信息网,http://tjzb.bjes.gov.cn/tjsj/tjgb/ndgb/201702/t20170227_369467.html。

② 北京统计信息网,http://tjzb.bjes.gov.cn/tjsj/tjgb/ndgb/201702/t20170227_369467.html。

③ 北京统计信息网,http://tjzb.bjes.gov.cn/tjsj/tjgb/ndgb/201702/t20170227_369467.html。

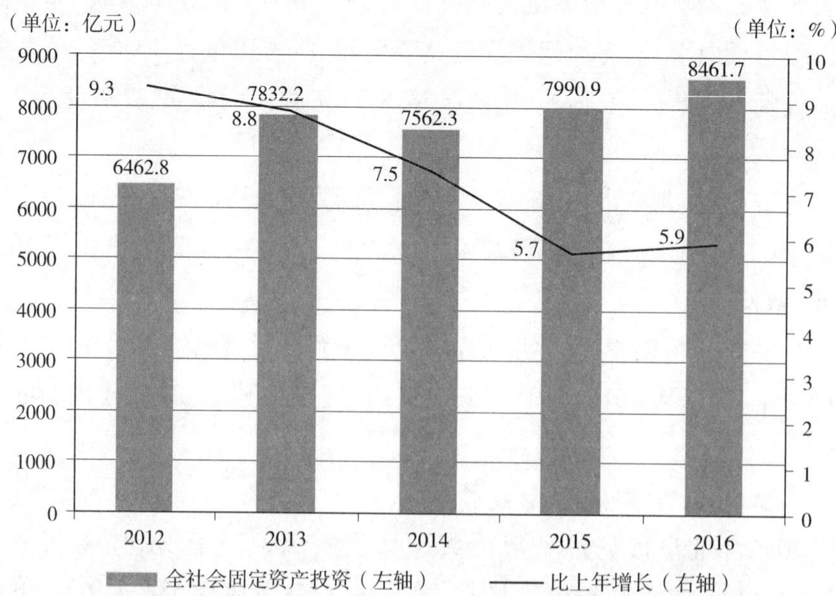

图 2-4　2012—2016 年北京市全社会固定资产投资及增长速度

资料来源:北京统计信息网。

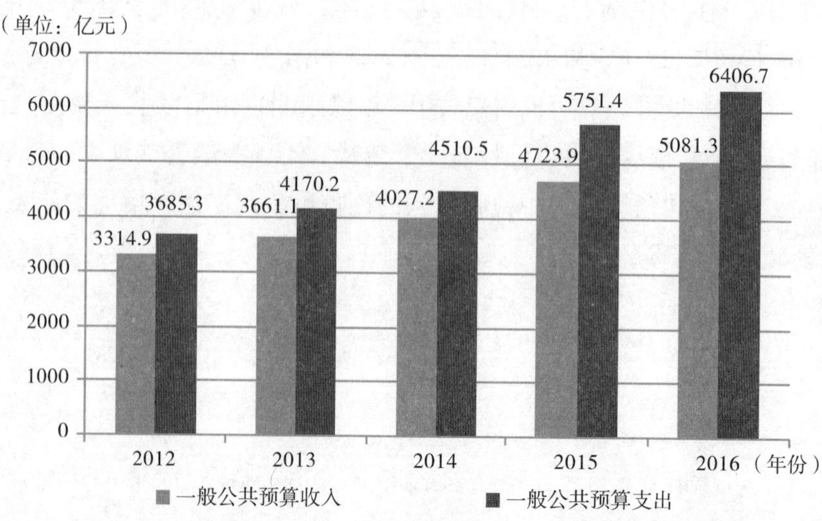

图 2-5　2012—2016 年北京市一般公共预算收入与一般公共预算支出

资料来源:北京统计信息网。

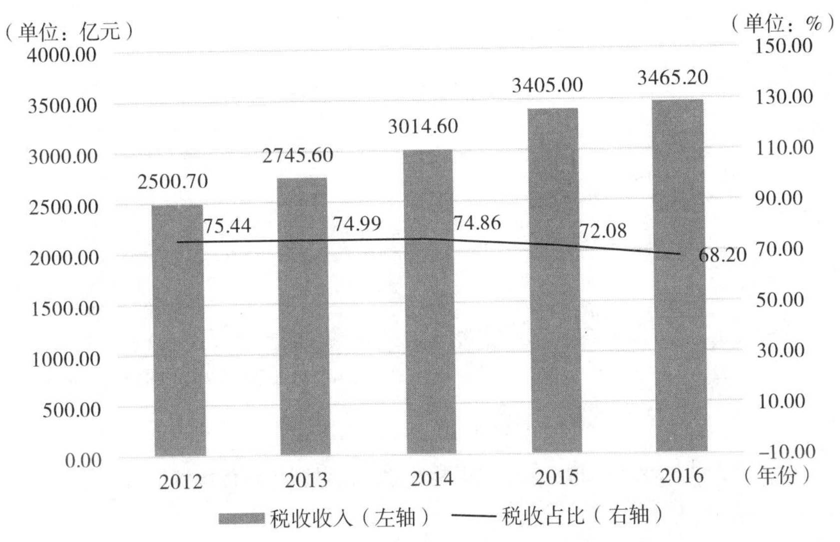

图 2-6　2012—2016 年北京市财政收入结构

资料来源：北京统计信息网。

二、北京市地方政府投融资平台发展情况

（一）北京市地方政府投融资平台发债情况

北京市地方政府投融资平台发行的第一只债券是“2002 年北京市首都公路发展集团有限公司债券”，于 2002 年 5 月 29 日发行，当年只发行了 1 只债券。2004 年 12 月 15 日，北京市基础设施投资有限公司发行了“2004 年北京市基础设施投资有限公司债券”，简称“04 京地铁（柜台）”，此后北京市的地方政府投融资平台发行的债券规模呈现逐年上升的趋势。截至 2016 年年底，北京市地方政府投融资平台共发行 359 只债券，累计发行规模 6186. 90 亿元①。具体情况见图 2-7。

从图 2-7 可以看出，2008 年北京市地方政府投融资平台发行的债券规模实现了巨大的飞跃，之后继续保持稳定上升的趋势，个别年份出现略微下降的现象。这与北京市政府加大固定资产投资，特别是“加强基础设施建设工作，深入实施基础设施建设攻坚战”的工作目标有关。

① 资料来源：wind 数据库。

图 2-7　2002—2016 年北京市地方政府投融资平台债券发行情况

资料来源：wind 数据库。

下面从债券期限和债券类型两个维度对北京市地方政府投融资平台债券的发行情况进行介绍。

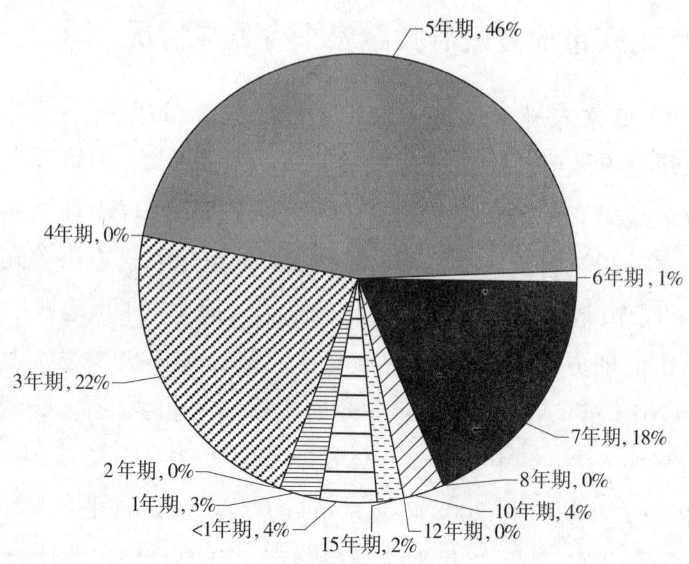

图 2-8　2012—2016 年北京市地方政府投融资平台债券期限分布情况

资料来源：wind 数据库。

从图 2-8 可以看出，北京市地方政府投融资平台历年发行的债券以 5 年期为主，占比 46%，其次多的是 3 年期和 7 年期，分别占比 22% 和

18%，其余期限的债券发行较少。

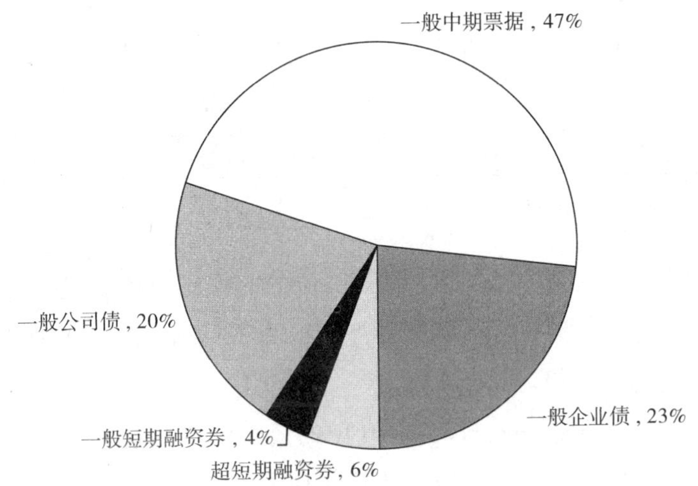

图 2-9　2012—2016 年北京市地方政府投融资平台债券类型分布

资料来源：wind 数据库。

从图 2-9 可以看出，北京市各地方政府投融资平台历年发行的债券以一般中期票据为主，占比达 47%，其次是一般企业债，占比 23%，一般公司债，占比 20%。

（二）北京市市级地方政府投融资平台发展情况分析

表 2-1　北京市市级地方政府投融资平台排名一览表

排名	公司名称	得分	评级	所属证监会行业
1	北京国有资本经营管理中心	52.18	AAA	综合
2	北京京能电力股份有限公司	48.42	AAA	电力、热力、燃气及水生产和供应业
3	北京控股集团有限公司	47.64	AAA	综合
4	北京城建集团有限责任公司	46.97	AAA	建筑业
5	北京能源集团有限责任公司	46.19	AAA	电力、热力、燃气及水生产和供应业
6	北京首都创业集团有限公司	45.71	AAA	综合
7	北京市国有资产经营有限责任公司	45.64	AAA	综合

续表

排名	公司名称	得分	评级	所属证监会行业
8	北京市基础设施投资有限公司	45.21	AAA	交通运输、仓储和邮政业
9	北京市保障性住房建设投资中心	45.18	AAA	金融业
10	北京住总集团有限责任公司	44.49	AA+	房地产业

资料来源:根据笔者整理计算获得。

根据数据统计和计算表格,排名第一位的北京国有资本经营管理中心的总资产高达2.3万亿元,同时,其净资产为7814亿元,而其他9家公司的净资产均为百亿级。

从财务效益来看,首先,排名前10位的公司资产收益率和总资产报酬率均为正,说明这些公司在2016年均实现了正的收益。在盈余现金保障倍数方面,排名前10位的公司均为正,但北京城建集团有限责任公司和北京市国有资产经营有限责任公司这两家公司的盈余现金保障倍数小于1,说明这些企业经营活动所产生的利润对现金的贡献较小,即利润的可靠性较低。

从资产运营角度来看,除了北京首都创业集团有限公司的不良资产比率为1.49%,其他排名前10位的公司不良资产比率都在1%以下,说明各个公司均有充足的资金能正常参与经营运转,资金利用率高。其次,各公司的其他各项指标如存货周转率、流动资产周转率等均呈现出了差距很大的情况,说明各公司的具体运营状况差异明显。

从偿债能力来看,这10家公司的现金流动负债比率均为正值,这说明公司经营活动所产生的现金流充足,足以抵付流动负债。在EBITDA利息倍数方面,各公司均表现为正值,说明自身产生的经营收益足以支持现有的债务规模。

从发展能力指标来看,这10家市级地方政府投融资平台的总资产增长率和三年资本平均增长率均为正,说明这些公司一直处于资产不断递增的状态。在销售增长率方面,只有北京能源集团有限责任公司为负值,说明在2016年度该公司的销售额略有下降,而这10家公司的三年销售平均增长率均为正值，说明近三年来其销售额都出现了不同程度的增长。

从企业责任角度来看，这 10 家公司在纳税管理方面都做得很好，且均未发生失信情形或被监管部门处罚的情况。但这 10 家公司，除了北京京能电力股份有限公司、北京控股集团有限公司和北京城建集团有限责任公司，均未重视企业社会责任报告制度的建设，需要改进。

从国资运营角度来看，首先，这 10 家地方政府投融资平台均实现了国有资本的保值增值。在资本金利润率方面，所有地方政府投融资平台都实现了正的利润，但相差较大。其中，北京城建集团有限责任公司实现了 301%的资本金利润率，远远高于其他 9 家公司。其中大部分的公司综合社会贡献评级较高，意味着公司承接过大型市政工程、地区慈善事业，或在人才引进、园区开发、绿色发展等方面对该地区有较大的贡献。

从市场化转型指标来看，这 10 家公司中有 7 家的市场化收入占比为 100%，各公司对政府的依赖程度较低，市场化改革较为成功。同时，北京首都创业集团有限公司和北京市国有资产经营有限责任公司有控股或参股的金融行业子公司；排名在前六位公司的区域市场占有度均较高，在一定区域内具有垄断地位。

（三）北京市区级地方政府投融资平台发展情况分析

表 2-2　北京市区级地方政府投融资平台排名一览表

排名	公司名称	得分	评级	所属证监会行业
1	北京金融街投资（集团）有限公司	43.77	AAA	房地产业
2	北京市海淀区国有资本经营管理中心	40.15	AAA	综合
3	北京海国鑫泰投资控股中心	39.36	AAA	综合
4	北京市丰台区国有资本经营管理中心	38.52	AA+	建筑业
5	金融街控股股份有限公司	38.46	AAA	房地产业
6	北京市谷财集团有限公司	38.09	AA	综合

续表

排名	公司名称	得分	评级	所属证监会行业
7	北京昌鑫建设投资有限公司	37.72	AA+	建筑业
8	北京市朝阳区国有资本经营管理中心	37.57	AAA	综合
9	北京顺鑫控股集团有限公司	37.01	AA	综合
10	北京市顺义区国有资本经营管理中心	36.93	AA+	金融业

资料来源:根据笔者整理计算获得。

根据数据统计和计算表格①,可知排名前三位和第五位的公司总资产均为千亿级,而其他六家公司的总资产属于百亿级。

从财务效益来看,首先,排名前十位的公司资产收益率和总资产报酬率均为正,说明这些公司在2016年均实现了正的收益。在盈余现金保障倍数方面,北京市丰台区国有资本经营管理中心和北京昌鑫建设投资有限公司均为负数,北京市谷财集团有限公司小于1,说明这些企业经营活动所产生的利润对现金的贡献较小,即利润的可靠性较低。其次,在成本费用利润率和主营业务利润率方面,排名前六位的公司都较高,说明这些公司主营业务盈利能力较强、经济效益好。

从资产运营角度来看,除了北京昌鑫建设投资有限公司的不良资产比率为1.50%,其他排名前十位的公司不良资产比率都在1%以下,说明各个公司均有充足的资金能正常参与经营运转,资金利用率高。其次,各公司的其他各项指标如存货周转率、流动资产周转率等差距较大,其中北京顺鑫控股集团有限公司的这两个指标均为最高,北京市丰台区国有资本经营管理中心为最低,仅有3%—4%,说明各公司的具体运营状况差异明显。

从偿债能力来看,北京市丰台区国有资本经营管理中心和北京昌鑫建设投资有限公司这两家公司的现金流动负债比率均为负值,这说明公

① 由于数据库内容较大,在此不宜列示,如有需要可向笔者求取数据。

司经营活动所产生的现金流为负，不足以抵付流动负债。在 EBITDA 利息倍数方面，公司均为正值，说明大部分公司自身产生的经营收益足以支持现有的债务规模。

从发展能力角度来看，除北京昌鑫建设投资有限公司的总资产增长率为-19.68%之外，其他公司均为正值，即在 2016 年度资产有不同程度的增加。同时，这 10 家公司的三年资本平均增长率均为正数，说明上述公司一直处于资产不断递增的状态。在销售增长率方面，只有北京市丰台区国有资本经营管理中心为负值，说明在 2016 年度该公司的销售额略有下降；在三年销售平均增长率方面，北京市丰台区国有资本经营管理中心和北京昌鑫建设投资有限公司都是负值，说明近三年来其销售额有所下降。

从企业责任角度来看，这 10 家公司在纳税管理方面都做得很好，且均未发生失信情形或被监管部门处罚的情况。但在这 10 家公司之中，只有金融街控股股份有限公司重视了企业社会责任报告制度的建设。

从国资运营角度来看，首先，这 10 家地方政府投融资平台均实现了国有资本的保值增值。在具体的资本积累率方面，北京海国鑫泰投资控股中心为 126.90%，远远高于其他公司。在资本金利润率方面，所有地方政府投融资平台都实现了正的利润，但相差较大。其中，金融街控股股份有限公司实现 141.02%的资本金利润率，远远高于其他 9 家公司。其中大部分的公司综合社会贡献评级较高，意味着公司承接过大型市政工程、地区慈善事业，或在人才引进、园区开发、绿色发展等方面对该地区有较大的贡献。

从市场化转型指标来看，这 10 家公司中有 5 家的市场化收入占比为 100%，说明其收入全部来自自主经营的业务。政府补贴占比方面，只有北京昌鑫建设投资有限公司较高，为 8.21%，即其他 9 家公司对政府的依赖程度很低，说明市场化改革较为成功。同时，北京金融街投资（集团）有限公司、北京海国鑫泰投资控股中心、北京市丰台区国有资本经营管理中心和北京昌鑫建设投资有限公司有控股或参股的金融行业子公司；大部分公司的区域市场占有度均较高，在一定区域内具有垄断地位。

总体来看，北京市区级地方政府投融资平台发展状况良好，在向市场化转型的初期已取得了可观的成果。

（四）北京市地方政府投融资平台变动情况分析

1. 北京市地方政府投融资平台新增发债情况

在2016年才首次公开发行债券的北京市投融资平台公司为北京电子城投资开发集团股份有限公司。本次债券发行金额为5.5亿元，发行利率为4.05%，且发行人的主体评级为AA级。在本次债券募集资金中，5亿元将用于开发项目，剩余5000万元将用于补充营运资金。

2. 2016年北京市地方政府投融资平台评级变动情况

(1)北京金融街资本运营中心

2016年6月17日，联合资信对北京金融街资本运营中心的主体评级由AA+调高至AAA，评级展望为稳定。理由如下：

北京金融街资本运营中心（以下简称“公司”）为北京市西城区区内重要的国有资产运营主体。跟踪期内，西城区经济及财力继续稳定增长；公司得到西城区国资委大规模增资，资产规模及实力显著提升；主业盈利能力较强，经营性净现金流状况向好；债务负担减轻，偿债能力强。同时，联合资信评估有限公司也注意到，公司基础设施建设项目未来投资规模较大以及收入波动性大等因素对公司经营产生的不利影响。未来，随着基建项目的继续推进，公司有望获得持续发展，并逐步成为西城区的资产整合管理平台。

(2)北京首都开发股份有限公司

2016年7月5日，中诚信证券评估有限公司对北京首都开发股份有限公司的主体评级由AA+调高至AAA，评级展望为稳定。理由如下：

2016年，在宽松的行业环境支持下，北京首都开发控股（集团）有限公司继续深耕北京市场，实现经营业绩大幅增长，并保持在北京房地产市场的领先地位。同时，公司待结算资源大幅增长，土地和项目储备资源优质且区域布局优势明显，为其未来业务提供有力保障。

三、北京市地方政府投融资平台发展的策略

（一）政策背景

表 2-3 北京市关于国企改革管理法规

发布时间	发布部门	发布内容
2014.08.06	北京市市委	关于全面深化市属国资国企改革的意见

资料来源：根据北京市人民政府相关文件整理获得。

“在全国国有企业效益微增长的情况下，北京市属国企利润强劲增长，显示出国有经济质量效益的显著提升。”这份亮丽的成绩单表明，多年来北京国资国企改革向纵深推进的努力开始步入收获期。

在新一轮国企改革中，北京市国资委坚持以市场为导向、以企业为主体，有进有退，加快国有资本结构调整和布局优化。京能集团与京煤集团整合，首发集团与公联公司重组，京粮股份市场化整合珠江控股等一系列调整紧随北京经济结构调整步伐，北京国企兼并重组提速，“强强联合”动作不断。截至目前，北京市国资委共推动实施了 39 个企业重组项目，直接出资企业从 74 家调整至 44 家，培育了一大批大企业大集团。2016 年，市属国企中已有北汽、首钢两家世界 500 强企业，17 家中国 500 强企业，国企竞争能力和品牌影响力显著提升。

（二）发展建议

1. 理清政府债务，助推融资平台轻装上阵

地方政府投融资平台在经济效益欠佳、资产负债率高的条件下运营多年，历史债务负担沉重，严重制约了地方政府投融资平台独立生存发展的能力。建议全面梳理投融资平台因承担政府公益性项目所形成的负债，在当前政府财力相对有限的情况下，先通过发行地方政府债券等方式，以低成本资金置换投融资平台的高成本存量债务，降低投融资平台的利息负担；同时，建立偿债基金制度，通过土地出让金等多种数据来源积累偿债资金，逐步消化融资平台的历史债务。

2. 注重资源匹配，以市场化方式安排政府项目

单一的公益性项目往往难以达到盈亏平衡，要改变以往项目先上，后期有缺口再设法弥补的被动方式，改为在项目推出前，就综合配套好相关资源或政策，比如将公益性项目与经营性项目组合在一起，或是给予项目建设期的投资补助、经营期的可行性缺口补助等，以使项目的综合效益可行。衡量的标准是项目的投资回报率不低于融资平台的融资成本，否则，融资平台无法弥补成本难以持续发展；与此同时，投资回报率应低于 PPP 等市场化方式下一般社会资本要求的投资回报率，否则融资平台无从体现降低财政负担的作用。

3. 加强产业拓展，增强投融资平台造血功能

投融资平台应依托已有项目、政府配套经营性项目或政府政策支持等，积极拓展相关经营性产业，改变单一的业务结构，延伸产业链条，丰富产业类型，优化产业布局，增强经营性项目补贴公益性项目的能力，提高抗风险能力。

4. 完善体制机制，提升市场化经营能力

针对投融资平台运作效率偏低、成本偏高的问题，投融资平台应注重其经营体制、激励机制等的优化完善，不断提升市场化经营能力。突出融资成本和运营成本两大重点，融资创新投融资手段，积极运用低成本融资渠道，努力降低融资成本；加强运营成本的分析与控制，优化业务流程，配套绩效考核，持续推进降本增效。

5. 推行优胜劣汰，实施投融资平台重组整合

受公益性项目特点所限，投融资平台面对的竞争程度相对较小，不利于通过外部竞争提升运作效率，但可以在各投融资平台内部实施重组整合，形成优胜劣汰机制，以促进投融资平台努力提升运营水平。同时，通过重组整合，也有利于投融资平台资源的调剂运用，更好地发挥投融资平台的整体功能。

6. 借力 PPP，谋求企业发展壮大，继续服务经济发展

除财政收入外，政府债券和 PPP 融资是新时期地方政府进行基础设施建设和提供公共服务的主要资金来源。在当前中央力推 PPP 模式的

大趋势面前，各类平台企业应该充分利用熟悉基础设施和公共服务领域业务的相关优势，创新合作模式，走出传统服务于本区域的较小势力范围，在全国乃至"一带一路"层面上布局项目，提高企业实力，输出企业品牌，实现企业独立经营和跨越式发展。

第二节 天津市地方政府投融资平台发展状况

一、天津市经济财政状况

（一）天津市经济发展情况

1. 天津市经济产出情况

2016 年，天津市生产总值 17885.39 亿元，按可比价格计算，比上年增长 8.15%。其中，第一产业增加值 220.22 亿元，增长 3.0%；第二产业增加值 8003.87 亿元，增长 8.0%；第三产业增加值 9661.30 亿元，增长 10.0%①。三次产业结构为 1.2 ∶ 44.8 ∶ 54.0。

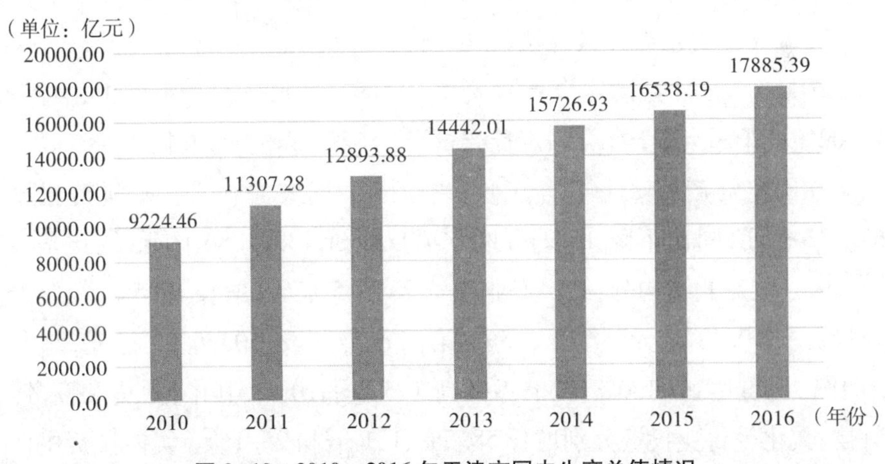

图 2-10 2010—2016 年天津市国内生产总值情况

资料来源：wind 数据库。

① 天津统计信息网，http://www.stats-tj.gov.cn/Item/26014.aspx。

从历史情况来看，天津一直处于经济较高增速发展情况。图 2-10 以 GDP 为参考值，反映了天津市地区经济历史情况。图 2-11 显示了 2010—2016 年天津市三大产业国内生产总值变化情况，第二、第三产业稳中有升。

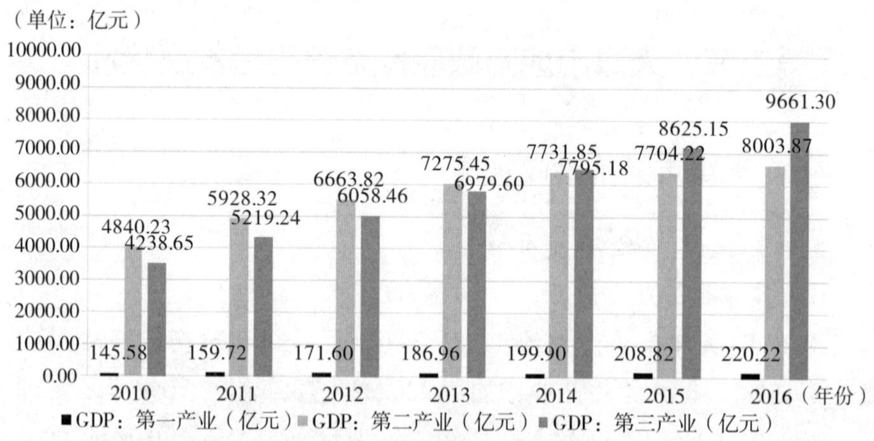

图 2-11 2010—2016 年天津市三大产业国内生产总值情况

资料来源：wind 数据库。

2. 天津市固定资产投资情况

2015 年，全社会固定资产投资 11814. 57 亿元，较 2014 年相比提升 12. 62%。2016 年，全社会固定资产投资 14629. 22 亿元，增长 23. 8%。

在固定资产投资（不含农户）中，按隶属关系分：中央项目投资 672. 33 亿元，同比下降 15. 2%；地方项目投资 13933. 86 亿元，同比增长 13. 7%。按产业结构分：第一产业投资 289. 15 亿元，增长 19. 5%；第二产业投资 3940. 48 亿元，增长 6. 5%；第三产业投资 10376. 56 亿元，增长 14. 0%，比重达到 71. 0%，比上年提高 1. 3 个百分点，其中，租赁和商务、科技、文化等行业投资分别增长 58. 5%、1. 1 倍和 25. 1%。实体投资主体地位进一步显现，完成投资 9590. 06 亿元，增长 17. 2%，占固定资产投资的比重为 65. 7%。基础设施投资 2716. 12 亿元，占固定资产投资的比重为 18. 6%。房地产开发投资 2300. 01 亿元，增长 22. 9%，同比加快 12. 8 个百分点。

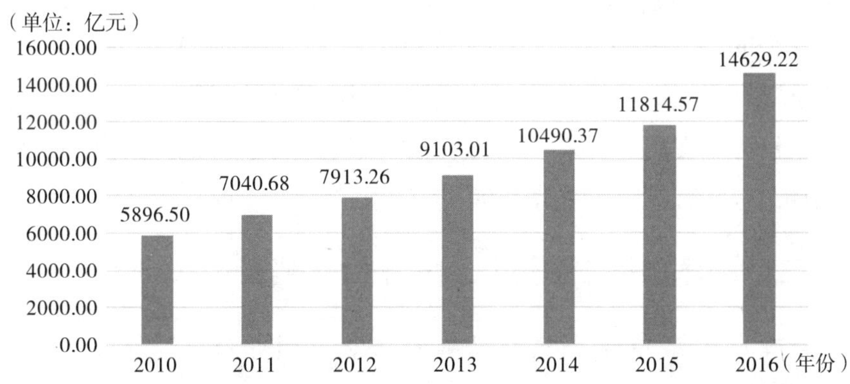

图 2-12　2010—2016 年天津市固定资产投资完成额变化情况

资料来源：wind 数据库。

（二）天津地方财政情况

2015 年，天津市一般公共财政收入 2667.11 亿元，比上年增长 11.6%。2016 年，天津市一般公共财政收入 2723.46 亿元，增长 10.0%①。

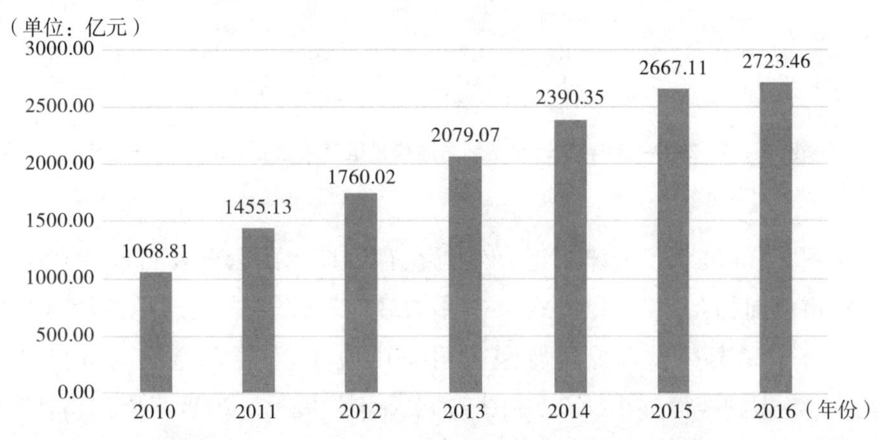

图 2-13　2010—2016 年天津市一般公共财政收入情况

资料来源：wind 数据库。

其中，税收收入 1624.18 亿元，增长 12.1%，占一般公共财政收入的

① 天津市财政税务网，http://www.tj-l-tax.gov.cn/。

59.6%。从主体税种看，增值税 455.80 亿元，增长 36.4%；企业所得税 278.42 亿元，增长 7.1%；个人所得税 96.78 亿元，增长 18.4%。但其支出规模较大，全年一般公共财政支出 3700.68 亿元，增长 6.3%。其中，社会保障和就业支出 378.27 亿元，增长 20.2%；医疗卫生支出 206.07 亿元，增长 10.8%；住房保障支出 66.75 亿元，增长 31.9%。

二、天津市地方政府投融资平台发展情况

（一）天津市地方政府投融资平台发债情况

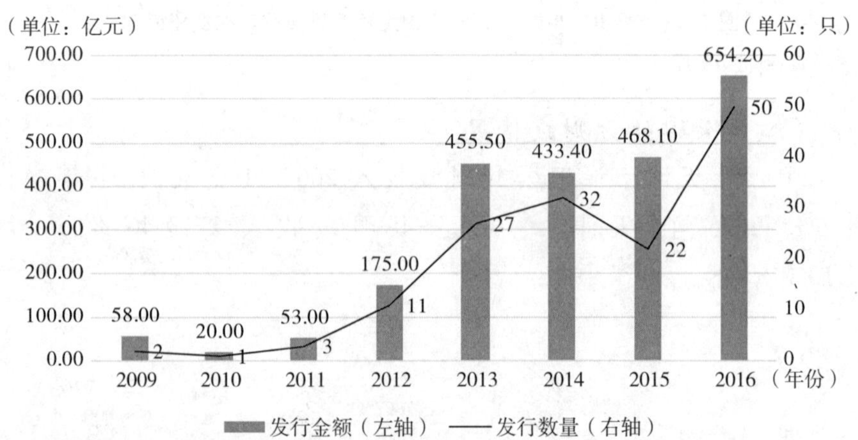

图 2-14　2009—2016 年天津市地方政府投融资平台公开发行债券情况

资料来源：wind 数据库。

图 2-14 展示了天津市近几年仍在存续期内的公开发行债券情况，天津市目前仍在存续期内的第一只地方政府投融资平台公开发行债券为 2007 年天津泰达投资控股有限公司公司债券，发行总金额为 6.00 亿元①。考虑到金额过小，所以在图 2-14 中不做展示。2008 年天津市地方政府投融资平台公开发行债券目前均不在存续期。从 2009 年开始，天津市地方政府投融资平台公开发债数量稳步上升，于 2013 年开始飞速上升。其中目前仍在存续期的 2015 年公开发行债券共 22 只，发行总额达

① 资料来源：wind 数据库。

到468.10亿元,2016年共50只债券,发行总额达到654.20亿元。

下面从债券期限、债券类型两个维度对天津市地方政府投融资平台发债期限的情况进行介绍。

1. 债券期限

下面是天津市地方政府投融资平台公开发行债券期限情况,见图2-15。

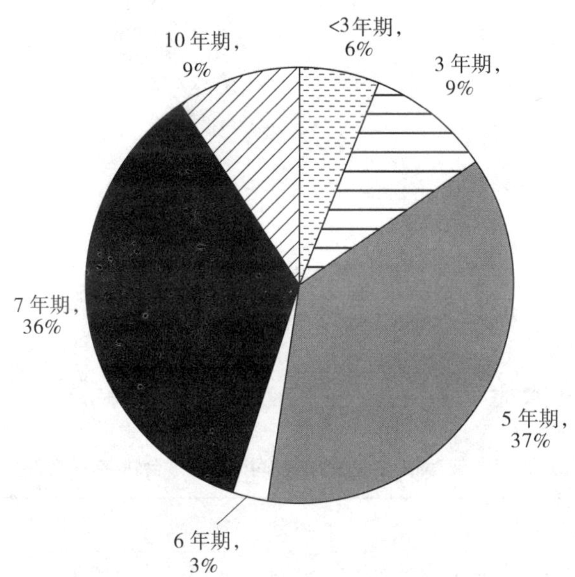

图2-15 2007—2016年天津市地方政府投融资平台债券期限情况

资料来源:wind数据库。

从图2-15可以看出,2007年以来天津市地方政府投融资平台发行的债券期限以5年期、7年期为主,累计占比达到73%,其中5年期占比最高,累计占比达37%。比例最少的为6年期,仅占3%。

2. 债券类型

下面是天津市地方政府投融资平台公开发行债券种类情况,见图2-16。

从图2-16可以看出,2007年以来天津市地方政府投融资平台发行的债券主要以一般中期票据、一般企业债为主,累计占比达到87%,其中,一

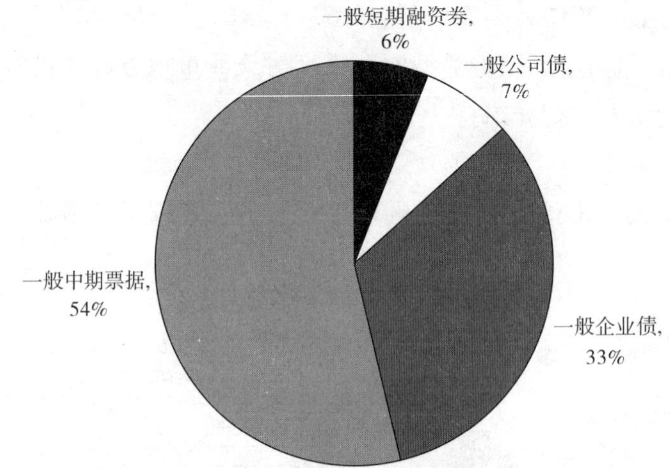

图 2-16　2007—2016 年天津市地方政府投融资平台公开发债种类情况

资料来源:wind 数据库。

般中期票据占比最高,累计占比达 54%。一般短期融资券占比最少,仅占 6%。

（二）天津市市级地方政府投融资平台分析

表 2-4　天津市市级地方政府投融资平台排名一览表

排名	公司名称	得分	评级	所属证监会行业
1	天津泰达投资控股有限公司	50.60	AAA	房地产业
2	天津滨海新区建设投资集团有限公司	47.06	AAA	综合
3	天津港(集团)有限公司	46.71	AAA	交通运输、仓储和邮政业
4	天津生态城投资开发有限公司	45.19	AA+	建筑业
5	天津城市基础设施建设投资集团有限公司	44.87	AAA	综合
6	天津渤海国有资产经营管理有限公司	43.51	AAA	综合
7	天津市政投资有限公司	42.76	AA+	建筑业
8	天津市政建设集团有限公司	42.48	AA	综合
9	天津高速公路集团有限公司	42.06	AA+	建筑业
10	天津市地下铁道集团有限公司	41.40	AAA	交通运输、仓储和邮政业

资料来源:根据笔者整理计算获得。

表2-4展示了天津市市级地方政府投融资平台排名情况，天津泰达投资控股有限公司（以下简称“泰达投资”）、天津滨海新区建设投资集团有限公司（以下简称“滨海建投”）排名天津市市级政府平台前两名，对上述两家公司进行分析，我们发现它们表现出以下几种共性。

1. 均依托滨海新区雄厚的经济实力

泰达投资、滨海建投都依托于滨海新区的发展，2016年，滨海新区完成GDP10002.31亿元，同比增长10.8%，成为全国首个迈出万亿的国家级新区。滨海新区的经济与财政实力为泰达投资与滨海建投的发展提供了良好的外部环境。

2. 均受到政府政策倾斜等支持

泰达投资作为天津市资产规模雄厚、涉足产业广泛的重要国有企业，公司与天津市各级政府保持较好的联系，政策、资金、资源储备等方面具有很强的政策性倾斜。滨海建投是滨海新区内从事重大基础设施建设和重要区域开发的主要主体之一，天津市和滨海新区在政府采购、资金拨付、政府补贴等多方面给予公司持续支持，进而为公司项目建设提供充足的资金支持。未来随着城市基础设施建设的投资力度进一步加大，作为滨海新区基础设施建设投融资的主体，公司地区优势明显，政府支持明确。

3. 市场化水平都比较高，拥有优质资产

通过对泰达投资股权结构分析，我们可以发现其参控股子公司69家，其中子公司业务发展为其带来较大的投资收益。作为天津钢管第一大股东，天津钢管是世界单厂规模最大的无缝钢管生产厂，国内市场占有率在50%左右。滨海建投高速公路和环保产业继续保持较明显的资源垄断性和业务垄断性。

我们对天津市市级排名前10的公司财务指标分析如下：

第一，财务效益指标。10家公司的资产收益率均为正值，并且相差较小，可见天津市市级地方政府投融资平台在增加收入和节约资金使用方面表现较好。此外，除天津市地下铁道集团有限公司外，其余9家公司在总资产报酬率、主营业务利润率方面都为正值，并且主营业务利润率都较大,可见地方政府投融资平台的主营业务市场竞争力强,发展潜力大,获利水平较高。成本费用利润率方面,10 家公司均为正值,可见这些公司的经济效益较高。

第二,资产运营指标。天津市市级地方政府投融资平台的资产运营指标方面差异较大,其中,天津泰达投资控股有限公司、天津渤海国有资产经营管理有限公司总资产周转率较高,而天津市政投资有限公司相对较低。并且天津泰达投资控股有限公司、天津港(集团)有限公司在总资产周转率、流动资产周转率、存货周转率方面数值都较大,可见这两家公司整体资产运营能力较好,企业资产流转顺畅,公司资金利用效率高。此外,这 10 家公司的不良资产比率均较低,可见其资产质量较好。

第三,偿债能力指标。从指标分析可以看出,除天津市政建设集团有限公司外,其余 9 家公司的资产负债率都在正常范围内较高,并且全部 10 家公司的 EBITDA 利息倍数均为正值,可见其充分利用资本市场的杠杆,推动企业内部资金流动。在现金流动负债比率方面,这 10 家公司数据差异较大,偿付短期负债的能力表现有些差异。速动比率、流动比率方面,这 10 家公司均处于较高水平,并且差异较小,因而公司流动资产变现能力强。

第四,发展能力指标。总资产增长率、销售增长率方面差异较大,天津市政投资有限公司在这两个指标上均出现了负值,说明这些公司在企业发展上有些差异。此外,在三年资本平均增长率上,这 10 家公司均为正值,可见这 10 家公司的持续发展水平都较好。天津市市级地方政府投融资平台整体发展能力较好。

第五,国资运营指标。这 10 家公司的资本保值增值率均出现了较大的正值,其中,天津泰达投资控股有限公司资本保值增值率达 107.17%,在资本金利润率方面,10 家公司均为正值,但是数值差异较大,可见资本金获利能力差异较大。因为这些地方政府投融资平台均积极参与市政工程建设、园区开发、人才引进等公益性活动,故综合社会贡献得分较乐观。

第六,企业责任指标。除天津泰达投资控股有限公司、天津港(集团)有限公司建立了企业社会责任报告制度外,其余公司均没有建立相关制度。所有公司均履行了纳税责任。总体来看,地方政府投融资平台的社会责任履行情况良好,但是需要积极建立并完善社会责任报告制度。

第七,市场化转型指标。所有公司的市场化收入都较高,接近100%,并且市场占有度均较高,可见天津市地方政府投融资平台的市场化程度均较高。其次,这10家公司的政府补贴占比均较低,对政府的依赖程度均较低。在融资渠道方面,这些公司的融资渠道都较为丰富,多数公司有3种及以上的融资方式。

通过以上的分析,我们可以发现,天津市市级地方政府投融资平台整体表现较好,依托其较好的地理位置加上天津市近几年经济与财政实力快速上升,市级政府平台受到当地财政政策倾倒,推动了市级政府平台的发展,从以上七种财务指标可以看出,这些公司的整体财务与市场化表现都较好。

(三)天津市区级地方政府投融资平台分析

表2-5　天津市区级地方政府投融资平台排名一览表

排名	公司名称	得分	评级	所属证监会行业
1	天津经济技术开发区国有资产经营公司	40.24	AA+	综合
2	天津东方财信投资集团有限公司	39.73	AA+	综合
3	天津市北辰区建设开发公司	38.61	AA+	建筑业
4	天津市东丽城市基础设施投资集团有限公司	37.52	AA	建筑业
5	天津市静海城市基础设施建设投资集团有限公司	37.19	AA+	建筑业
6	天津市武清区国有资产经营投资公司	36.67	AA+	建筑业
7	天津宁河投资控股有限公司	36.01	AA	建筑业
8	天津保税区投资控股集团有限公司	35.69	AA+	综合

续表

排名	公司名称	得分	评级	所属证监会行业
9	天津津南城市建设投资有限公司	35.37	AA	建筑业
10	天津新技术产业园区武清开发区总公司	35.04	AA	建筑业

资料来源:根据笔者整理计算获得。

表 2-5 展示了天津市区级地方政府投融资平台排名情况,其中天津经济技术开发区国有资产经营公司排名最高。

我们对天津市区级排名前 10 的公司财务指标分析如下:

第一,财务效益指标。资产收益率与总资产报酬率方面,天津市区级地方政府投融资平台表现差异不大,并且均为正值。在主营业务利润率指标上,这 10 家公司出现了较大的差距,天津市东丽城市基础设施投资集团有限公司最高,达 100%。盈余现金保障倍数上,较多公司出现了负值,可见区级地方政府投融资平台利润派现能力差异较大。成本费用利润率上,这 10 家公司均为正值,但差异较为明显,可见这些公司的经济效益都较好。

第二,资产运营指标。天津市区级地方政府投融资平台的资产运营指标方面差异较大,其中,应收账款周转率差距最大,天津经济技术开发区国有资产经营公司应收账款周转率最高,天津市北辰区建设开发公司该指标最低。此外,这 10 家公司的不良资产比率均较低,可见其资产质量较好。

第三,偿债能力指标。从指标分析可以看出,这 10 家公司的资产负债率在正常范围内较高,可见其充分利用资本市场的杠杆,充分利用市场上的融资工具。但在 EBITDA 利息倍数上,这些公司的表现差异较大,天津市武清区国有资产经营投资公司的 EBITDA 利息倍数最大,达 204.22,天津市静海城市基础设施建设投资集团有限公司该指标表现为负值。现金流动负债比率上,也有一半的公司出现了负值,可见当期偿付短期负债的能力有些差异。速动比率、流动比率方面,这 10 家公司均为正值,并且差异较小，可见公司流动资产变现能力强。

第四，发展能力指标。总资产增长率、销售增长率方面差异较大，除天津新技术产业园区武清开发区总公司和天津市东丽城市基础设施投资集团有限公司，其余公司都出现了不同程度的负值，说明这些公司在企业发展上有些差异。此外，在三年资本平均增长率上均为正值，可见这10家公司的持续发展水平都较好。

第五，国资运营指标。这10家公司的资本保值增值率均出现了较大的正值，均大于100%。在资本金利润率、资金积累率方面，这10家公司均为正值，并且数值差异较小，可见资本金获利能力都较好。同时这些地方政府投融资平台均积极参与市政工程建设、园区开发、人才引进等公益性活动，故综合社会贡献得分均较高。

第六，企业责任指标。天津市区级地方政府投融资平台均没有建立相关制度。所有公司均履行了纳税责任。总体来看，地方政府投融资平台的社会责任履行情况良好，但是需要积极建立并完善社会责任报告制度。

第七，市场化运营指标。大部分公司的市场化收入都较高，接近100%，并且市场占有度均较高，而天津市武清区国有资产经营投资公司较低，仅为4.37%。可见天津市区级地方政府投融资平台的市场化程度整体较高，但仍有一些差异。其次，除天津东方财信投资集团有限公司外，其余公司的政府补贴占比均较低，对政府的依赖程度均较低。在融资渠道方面，这些公司的融资渠道都较为丰富，多数公司有3种及以上的融资方式。

综上，通过以上的分析，我们可以发现：天津市区级地方政府投融资平台整体表现较好，考虑其公司位置、政府支持、市场化、平台定位等因素，综合表现差异较大，从以上七种财务指标可以看出这些公司的整体财务与市场化表现都较好，但仍需积极建立企业社会责任报告制度。

（四）天津市地方政府投融资平台变动情况

1. 天津市地方政府投融资平台新增情况

表 2-6　2016 年天津市地方政府投融资平台新增债券发行一览表①

序号	公司名称	发行金额（亿元）	发行利率（%）	主体评级	资金用途
1	天津轨道交通集团有限公司	30.00	3.35	AAA	其中的 24 亿元，用于调整债务结构，偿还金融机构借款；募集资金中的 6 亿元，用于补充集团本部及子公司的流动资金
2	天津宁河投资控股有限公司	15.00	5.50	AA	全部用于宁河新城安置房（棚户区改造）项目

资料来源：wind 数据库。

2. 天津市地方政府投融资平台评级变动情况

2016 年 1 月 13 日，联合资信对天津市政投资有限公司的主体评级由 AA 调高至 AA+，调高理由如下：

第一，行业前景和区域经济的快速发展，为公司提供了良好的外部环境。伴随国家政策的大力推动和城市城镇化进程的加快，城市供水和污水处理市场需求巨大，水务行业面临良好的发展机遇和前景。

第二，公司保持水务板块显著的行业优势。我国水资源短缺的矛盾日益凸显，水价上调趋势显著，作为行业领先企业，公司水务业务有望进一步增长。伴随着天津市经济的快速发展，公司将享有更多资源与资产获取的机会，为公司拓展业务领域、争取项目、扩大资源储备等方面提供更多的可能。

第三，以前年度污水处理费的到位和天津文化中心商业配套项目的全面投入使用，为公司提供了持续稳定的收入。

① 资料来源：wind 数据库。

三、天津市地方政府投融资平台发展的策略

（一）政策背景

1. 天津市国企改革政策背景

2013 年 4 月 16 日，《天津市人民政府关于进一步深化国有企业改革的意见》（津政发〔2013〕12 号）提出进一步深化我市国有企业改革，提升国有经济的活力。

2013 年 12 月 5 日，《市国资委关于印发〈关于加强国有企业生产经营重大决策法律审核工作的若干意见〉的通知》（津国资法规〔2013〕55 号）提出规范国有企业对生产经营重大决策的法律审核工作。

2016 年 5 月 21 日，《天津市人民政府办公厅印发〈关于深化市属国有企业"四个一批"改革的支持政策〉的通知》（津政办发〔2016〕45 号），提出"支持出清一批空壳企业、支持出让一批低效企业、支持出让一批低效企业、支持上市一批优势企业"的支持政策，作为对前述政策的进一步深化和补充。

2016 年 5 月 23 日，《市国资委党委、市国资委关于印发〈市属国有企业经济责任审计办法〉的通知》（津国资预算〔2016〕25 号），提出要进一步加强市管企业及所属企业领导人员的监督和管理。

2016 年 5 月 23 日，深化国有企业改革工作推动会印发了《中共天津市委、天津市人民政府关于深化市属国有企业改革的实施意见》（津党发〔2016〕14 号），提出高度重视国企改革。

2016 年 8 月 29 日，《市国资委关于印发〈关于市属国有企业创新创业的指导意见〉的通知》（津国资规划〔2016〕11 号），提出要完善创新体制机制，激发创新创业活力，推动市属国有企业转型升级。

2017 年 5 月 2 日，《天津市国资委、财政局、证监局联合印发〈天津市开展国有控股混合所有制企业员工持股试点的实施意见〉的通知》（津国资企改〔2017〕6 号），对国有控股混合所有制企业员工持股试点工作进行了进一步的探索推进。

2. 天津市地方政府投融资平台改革政策背景

2016 年 1 月 14 日，《天津市人民政府办公厅关于深化政府性债务管

理改革的实施意见》（津政办发〔2016〕4号），提出要规范政府举债融资机制，严格债务资金使用管理，落实政府债务偿债责任，加强政府债务风险防控和妥善处理政府存量债务等。

（二）发展建议

1. 整合政府融资平台，财政定向支持

通过对天津市市级、区级地方政府投融资平台的梳理及研究，可以发现天津拥有多个经济开发区，并且存在一些产业发展定位重复，同质化竞争严重的现象。从这些经济开发区的年度报告、财务数据等可以看出，这些公司多数资金使用效率不高，并且平台的定位缺乏市场化以及合理的规划，给天津市政府带去一定的财政压力。其中，部分地方政府投融资平台的财政收入主要依靠土地开发，业务收入单一，来源于其他业务的收入非常少，导致其后续融资能力受限。自2014年国务院发布43号文以来，各地方政府纷纷开展融资平台转型工作。但由于不同地方政府投融资平台的功能定位不同，且发展不平衡，使得其债务偿还能力也有较大的差异。因此，天津市地方政府投融资平台可以通过财政方式对不同的地方政府投融资平台进行定向支持，主要通过财政转移支付，对一些还款能力差的地方政府投融资平台，提供必要的补助。同时，天津市可以对其融资平台进行整合，整合后的地方政府投融资平台依靠其资产可扩大融资方式，推进其转型发展，如2017年3月，天津市将农垦、二商、粮油、立达4家公司整合为天津市食品集团有限公司，这4家公司属于同一领域，整合前发展都不是很顺利，通过这种“弱弱联合”的方式推进地方政府投融资平台做强做大。并且，天津市可考虑通过将风险较高的地方融资平台逐步转移至财政实力雄厚的经济开发区的方式，由该开发区通过财政支持等方法进行风险化解。

2. 积极发挥地方政府投融资平台在城市发展中的作用

充分挖掘天津市地方政府投融资平台在城市化进程中的作用，在城市化建设的起步期，需要巨大的投资才能打开城市建设的大门，把资金投入到诸多基础设施项目上。此时，土地价格较低，社会资本怀疑发展前景堪忧，难以大规模投入，天津市地方政府投融资平台在初期的融资中要发挥重要作用,承担城市化建设起步期的资金筹集职责。同时借强大的融资能力和项目组织实施能力,实现良好的经济效益与社会效益,更好地盘活存量土地资源。针对天津市区级地方政府投融资平台,要努力培育强平台,作为地方政府城镇化项目融资的蓄水池,担任政府和社会资本合作(PPP)等市场化项目的政府方实施主体、项目现金流不足的风险缓释主体,以及代表地方政府进行监管的执行机构;对于天津市级发展较好的地方政府投融资平台,要努力将强平台推向全国,成为PPP等市场化项目的社会资本和市政公用行业的并购整合主体。

3. 创新融资手段,提升融资能力

目前天津市地方政府投融资平台主要通过依靠政府支持、银行贷款及发行传统企业债等方式进行融资,但受制于融资政策的影响,只有创新融资手段,将社会资本引入项目建设,才能保证地方政府投融资平台的持续性发展。天津市地方政府投融资平台可用资产证券化、项目收益债、发展产业投资基金等方式进行融资,扩宽融资渠道。第一,天津市地方政府投融资平台可利用自身优势业务进行资产证券化。城市基础设施项目、标的资产规模较大项目、偿债灵活项目等应成为重点业务进行证券化融资。第二,利用子公司及在建的基础设施项目为标的,发行项目收益债融资,避开政策限制。第三,设立基础设施产业基金进行直接融资,扩展融资渠道。第四,积极引入PPP模式。在供水、供热、供气等项目上优先使用PPP模式,并根据项目开展的不同阶段,采用BT、BOT、TOT、BOO等合作模式,加快创新步伐。

第三节　河北省地方政府投融资平台发展状况

一、河北省经济财政状况

(一) 河北省经济发展情况

1. 河北省经济产出情况

2016年河北省全省生产总值达到31827.9亿元,按可比价格计算,同比增长6.8%(见图2-17)。其中,第一产业增加值3492.8亿元,增长3.5%;第二产业增加值15058.5亿元,增长4.9%;第三产业增加值13276.6亿元,增长9.9%。

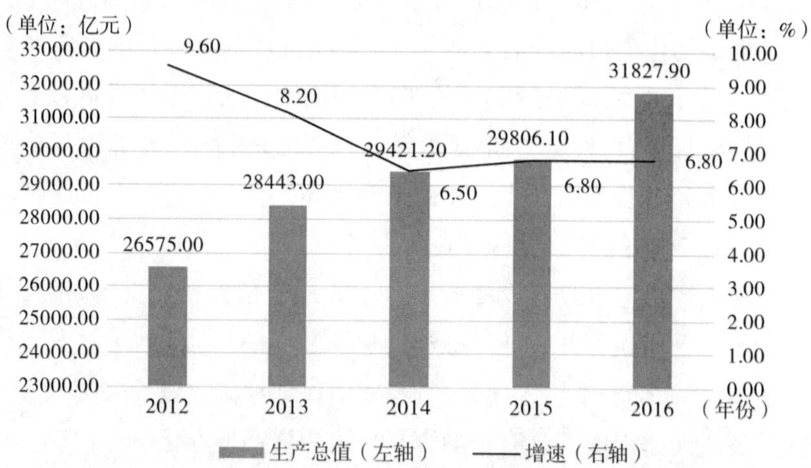

图2-17　2012—2016年河北省生产总值(GDP)及增速

资料来源:wind数据库。

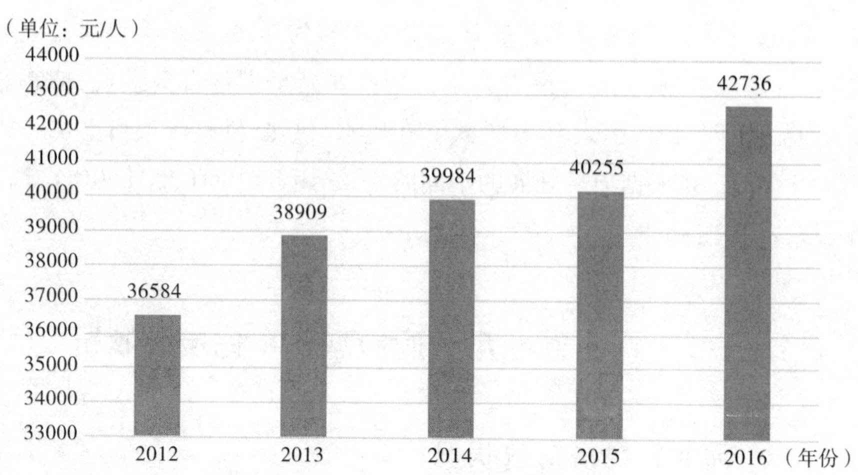

图2-18　2012—2016年河北省人均GDP

资料来源:wind数据库。

由图2-17及图2-18可知,自2012年以来,全省GDP总额呈现不断上涨的趋势，但随着中国宏观经济增速放缓，省内去产能政策的实施，GDP 增速在 2012—2014 年期间有所下降，2014 年以后则稳中有升，其变化曲线趋于平缓。与 GDP 总额的走势一致，全省人均 GDP 自 2012 年开始逐步提升，2016 年涨势显著，达到了 42736 元/人。但值得注意的是，从京津冀协同发展的角度来看，河北人均 GDP 与北京、天津两地相比仍有较大差距，仍拥有较大的发展空间。

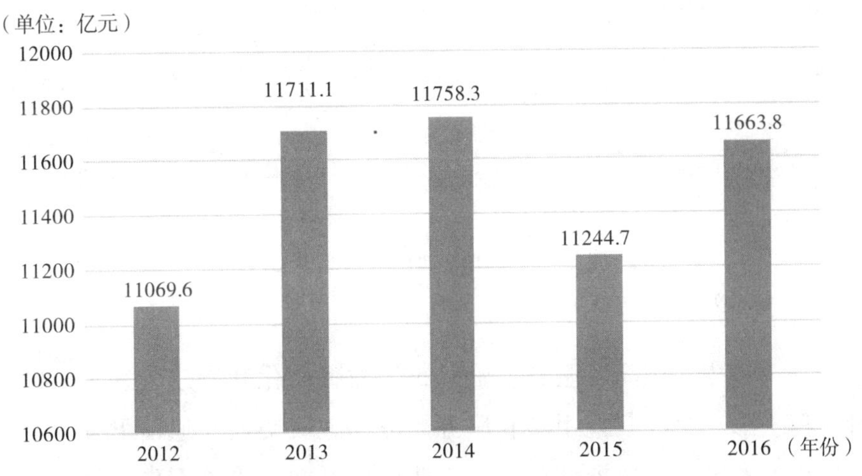

图 2-19　2012—2016 年河北省规模以上工业增加值

资料来源：wind 数据库。

由图 2-19 可知，2012—2014 年期间，全省工业增加值不断提高，2015 年稍有回落，2016 年该指标有所回升。2012—2016 年期间，工业增加值的增速不断放缓。截至 2016 年年末，工业生产总体平稳，全年规模以上工业增加值完成 11663.8 亿元，比上年增长 4.8%。整体看来，工业生产仍保持上涨趋势，但是受宏观经济增速趋缓的影响，其涨幅逐渐回落，后续将趋于稳定。

由图 2-20 可知，2012—2016 年，河北省居民消费价格比保持增长趋势，增长率在经历一段时间的回调后，又呈现平稳上升趋势，这与我国宏观经济发展规律相一致。截至 2016 年年末，河北省全年居民消费价格比上年上涨 1.5%。其中，食品烟酒价格上涨 2.6%，衣着上涨 1.8%，居住

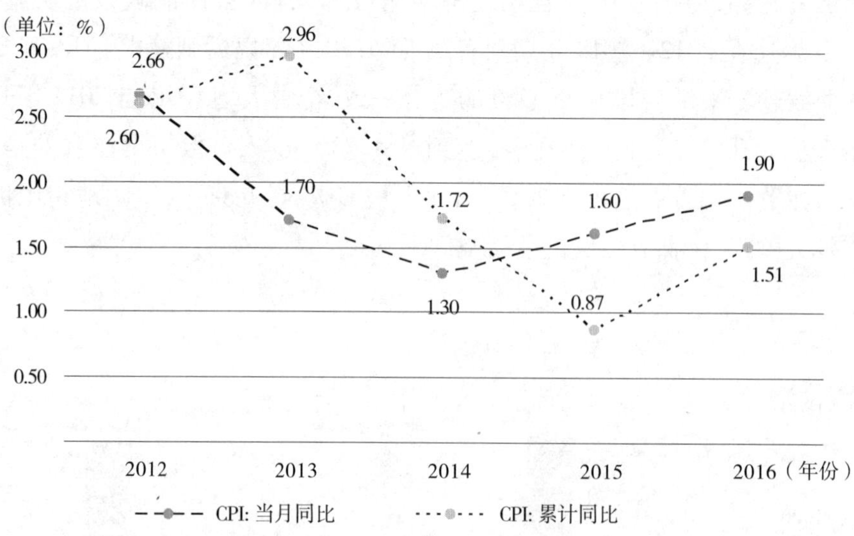

图 2-20　2012—2016 年河北省 CPI

资料来源：wind 数据库。

上涨 0.7%，生活用品及服务上涨 0.5%，教育文化和娱乐上涨 1.3%，医疗保健上涨 4.4%，其他用品和服务上涨 3.3%，交通和通信下降 1.7%。工业生产者出厂价格下降 0.1%，工业生产者购进价格下降 1.7%；农产品生产者价格下降 3.7%，农业生产资料价格与上年持平。

整体来看，河北省经济产出情况发展势头良好，GDP、人均 GDP、工业增加值及居民消费价格比呈现增长趋势，其增幅趋缓与宏观经济形势相符。在京津冀协同发展中，河北省应进一步明确自身定位，不应仅仅纠结于一时经济指标的高低，而要坚定推进其转型升级进程。

2. 河北省固定资产投资情况

如图 2-21 所示，2012—2016 年河北省固定资产投资呈现逐年上涨的趋势，由 2012 年的 19661.3 亿元上升至 2016 年的 31750 亿元，比 2015 年增长 7.8%。其中，固定资产投资（不含农户）31340.1 亿元，增长 8.4%。

在固定资产投资（不含农户）中，第一产业投资 1539.8 亿元，比上年增长 9.3%；第二产业投资 15758.8 亿元，增长 7.6%；第三产业投资 14041.5 亿元，增长 9.3%。工业技改投资 9375.9 亿元，增长 4.4%，占工

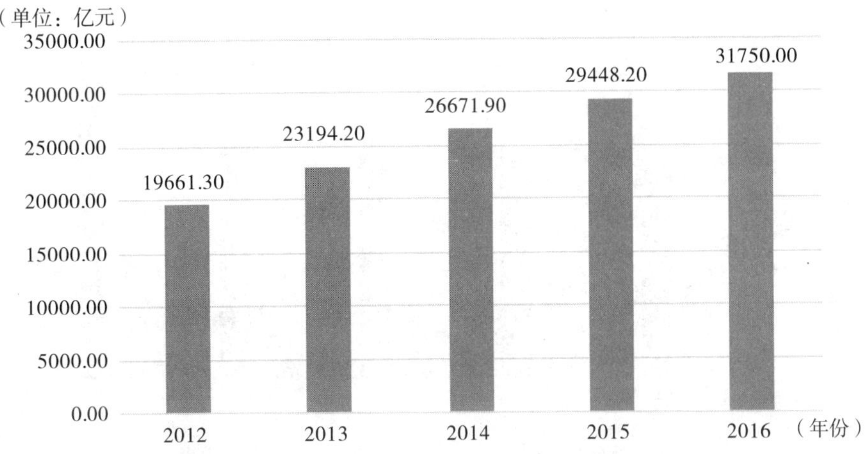

图 2-21　2012—2016 年河北省全社会固定资产投资

资料来源：wind 数据库。

业投资的比重为 59.4%。基础设施投资 7143.1 亿元，增长 15.7%，占固定资产投资（不含农户）的比重为 22.8%。民间固定资产投资 24034.7 亿元，增长 5.6%。高新技术产业投资 4136.8 亿元，增长 10.7%，占固定资产投资（不含农户）的比重为 13.2%。其中，生物技术投资增长 21.2%，环保产业投资增长 28.8%，新能源投资增长 33.5%。①

在固定资产投资（不含农户）项目中，总投资亿元以上项目 6867 个，比上年增加 963 个；完成投资 19450.3 亿元，增长 15.6%。房地产开发投资 4695.6 亿元，比上年增长 9.6%。其中，商品住宅投资 3475.5 亿元，增长 9.9%；办公楼投资 219.3 亿元，增长 24.7%；商业营业用房投资 651.6 亿元，增长 27.9%。

（二）河北省地方财政情况

为克服宏观经济下行对地方财政收入的不利影响，河北省努力提高其经济发展水平，将发展放在各地级市工作的首要位置，积极创新工作思路。“十二五”期间，河北省较好完成了目标任务，财政工作取得显著成效，为其进一步做好“十三五”各项工作的开展奠定了坚实基础。

① 资料来源：wind 数据库。

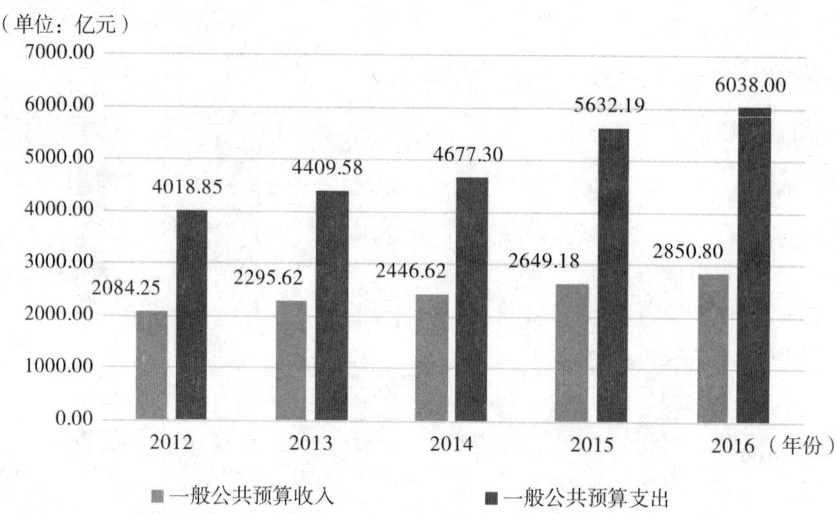

图 2-22　2012—2016 年河北省一般公共预算收入与一般公共预算支出

资料来源：wind 数据库。

从图 2-22 所示，2012—2016 年河北省一般公共预算收入与一般公共预算支出均呈现平稳上升趋势。截至 2016 年年末，河北省全部财政收入 4373.4 亿元，比上年增长 8.0%。其中，地方一般公共预算收入 2850.8 亿元，增长 7.6%。税收收入 1996.1 亿元，增长 3.2%。一般公共预算支出 6038.0 亿元，增长 7.2%。①

二、河北省地方政府投融资平台发展情况

（一）河北省地方政府投融资平台发债情况

由图 2-23 可知，2006—2016 年河北省地方政府投融资平台发展规模整体呈现上升趋势。2006 年河北省全年仅发行 1 只债券，其为河北建设投资集团有限责任公司所发行的 06 冀建投债（柜台），债券总额 10 亿元，当期票面利率 4.18%。2013 年与 2015 年河北省地方政府投融资平台的发债规模有了小幅度的下滑，但是在 2016 年有了显著的提升。

由图 2-24 及图 2-25 可知，2006—2016 年河北省平台债以 5 年期、7 年

① 资料来源：wind 数据库。

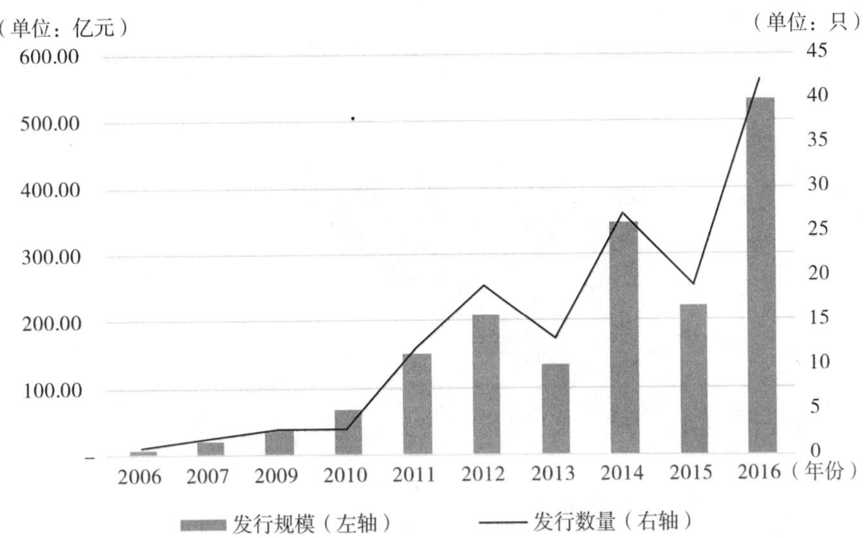

图 2-23 2006—2016 年河北省地方政府投融资平台发债统计

资料来源：wind 数据库。

期为主，累计占比达到 61%；其次，1 年期以内与 8—10 年期均占 10%，其余期限的平台债发行较少。从平台债类型来看，2006—2016 年河北省平台债以一般企业债、一般中期票据为主，累计占比达 75%；一般公司债与超短期融资券分别占比 11%与 10%；发行最少的是一般短期融资券，仅占 4%。

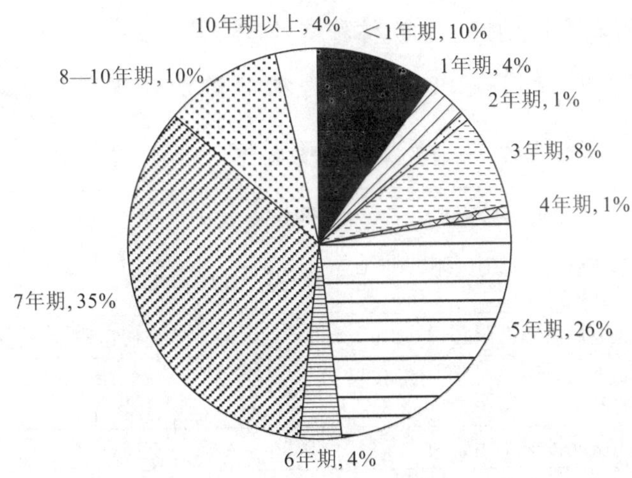

图 2-24 2006—2016 年河北省地方政府投融资平台债券发行期限分布

资料来源：wind 数据库。

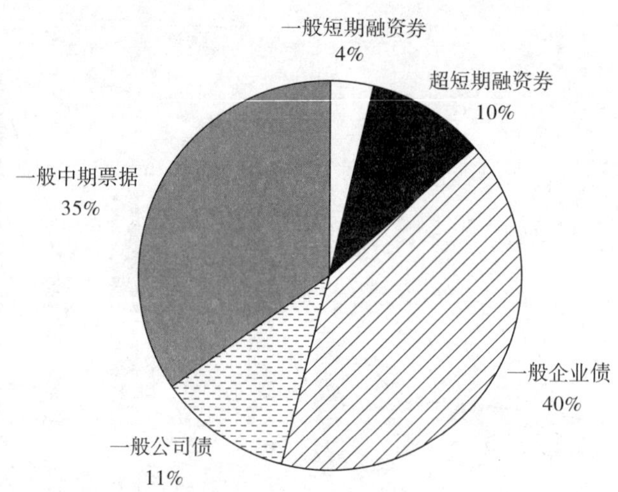

图 2-25　2006—2016 年河北省地方投融资平台债券类型分布

资料来源：wind 数据库。

2017 年 2 月，河北在全国率先成功发行今年地方政府债券共 145.82 亿元，其中一般债券 119.94 亿元、专项债券 25.88 亿元。2017 年上半年，河北省全省累计发行政府债券 829.82 亿元。2017 年 7 月，河北省再次发行政府债券 182.1 亿元。其中包括一般债券 86.02 亿元、专项债券 96.08 亿元。同时，定向发行债券置换存量债务中的银行贷款，进一步缓解了政府的偿债压力，推动河北省实体经济的发展。

（二）河北省省级地方政府投融资平台发展分析

表 2-7　河北省省级地方政府投融资平台排名一览表

排名	公司名称	得分	评级	所属证监会行业
1	河北建设投资集团有限责任公司	48.40	AAA	综合
2	河北港口集团有限公司	42.78	AAA	交通运输、仓储和邮政业
3	河北省国有资产控股运营有限公司	42.60	AA	综合
4	河北交通投资集团公司	40.86	AAA	交通运输、仓储和邮政业
5	河北建投交通投资有限责任公司	39.96	AA+	建筑业

续表

排名	公司名称	得分	评级	所属证监会行业
6	河北省高速公路开发有限公司	36.60	AA	交通运输、仓储和邮政业

资料来源:根据笔者整理计算获得。

从表 2-7 可以看出,河北省排名靠前的省级地方政府投融资平台中,评级为 AAA 级的有 3 家,评级为 AA+级的有 1 家,另外 2 家为 AA 级,6 家公司所属行业包含综合,建筑业,交通运输、仓储和邮政业三大类。其中,排名前三的公司为河北建设投资集团有限责任公司、河北港口集团有限公司与河北省国有资产控股运营有限公司,2016 年三家公司总资产规模分别达到 1392.71 亿元、535.79 亿元与 187.68 亿元。

通过分析可知,观察期内排名位于全省前列的省级公司,其财务指标表现整体良好。该类公司资产收益率及总资产报酬率处于较高水平,即企业对于资金的利用效果较好,总体获利能力较强,财务效益指标整体表现较为理想;同时,该类公司流动资产周转率相对较高,即其生产与经营环节较为完善,流动资产使用效率较高,资产运营效率和效益较为可观;另外,该类公司其现金流动负债比率均为正值且处于合理水平,在保障流动资金充分利用的同时,拥有一定的现金流量用以保障公司的偿债能力;此外,该类公司其总资产增长率相对比较突出,观察期内资产规模扩张较快,未来发展前景较为乐观。

与此同时,排名居于前列的公司其社会责任与国有资产运营指标表现较好。在纳税管理方面,表 2-7 中地方政府投融资平台均未出现纳税违约情况,也未有被监管部门处罚的情况发生;同时,排名靠前的地方政府投融资平台积极参与基础设施、市政工程建设等公益性活动,其综合社会贡献得分较好;此外,该类公司资本金利润率相对较高,即投资者所投入资本金的获利能力较强,国有资产运营效率较高。

值得注意的是,排名居前的地方政府投融资平台其市场化运营指标相对较为理想。表 2-7 中地方政府投融资平台市场化收入占比均达到 100%,呈现较为乐观的态势;同时,地方政府投融资平台在所属行业市场占有度大都相对较高。其中，排名第一的河北建设投资集团有限责任公司，其是河北省内最大的国有投资公司，由河北省国资委100%控股，为河北省的经济发展提供了一定助力；此外，排名靠前的地方政府投融资平台其融资渠道较为多元化，为企业的进一步发展壮大提供支持。

（三）河北省市级地方政府投融资平台发展分析

从表2-8可以看出，河北省排名前十的市级地方政府投融资平台中，评级为AAA级的有1家，为综合排名第一的石家庄国控投资集团有限责任公司，其总资产规模达到1687.36亿元；同时，评级为AA+级的有2家，分别为邯郸城市发展投资集团有限公司与唐山港集团股份有限公司；10家公司中AA级占比最多为6家。另有AA-级公司1家，为排名第十的秦皇岛开发区国有资产经营有限公司。

表2-8　河北省市级地方政府投融资平台排名一览表

排名	公司名称	得分	评级	所属证监会行业
1	石家庄国控投资集团有限责任公司	40.97	AAA	房地产业
2	张家口通泰控股集团有限公司	40.76	AA	建筑业
3	河北顺德投资集团有限公司	38.54	AA	综合
4	唐山金融控股集团股份有限公司	38.31	AA	金融业
5	张家口建设发展集团有限公司	37.75	AA	综合
6	邯郸城市发展投资集团有限公司	37.62	AA+	建筑业
7	邯郸市交通建设有限公司	36.53	AA	交通运输、仓储和邮政业
8	邢台路桥建设总公司	35.48	AA	建筑业
9	唐山港集团股份有限公司	35.39	AA+	交通运输、仓储和邮政业
10	秦皇岛开发区国有资产经营有限公司	34.85	AA-	建筑业

资料来源：根据笔者整理计算获得。

通过分析可知，表2-8中排名明显靠前的市级地方政府投融资平台，其良好的发展势头均与区域经济的发展密不可分。其中，石家庄国控投资集团有限责任公司位于河北省省会，随着石家庄市经济与财政实力增长,公司也成长为石家庄市最大的政府性项目投融资与运营主体;而对于张家口通泰控股集团有限公司来说,由于张家口位于四省市的交界之处,交通优势明显。同时作为“一带一路”走廊的节点与冬奥会的联合承办城市,张家口市也加速了其自身的转型与发展,为公司的生产经营提供了重要的机遇。

此外,排名居于前列的市级地方政府投融资平台,其总资产增长率均为正,且保持较高水平,表明企业当期规模扩张速度较快,但同时需要进一步关注公司未来发展能力的持续性;该类企业盈余现金保障倍数大多表现较好,即企业的实际收益质量较为理想;此外,该类公司的融资渠道较为多样,此举有利于企业在国企化改革不断深化的进程中,尽快适应经济发展的需求。

(四)河北省县级地方政府投融资平台发展分析

从表2-9中可以看出,纳入本次评价体系的河北省县级政府平台共9家,其中,评级为AA级8家,另有AA-级1家。所涉及行业包括建筑业,交通运输、仓储和邮政业,电力、热力、燃气及水生产和供应业,房地产业等,其中,建筑业公司所占比例在一半以上。

表2-9　河北省县级地方政府投融资平台排名一览表

排名	公司名称	得分	评级	所属证监会行业
1	唐山曹妃甸发展投资集团有限公司	39.64	AA	建筑业
2	河北渤海投资集团有限公司	35.60	AA	交通运输、仓储和邮政业
3	任丘市建设投资集团有限公司	35.39	AA	电力、热力、燃气及水生产和供应业
4	武安市国有资产经营有限责任公司	33.42	AA	建筑业
5	河北宣化北山工业园投资有限责任公司	33.04	AA-	建筑业
6	迁安市兴源水务产业投资有限公司	32.98	AA	电力、热力、燃气及水生产和供应业
7	迁安市城市建设投资发展有限公司	32.28	AA	建筑业

续表

排名	公司名称	得分	评级	所属证监会行业
8	唐山市丰南建设投资有限公司	30.75	AA	房地产业
9	河北中岳城市建设投资有限公司	28.25	AA	建筑业

资料来源:根据笔者整理计算获得。

县级平台综合排名第一的为唐山曹妃甸发展投资集团有限公司,是由唐山市曹妃甸工业区财政局国资委100%控股的地方国有企业,在工业区基础设施建设运营领域具有一定的垄断地位,2016年总资产达到880.59亿元。同时,除委托代建业务外,该公司的业务类型逐渐实现多元化,进而形成对其主营业务的有效补充,有助于提升公司的综合竞争力及盈利水平。

通过分析可知,排名位于前列的地方政府投融资平台,其EBITDA利息倍数相对较高,即公司具有较高的投资价值,其偿债能力相对较为理想;该类公司的总资产周转率与流动资产周转率指标普遍表现良好,表明其在资产利用方面具有一定的优势,同时其生产及运营等各环节的衔接与协调相对较好,也一定程度体现出公司内部管理的有效性;另外,此类公司的资产收益率与总资产报酬率相对较高,其资产创造利润的能力较强,财务效益指标表现相对较好;此外,该类公司资产增长率较高,大部分公司三年资本平均增长率也相应较高,即长期资产增长趋势较好,未来发展形势较为乐观。

(五)河北省地方政府投融资平台的变动情况分析

1.河北省地方政府投融资平台新增债券发行情况(见表2-10)

表2-10 2016年河北省地方政府投融资平台新增债券一览表

序号	公司名称	发行金额(亿元)	发行利率(%)	主体评级	资金用途
1	邢台路桥建设总公司	10.00	4.93	AA	补充母公司日常营运资金
2	唐山金融控股集团股份有限公司	16.00	4.35	AA	唐山湾国际旅游岛三岛旅游综合体建设项目

续表

序号	公司名称	发行金额（亿元）	发行利率（%）	主体评级	资金用途
3	秦皇岛城市发展投资控股集团有限公司	12.00	4.69	AA	秦皇岛市海港区西部污水处理厂及配套网管工程等
4	河北中岳城市建设投资有限公司	12.00	4.10	AA	河北省磁县六合工业有限公司工矿棚户区改造项目和河北省磁县申家庄煤工矿棚户区改造项目建设

资料来源：wind 数据库。

2. 河北省地方政府投融资平台评级变动

（1）任丘市建设投资集团有限公司

2016 年，任丘市建设投资集团有限公司长期信用评级由 AA-调至 AA，评级展望维持为稳定，评级机构为鹏元资信评估有限公司。

评级调整理由如下：跟踪期内，任丘市经济及财政实力进一步增强；公司作为任丘市开发建设主体，在资产注入与财政补贴方面持续获得当地政府的大力支持；公司收入规模大幅度增长，收入数据来源持续性较好。同时，中国投融资担保股份有限公司为其“15 任丘建投债”债券提供担保，有效提升了其发行债券的安全性。

（2）廊坊开发区建设发展有限公司

2016 年，廊坊开发区建设发展有限公司长期信用评级维持 AA 级，但评级展望由稳定调为负面，评级机构为鹏元资信评估有限公司。

评级展望调整理由如下：跟踪期内，开新城市开发建设有限公司是公司重要子公司，公司的土地开发业务、房地产开发业务及绝大部分工程建设业务均由开新公司负责，2016 年开新公司不再纳入合并报表之中，导致公司相关业务的规模大幅下降；同时，公司部分募投项目并未按照约定进行回购，未来需要关注其是否可以顺利收回回购资金；此外，由于公司在建工程投资规模较大，长期来看没有新增投资，未来收益的实现具有较大不确定性；另外，公司资产总规模下降，且其他应收款与存款占比较高，导致其资产流动性不高。

3. 河北省地方政府投融资平台发债典型案例分析

(1)河北宣化北山债违约案例分析

2016年9月河北宣化北山债发布公告称,河北宣化区政府拟进行地方政府债券置换发行人企业债券(14宣化北山债),将政府债券中的6亿元用于偿还本金,为此,发行人申请提前兑付6亿元本金及相应利息。公开资料显示,14宣化北山债的上市日期为2014年7月3日,发行价格100元,票面利率为8.6%,期限7年,当前余额6亿元,担保人为瀚华担保股份有限公司。2015年7月1日,鹏元资信将债券评级调高至AA+、主体评级维持AA-。发行人河北宣化北山工业园投资有限责任公司(以下简称"北山投资")股东为张家口市宣化区财政投资管理中心和张家口市宣化区财政局,持股比例分别为70%和30%。宣化北山是张家口市宣化区最主要的城市基础设施建设的投融资载体,是宣化区重点工程及重大项目的开发、建设和运营服务的载体。

河北宣化北山债条款说明中虽然设置了"提前偿还本金"条款,但具体要求是"在债券存续期的第3、4、5、6、7年年末,逐年分别按照债券发行总额20%的比例偿还本金"。也就是债券的兑付日为2017年至2021年每年的6月17日。而截至2016年9月该债券的剩余期限为5.15年。此次违约的原因,简单来看是河北宣化北山工业园投资有限责任公司获得了更为低成本的融资渠道,因而把过去发行的高息平台债强行赎回。目前,地方债发行成本相对企业债7%、8%的成本要低得多,发达地区发行的地方债利率相当于国债加20个点,也就是3%左右。从市场角度来说,河北宣化北山债的提前赎回和此前的违约事件不同之处在于,它并非是因为发行人的财务问题最终没办法偿债违约,而是反映出地方融资平台违背了契约精神。一般意义上的违约往往因为行业以及个别公司的亏损,导致资金链断裂,没能力兑付;而河北宣化北山债是政府有资金来兑付,未出现任何财务问题的情况下,地方融资平台出于自身的考虑,违背之前的约定,强行违约,这样的行为对整个债市起到了负面的示范效应,对二级市场的投资和承销都会带来消极的影响。

按照"43号文"《国务院关于加强地方政府性债务管理的意见》,规范地方政府举债，将地方债和地方政府投融资平台相分离，但是在目前条件下，市场很难将二者之间千丝万缕的联系剥离。地方政府投融资平台实际上就是一个特殊的融资平台，现在地方政府可以发地方债了，就不需要平台融资了，但其融资主体都是政府，信用主体也是政府。此次事件尽管是地方政府投融资平台违约，但其还是反映了地方政府的意愿，对于地方政府信用也是一种伤害。

（2）河北唐山 PPP 项目融资成功案例分析

河北省政府在 2014 年 12 月 17 日出台了关于《河北省人民政府关于推广政府和社会资本合作（PPP）模式的实施意见》，该意见提出要首先设立 PPP 项目的总体目标，2014—2015 年进行试点，2016—2017 年适合项目全覆盖，到 2018 年全省建立完善的 PPP 项目体系。

目前，唐山在 2014 年发债总额为 48 亿元，2015 年、2016 年发行地方政府债券分别为 29 亿元和 30 亿元，正是由于唐山市政府采用 PPP 项目进行融资，才使得在 2015 年与 2016 年发行的地方政府债务减少。2015 年 5 月 9 日，唐山首例 PPP 项目由政府和社会资本按照股权比例注资，成立专门项目公司，具体负责唐山世园会基础设施项目建设和运营。项目合作期限为 15 年，社会资本固定投资收益不高于 8%，收益数据来源于项目运营收益，不足部分由政府安排运营补贴。项目到期政府指定专门机构对社会资本股权原值回购。该项目突破创新了传统模式，是唐山市第一个采用 PPP 模式运作的准公益项目。该项目的成功落户，为唐山市下一步推广运用 PPP 模式树立了样板，成为可复制、可推广的示范项目。唐山市 PPP 模式的成功运用为河北省其他地区的 PPP 模式的推广提供了可借鉴的范例，也对进一步扩大 PPP 模式使用范围，强化 PPP 项目管理，调动社会资本参与基础设施建设运营的积极性起到了促进作用。

三、河北省地方政府投融资平台发展的策略

（一）政策背景

1. 国企改革政策背景

为贯彻落实《中共中央、国务院关于深化国有企业改革的指导意见》

（中发〔2015〕22号），河北省政府及国资委等相关管理部门相应颁布一系列地方性政策及指导文件，详见表2-11。

表2-11　河北省国企改革政策概览

序号	文件名称	责任单位
1	《河北省人民政府办公厅关于加强和改进企业国有资产监督防止国有资产流失的实施意见》（冀政办字〔2015〕166号）	省人民政府办公厅
2	《河北省人民政府关于改革和完善全省国有资产管理体制的实施意见》（冀政发〔2015〕53号）	省人民政府办公厅
3	《河北省人民政府国有资产监督管理委员会、河北省财政厅关于贯彻落实〈企业国有资产交易监督管理办法〉的通知》（冀国资字〔2016〕355号）	省国资委、省财政厅

资料来源：根据河北省国资委、河北省人民政府网相关资料整理获得。

2015年12月25日，河北省政府办公厅发布《河北省人民政府办公厅关于加强和改进企业国有资产监督防止国有资产流失的实施意见》（冀政办字〔2015〕166号），其中规定，要重点强化企业内部监督制度，进一步加强与完善企业外部监督机制，并实施信息公开方面社会公众的监督，同时，强化国有资产损失与监督工作的问责。

2015年12月30日，河北省政府办公厅发布《河北省人民政府关于改革和完善全省国有资产管理体制的实施意见》（冀政发〔2015〕53号），其中规定，以管资本为主加快转变国有资产监管机构职能，改革国有资本授权经营体制，提高国有资本配置和运营效率，并协同推进例如完善有关规章和制度的配套改革。

2016年12月15日，河北省人民政府国有资产监督管理委员会、河北省财政厅发布关于贯彻落实《河北省人民政府国有资产监督管理委员会、河北省财政厅关于贯彻落实〈企业国有资产交易监督管理办法〉的通知》（冀国资字〔2016〕355号），其中规定，省国资监管机构负责选择从事全省企业国有资产交易的产权交易机构，且交易公开进行；同时，国家出资企业负责其各级子企业国有资产交易的管理，并按规定完善子企业内部管理制度。

2. 地方政府投融资平台改革政策背景

为防范与化解全省政府性债务风险，推动地方政府投融资平台转型发展，河北省政府陆续颁布地方性债务管理相关政策文件，详见表2-12。

表 2-12　河北省政府债务相关政策概览

序号	文件名称	责任单位
1	《河北省人民政府关于深化政府性债务管理改革的意见》（冀政〔2014〕115号）	省人民政府办公厅
2	《河北省人民政府办公厅关于印发河北省政府性债务风险应急处置预案的通知》（冀政办字〔2017〕27号）	省人民政府办公厅

资料来源：根据河北省人民政府网相关资料整理获得。

2014年12月4日，河北省人民政府办公厅发布《河北省人民政府关于深化政府性债务管理改革的意见》（冀政〔2014〕115号），其中规定，明确举债主体、严格举债规模控制和举债程序等八项改革内容；同时提出了将存量债务纳入预算管理、确保在建项目后续融资等四项待落实的过渡期措施；此外，要求健全相关配套保障机制，加强对债务管理的组织领导。

2017年3月17日，河北省人民政府办公厅发布《河北省人民政府办公厅关于印发河北省政府性债务风险应急处置预案的通知》（冀政办字〔2017〕27号），其中规定，县级以上政府设立政府性债务管理领导小组，负责政府性债务日常管理。并规定了各级政府应定期排查政府性债务风险隐患，实施风险的预测与防范，同时建立政府债务风险报告制度。

（二）河北省地方政府投融资平台发展建议

2015年4月，由中共中央政治局会议审议通过的《京津冀协同发展规划纲要》将河北定位为“三区一基地”，即“全国现代商贸物流重要基地、产业转型升级试验区、新型城镇化与城乡统筹示范区、京津冀生态环境支撑区”。2017年4月1日，中共中央、国务院印发通知，设立河北雄安新区。雄安新区地处北京、天津、保定腹地，区位优势明显、交通便捷通畅、生态环境优良、资源环境承载能力较强，是继珠三角、长三角后的第三步区域战略。目前，雄安新区开发程度较低，基础设施建设较为薄弱，但发展空间充裕，具备高起点、高标准开发建设的基础条件，存在较大的投融资资金需求。因此，河北省的政府平台公司应抓住这一难得的政策机遇，结合自身投融资优势，为河北省的转型发展提供助力。现就投融资平台转型提出以下建议。

1. 建设新型投融资运营平台

（1）设立政府性投资集团

为实现河北省“新型城镇化与城乡统筹示范区”的功能定位，推动县城建设是其中的重要一环。当前，河北省的县城整体经济实力较弱，其GDP与北京、天津相比差距较大，工业园区规模小，人口聚集能力较弱，制约了当地经济的发展，进而影响京津冀协同发展的效果。在此情况下，应将现有平台公司按照功能进行整合重组，统筹规划，建立包括平台、地产、开投、水务等各类投资集团，将分散的资源加以集中，各司其职，集中加大对于基础设施建设的投入，促进区域经济高速高效发展。

（2）设立创业投资集团

为实现“产业转型升级试验区”的功能定位，河北省应设立创业投资集团。主要任务是建设高端高新产业集群地、创新要素资源集聚地，并发挥创业孵化器的作用，助力具有发展潜力的初创企业顺利启动并得以迅速成长，并为其提供办公室租房优惠减免及税收减免等优惠措施，鼓励初创企业的发展。同时，集团可投资建设科研机构集聚区，为区域内技术人才的协调与相互交流协作提供平台，进而引进更多高科技人才，产生更多高水平科研成果，提升河北省的核心竞争力，尽量缩小与北京、天津间的差距，令其交流合作更为顺畅且有效。

（3）设立生态旅游投资集团

为实现河北省“京津冀生态环境支撑区”的功能定位，应结合其区域优势，建立生态旅游投资。而且，习近平总书记指出雄安新区要“建设绿色智慧新城，建成国际一流、绿色、现代、智慧城市”“打造优美生态环境，构建蓝绿交织、清新明亮、水城共融的生态城市”。可以看出，河北省建设生态旅游投资集团已经势在必行。目前，京津冀环境污染问题在推动区域经济发展建设的过程中尤为凸显。因此，必须坚持生态优先，绿色发展，将区域经济发展与生态保护要求相互融合。在其发展建设过程中，应以生态保护为基础，拒绝一切污染型企业迁入，强化绿色发展理念，细化环境整治措施。同时，发展生态养老等创新型旅游项目，将河北打造成为国际旅游与养老度假的胜地。如此不仅对北京旅游产业与养老产业进行了疏解，同时也令京津冀城市布局和空间结构得以优化。

2. 借助京津冀资源引进、组建若干金融机构

河北省政府尤其是雄安新区应积极引进金融机构，争取银行、证券、保险等大型金融机构总部或区域总部的落户，同时支持符合条件的外资银行在雄安设立中国总部、子公司与分行等，与大型金融机构合作，着手金融机构的引进。与此同时，新区应创建金融业“雄安”品牌，即设立雄安银行、雄安证券、雄安基金及雄安保险等金融机构，同时摸底雄安新区下辖农村信用社，通过改组成立雄安农商行。此外，相关监管部门对于雄安新区新设立的金融机构可实行适当优惠措施。最后，在金融机构设立的基础上，雄安新区还应进一步构建完备的金融市场、金融机构及金融业务体系，提升新区整体金融服务水平，进而发挥新区金融辐射和带动作用。

3. 借助 PPP 推动区域基础设施快速前行

在“雄安新区”战略的实施过程中，虽然有来自于政府的财政补贴，但金额相对有限，巨额的资金缺口还需要通过其他融资途径填补，新区平台公司面临着巨大的融资工作。平台公司应按照中央统一部署，充分运用其投融资能力。可以通过发行企业债（如专项债券、项目收益债）、公司债及其他创新融资工具筹资。随着 PPP 政策法规的不断发布及 PPP 模式的进一步推动发展，雄安新区的平台公司可以参与 PPP，充分发挥社会资本的效力，通过 PPP 模式解决新区规划建设过程中的资金需求问题，助力新区的发展建设。

第三章　东部沿海综合经济区重点省市地方政府投融资平台发展状况

第一节　上海市地方政府投融资平台发展状况

一、上海经济财政状况

（一）上海经济发展情况

1. 上海经济产出情况

2016年，在党中央、国务院和中共上海市委、上海市人民政府的领导下，全市深入贯彻习近平总书记系列重要讲话精神和治国新理念新思想新战略，按照当好改革开放排头兵、创新发展先行者的根本要求，主动适应经济发展新常态，坚持稳中求进工作总基调，坚定不移推进供给侧结构性改革，坚持不懈推进创新驱动发展、经济转型升级，完成了市十四届人大四次会议确定的目标任务，实现了“十三五”时期经济社会发展的良好开局。

根据公开统计数据显示，2016年上海市生产总值（GDP）达到27466.15亿元，比上年增长6.8%（见图3-1）。其中，第一产业增加值109.47亿元，比上年下降6.6%；第二产业增加值7994.34亿元，比上年增长1.2%；第三产业增加值19362.34亿元，比上年增长9.5%。三次产业增加值占全市生产总值的比重分别为0.4%、29.1%、70.5%，其中，第三产业的增速明显，比上年提高了2.7个百分点。按常住人口计算，上海市人均生产总值为11.36万元（见图3-2）。

从图3-1和图3-2可以看出，自2012年以来，上海市的GDP和人均

图 3-1　2012—2016 年上海市地区生产总值及其增速

资料来源：wind 数据库。

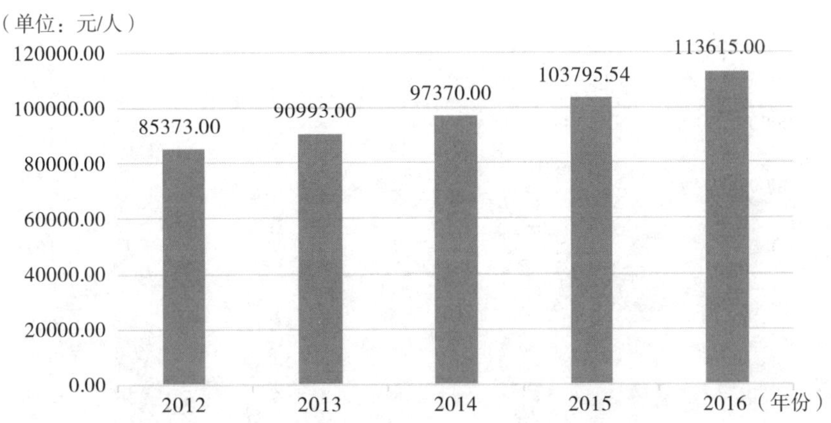

图 3-2　2012—2016 年上海市人均生产总值

资料来源：wind 数据库。

GDP 均保持着每年稳定增长的态势，但是受经济下行压力的影响，GDP 年增长率除 2013 年提高了 0.2 个百分点外，随后三年逐年下降，从 2013 年的 7.74%下降到了 2016 年的 6.8%。

2016 年，上海市实现工业增加值 7145.02 亿元，比上年增长 1.0%（见图 3-3）。全年完成工业总产值 33079.72 亿元，增长 0.7%，其中，规模以上工业总产值 31082.72 亿元，增长 0.8%。在规模以上工业总产值

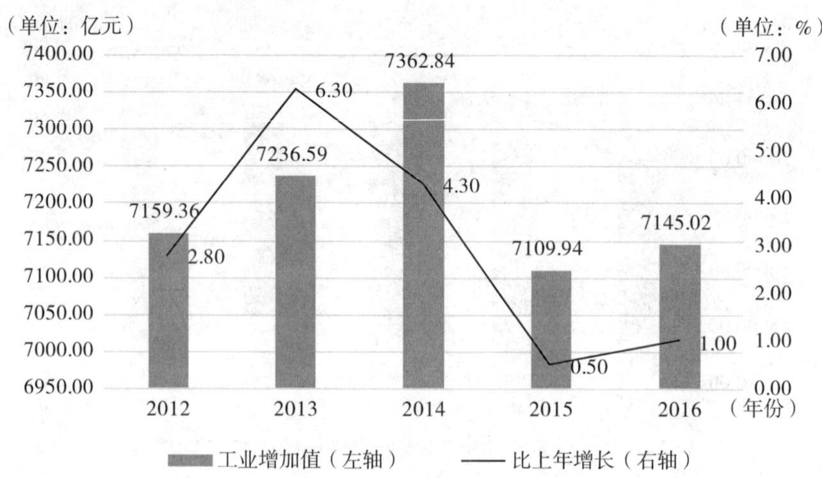

图 3-3　2012—2016 年上海全部工业增加值及其增速

资料来源：wind 数据库。

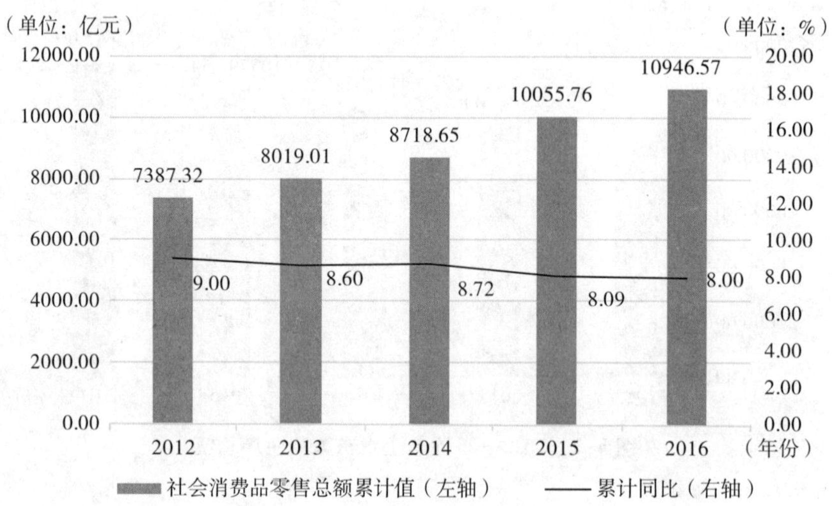

图 3-4　2012—2016 年上海社会消费品零售总额及其增速

资料来源：wind 数据库。

中，国有控股企业总产值 11498. 09 亿元，增长 1. 3%。五年来的发展情况有所波动，按现价计算的全部工业增加值在 2015 年甚至出现下降，按不变价格计算的增速直线下降为 0. 5%，波动较为剧烈。

2016 年，全市实现社会消费品零售总额 10946. 57 亿元，比上年增长

8.0%(见图 3-4),其中无店铺零售额 1584.00 亿元,增长 13.8%。网上商店零售额 1249.77 亿元,增长 15.8%,占社会消费品零售总额的比重为 11.4%,比上年提高 0.5 个百分点。从图 3-4 可以发现,2012 年以来上海市的社会消费品零售总额逐年增加,但增加的绝对数额不大,因此以不变价格计算的增速每年都略有下降(2014 年除外),但总体来说,变化较为稳定。

2. 上海固定资产投资情况

2016 年,上海市完成全社会固定资产投资总额 6755.88 亿元,比上年增长 6.3%(见图 3-6)。其中,城市基础设施完成投资 1551.87 亿元,工业完成投资 979.56 亿元,房地产开发完成投资 3709.03 亿元。而三大产业投资中的分布如图 3-5 所示,第三产业投资占比高达 85.39%,而第一产业投资的占比不足 1%,产业分化严重。

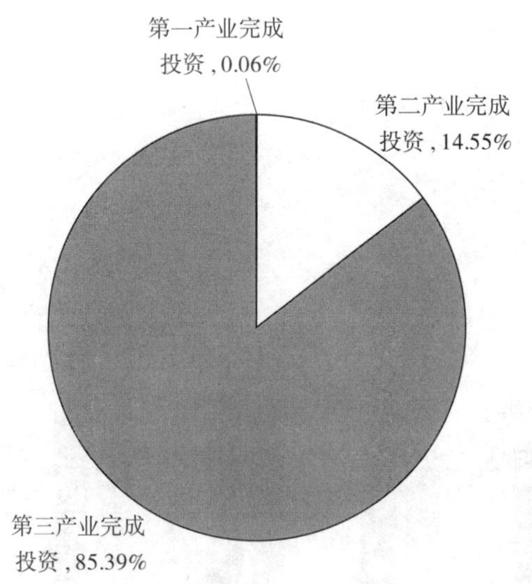

图 3-5　2016 年上海市全社会固定资产投资在三大产业所占的比重

资料来源:wind 数据库。

从图 3-6 可以发现,2012 年以来,上海市全社会固定资产投资绝对额五年来稳定增加(按当年价格计算),但是剔除价格因素的影响后,其实际增速在 2014 年、2015 年两年略有下降,2013 年的增速出现大幅度提高,因此整体来看,近年来上海市的固定资产投资运行情况并不稳定。

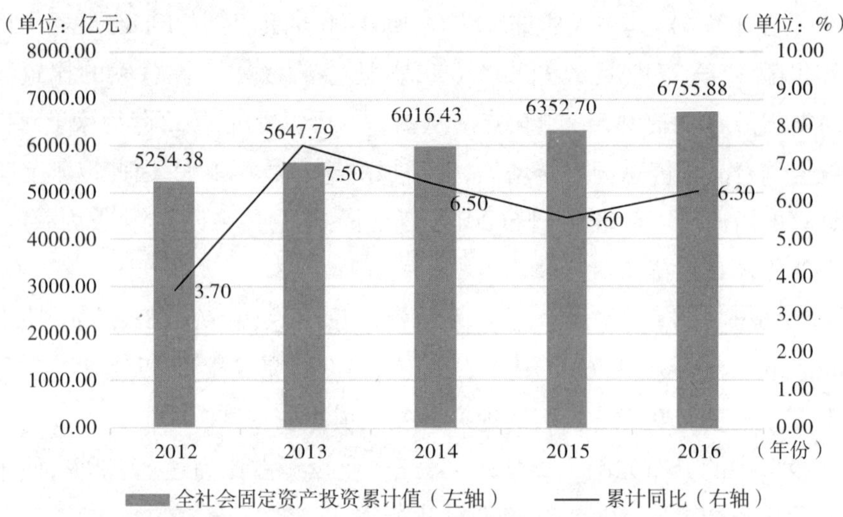

图 3-6　2012—2016 年上海全社会固定资产投资及其增速

资料来源：2012—2016 年上海市国民经济和社会发展统计公报。

（二）上海地方财政情况

2016 年，上海市全年一般公共预算收入 6406.13 亿元（见图 3-7），

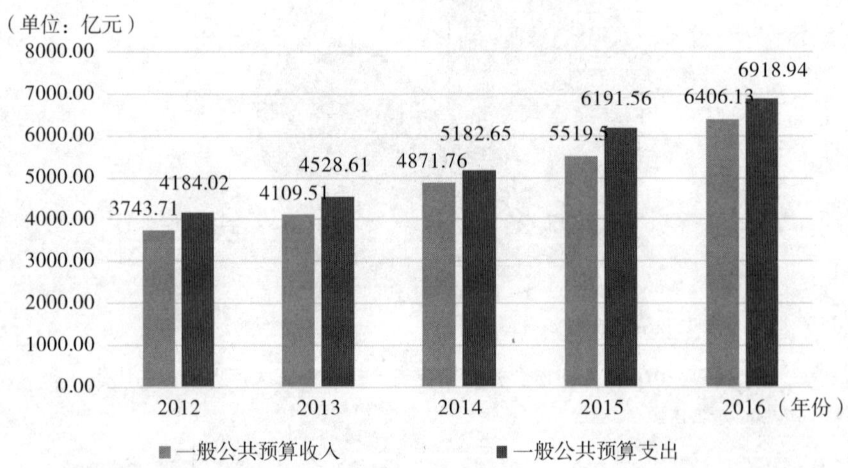

图 3-7　2012—2016 年上海一般公共预算收入与一般公共预算支出统计①

资料来源：wind 数据库。

① 注：自 2015 年 1 月起，上海市 7 项政府性基金收支和新增机动车额度拍卖收支纳入一般公共预算管理。

比上年增长 16.1%，总量位列全国城市第一。本市深入推进经济结构调整和发展方式转变，经济发展的质量和效益不断提高，带动全市财政收入增长。第三产业支撑作用显著，房地产业、金融业、租赁和商务等服务业发展态势良好，合计贡献全市收入增量逾七成。地方一般公共预算支出 6918.94 亿元，比上年增长 11.7%，其中科学技术、社会保障、医疗卫生等重点支出得到优先保障，支出执行情况较好。全年税务部门组织的税收收入完成 11847.05 亿元（不含关税及海关代征税），同比增长 5.5%。

二、上海地方政府投融资平台发展情况

截至 2016 年年末，上海市共有 86 家地方政府投融资平台。其中，市级地方政府投融资平台有 52 家，区级地方政府投融资平台有 34 家。下面将详细统计上海市政府投融资平台从 2003 年到 2016 年公开发行债券的情况，并从市级和区级两个层级对地方政府投融资平台进行排名并对其各项指标进行分析。

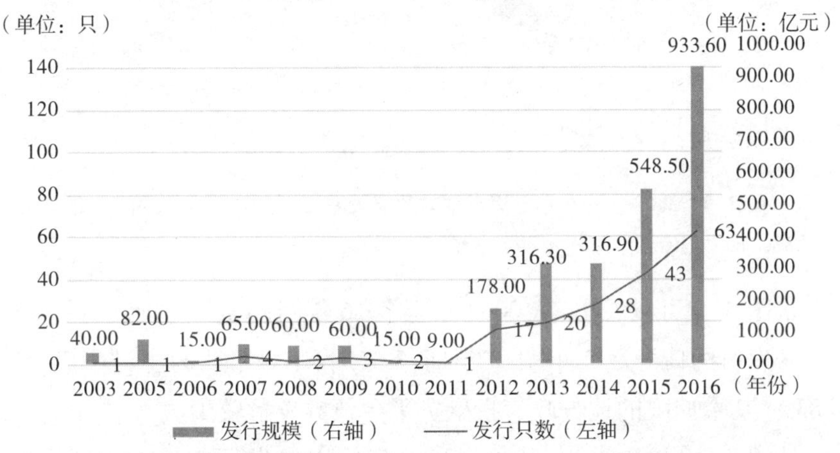

图 3-8　上海市 2003 年到 2016 年地方政府投融资平台发债统计

资料来源：wind 数据库。

（一）上海地方政府投融资平台发债情况

从图 3-8 可以看出，2012 年上海的地方政府投融资平台债券发行

规模实现了巨大的飞跃，并在之后四年继续保持稳定上升的趋势。其中，2016 年上海地方政府投融资平台公开发行债券达到了 63 只，发行规模总计有 933.60 亿元。这与上海市政府加大固定资产投资，特别是“加强基础设施建设工作，深入实施基础设施建设攻坚战”的工作目标有关。依据上海市政府公布的《2017 年工作计划》及《上海市国民经济和社会发展第十三个五年规划纲要》，未来几年内，上海将继续加大基础设施建设力度，因此地方政府投融资平台债券发行规模也将继续稳定扩大。

下面从债券期限和债券类型两个维度对上海地方政府投融资平台公开发行债券的基本情况进行介绍。

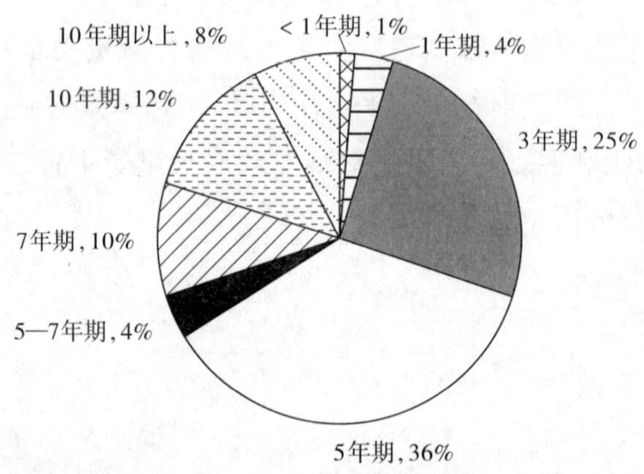

图 3-9　2003—2016 年上海市地方政府投融资平台公开发债期限统计

资料来源：wind 数据库。

从图 3-9 可以看出，从 2003 年至 2016 年间，上海地方政府投融资平台公开发行的债券以 3 年期、5 年期、7 年期和 10 年期为主，累计占比达到 83%，其余期限的地方政府投融资平台债券发行较少。

从图 3-10 可以看出，2003—2016 年间上海发行的地方政府投融资平台债券以一般企业债、一般公司债和一般中期票据为主，累计占比达 95%，发行最少的是超短期融资券，占比仅有 2%。

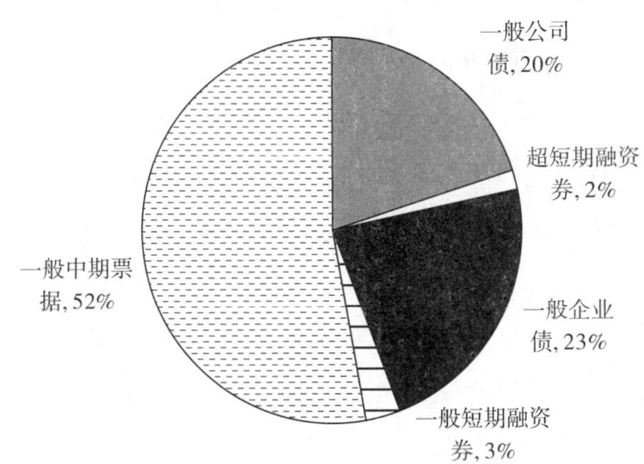

图 3-10 2003—2016 年上海市地方政府投融资平台公开发债类型统计

资料来源：wind 数据库。

（二）上海市市级地方政府投融资平台发展分析

表 3-1 上海市市级地方政府投融资平台排名一览表

排名	公司名称	得分	评级
1	上海城投控股股份有限公司	51.40	AAA
2	上海城投（集团）有限公司	49.83	AAA
3	上海国盛（集团）有限公司	47.29	AAA
4	上海临港经济发展（集团）有限公司	46.77	AA+
5	申能（集团）有限公司	46.73	AAA
6	上海久事（集团）有限公司	45.60	AAA
7	上海国际机场股份有限公司	44.93	AAA
8	上海世博土地控股有限公司	44.68	—
9	中华企业股份有限公司	44.62	AA
10	上海城建（集团）公司	44.18	AAA

资料来源：根据笔者整理计算获得。

从财务表现情况来看，表 3-1 前 5 家公司的主营业务利润率均高于 10%，其主营业务能很好地为公司带来良好收益。应收账款周转率较高，对应收账款的回收速度快，资金利用率高。同时，不良资产比率较低，表明公司资产质量高；资产负债率维持在50%左右的水平，在控制偿债风险的同时能够较好地利用财务杠杆维持公司正常经营，其中，上海国盛（集团）有限公司的资产负债率仅为20.39%，应提高利用财务杠杆的水平，增加债务融资，做好“举债经营”；三年资本平均增长率都较高，表明公司规模在稳步扩大，发展前景良好。

从社会表现来看，前五家公司均积极承接市政工程建设、参与人才引进计划及当地园区建设等，社会贡献度高；所有公司均建立了企业社会责任报告制度，定期披露相关报告。

从市场化表现来看，所有投融资平台市场化收入占比均达100%，主营业务多样化程度高，且在所属区域市场占有度高。同时，营业外收入中政府补助的占比较低，能够通过多种债券融资渠道筹集资金。

（三）上海市区级地方政府投融资平台发展分析

表3-2　上海市区级地方政府投融资平台排名一览表

排名	公司名称	评级	所属证监会行业
1	上海陆家嘴金融贸易区开发股份有限公司	AAA	房地产业
2	上海外高桥资产管理有限公司	AAA	综合
3	上海申迪（集团）有限公司	AAA	建筑业
4	上海陆家嘴（集团）有限公司	AAA	综合
5	上海闵行城市建设投资开发有限公司	AA+	建筑业
6	上海浦东发展（集团）有限公司	AAA	综合
7	上海浦东土地控股（集团）有限公司	AA+	房地产业
8	上海外高桥集团股份有限公司	AAA	批发和零售业
9	上海张江（集团）有限公司	AAA	房地产业
10	上海新世界（集团）有限公司	AA+	综合

资料来源：根据笔者整理计算获得。

通过对表3-2中前5家公司的财务表现、社会表现、市场化表现三方面的指标进行分析发现：

首先，从财务表现来看，前四家公司均实现了高于27%的主营业务利润率，上海闵行城市建设投资开发有限公司表现相对较差，但也实现了13.09%的主营业务利润率；上海陆家嘴金融贸易区开发股份有限公司资产收益率和总资产报酬率均位列第一，分别为16.11%和7.33%，综合而言财务效益表现尤为突出；应收账款周转率高，表明公司回收应收账款速度快，对资金的利用率高；不良资产占比均低于0.2%，反映出公司资产质量高；流动比率和速动比率较高，证明公司短期偿债能力较强，其中，上海闵行城市建设投资开发有限公司流动比率高达87.61%，反映出其安全边际高，但利用财务杠杆的能力较弱；总资产增长率和三年资本平均增长率都较高，其中，上海陆家嘴金融贸易区开发股份有限公司2016年实现了52.20%的总资产增长率，资产规模扩张速度加快；上海陆家嘴金融贸易区开发股份有限公司、上海申迪（集团）有限公司和上海陆家嘴（集团）有限公司均实现了高于100%的销售增长率和高于25%的三年销售平均增长率，表明公司业务在稳步扩张且速度不断加快；上海陆家嘴金融贸易区开发股份有限公司国有资本积累率最高，且实现了高达164.04%的资本金利润率，很好地完成了国有资本的增值保值任务。上海陆家嘴（集团）有限公司虽资本积累率相对较低，但也实现了187.18%的资本金利润率，国资运营指标表现较好。

其次，从社会表现来看，前五家公司在所属区域占有度均为中等及以上水平，同时，上海陆家嘴金融贸易区开发股份有限公司和上海外高桥资产管理有限公司都建立了企业社会责任报告制度，定期披露公司社会责任报告。

最后，从市场化程度来看，上海陆家嘴金融贸易区开发股份有限公司、上海外高桥资产管理有限公司和上海陆家嘴（集团）有限公司的市场化收入占比均达到了100%且主营业务至少有三个，市场化程度较高。

（四）上海地方政府投融资平台变动情况

1. 上海地方政府投融资平台新增债券融资情况（见表 3-3）

表 3-3　上海市 2016 年新增债券发行情况

序号	公司名称	发行金额（亿元）	发行利率（%）	主体评级	资金用途
1	上海中星（集团）有限公司	37.00	3.20	AA+	偿还银行贷款和补充流动资金
2	上海外高桥集团股份有限公司	8.00	3.02	AAA	置换公司本部及下属子公司的银行借款和补充流动资金
3	上海外高桥集团股份有限公司	10.00	2.74	AAA	置换公司本部及下属子公司的银行借款
4	上海外高桥集团股份有限公司	7.50	3.46	AAA	补充流动资金
5	上海外高桥集团股份有限公司	12.50	2.95	AAA	补充流动资金
6	上海外高桥集团股份有限公司	10.00	2.94	AAA	补充流动资金
7	上海新世界（集团）有限公司	10.00	3.58	AA+	归还银行借款和补充日常营运资金
8	上海申迪（集团）有限公司	10.00	3.12	AAA	补充集团本部及下属申迪建设营运资金和偿还公司本部银行借款

资料来源：wind 数据库。

2. 2016 年上海地方政府投融资平台评级变动情况

（1）上海临港经济发展（集团）有限公司

2016 年 2 月 2 日，上海新世纪资信评估投资服务有限公司对上海临港经济发展（集团）有限公司（以下简称“临港集团”）的主体评级由 AA 调高为 AA+，评级展望维持稳定，调高理由如下：

政府支持力度加大。临港集团作为产业区开发建设的主体，能够得到上海市政府的大力支持。2015 年 9 月公司获得股东货币增资 5 亿元，资本实力进一步增强。

行业地位提升较快。临港集团所经营的产业园区已发展成为上海市经济转型、城市功能升级以及创新驱动的重要载体；且临港集团在2015年中国产业地产30强榜单中位居第6，公司地位得到较大提升，有利于其主业的进一步开展。

2015年以来经营环节现金情况明显改善。2015年前三季度以来临港集团经营性现金净流入大幅增长，为32.86亿元，且货币资金较为充裕，现金比率达51.20%，现金偿付能力有所增强，可为即期债务的偿付提供保障。

（2）上海金桥出口加工区开发股份有限公司

2016年10月19日，上海新世纪资信评估投资服务有限公司对上海金桥出口加工区开发股份有限公司的主体信用评级由AA+调高至AAA，评级展望维持稳定，调高理由如下：

金桥经济技术开发区成熟度持续提升，浦东金桥在金桥经开区拥有大量投资性房地产，物业形态丰富，具有较大增值空间，变现能力较强，物业出租率保持在高位。

2015年成功实施非公开发行，自有资本实力增强；财务结构持续稳健，财务杠杆总体适中，长短期债务结构合理。

（3）上海张江高科技园区开发股份有限公司

2016年5月9日，上海新世纪资信评估投资服务有限公司对上海张江高科技园区开发股份有限公司的主体评级由AA+调高至AAA，评级展望维持稳定，调高理由如下：

张江高科技园区成熟度进一步提升，公司依托园区土地开发的同时，业务架构趋于稳定。

公司现金流状况大幅改善，杠杆水平区域降低，财务状况得到改善；债务融资渠道较为通畅，融资成本相对较低。

（4）上海淀山湖新城发展有限公司

2016年6月29日，中诚信国际信用评级有限公司对上海淀山湖新城发展有限公司的主体评级由AA调高至AA+，评级展望维持稳定，调高理由如下：

青浦区经济、财政实力稳步增强。青浦区2015年实现地区生产总值

878.2亿元，同比增长6.1%。随着经济的快速发展，青浦区财政实力不断提升，2015年实现公共财政预算收入125.33亿元，同比增长20.35%。

公司战略地位进一步提升，业务范围显著扩大。2015年，公司吸收合并上海湖区建设开发有限公司，业务范围拓展至青浦区西翼，战略地位进一步提升。

公司自身盈利能力大幅增强，偿债能力提升，且公司土地储备较为充足。预计未来可持续获得较大规模的土地出让收益。

（5）上海市北高新（集团）有限公司

2016年5月31日，上海新世纪资信评估投资服务有限公司对上海市北高新（集团）有限公司的主体评级由AA调高至AA+，评级展望维持稳定，调高理由如下：

良好的区位环境。市北集团开发的市北高新园区位于上海市闸北区中心城区，闸北、静安两区行政区划调整完成，同时市北高新园区积极对接全球科技创新中心建设，公司的外部环境进一步优化。

收入和毛利增长快速。受益于云立方等项目竣工并投入运营，且动迁安置房收入逐步确认，市北集团收入和毛利增长快速。

融资渠道较为畅通。市北集团股权及债务等直接融资渠道畅通，为债务的偿付及循环提供了一定支撑。

（6）中华企业股份有限公司

2016年6月17日，中诚信国际信用评级有限责任公司对中华企业股份有限公司的主体评级维持为AA，评级展望由稳定调至负面，调整理由如下：

房地产市场销售持续回暖但三四线城市去库存压力依然偏大。在一系列利好政策的支持下，2015年以来房地产市场销售形势持续好转，一线及部分二线热点城市出现量价齐升的销售局面，但三四线城市房地产市场依然面临较大的去库存压力。

房地产开发项目储备不足。2015年及2016年1—3月，公司仅通过参股方式获取上海世博会区域少量的土地储备，目前公司土地储备较为有限，存在一定战略转型压力及土地购置压力。

三、上海地方政府投融资平台发展的策略

（一）政策背景

1. 国企改革政策背景

为了贯彻落实中央关于国企国资改革的相关政策，并结合上海市基本情况，加快推进上海国有企业改革的进程，上海市委、上海市人民政府和上海市国资委等部门相继出台了有关国有企业改革的配套政策。具体文件见表3-4。

表3-4　上海市关于国有企业改革的政策

序号	部门	政策
1	上海市人民政府	《中共上海市委、上海市人民政府关于进一步深化上海国资改革促进企业发展的意见》（沪委发〔2013〕20号）
2	中共上海市委办公厅、上海市人民政府办公厅	《中共上海市委办公厅、上海市人民政府办公厅关于推进本市国有企业积极发展混合所有制经济的若干意见（试行）》
3	上海市国资委	《关于印发〈本市国有企业混合所有制改制操作指引（试行）〉的通知》（沪国资委改革〔2016〕26号）

资料来源：根据上海市国资委、上海市人民政府相关资料整理获得。

2013年12月18日，上海市人民政府出台了《中共上海市委、上海市人民政府关于进一步深化上海国资改革促进企业发展的意见》（以下简称《意见》），在确定进一步深化国资改革、促进企业发展的基本原则和主要目标之后，提出要加快国资与产业联动调整，优化国资布局和结构；规范法人治理结构，完善选人用人和激励约束机制；优化国资监管体系，提高国资监管效率等，为上海市国企改革的顺利进行奠定了坚实的基础。

2014年7月3日，为贯彻落实党的十八届三中全会关于积极发展国有资本、集体资本、非公有资本等交叉持股、相互融合的混合所有制经济的要求，同时作为对《意见》的进一步补充，上海市委办公厅和上海市人民政府办公厅联合出台了《中共上海市委办公厅、上海市人民政府办公

厅关于推进本市国有企业积极发展混合所有制经济的若干意见（试行）》。该文件提出了推进上海市国有企业改革的具体措施，包括：推进国有企业公司制股份制改革；优化国有企业股权比例结构；加快开放性市场化联合重组；实施股权激励和员工持股；明晰企业改制重组的决策程序；规范财务审计和企业价值评估；坚持市场决定对象和发现价格；平等保障相关利益主体合法权益；完善国有企业改制的政策和环境等。

2016 年 1 月 22 日，上海市国资委又出台了《关于印发〈本市国有企业混合所有制改制操作指引（试行）〉的通知》，是从具体操作的角度对之前出台政策的进一步细化和继续补充。该文件从一般流程、改制决策、审计评估、产权交易和其他交易事项等方面详细规定了上海市国有企业混合所有制改制的具体操作流程及注意事项，便于加快上海市国有企业混合所有制改制的进程。

2. 地方政府性债务管理政策背景

表 3-5　上海市关于地方政府性债务管理的政策

部门	政策
上海市政府办公厅	《上海市地方政府性债务风险应急处置预案》

资料来源：根据上海市人民政府相关资料整理获得。

2017 年 6 月 15 日，经上海市财政局制定，上海市政府办公厅批准并出台了《上海市地方政府性债务风险应急处置预案》（以下简称《预案》），作为对《新预算法》、43 号文以及 88 号文的响应。《预案》明确了应对上海市地方政府性债务风险的组织指挥体系及职责，并从预警监测、信息报告、分类处置、债务风险级别等方面逐步建立完整的预警和预防机制，为上海市地方政府性债务风险应急处理机制的建立奠定了坚实的基础。

（二）发展建议

1. 引入新的运营模式，构建多板块经营

地方政府投融资平台脱离了政府之后，不再承担为政府融资和代政府提供公共服务的责任，因此要尽快转变原有的单一“土地运作”模式，仿照转型成功的地方政府投融资平台运营模式，在原有“土地经营”的模式上逐步加入“产业经营”和“资本运营”并最后逐步实现“土地运作+产业经营+资本运营”的多样化经营模式，最终形成了由公益性、准公益性和经营性三个板块相互支撑的综合经营模式。其他政府平台转型过程中也要以此为借鉴，开拓多样化经营模式。

2. 拓宽融资渠道，创新融资模式

地方政府投融资平台脱离政府成为独立的国有企业后，失去了政府为其背书的优势，因此亟须拓宽融资渠道，尽快打造全方位、多层次的融资体系，从多个角度进行融资，同时灵活运用创新型融资产品如绿色债券和专项债等，提高融资效率。同时，地方政府投融资平台转型成功后，作为成熟的市场化主体，可以社会资本方的身份与政府合作共同申报 PPP 项目，推动项目逐步向市场化运作方向转变。

3. 提高投融资和运营管理效率

地方政府投融资平台转型成功后，要从其自身的管理及运行机制两方面入手，通过完善法人治理结构和完成产权制度改革等，提高地方政府投融资平台在投融资、建设和运营管理等方面的效率。同时，加快面向市场建立合理化的产业布局，尽快完成向产业化经营的市场主体的转变过程。

第二节　浙江省地方政府投融资平台发展状况

一、浙江省经济财政状况

（一）浙江省经济发展情况

1. 浙江省经济产出情况

2016 年，面对复杂严峻的国内外经济环境和持续较大的经济下行压力，浙江省政府牢牢把握稳中求进工作总基调，全力稳增长、促改革、调结构、惠民生、防风险，着力推进供给侧结构性改革，全区经济运行呈现缓中趋稳、稳中向好的态势。

根据公开统计数据显示，2016 年浙江省全年国内生产总值 46485 亿元，按可比价格计算，比上年增长 7.5%（见图 3-11），增速高于全国（6.7%）0.8 个百分点。分季度看，一季度增长 7.2%，上半年增长 7.7%，前三季度增长 7.5%。其中，第一产业增加值 1966 亿元，第二产业增加值 20518 亿元，第三产业增加值 24001 亿元，分别增长 2.7%、5.8%和 9.4%，第三产业对 GDP 的增长贡献率为 62.9%。三次产业增加值结构为 4.2 : 44.2 : 51.6，第三产业比重提高 1.8 个百分点。人均 GDP 为 83538 元，增长 6.7%。2016 年，全部工业增加值 17974 亿元，比上年增长 6.2%。规模以上工业增加值 14009 亿元，增长 6.2%。规模以上工业销售产值 67222 亿元，增长 4.5%，其中出口交货值 11837 亿元，增长 1.4%。①

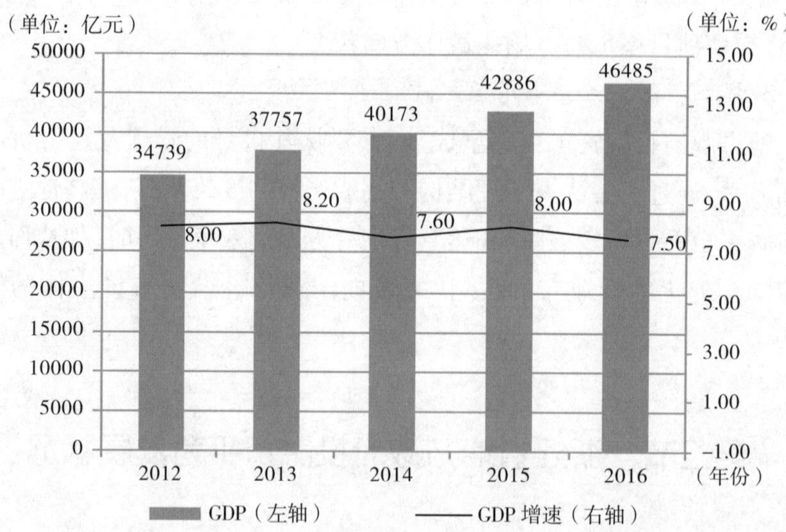

图 3-11　2012—2016 年浙江省地区生产总值及增速

资料来源：wind 数据库。

从图 3-11 可以看出，自 2012 年以来，浙江省的 GDP 实现稳定逐年增长，但是受经济下行压力的影响，GDP 年增长率有上下波动，从 2012 年的 8.00%上升到了 2013 年的 8.20%，之后在 2014 年和 2015 年分别是

① 资料来源：wind 数据库。

7.60%和8.00%，在2016年下降到7.50%，虽然浙江省的GDP年增长率每年有上下波动，但是总体上浙江省的GDP实现稳定逐年增长。

2. 浙江省固定资产投资情况

2016年，浙江省固定资产投资29571亿元，比上年增长10.9%，高于全国2.8个百分点。其中，项目投资22102亿元，增长13.0%；房地产开发投资7469亿元，增长5.0%。非国有投资18146亿元，占61.4%，其中民间投资16441亿元，占55.6%。在固定资产投资中，第一产业投资386亿元，比上年增长13.9%；第二产业投资9109亿元，增长3.5%；第三产业投资20076亿元，增长14.6%。房地产开发投资7469亿元，比上年增长5.0%，其中住宅投资4807亿元，增长8.0%。商品房销售面积8637万平方米，增长44.3%；商品房销售额9605亿元，增长52.5%。投资项目51754个，比上年增长7.8%，其中新开工项目36732个，增长22.0%。①

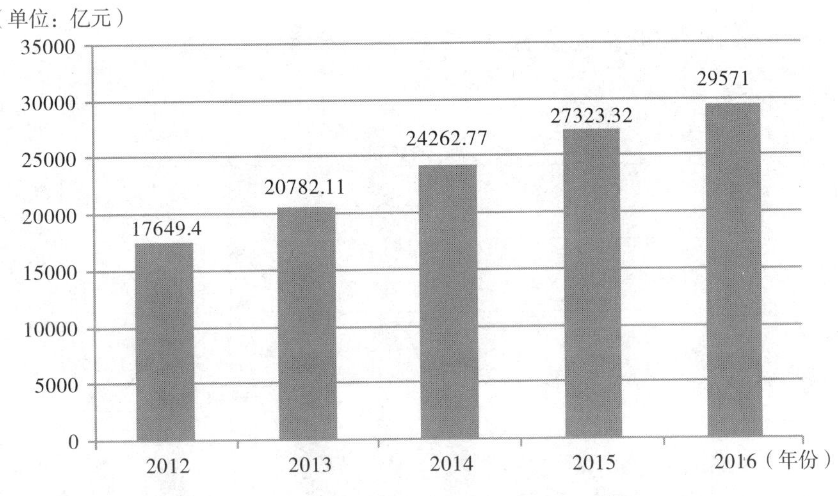

图3-12　2012—2016年浙江省全社会固定资产投资

资料来源：wind数据库。

从图3-12的走势看，自2012年以来，浙江省全社会固定资产投资总体保持增长的趋势，从2012年的17649.4亿元增长到2016年的29571亿

① 资料来源：wind数据库。

元，5 年间浙江省全社会固定资产投资增长了 11921.6 亿元，平均每年增长了 2384.32 亿元。

（二）浙江省地方财政情况

2016 年，浙江省财政总收入 9225 亿元，一般公共预算收入 5302 亿元，比上年同口径分别增长 7.7%和 9.8%，其中，税收收入 4540 亿元，增长 9.0%，占一般公共财政预算收入的 85.6%。在地税收入中，国内增值税增长 0.1%，营业税及改征增值税增长 14.4%，企业所得税增长 6.4%；非税收收入 762 亿元，增长 15.3%。公共服务供给能力有效提升，民生实事积极推进。一般公共预算支出 6976 亿元，增长 4.8%，其中，一般公共服务、公共安全、教育、科技、社保就业、卫生计生、节能环保、城乡社区八项民生支出 4873 亿元，增长 14.4%。①

二、浙江省地方政府投融资平台发展情况

（一）浙江省地方政府投融资平台发债情况

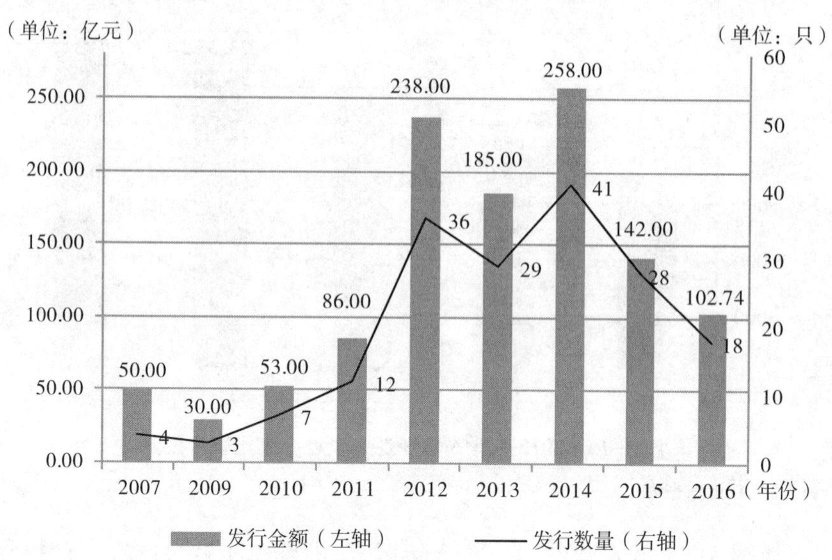

图 3-13　2007—2016 年浙江省地方政府投融资平台发债情况

资料来源：wind 数据库。

① 资料来源：wind 数据库。

从图3-13中可以看出,2012年浙江省地方政府投融资平台债券发行规模实现了巨大的飞跃,之后两年继续保持稳定上升的趋势。这与浙江省政府加大固定资产投资,特别是"加强基础设施建设工作,深入实施基础设施建设攻坚战"的工作目标有关。但是在2015年发行金额出现大幅度萎缩,并在2016年出现了发行数量和发行金额"双下降"的情况。不过,依据浙江省政府公布的《2017年工作计划》及《浙江省国民经济和社会发展第十三个五年规划纲要》,未来几年内浙江省将继续加大基础设施建设力度,因此地方政府投融资平台债券发行规模仍有一定上升空间。

下面从债券期限、债券类型及债券发行人三个维度对浙江省地方政府投融资平台债券的发行情况进行介绍。

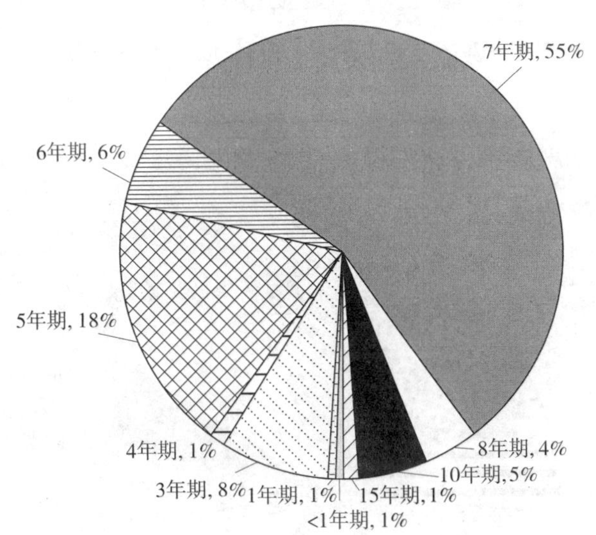

图3-14　2007—2016年浙江省地方政府投融资平台债券年限情况

资料来源:wind数据库。

从图3-14可以看出,近8年浙江省发行的地方政府投融资平台债券以5年期、3年期、7年期为主,累计占比达到81%,10年期和6年期合计占11%,其余期限的地方政府投融资平台债券发行较少。

从图3-15中可以看出,近8年浙江发行的地方政府投融资平台债券以一般企业债、一般中期票据和一般公司债为主,累计占比达99%,发行

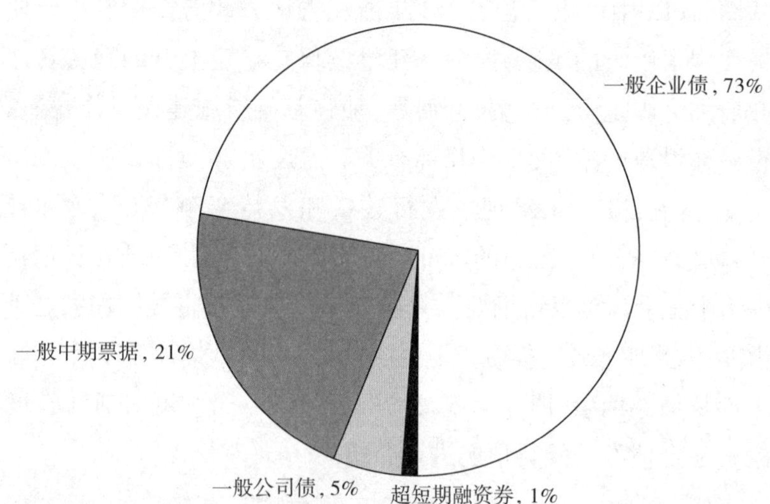

图 3-15　2007—2016 年浙江省地方政府投融资平台债券分类情况

资料来源：wind 数据库。

最少的是超短期融资券，只有 1%。

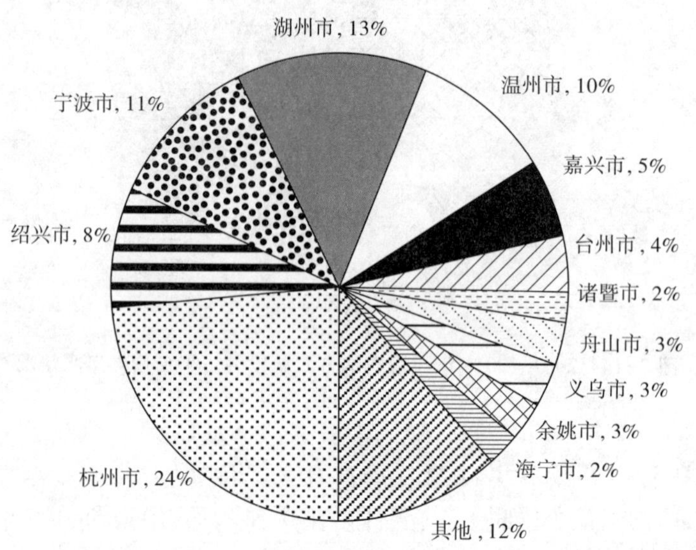

图 3-16　2007—2016 年浙江省地方政府投融资平台债券各地级市发行金额情况

资料来源：wind 数据库。

从图 3-16 可以看出，浙江省所辖市中，各城市均有发债情况，相对比较分散,其中杭州市以478.1亿元发行额,24%的占比领先其他城市,成为浙江省地方政府投融资平台债券的最主要发行城市。排在第二名的是湖州市,发行额为324亿元,占比13%。宁波市和温州市共占比21%,其余城市共占比42%。

(二)浙江省省级地方政府投融资平台发展情况分析

表3-6 浙江省省级地方政府投融资平台排名一览表

排名	公司名称	评级	所属证监会行业
1	浙江省建设投资集团股份有限公司	AA	建筑业
2	浙江省国有资本运营有限公司	AAA	房地产业
3	浙江省交通投资集团有限公司	AAA	交通运输、仓储和邮政业
4	宁波舟山港股份有限公司	AAA	交通运输、仓储和邮政业

资料来源:根据笔者整理计算获得。

通过对表3-6中公司的财务表现、社会表现和市场化情况三方面的指标进行分析,可以得出:

公司业绩指标上,在财务效益方面,4家公司均具有较高的资产收益率和总资产报酬率,同时,主营业务利润率的表现也都非常可观;在资产运营方面,总资产周转率表现较好,流动资产周转速度欠缺,对于流动性资产的利用效率还有待提升,但不良资产比率都保持在极低的水平;在偿债能力方面,4家公司均保持着较高的现金流动负债比率,说明其短期偿债能力强,同时利息保障倍数表现较好,偿债能力能够得到保障;在发展能力方面,以上地方政府投融资平台的总资产增长率和销售增长率都添色不少。

社会责任指标上,在国资运营指标方面,公司均实现了正的资本积累和较高的资本金利润率,比较好地完成了国有资本保值增值的目标;其中浙江省建设投资集团股份有限公司、浙江省国有资本运营有限公司、浙江省交通投资集团有限公司均积极参与当地大型市政工程建设、推动园区开发和绿色发展进程等公益性活动,因此具有较高的社会贡献度。在企业责任指标方面,上述公司均无任何被相关执法机关和监管机构处罚的情况,具有良好的正面形象。

市场化转型指标上，以上公司的市场化收入占比均为100%，同时政府补贴占总收入的比重也很低，从收入角度来看市场化情况比较理想；在融资渠道指标方面，上述公司融资方式的多样性还需要进一步的开拓，以更好地解决资金数据来源的问题。

（三）浙江省市级地方政府投融资平台发展情况分析

表3-7 浙江省市级地方政府投融资平台排名一览表

排名	公司名称	评级	所属证监会行业
1	宁波开发投资集团有限公司	AAA	电力、热力、燃气及水生产和供应业
2	杭州市城市建设发展有限公司	AA+	建筑业
3	宁波交通投资控股有限公司	AAA	交通运输、仓储和邮政业
4	杭州市城市建设投资集团有限公司	AAA	综合
5	杭州市商贸旅游集团有限公司	AAA	批发和零售业
6	嘉兴市文化名城投资集团有限公司	AA+	综合
7	绍兴市城市建设投资集团有限公司	AA+	建筑业
8	杭州市实业投资集团有限公司	AA+	综合
9	宁波城建投资控股有限公司	AAA	综合
10	浙江湖州环太湖集团有限公司	AA	建筑业

资料来源：根据笔者整理计算获得。

通过对表3-7中公司的财务表现、社会表现和市场化情况三方面的指标进行分析，可以得出：

公司业绩指标上，在财务效益方面，上述公司的总资产报酬率表现较好，但资产收益率表现差强人意，受国有企业垄断的影响，公司的主营业务利润率较高，确保公司可以达到较高的利润水平；在资产运营方面，公司利用资产的能力水平参差不齐，特别是杭州市城市建设发展有限公司、杭州市城市建设投资集团有限公司等投资建筑类企业，因为行业性质的缘故，资产利用方面有所欠缺；在偿债能力方面，市级地方政府投融资平台的偿债能力要显著低于省级地方政府投融资平台，利息保障倍数与省级地方政府投融资平台相比存在明显短板；在发展能力方面，以上地方政府投融资平台同样在总资产增长率和销售增长率上表现较好，但仍与省级公司存在差距。

社会责任指标上，在国资运营指标方面，公司相对表现情况却比省级的公司表现更好，或许与市级政府国有资产运营方面政策考核更强存在关联；在企业责任指标方面，上述公司均无任何被相关执法机关和监管机构处罚的情况，但市级公司过多的政策导向导致了其在社会责任方面相对缺失，虽然其主要承载的基建职能为市政建设发挥了较大的作用，但在广义的利益相关者关系处理上仍有待提高。

市场化转型指标上，以上公司的市场化收入占比有所下降，同时政府补贴占总收入的比重也相应上升，都维持在10%以下，但其仍然是凭借其在当地的垄断性地位获得收入，竞争性不足；在融资渠道指标方面，除杭州市商贸旅游集团有限公司、嘉兴市文化名城投资集团有限公司之外，其他公司均有较好的融资多样性。

（四）浙江省县级地方政府投融资平台发展情况分析

表3-8　浙江省县级地方政府投融资平台排名一览表

排名	公司名称	评级	所属证监会行业
1	绍兴市柯桥区国有资产投资经营集团有限公司	AA+	综合
2	杭州市萧山区国有资产经营总公司	AA+	综合
3	桐乡市城市建设投资有限公司	AA	建筑业
4	义乌市国有资本运营有限公司	AA+	综合
5	义乌市市场发展集团有限公司	AA+	批发和零售业
6	长兴交通投资集团有限公司	AA	建筑业
7	绍兴市柯桥区中国轻纺城市场开发经营集团有限公司	AA+	房地产业
8	杭州余杭创新投资有限公司	AA+	建筑业
9	海宁市资产经营公司	AA+	综合
10	宁海县城投集团有限公司	AA	综合

资料来源：根据笔者整理计算获得。

通过对表3-8中公司的财务表现、社会表现和市场化情况三方面的指标进行分析，可以得出：

公司业绩指标上，在财务效益方面，县级地方政府投融资平台的效益水平比市级有了进一步的下降，但它们在规模上的加成仍可以保证公司获得足够可观的收益；在资产运营方面，县级公司的资产运营能力比较差，不良资产控制上是为数不多的亮点；在偿债能力方面，县级公司的保障能力要略好于市级公司，在现金流动负债比率上表现也较好；在发展能力方面，受市场范围的影响，县级地方政府投融资平台的销售增长率偏低，不过总资产增长率方面在县级政府的支持下能够得到足够保障。

社会责任指标上，在国资运营指标方面，受政策驱动和上级政府政绩考核的影响，县级地方政府投融资平台的表现是三级政府中表现最好的，均比以上两类公司有着明显的提升；在企业责任指标方面，上述公司均无任何被相关执法机关和监管机构处罚的情况，保持了国有企业良好的信用形象；受到公司规模的限制，县级地方政府投融资平台均以投资发展为主要目的，鲜有注重企业社会形象和社会责任的举措。

市场化转型指标上，以上公司的市场化收入占比都接近于100%，政府补贴占总收入的比重比较低，收入方面的市场化表现较好；但县级地方政府投融资平台的政策导向性决定了它们主营业务集中度较高，不利于多样性业务的市场化竞争。

（五）浙江地方政府投融资平台变动情况

1.浙江地方政府投融资平台新增情况（见表3-9）

表3-9 2016年浙江省地方政府投融资平台债券新增情况

序号	公司名称	发行金额（亿元）	发行利率（%）	主体评级	资金用途
1	德清县建设投资有限公司	8.70	3.60	AA	棚户区改造项目
2	杭州市下城区城市建设发展有限公司	18.00	4.00	AA	安置房项目
3	杭州萧山钱江世纪城开发建设有限责任公司	3.00	4.48	AA-	小微企业贷款投放

续表

序号	公司名称	发行金额（亿元）	发行利率（%）	主体评级	资金用途
4	杭州余杭金融控股集团有限公司	15.00	4.97	AA	安置房项目
5	平阳县国资发展有限公司	18.90	4.76	AA	固定资产投资
6	上虞经济开发区投资开发有限公司	10.00	3.88	AA	安置房项目
7	绍兴市柯桥区城建投资开发集团有限公司	10.00	3.64	AA	安置房项目
8	绍兴市柯桥区城建投资开发集团有限公司	20.00	5.19	AA	棚户区改造项目
9	温州港城发展有限公司	10.00	3.05	AA+	偿还借款
10	温州市城市建设投资集团有限公司	10.00	4.05	AA+	停车场投资，补充营运资金
11	温州市城市建设投资集团有限公司	30.00	5.00	AA+	偿还借款
12	温州市瓯海新城建设开发有限公司	20.00	3.98	AA	停车场投资，补充营运资金
13	浙江汇盛投资集团有限公司	5.00	5.80	AA	补充流动资金
14	浙江汇盛投资集团有限公司	2.40	6.28	AA	补充流动资金
15	浙江汇盛投资集团有限公司	10.00	4.49	AA	棚户区改造项目
16	浙江玉环城市建设集团有限公司	6.00	5.10	AA	工程建设
17	浙江玉环城市建设集团有限公司	5.70	3.72	AA	工程建设
18	诸暨市城东新城建设有限公司	15.00	3.89	AA	旧城改造，补充营运资金
19	诸暨市城东新城建设有限公司	15.00	3.89	AA	旧城改造，补充营运资金
20	诸暨市经济开发总公司	8.00	4.87	AA	小微企业贷款投放
21	诸暨市经济开发总公司	7.00	4.00	AA	小微企业贷款投放

资料来源：wind 数据库。

2. 2016 年浙江地方政府投融资平台评级变动情况

（1）宁波经济技术开发区控股有限公司

2016 年 5 月 25 日，上海新世纪对宁波经济技术开发区控股有限公司的主体评级由 AA 调高至 AA+，评级展望维持稳定，调高理由如下：

公司具有很强的债务偿付能力，违约风险很低，考虑到宁波市水价上调、宁波经济技术开发区控股有限公司核心业务实力持续提升、土地和物业资产重估价值较高、货币资金存量充裕，决定上调公司主体信用等级。

（2）余姚市城市建设投资发展有限公司

2016 年 11 月 3 日，大公国际对余姚市城市建设投资发展有限公司的主体评级由 AA 调高至 AA+，评级展望维持稳定，调高理由如下：

余姚市近年来经济保持较快增长，财政实力持续增强，平台外部偿债环境得到进一步改善；公司是该市主要的基础设施建设和公用事业建设运营主体，在全市城建领域具有很强优势，财富创造能力进一步提升；公司得到了政府在土地出让金返还、资产划拨、财政补贴等方面的有力支持，外部偿债数据来源充裕，有利于偿债能力的提升；近年来公司保持较快发展，资产负债率波动下行，债务安全度较高。

（3）杭州高新技术产业开发区资产经营有限公司

2016 年 6 月 3 日，上海新世纪对杭州高新技术产业开发区资产经营有限公司的主体评级由 AA 调高至 AA+，评级展望维持稳定，调高理由如下：

作为杭州高新区（滨江）主要的国有资产运营载体，该公司能够得到杭州高新区财政局在资产划拨、政策及项目资源方面的有力支持。2015 年杭州高新区（滨江）经济快速发展，财政实力进一步增强，有力地支持了区内城市基础建设和保障房建设的需求。当年公司资本实力进一步提升，营业收入稳步增长，负债经营程度仍属合理，整体发展情况良好。但公司后续保障房项目仍存在一定的资金压力，且公司短期债务压力加大，担保业务亦存在一定或有债务风险。考虑到跟踪期内，高新区经济实力和财政实力快速增长，公司获得财政增资和资产注入，资本实力有所增强。

（4）桐庐县国有资产投资经营有限公司

2016 年 8 月 30 日，大公国际对桐庐县国有资产投资经营有限公司的主体评级由 AA-调高至 AA，评级展望维持稳定，调高理由如下：

公司主要从事桐庐县政府授权范围内的国有资产经营及有关部门委托的资产经营、土地收储与开发业务。2015 年桐庐县经济继续保持较快增长,地方财政实力不断增强。公司作为桐庐县重要的基础设施建设投融资和国有资产运营主体,在桐庐县经济社会发展中仍具有重要地位,并继续得到地方政府在项目回购及财政补贴等方面的支持。同时,2015 年公司营业收入同比有所增加,主要来源于回购和房地产销售业务;公司承担的基础设施项目投资金额较大,资产负债率继续加大,由于有息负债规模和占比继续增加,公司债务负担继续上升。中投保为"14 桐庐债/14 桐庐投"提供的全额无条件不可撤销的连带责任保证担保仍具有很强的增信作用。预计未来 1—2 年,随着公司业务的发展,公司仍将得到地方政府的支持。

(5)浙江省新昌县投资发展集团有限公司

2016 年 10 月 9 日,鹏元资信对浙江省新昌县投资发展集团有限公司的主体评级由 AA-调高至 AA,评级展望维持稳定,调高理由如下:

钦寸水库资产预期未来增加公司营业收入,新昌县公共财政预算收入较快增长,公司继续获得地方政府的大力支持,资本实力增长较快,保证担保和银行流动性支持继续有效地提升本期债券安全性。

三、浙江地方政府投融资平台发展的策略

(一) 政策背景

1. 国企改革政策背景

浙江省是国有企业"十大试点方案"的先行试点省份,改革是近年来省属国企工作的一个关键词。《中共浙江省委、浙江省人民政府关于深化省管企业负责人薪酬制度改革的实施意见》,标志着浙江省管企业负责人薪酬制度改革全面启动;《浙江省省属企业重大信息公开暂行办法》,其中就要求省属企业以年度公开、半年度公开和季度公开的方式,公布企业的各种情况,包括财务预算、企业经营情况、企业负责人任职情况和年度薪酬等信息。在国有企业改革的过程中,浙江省已经有了多种尝试。尽快完善"1+N"文件体系,基本完成国企改革顶层设计;深入推动

“十项改革试点”，在国有企业改革重点难点问题上尽快形成突破；以管资本为主推进国资监管机构职能转变，建立国有资产出资人监管权利清单和责任清单；分类推进国有企业改革，对中央企业实行分类考核、分类监管；加大公司制股份制改革力度，在中央企业集团和子公司两个层面大力推进公司制；推进董事会建设，使绝大多数中央企业建立起规范董事会，完善公司法人治理结构；推动中央企业重组调整，压缩管理层级和法人层级，优化国有企业结构布局；强化国有资产监督，加强和改进外派监事会工作，防止国有资产流失；坚持党对国有企业的领导，在改革中同步推进国有企业党建工作。

2. 地方政府投融资平台改革政策背景

2016 年 11 月 8 日，中共浙江省委、浙江省人民政府制定了《中共浙江省委、浙江省人民政府关于深化投融资体制改革的实施意见》（以下简称《实施意见》），明确提出加快政府投资领域立法、优化政府投资安排方式、加强政府投资管理等重要意见。同时，《实施意见》指出要“加快推进投融资平台转型发展”“着力提升国有资本、国有资产统筹运营能力”，组建若干千亿级专业化融资平台，加强行业主管部门对融资平台的监管与考核。鼓励各地通过依法注入优质资产、引入战略投资者等措施，加快完成地方融资平台重组整合为国有资本运营集团，推动投融资平台存量资产证券化。

（二）发展建议

我国经济进入“新常态”以来，在经济增速放缓和内需减少的大环境下，浙江省城市地方政府投融资平台的发债数量和发债规模也出现了较大幅度的下滑，但这些公司仍然可以凭借经营的垄断地位和平台优势，取得较好的经营效益和财务表现。但是，在城市地方政府投融资平台漂亮的财务数据背后，仍然存在着资金紧张、管理不善、经济效益低下等一系列问题，这也是国有企业的“通病”。在倡导国有企业股份制改革的大背景下，城市地方政府投融资平台也要从以下几个方面进行发展与改革，从而更好地服务于地方城市建设，提高地方经济发展水平。

1. 实现企业管理转型

地方政府投融资平台的国资背景导致了其背后政治背景浓厚,也就是说,与地方政府投融资平台伴生的就是其高度的政治性和政策导向性。然而,地方政府投融资平台是以公司的角色参与市场活动,这决定了其目的是实现利润,与政策导向的目标存在内生冲突。因此,地方政府投融资平台也应该参照国有企业改革的模式,向去行政化、企业化方向发展,按市场经济要求组建运行,建立现代企业制度,完善法人治理结构、企业激励和投资、经营管理约束机制。作为国有企业,其中高层管理人员应该以企业管理人员而非政府部门工作人员的身份存在,"一套班子,两种身份"的情况必须改变。

其次,地方政府投融资平台在项目经营过程中,尤其是基础设施项目建设中应当发挥适当的作用。例如,项目的建设方案、建设要求应当在有关部门研究后,通过地方政府投融资平台实施,项目的集资、投资、建设、管理、经营等都由市场化的地方政府投融资平台运作,从而消除政府各部门"九龙治水",分散投资、分散管理的现象,解决城市基础设施建设投资与经营责权不明、政企不分、职能混淆问题。这就需要疏导地方政府与地方政府投融资平台的利益及风险关系,完善治理体系,增强地方政府投融资平台独立性,从而实现向产业经营实体的转型。

2. 创新企业经营模式

地方政府投融资平台在项目开发的过程中,不仅要像传统企业一样,进行收益性项目的开发经营,更要代替政府部门行使一部分职能,进行一些公益性的项目投资。因此,不同的项目要进行有针对性的规划经营,尤其是与项目周边开发相结合的整体性规划经营。对于收益性的项目,由于地方政府投融资平台可以从经营过程中获取一定的收益,故可以通过日常经营实现投资回收;对于公益性的项目,主要还是由政府作为资金数据来源,地方政府投融资平台作为具体的执行者行使政府职能。在这个过程中,一些项目上也可采取 BOT、TOT、PPP 等经营模式,或者进行特许经营权转让,例如对某些项目具有商业经营价值的配套设施的特许经营权进行转让。这样一方面解决了配套设施投入资金数据来源问题,另一方面特许经营权可引入其他投资，不仅节省了政府管理成本，还为民间资本提供了新的投资渠道。合理的整体规划不仅能有效控制项目成本（建设成本及运营成本），还可以带动项目周边发展产生区域经济效益，地方政府投融资平台更可以此为契机开发经营性项目，增加投资回收途径。

3. 拓宽企业融资渠道

随着地方政府投融资平台的发展，其业务领域将不再局限于基础设施项目建设，必然会涉及经营性及准经营性项目，根据项目的不同性质，采取不同的筹资方式。既然地方政府希望通过地方政府投融资平台来转移自身投融资职能及相关风险，那么就应充分发挥地方政府投融资平台的作用。目前，地方政府投融资平台的融资渠道仍然以银行贷款和发行债券等债权融资方式为主。虽然地方政府投融资平台可以利用政治背景等优势，以较低的制度成本进行债券融资，但过高的资产负债率也会增加公司经营的系统性债务风险。对这种情况，要建立债务预警机制，通过偿债保障率、投资充足率和资产负债率等指标来测定债务风险程度，并划出相应的风险区间。对目前债务进行梳理和分析，确定偿还的方式。

为此，地方政府投融资平台应该积极拓宽融资渠道，采用资产证券化、股权投资、PPP 等融资方式，吸引社会资本，改善公司的资本结构，降低财务费用和融资成本。再通过不同的资金筹集方式，减小对政府投资的依赖程度，资金计划的变更更加灵活，由于多渠道融资，非政府投资方会更重视投资效益，直接加大了资金监管力度，促进了地方政府投融资平台的市场化发展。

4. 完善企业资金管理

地方政府投融资平台在政府授权下，作为部分基础建设项目的实际运营主体，可以以出资人身份参与项目的经营管理，利用改组、转让、租赁等方式，对国有资产价值形态转化，通过股权市场的流动、收购、兼并、重组、控股、交易、转让、租赁、拍卖等途径，将固定资产转化为活资本，通过资本层面的运作实现资本价值的升值，提高国有资产运营效率。可有偿转让部分市政项目的经营权或将不直接与最终消费者发生交易关系的基础设施经营权乃至产权转让，实现社会化服务、市场化运行、企业化经营。

第三节 江苏省地方政府投融资平台发展状况

一、江苏省经济财政状况

（一）江苏省经济发展情况

1. 江苏省经济产出情况

根据公开统计数据显示，2016 年全省实现地区生产总值 76086. 2 亿元，比上年增长 7. 8%（见图 3-17）；一般公共预算收入 8121. 2 亿元，同口径增长 5%；全社会研究与发展（R&D）活动经费 1985 亿元，占地区生产总值的比重为 2. 61%，比上年提高 0. 04 个百分点；城乡居民人均可支配收入分别增长 8%和 8. 3%；城镇登记失业率控制在 3%；全年居民消费价格比上年上涨 2. 3%，其中城市上涨 2. 4%，农村上涨 1. 8%；节能减排完成国家下达的目标任务，保障改善民生十项实事全面完成。

自 2012 年以来，全省 GDP 及人均 GDP 变化情况如图 3-17、图 3-18 所示。

从图 3-17 可以看出，自 2012 年以来，江苏省 GDP 实现稳定逐年增长，但是受经济下行压力的影响，GDP 年增长率逐年下降，从 2012 年的 10. 1%下降到了 2016 年的 7. 8%。从图 3-18 可以看出，江苏省人均 GDP 也呈稳定上涨的趋势。

2016 年全省全部工业增加值 35433. 2 亿元，比上年增长 7. 7%。2012 年以来历年情况如图 3-19 所示，江苏省规模以上工业增加值逐年增加，但是其增长速率逐年下降。

2016 年全省消费品市场平稳运行，全年社会消费品零售总额 28707. 1 亿元，比上年增长 10. 9%。按经营地统计，按经营单位所在地分，城镇消费品零售额 25768 亿元，增长 10. 8%；乡村消费品零售额 2939. 1 亿元，增长 12. 0%。2012 年以来历年情况如图 3-20 所示。可以看出，社会消费品零售总额稳定增长，增长率在 2016 年以前缓慢下滑，但是 2016 年的增长率已经开始上升。

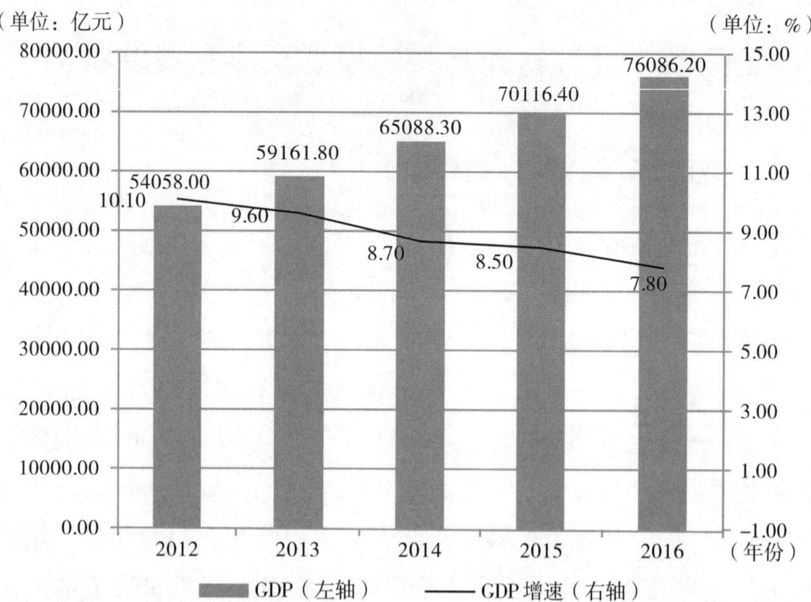

图 3-17　2012—2016 年江苏省地区生产总值及增速

资料来源：wind 数据库。

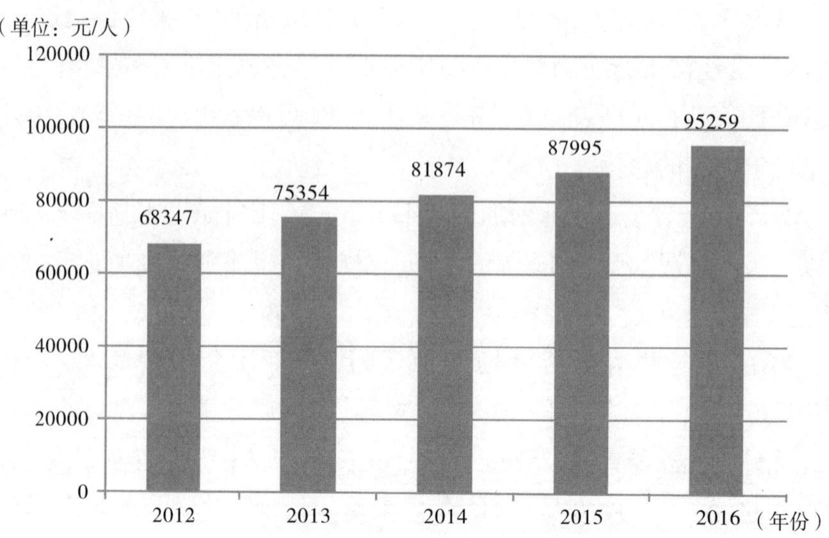

图 3-18　2012—2016 年江苏省人均 GDP 情况

资料来源：wind 数据库。

图 3-19　2012—2016 年江苏省全部工业增加值及增速

资料来源：wind 数据库。

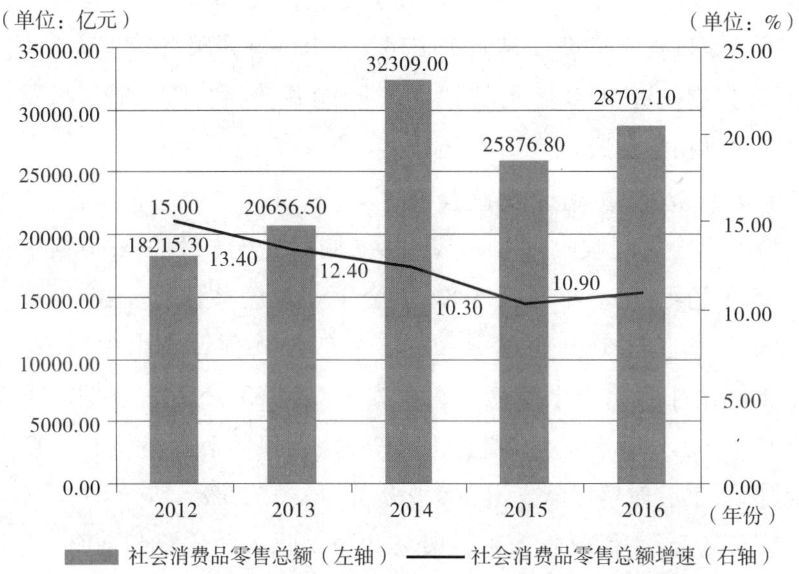

图 3-20　2012—2016 年江苏省社会消费品零售总额及增速

资料来源：wind 数据库。

2. 江苏省固定资产投资情况

2016 年江苏全年完成固定资产投资 49370. 9 亿元，比上年增长 7. 5%，如图 3-21 所示，近几年投资增速较为平稳。其中，国有及国有经济控股投资 10444. 3 亿元，增长 5. 1%；港澳台及外商投资 4692. 8 亿元，增长 20. 3%；民间投资 34233. 7 亿元，增长 6. 8%，占固定资产投资比重达 69. 3%。分类型看，完成项目投资 40414. 5 亿元，比上年增长 7. 1%；房地产开发投资 8956. 4 亿元，增长 9. 8%。

根据《江苏省 2016 年国民经济和社会发展统计公报》，江苏省投资结构持续调优。第一产业投资 293. 1 亿元，比上年增长 26. 2%；第二产业投资 24673. 8 亿元，增长 7. 8%；第三产业投资 24403. 9 亿元，增长 7. 1%。第二产业投资中，工业投资 24544. 4 亿元，增长 7. 9%，其中制造业投资 22869. 7 亿元，增长 7. 7%。技术改造投资 14570 亿元，增长 14. 8%，占全部投资的比重达 29. 5%；其中工业技改投资 13603. 9 亿元，增长 10. 2%，占工业投资的比重达 55. 4%。高新技术产业投资 8010. 8 亿元，增长 6. 3%。[①]

重点项目扎实推进。启动实施民生保障、公共服务等五大领域 200 个项目，完成投资 4000 亿元以上。交通、能源、水利、信息等一批重大基础设施项目相继建成。

（二）江苏省地方财政情况

2016 年全省财政收入 8121. 2 亿元，同口径增长 5. 0%；上划中央四税 5295. 4 亿元，比上年增长 5. 8%。全年一般公共预算支出 9990. 1 亿元，比上年增长 3. 1%（见图 3-22）。一般公共预算支出中，教育支出 1845. 1 亿元，比上年增长 5. 7%；公共安全支出 632. 5 亿元，增长 21. 6%；医疗卫生支出 715. 3 亿元，增长 10. 2%；社会保障和就业支出 907. 2 亿元，增长 8. 2%；住房保障支出 265. 9 亿元，增长 7. 6%。

数据显示，非税收入占一般公共预算收入的比重为 20%，比上年提高 2 个百分点。按照同口径对比，非税收入占比总体保持平稳。

江苏省政府各项财政收入指标 2012 年至 2016 年的情况如图 3-22、

① 资料来源：《江苏省 2016 年国民经济和社会发展统计公报》。

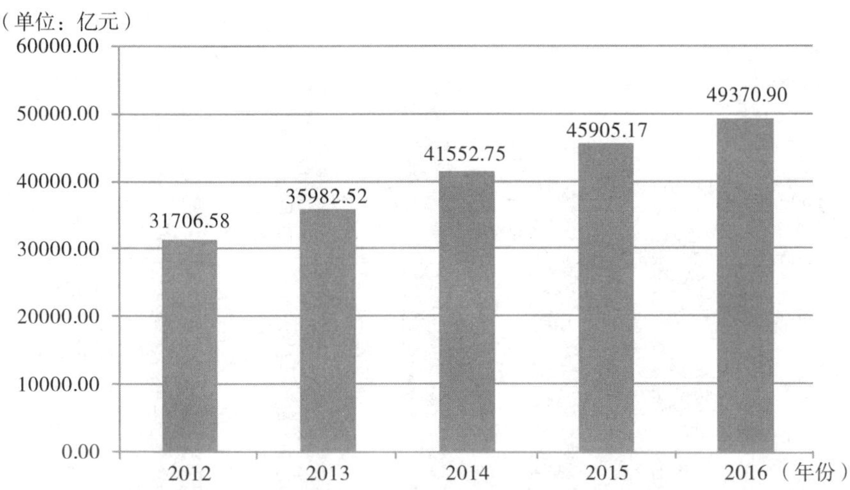

图 3-21　2012—2016 年江苏省全社会固定资产投资情况

资料来源:wind 数据库。

图 3-23 所示。

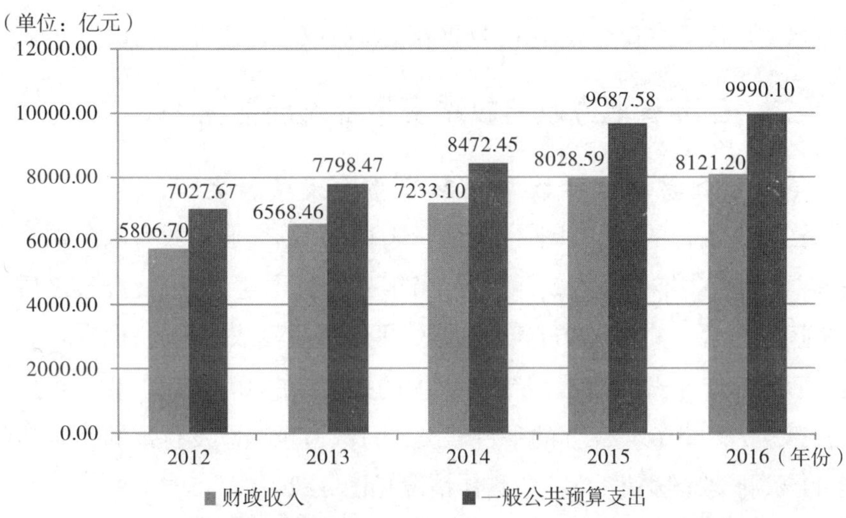

图 3-22　2012—2016 年江苏省财政收入与一般公共预算支出情况

资料来源:wind 数据库。

从图 3-22 可以看出,2012 年以来江苏省财政收入稳定上升,同时一般公共预算支出也保持着上升趋势。从图 3-22、图 3-23 可以看出,江苏省财

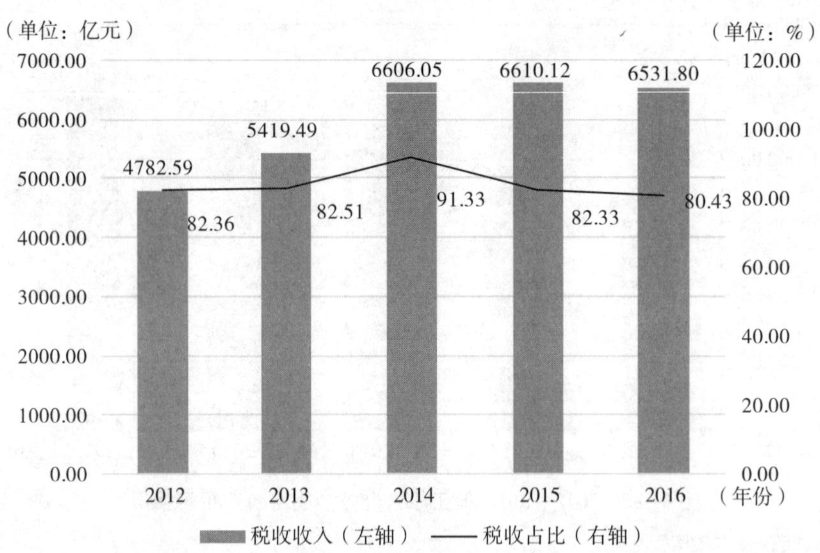

图 3-23　2012—2016 年江苏省税收收入及其占比情况

资料来源：wind 数据库。

政收入呈现逐年增长态势，而财政收入中税收收入的比重表现较为平稳。

二、江苏省地方政府投融资平台发展情况

（一）江苏省地方政府投融资平台发债情况

江苏省发行的第一只平台债是“2002 年江苏交通控股有限公司企业债券”，于 2002 年 12 月 12 日发行，当年只发行了这 1 只平台债，之后发行量逐年上升，一直到 2011 年，江苏的平台债规模依旧不大，没有得到发展，但从 2012 年开始规模得到一次大的提升，在 2014 年和 2016 年更是增长迅猛，至 2016 年江苏的平台债发行只数占全国总发行数的比重达到 16.11%，排名全国第 1 名①。具体情况见图 3-24。

从图 3-24 中可以看出，2014 年和 2016 年江苏的平台债发行规模实现了巨大的飞跃，之后两年继续保持稳定上升的趋势。这与江苏省政府加大固定资产投资，特别是“加强基础设施建设工作，深入实施基础设施

① 资料来源：wind 数据库。

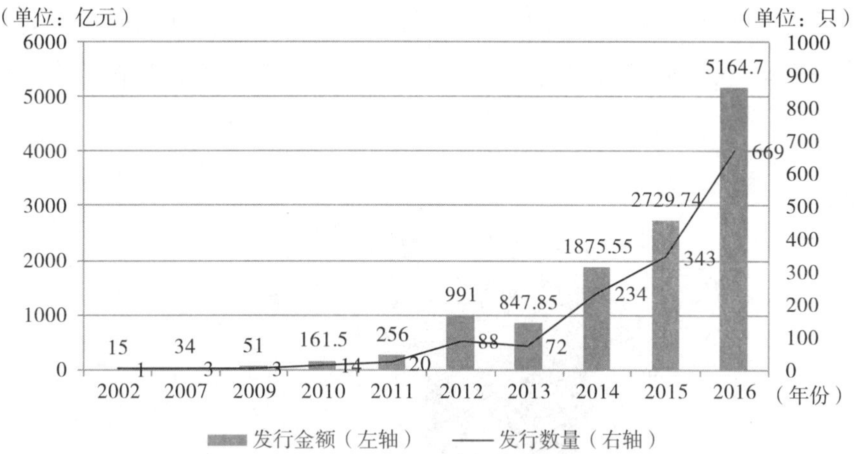

图 3-24 江苏 2002—2016 年平台债发行情况

资料来源：wind 数据库。

建设攻坚战"的工作目标有关。依据江苏省政府公布的《2017 年工作计划》及《江苏省国民经济和社会发展第十三个五年规划纲要》，未来几年内江苏将继续加大基础设施建设力度，因此平台债发行规模也将继续稳定扩大。

下面从债券期限、债券类型两个维度对江苏平台债的发行情况进行介绍。

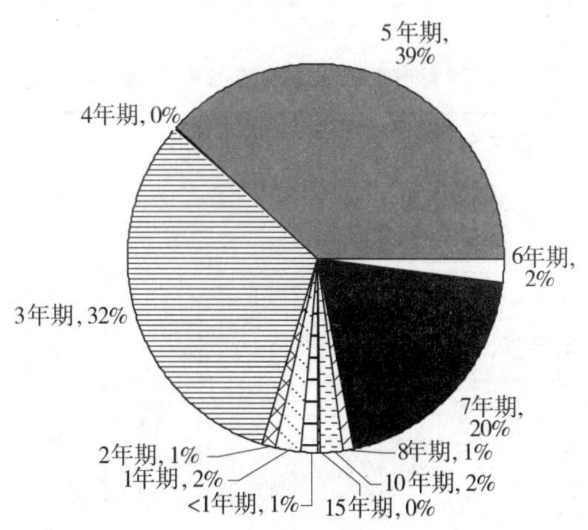

图 3-25 2002—2016 年江苏省地方政府投融资平台债券期限分布

资料来源：wind 数据库。

从图 3-25 可以看出，近 14 年江苏发行的平台债以 3 年期、5 年期、7 年期为主，占比分别为 32%、39%、20%，其余期限的平台债发行较少。

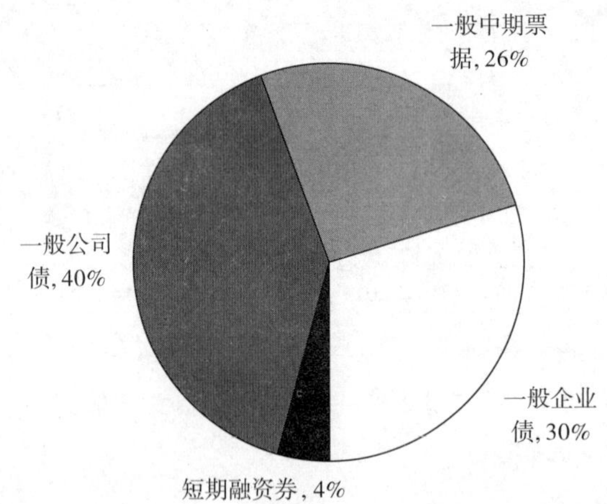

图 3-26　2002—2016 年江苏省地方政府投融资平台债券类型分布

资料来源：wind 数据库。

从图 3-26 可以看出，近 14 年江苏发行的平台债以一般公司债、一般企业债、一般中期票据为主，占比分别为 40%、30%、26%，发行最少的是短期融资券，只有 4%。

（二）江苏省省级地方政府投融资平台发展情况分析

表 3-10　江苏省省级地方政府投融资平台排名一览表

排名	公司名称	得分	评级	所属证监会行业
1	盐城东方投资开发集团有限公司	47.01	AA	房地产业
2	江苏宁沪高速公路股份有限公司	46.70	AAA	交通运输、仓储和邮政业
3	吴江经济技术开发区发展总公司	46.03	AA+	建筑业
4	徐州经济技术开发区国有资产经营有限责任公司	45.63	AA	建筑业
5	宿迁市经济开发总公司	45.36	AA	综合
6	淮安经济技术开发区经济发展总公司	45.27	AA	建筑业
7	江苏省国信资产管理集团有限公司	44.37	AAA	综合

续表

排名	公司名称	得分	评级	所属证监会行业
8	江苏新海连发展集团有限公司	44.17	AA	综合
9	苏州工业园区国有资产控股发展有限公司	43.95	AAA	综合
10	江苏省吴中经济技术发展总公司	43.94	AA+	建筑业

资料来源:根据笔者整理计算获得。

表3-10展示了江苏省省级地方政府投融资平台排名情况,可以看出,江苏省省级地方政府投融资平台在全国的排名都较靠前,盐城东方投资开发集团有限公司、江苏宁沪高速公路股份有限公司排在江苏省省级政府投融资平台前两名,其中盐城东方投资开发集团有限公司排名最好,在全国省级地方政府投融资平台排名中排在第五十八位。

首先,对其公司的外部环境及内部财务指标分析,我们可以发现:

第一,均依托江苏省雄厚的经济实力。江苏省的经济与财政实力为盐城东方投资开发集团有限公司与江苏宁沪高速公路股份有限公司的发展提供了良好的外部环境。

第二,都是江苏省重要的国有企业,均受到政府政策倾斜等支持。盐城东方投资开发集团有限公司作为江苏省资产规模雄厚、涉足产业广泛的重要国有企业,公司与江苏省各级政府保持较好的联系,政策、资金、资源储备等方面具有很强的政策性倾斜。

江苏宁沪高速公路股份有限公司是江苏省内从事交通运输、仓储和邮政业的主要主体之一,江苏省在政府采购、资金拨付、政府补贴等多方面给予公司持续支持,进而为公司项目建设提供充足的资金支持。未来随着道路交通的投资力度进一步加大,作为江苏省道路交通投融资的主体,公司地区优势明显,政府支持明确。

第三,市场化水平都比较高,拥有优质资产。通过对盐城东方投资开发集团有限公司股权结构分析,我们可以发现其对外投资公司39家,其中子公司业务发展为其带来较大的投资收益。江苏宁沪高速公路股份有限公司在高速公路和仓储产业继续保持较明显的资源垄断性和业务垄断性。

第四，对企业经营行业进行分析。江苏省省级政府平台排名前10名的公司中，以建筑业、房地产业为主，这是与江苏省较高的城镇化率相匹配的行业能力。其次以交通运输业为主的江苏宁沪高速公路股份有限公司入榜，显示江苏发达的交通网络带动长江三角洲经济区快速发展。最后，以传媒、实业等为主的公司显示江苏省近年来经济转型升级的成功，在中央“三去一降一补”的方针下，稳步推进，提升第三产业比重。

其次，我们对江苏省省级排名前10的公司财务指标进行分析：

第一，财务效益指标。入榜的省级10家公司的资产收益率均为正值，并且相差较小，可见江苏省省级地方政府投融资平台在增加收入和节约资金使用方面表现较好。此外，这10家公司在总资产报酬率、主营业务利润率方面都为正值，并且主营业务利润率都较大，可见地方政府投融资平台的主营业务市场竞争力强，发展潜力大，获利水平较高。成本费用利润率方面，10家公司均为正值，可见这些公司的经济效益较高。

第二，资产运营指标。江苏省省级地方政府投融资平台的资产运营指标方面差异较大，多数省级平台指标数值都较低。并且江苏省国信资产管理集团有限公司、江苏宁沪高速公路股份有限公司在总资产周转率、流动资产周转率、存货周转率方面数值都较大，可见这两家公司整体资产运营能力较好，企业资产流转顺畅，公司资金利用效率高。此外，这10家公司的不良资产比率均较低，可见其资产质量较好。

第三，偿债能力指标。从指标分析可以看出，这10家公司的资产负债率差异较大，宿迁市经济开发总公司已经超过70%，属于监管范围，而其他9家公司均低于60%。同时，这10家公司EBITDA利息倍数均为正值，可见其充分利用资本市场的杠杆，推动企业内部资金流动。在现金流动负债比率方面，这10家公司数据差异较大，可见偿付短期负债的能力表现有些差异。速动比率、流动比率方面，这10家公司均为正值，并且差异较小，可见公司流动资产变现能力强。

第四，发展能力指标。总资产增长率、销售增长率方面差异较大，吴江经济技术开发区发展总公司在这两个指标上均出现了负值，说明该公司资产规模的增长、销售规模的增长情况较弱。此外,在三年资本平均增长率上,全部10家公司均为正值,可见这10家公司的持续发展水平都较好。总体来说,江苏省省级地方政府投融资平台整体发展能力较好。

第五,国资运营指标。这10家公司的资本保值增值率均为较大的正值,均超过100%,其中淮安经济技术开发区经济发展总公司资本保值增值率高达245.18%,在资本金利润率方面,10家公司仍均为正值,但是数值差异较大,可见资本金获利能力差异较大。因为这些地方政府投融资平台均积极参与市政工程建设、园区开发、人才引进等公益性活动,故综合社会贡献得分较乐观。

第六,企业责任指标。除江苏宁沪高速公路股份有限公司建立了企业社会责任报告制度外,其余公司均没有建立相关制度。所有公司均履行了纳税责任。总体来看,地方政府投融资平台的社会责任履行情况良好,但是需要积极建立并完善社会责任报告制度。

第七,市场化转型指标。首先,所有公司的市场化收入都很高,均为100%,并且市场占有度均较高,可见江苏省省级地方政府投融资平台的市场化程度均较高。其次,这10家公司的政府补贴占比均较低,对政府的依赖程度均较低。在融资渠道方面,这些公司的融资渠道都较为丰富,多数公司有三种及三种以上的融资方式。

通过以上的分析,我们可以发现:江苏省省级地方政府投融资平台整体表现较好,依托其较好的地理位置加上江苏省近几年经济与财政实力快速上升,省级政府平台受到当地财政政策倾斜,推动了省级政府平台的发展,从以上七种财务指标可以看出这些公司的整体财务与市场化表现都较好。

(三)江苏省市级地方政府投融资平台发展情况分析

表3-11　江苏省市级地方政府投融资平台排名一览表

排名	公司名称	得分	评级	所属证监会行业
1	淮安市水利控股集团有限公司	42.44	AA+	建筑业
2	无锡产业发展集团有限公司	41.76	AAA	综合

续表

排名	公司名称	得分	评级	所属证监会行业
3	常州投资集团有限公司	40.84	AA	综合
4	南京高科股份有限公司	40.33	AA+	房地产业
5	镇江城市建设产业集团有限公司	39.98	AA+	建筑业
6	江苏瀚瑞投资控股有限公司	39.75	AA	综合
7	龙城旅游控股集团有限公司	39.02	AA	水利、环境和公共设施管理业
8	南京市河西新城区国有资产经营控股(集团)有限责任公司	38.96	AAA	综合
9	镇江国有投资控股集团有限公司	38.81	AA	综合
10	扬州绿色产业投资发展控股(集团)有限责任公司	38.80	AA	建筑业

资料来源:根据笔者整理计算获得。

表3-11展示了江苏省市级地方政府投融资平台排名情况,可以看出,江苏省市级地方政府投融资平台在全国的排名都较靠前,反映出江苏省市级地方政府投融资平台整体实力较强,其中属于建筑业的地方政府投融资平台较多,在全国排名中,淮安市水利控股集团有限公司、无锡产业发展集团有限公司排名靠前,分别为全国市级地方政府投融资平台第十七位、第二十一位。

首先,对公司的外部环境及内部财务指标分析,我们将上述公司排名靠前的原因归纳如下:

一是区域经济的快速发展,市场空间广阔。各地方政府投融资平台大部分处于苏南地区,区域经济发展迅速,加上土地指标的倾斜、交通的便捷、税收政策优惠和金融业的发展,给地区的平台公司带来巨大的发展空间。

二是政府政策大力支持。各地方政府投融资平台均为资产规模雄厚的重要国有企业,与江苏省各级政府保持较好的联系,在政策、资金、资源储备等方面具有很强的政策性倾斜。部分地方政府投融资平台的业务是建筑业,承接地区重大基础设施建设,是重要的区域开发主体,在政府采购、资金拨付、政府补贴等多方面给予地方政府投融资平台持续支持,进而为公司项目建设提供充足的资金支持。未来随着城市基础设施建设的投资力度进一步加大,公司业务优势明显,政府支持明确。

三是业务垄断优势。部分企业具有行业的垄断优势,例如淮安市水利控股集团有限公司下属子公司江苏淮阴水利建设有限公司在水利工程建设领域拥有较高的资质,是江苏省六家水利水电施工总承包一级企业之一,另外还具有各种建筑工程专业承包多级资质,凭借多年来在水利水电建设行业的深耕和积累,在行业内建立了较高的知名度,在区域范围内具有明显的项目资源优势,发展前景较好。

其次,我们对江苏省市级排名前10的公司财务指标进行分析:

一是财务效益指标。江苏省市级地方政府投融资平台的资产收益率均为正值,各地方政府投融资平台均实现了资产收益,但是差异较大,反映出各地方政府投融资平台资产经营的差异性。此外,所有地方政府投融资平台的总资产报酬率、主营业务利润率方面都为正值,但是差异较大,反映出各地方政府投融资平台营业能力的差异。

二是资产运营指标。江苏省市级地方政府投融资平台的资产运营指标方面差异较大,反映出各地方政府投融资平台在资产运营方面的差异。

三是偿债能力指标。从指标分析可以看出,江苏省市级地方政府投融资平台的资产负债率大部分处于合理水平,个别企业较低,需要调整资本负债结构,合理利用负债能力。EBITDA利息倍数方面,各地方政府投融资平台差异较大,部分企业的债务保障水平较低,有待提高。在现金流动负债比率方面,各地方政府投融资平台数据差异较大,可见偿付短期负债的能力表现有些差异。速动比率、流动比率方面,所有地方政府投融资平台均为正值,并且差异较小,整体上地方政府投融资平台的偿债能力较强。

四是发展能力指标。总资产增长率、销售增长率方面差异较大,成长差异明显,个别地方政府投融资平台没有实现资产增长,除扬州绿色产业投资发展控股(集团)有限责任公司外,所有地方政府投融资平台均实现了销售增长,部分地方政府投融资平台增长较大,说明这些公司销售能力较强。此外,在三年资本平均增长率上,所有地方政府投融资平台均为正值,公司的持续发展水平都较好,三年资本平均增长率有所差异,龙城旅游控股集团有限公司发展潜力较大。整体上，江苏省市级地方政府投融资平台发展能力较好。

五是国资运营指标。从国资运营指标来看，江苏省大部分市级政府平台均实现了资本保值增值，部分企业资产增值较大，其中龙城旅游控股集团有限公司高达144.62%，在资本金利润率方面，除龙城旅游控股集团有限公司外，其余均为正值，但是数值差异较大，可见资本金获利能力差异较大。由于各地方政府投融资平台均积极参与市政工程建设、园区开发、人才引进等公益性活动，故综合社会贡献得分较乐观。

六是企业责任指标。除无锡产业发展集团有限公司和南京高科股份有限公司建立了企业社会责任报告制度外，其余公司均没有建立相关制度。所有公司均履行了纳税责任，未出现税务部门的惩罚情况。总体来看，江苏省市级地方政府投融资平台的社会责任履行情况良好，但是需要积极建立并完善社会责任报告制度。

七是市场化转型指标。首先，所有公司的市场化收入都较高，接近100%，并且市场占有度均较高，可见江苏省市级地方政府投融资平台的市场化程度均较高。其次，除龙城旅游控股集团有限公司和常州投资集团有限公司的政府补贴占比较高外，其余地方政府投融资平台占比均较低，整体上对政府的依赖程度均较低。在融资渠道方面，这些公司的融资渠道都较为丰富，多数公司有三种及三种以上的融资方式。

通过以上的分析，我们可以发现：江苏省市级地方政府投融资平台整体表现较好，依托其优越的历史条件、较好的地理位置及地区经济的快速发展，市级地方政府投融资平台增长潜力较大，发展较快。从以上七种财务指标可以看出这些公司的整体财务与市场化表现都较好。

（四）江苏省县级地方政府投融资平台发展情况分析

表3-12　江苏省县级地方政府投融资平台排名一览表

排名	公司名称	得分	评级	所属证监会行业
1	江苏武进经济发展集团有限公司	40.51	AA+	建筑业
2	丹阳投资集团有限公司	40.38	AA	建筑业

续表

排名	公司名称	得分	评级	所属证监会行业
3	盐城市城南新区开发建设投资有限公司	39.88	AA+	建筑业
4	江阴城市建设投资有限公司	39.71	AA+	建筑业
5	江苏大丰海港控股集团有限公司	39.65	AA	交通运输、仓储和邮政业
6	如东县东泰社会发展投资有限责任公司	39.51	AA	综合
7	江苏金坛国发国际投资发展有限公司	39.34	AA	建筑业
8	淮安清河新区投资发展有限公司	39.24	AA	建筑业
9	江苏华靖资产经营有限公司	39.16	AA	金融业
10	吴江经济技术开发区发展总公司	39.13	AA+	建筑业

资料来源：根据笔者整理计算获得。

表3-12展示了江苏省县级地方政府投融资平台排名情况，可以看出，江苏省县级地方政府投融资平台在全国的排名名列前茅，排名前10的公司均在全国前35名之内，县级平台实力之雄厚，可见一斑。

首先，对其公司的外部环境及内部财务指标分析，我们可以发现其排名较为靠前的原因表现在：

第一，均依托江苏省各县市雄厚的经济实力。2016年由工信部发布的2016年中国县域经济100强中，江苏省共17个县市入榜，排名全国第三。县市强大的经济、财政能力，为江苏省县市政府平台提供了强大的支持。

第二，较高的城镇化率为平台提供空前机遇。自2000年以来，江苏的城镇化率发展速度就开始快于全国城镇化率发展速度，目前江苏的城镇化率已提高至65.2%，高于全国约10%。快速的城镇化进程，为基础设施建设提出了较高的要求，也为江苏省的县级政府平台提供了空前的机遇。

第三，对企业经营行业进行分析。江苏省县级政府平台前10名的公司的经营范围与省级平台大同小异，以建筑业为主，其次是交通运输业。可以发现金融业可以挤进江苏省县级平台前列说明江苏省配合政府平台的投融资设立了多方便利,以自身公司带动全省金融发展,从而带动全省公司发展。

其次,我们对江苏省县级排名前10的公司财务指标进行分析,寻求其他原因。

第一,财务效益指标。资产收益率与总资产报酬率方面,江苏省县级地方政府投融资平台表现差异不大,并且均为正值。在主营业务利润率指标上,这10家公司出现了较大的差距,江阴城市建设投资有限公司最高,达65.26%,吴江经济技术开发区发展总公司较低,为1.11%。成本费用利润率上,这10家公司均为正值,但差异较为明显,可见这些公司的经济效益都较好。

第二,资产运营指标。江苏省县级地方政府投融资平台的资产运营指标方面,总资产周转率、流动资产周转率无较大差异。但是,存货周转率、应收账款周转率差距较大,应收账款周转率差距最大,标准差高达451.22,江苏华靖资产经营有限公司应收账款周转率最高,为66.12%,淮安清河新区投资发展有限公司最低,为30.65%。此外,这10家公司的不良资产比率均较低,可见其资产质量较好。

第三,偿债能力指标。从指标分析可以看出,这10家公司的资产负债率差异较大,有5家公司超过60%。但在EBITDA利息倍数上,这些公司的表现差异较小,除江苏大丰海港控股集团有限公司的EBITDA利息倍数为负值外,其余9家公司均为正值。现金流动负债比率上,有4家公司出现了负值,可见当期偿付短期负债的能力有些差异。速动比率、流动比率方面,这10家公司均为正值,并且差异较小,可见公司流动资产变现能力强。

第四,发展能力指标。总资产增长率、销售增长率方面差异较小,虽然在数据上可以看出江苏华靖资产经营有限公司销售增长率达350.82%,且有3家公司为负,但方差仅为0.43,差异较小。此外,在三年资本平均增长率上均为正值,可见这10家公司的持续发展水平都较好。

第五,国资运营指标。这10家公司的资本保值增值率均出现了较大的正值,均大于100%。在资本金利润率、资金积累率方面,这10家公司均为正值,并且数值差异较小,可见资本金获利能力都较好。因为这些地方政府投融资平台均积极参与市政工程建设、园区开发、人才引进等公益性活动,故综合社会贡献得分均较高。

第六,社会责任指标。江苏省县级政府平台均设立了社会责任报告制度,此外所有公司均履行了纳税责任。总体来看,地方政府投融资平台的社会责任履行情况良好,但是需要积极建立并完善社会责任报告制度。

第七,市场化转型指标。大部分公司的市场化收入都较高,接近100%,并且市场占有度均较高,而盐城市城南新区开发建设投资有限公司,市场化收入仅为4.37%。可见江苏省县级地方政府投融资平台的市场化程度整体较高,但仍有一些差异。其次,10家公司的政府补贴占比均较低,对政府的依赖程度均较低。在融资渠道方面,这些公司的融资渠道都较为丰富,多数公司有三种及三种以上的融资方式。

通过以上的分析,我们可以发现:江苏省县级地方政府投融资平台整体表现较好,考虑其公司位置、政府支持、市场化等因素,综合表现差异较大。从以上七种财务指标可以看出这些公司的整体财务与市场化表现都较好,但仍需积极建立企业社会责任报告制度。

三、江苏省地方政府投融资平台发展的策略

(一)政策背景

表3-13 江苏省地方性的政策及指导文件

颁发日期	文件名称	责任单位
2012年4月16日	《省政府办公厅关于印发江苏省政府性债务管理暂行办法的通知》苏政办发〔2012〕67号	江苏省人民政府办公厅
2013年8月8日	《省政府办公厅关于进一步加强政府性债务管理的通知》苏政办发〔2013〕137号	江苏省人民政府办公厅

续表

颁发日期	文件名称	责任单位
2014年5月26日	《中共江苏省委、江苏省人民政府关于全面深化国有企业和国有资产管理体制改革的意见》苏发〔2014〕9号	江苏省委、江苏省人民政府
2015年9月5日	《省政府关于在公共服务领域推广政府和社会资本合作模式的实施意见》苏政办发〔2015〕101号	江苏省人民政府
2016年11月24日	《省政府关于加强政府性债务管理的实施意见》苏政发〔2016〕154号	江苏省人民政府

资料来源：根据江苏省人民政府相关文件整理获得。

（二）发展建议

1.逐步实现市场化管理

在新《预算法》的约束下，地方政府投融资平台的政策性融资功能要逐渐被剥离，不需要为无收益的公益性债务买单。一方面，地方政府要将地方政府投融资平台内的内部官员逐渐撤离出来，转以投资者的身份加入董事会，通过股权而不是上下级关系对地方政府投融资平台进行管控。另一方面，地方政府投融资平台要改革内部的管理结构，对内部管理流程进行改造。设立审计、战略、风险、投资管理等专业委员会，引进独立董事制度，发挥监事会的权利监督作用。与此同时，地方政府投融资平台要对内部的管理人员进行社会招聘，完善绩效考核机制和薪酬考核机制，完善员工培训制度，明确岗位职责，使地方政府投融资平台的公司化管理更有效率地进行。在地方政府投融资平台进行投融资决策时，对融资方案要综合比较、科学分析，根据自身的收入和项目的盈利能力选择最适合地方政府投融资平台的融资方式和融资结构。同时，也要做好财务预算和偿债计划。对于投资项目要完全按照市场化的原则进行“成本—收益”分析，做好风险防控工作。总之，要把地方政府投融资平台的功能定位于“市场化运作”，把地方政府投融资平台打造成“产权清晰、权责明确、政企分开、管理科学”的现代企业。

2.推进企业信用建设

当前，大部分地方政府投融资平台都是以政府信用为基础，然而按照新形势下的改革精神，如国发〔2014〕43号文禁止政府为融资平台提供融资担保，必须推动地方政府投融资平台转向企业信用。企业信用建设可从以下三个方面推进。

（1）信用分立

将地方政府投融资平台中公益性业务剥离，成立政府债务管理公司，政府性债务还款主要依托预算统筹，依托政府信用。按照《地方政府性存量债务清理处置办法》（征求意见稿），各级政府应统筹安排各类财政性资金，加大到期政府偿债资金的力度。扣除按政策规定的各项计提后的土地出让收入等，原则上要优先安排用于偿还到期债务，尚有剩余地方可用于其他支出。各部门和单位要调整优化支出结构，尽可能压缩不必要的专项支出以及经常性支出以此来偿还债务。财政部门对预算应加大统筹力度，针对到期的一般债务、一般公共预算可偿债的财力不够的情况，可调入国有资本经营预算和政府性预算资金进行偿还；针对到期的专项债务，如果政府性基金预算不足以偿还，则可调入国有预算资金进行偿还。分类整合那些完全依靠政府财政资金获取经营下的地方政府投融资平台，要求或退出或改制为PPP类型的企业。

整合经营性业务，按照地方国企改革思路，将成熟度比较高、接近一般地方国企、具有较好经营性资产和业务的平台，转变为地方国企序列，依托市场信用。根据国发〔2014〕43号文，如果有项目自身运营收入不足以还本付息的债务，可以通过依法注入优质资产，增强偿债能力。将经营性和收益性较好的资产注入地方政府投融资平台，提升地方政府投融资平台的市场信用与融资承载能力。

（2）风险缓解

按照《地方政府性存量债务清理处置办法》（征求意见稿），各级财政部门应按照政府债务余额的一定比例建立偿债准备金。由政府建立流动性风险缓释机制，制定政府层面流动性风险预警管理办法，设立政府风险偿债准备基金，作为地方专项还款资金，资金数据来源为地方土地收入，用于城市建设的财政预算资金以及其他专项资金。当地方政府投融资平台面临流动性风险时，启动偿债机制，确保应急还款，保障地方政府投融资平台市场信誉和金融机构信贷资产安全。

(3)盘活存量

推动地方政府投融资平台存量资产资本化。一是盘活土地资产。统一规划，有序地将不具备出让条件的土地转化为有条件的，统一开发、统一出让，实现土地资源的资本化；二是盘活城市存量资产。通过引入融资租赁等金融产品，盘活城市排污管网、标准化厂房、租赁型保障性安居工程等固定资产，实现存量资产资本化；三是利用城市开发基金，夹层融资等创新性金融产品以及民间资本等外部资金，扩大资本金数据来源；四是清理沉淀信用，释放空间。对在银行抵押和质押的资产进行清理，对过度抵押和质押的资产进行信用释放，提升再贷款的资产支撑能力。

3. 拓宽多元化融资渠道

地方政府投融资平台要实现在融资方面的转型发展，就要摒弃传统的以土地抵押支持、以银行贷款为主的融资渠道。传统的融资渠道，使地方政府投融资平台资金链条比较脆弱，财务风险比较集中，一方面对商业银行来说是一个隐患，另一方面对社会资本也有一定的“挤出效应”。地方政府投融资平台应该拓宽其融资渠道，大力推进市场化直接融资。建立城市基础设施建设股权基金，发行企业债券，尝试采用金融租赁、信托基金、上市等多种方式直接融资，加快金融创新步伐。

在多元化的融资渠道中，地方政府投融资平台可以着重运作 PPP 模式。PPP 模式是当前各级政府大力推广的融资方式，政府鼓励社会资本参与项目运作，对公益性项目进行政府举债融资，而对经营性的项目，则采取市场化的社会资本融资。在 PPP 模式中，地方政府投融资平台定位是作为政府的主体代表参与项目论证、合作谈判以及后期项目营运与移交。地方政府投融资平台借助 PPP 模式，通过特许经营、购买服务及股权合作等方式，实现公共产品和服务供给能力的增强，提高供给效率，实现利益共享。地方政府投融资平台首先建立 PPP 项目库与投资商库，地方政府投融资平台应该优先选择市场反应良好、经营状况优秀、投资规模较大的项目，例如城市供暖、污水处理以及轨道交通等项目，做好招商引资，筛选经验丰富、实力雄厚的合作伙伴。其次，聘请专业的咨询机构，接受咨询服务，利用专业咨询机构运作 PPP 模式。最后，严格按财政部 PPP 模式操作流程，做到程序到位，规范项目执行与移交。

4. 完善资金使用及监管

地方政府投融资平台为了实现转型发展，必须对筹集到的资金从使用情况、监管制度两方面进行完善。从地方政府投融资平台微观层面，应该完善公司治理结构和内部控制制度，发挥各级部门监管作用，落实资金的使用。地方政府投融资平台转型后应该确立一个债务透明的原则，地方政府投融资平台要及时、定时把债务信息向社会公开，让社会来监督地方政府投融资平台的运作，努力增强债务的透明度和风险的可控性。从政府管理部门宏观层面来看，应当建立一套完善的资金监管体系，出台配套措施及文件，督促地方政府投融资平台合理有效地使用资金。建立全国地方政府投融资平台资金使用情况汇集系统，披露各地方政府投融资平台资金用途、落实情况及相应风险，并出台严厉措施保证信息的准确性，形成层层上报、层层管理的监管体系。

第四章　南部沿海经济区重点省市地方政府投融资平台发展状况

第一节　福建省地方政府投融资平台发展状况

一、福建省经济财政状况

（一）福建省经济发展情况

1.福建省经济产出情况

根据公开统计数据显示，2016 年全年福建省实现地区生产总值 28519.85 亿元，比上年增长 8.4%（见图 4-1）。其中，第一产业增加值 2364.14 亿元，增长 3.6%；第二产业增加值 13912.73 亿元，增长 7.3%；第三产业增加值 12242.28 亿元，增长 10.7%。第一产业增加值占地区生产总值的比重为 8.3%，第二产业增加值比重为 48.8%，第三产业增加值比重为 42.9%。人均地区生产总值 73951 元，比上年增长 7.5%①。

根据公开统计数据显示，2016 年全年国内生产总值达 744127 亿元，按可比价格计算，比上年增长 6.7%。此次福建省统计局公布的数据显示，福建省 2016 年 GDP 增长 8.4%，明显高于全国增长水平。从图 4-1 可以看出，自 2012 年以来，福建省的 GDP 实现稳定逐年增长，但是受经济下行压力的影响，GDP 年增长率逐年下降，从 2012 年的 11.4%降到了 2016 年的 8.4%。从图 4-2 可以看出，福建省人均 GDP 也呈稳定上涨的趋势。这是跟福建所处的区域、政策环境、发展理念有关。从公布的数据

① 资料来源：wind 数据库。

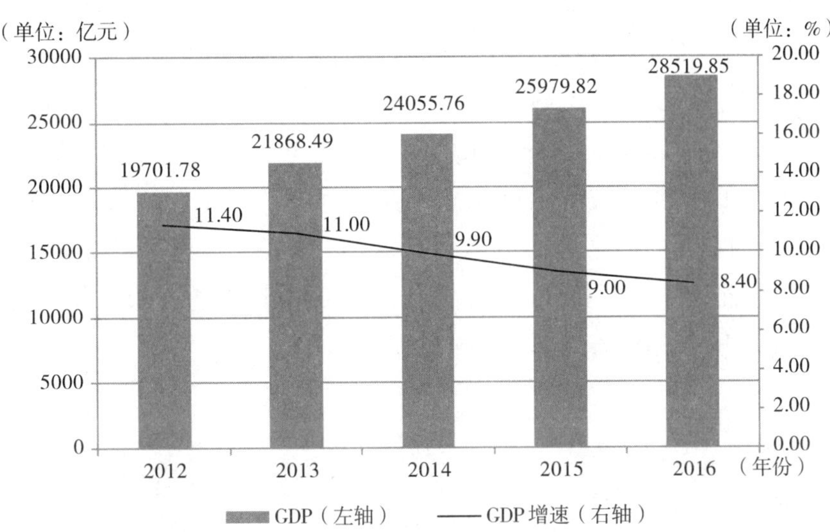

图 4-1 2012—2016 年福建省生产总值（GDP）及其增长速度

资料来源：wind 数据库。

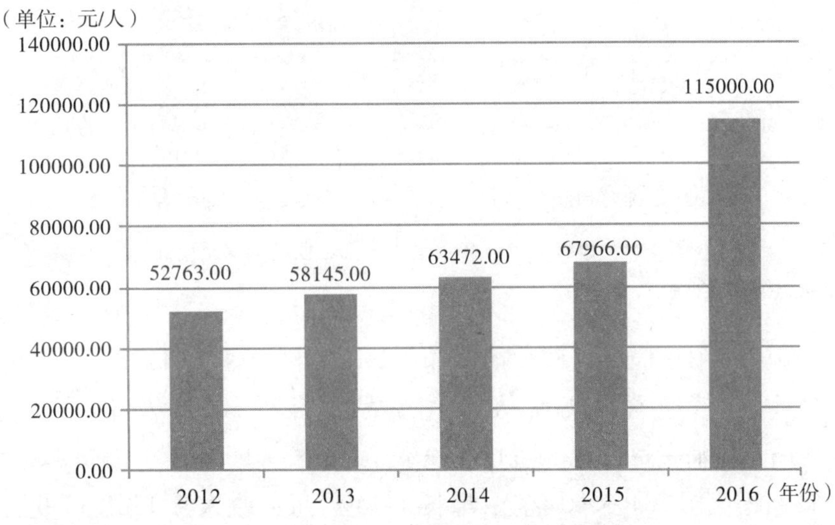

图 4-2 2012—2016 年福建省人均 GDP

资料来源：wind 数据库。

看，三大产业结构不断优化，投资环境得到改善，三次产业增加值结构由 2015 年的 8.2∶50.3∶41.5 调整为 8.3∶48.8∶42.9，其中，第三产业增加值12242.28亿元，增长10.7%，比重提高1.4个百分点，对经济增长的贡献率为52.8%，成为经济增长的主要动力。福建省第三产业成为经济增长的主要动力所在①。这与福建省第三产业的发展良好有关，福建省的经济发展说明真正进入后工业社会。

2016年福建省实现全部工业增加值11517.21亿元，比上年增长7.4%。规模以上工业增加值增长7.6%。2012年以来历年情况见图4-3，福建省全部工业增加值逐年上升，但是其增长速率到2016年以前逐年下降，2016年的增长速率已经开始回弹。

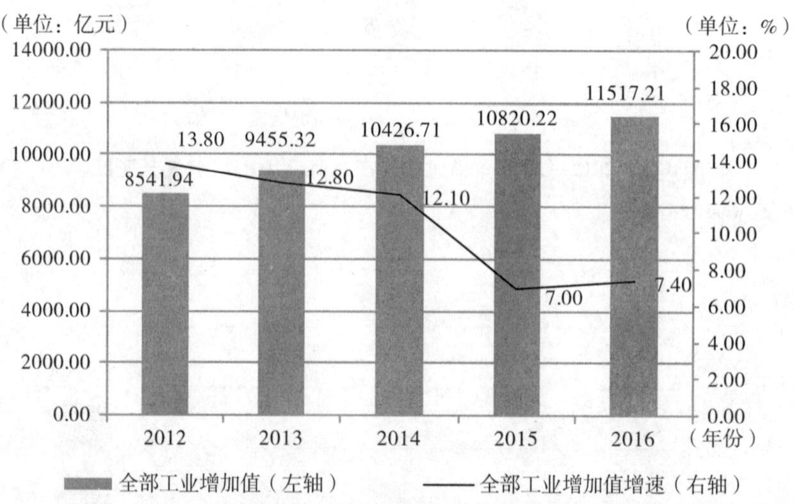

图4-3　2012—2016年福建省全部工业增加值及增速

资料来源：wind数据库。

2016年全年福建省社会消费品零售总额11674.54亿元，比上年增长11.1%。按经营地统计，城镇消费品零售额10501.75亿元，增长10.9%；乡村消费品零售额1172.79亿元，增长12.7%。按消费形态统计，商品零售额10453.40亿元，增长11.4%；餐饮收入额1221.14亿元，增长9.1%②。2012年以来历年情况见图4-4。可以看出，与GDP的趋

① 资料来源：wind数据库。

② 资料来源：wind数据库。

势一致，社会消费品零售总额稳定增长，但是其增长速率逐年下降。

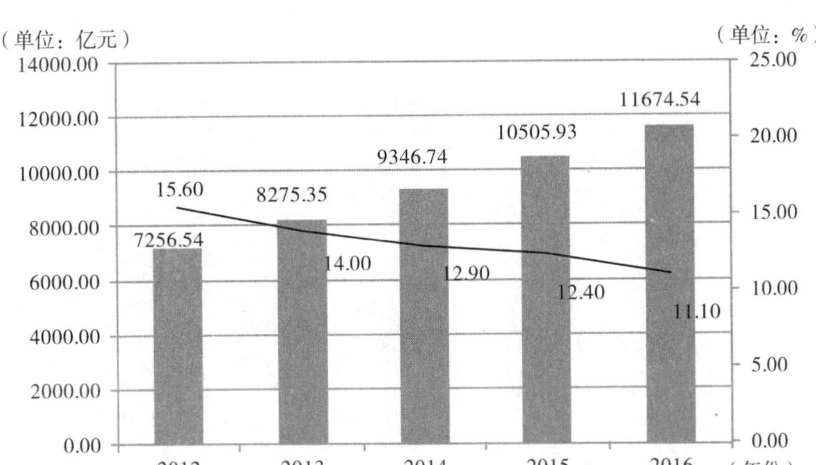

图 4-4　2012—2016 年福建省社会消费品零售总额及增速

资料来源：wind 数据库。

2. 福建省固定资产投资情况

2016 年，福建省完成固定资产投资 22927.99 亿元，比上年增长 9.3%，含跨区项目完成固定资产投资 23107.49 亿元。其中第一产业投资增长 39.9%；第二产业投资增长 4.9%，其中，工业投资增长 7.3%；第三产业投资增长 9.3%①。福建省全社会固定资产投资与 GDP 的趋势一致，固定资产投资稳定增长，但是其增长速率逐年下降（见图 4-5）。

全年投资运行有以下几方面特点：

第一，工业投资增幅回升，结构调整效果显现。2016 年，福建省工业投资 7817.96 亿元，比 2015 年增长 7.3%。三大主导产业投资快速增长。2016 年，福建省三大主导产业完成投资 2518.14 亿元，比 2015 年增长 10.5%。其中，电子信息产业投资增长 79.0%，是带动三大主导产业投资增长的重要行业。高技术产业和装备制造业较快增长。2016 年，福建省

① 资料来源：wind 数据库。

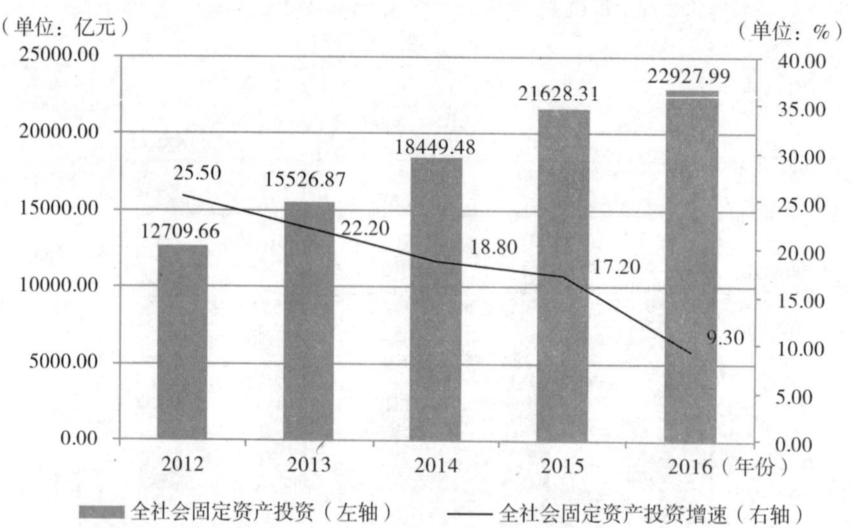

图 4-5 2012—2016 年福建省全社会固定资产投资及其增速

资料来源：wind 数据库。

高技术产业和装备制造业分别比 2015 年增长 60.6%和 15.4%，增幅均高于制造业投资平均增幅，占制造业投资的比重分别为 13.8%和 29.3%，比 2015 年分别提高了 4.7 个和 2.4 个百分点。改建和技改投资增速较高。2016 年，福建省工业投资中，改建和技改投资 1853.35 亿元，比 2015 年增长 27.2%，比工业投资增幅高 19.9 个百分点。

第二，第三产业投资带动作用明显提升。2016 年，福建省第三产业投资 14509.69 亿元，比 2015 年增长 9.3%，带动福建省固定资产投资增长的贡献率为 68.1%，比 2015 年提高了 5.2 个百分点。民生工程领域投资加快。2016 年，福建省继续加快推进民生工程建设，民生领域投资快速增长。其中，水利、环境和公共设施管理业投资比 2015 年增长 34.4%，文化、体育和娱乐业投资增长 21.9%，教育事业投资增长 20.0%，卫生和社会工作投资增长 15.5%。民生领域投资加快为创建宜居城市、提高居民生活质量提供了有力保障。基础设施投资持续快速增长。2016 年，福建省基础设施投资 7650.40 亿元，比 2015 年增长 22.3%，带动固定资产投资增长的贡献率高达 77.1%，比 2015 年提高了 32.3 个百分点。其中，在城市防洪排涝、综合管廊与海绵城市建设、城市综合交通路网建设和Wi-Fi热点及智慧城市建设等市政基础设施的带动下，福建省市政建设投资3625.66亿元，比2015年增长34.9%，是保持基础设施投资快速增长的主要力量。房地产开发投资低幅回升。2016年，福建省房地产开发投资4588.83亿元，比2015年增长2.7%，增幅分别比2016年上半年和三季度提高了3.4个和2.6个百分点。其中，建安投资3275.72亿元，比2015年增长3.4%，比三季度提高了3.3个百分点；土地购置费1107.32亿元，增长3.2%，比三季度提高了3.1个百分点。

第三，民间投资增速有所回落。2016年，福建省民间投资增速持续低于固定资产投资增速，改变了近几年民间投资领先的状况，对福建省投资的快速增长产生了较大的掣肘作用。2016年，福建省民间投资13307.68亿元，比2015年增长5.3%，增幅分别比2015年同期，2016年一季度、上半年和三季度回落12.5个、1.3个、2.0个和1.0个百分点；占福建省固定资产投资的比重为57.6%，比2015年下降1.7个百分点；对固定资产投资增长的贡献率为37.1%，比2015年下降23.2个百分点。

2016年，"五个一批"项目和重点项目进展顺利。福建省入库"五个一批"项目9501个、项目总投资11.07万亿元，其中签约项目1422个、1.14万亿元，开工项目3561个、4.81万亿元，投产项目1050个、5787亿元，"五个一批"促进总量壮大、结构优化。1029个在建省重点项目完成投资4227亿元，超额完成年度目标。福州地铁1号线、莆田差别化纤维及高端运动系列网生产、永安新能源汽车用锂电池石墨负极材料等155个项目建成或部分建成，铁路完成投资180亿元、高速公路完成投资296亿元、港口完成投资103亿元，新增电力装机267万千瓦。浦梅铁路建宁至冠豸山段、兴泉铁路、福厦客专先行段、永泰抽水蓄能电站等160个项目开工建设。宁德核电5—6号机组、漳州古雷炼化一体化等一批项目前期工作加快推进。

2016年，福建省继续推进新型城镇化建设。常住人口城镇化率达到63.6%，比2015年提高1个百分点。莆田、晋江、邵武、永安等国家和省级新型城镇化试点加快推进，福清、长泰、上杭、古田列入国家第三批新型城镇化试点,新增大田等4个省级试点。开展特色小镇创建,永泰嵩口镇等5个镇列入第一批中国特色小镇,长乐东湖VR小镇等28个特色小镇列入第一批省级创建名单。制定实施15个小城市培育试点镇三年行动计划。户籍制度改革加快推进,全面实施居住证制度。建立健全财政转移支付同农业转移人口市民化挂钩机制。

2016年持续改善民生保障,加快发展社会事业。保障性安居工程开工13.4万套、开工率107.7%,基本建成13.1万套,超额完成任务。启动实施农村饮水安全巩固提升工程,受益人口30.5万人。持续治理"餐桌污染"、建设"食品放心工程",省级共检查食品药品生产经营企业1371家次,收回药品GSP认证证书21家;福建省立案查处食品药品违法案件3353起。居民消费价格总水平上涨1.7%,控制在预期目标以内。

(二)福建省地方财政情况

2016年,福建省完成一般公共预算收入4295.22亿元,比2015年增加151.19亿元,增长3.64%,如考虑新增结构性减税降费影响后,同比增长6.6%。其中,地方一般公共预算收入2654.78亿元,完成预算的100.2%,比2015年增加110.54亿元,增长4.3%,同口径增长7%。福建省一般公共预算支出4287.41亿元(含中央专款和上年结转等支出),比2015年增加291.64亿元,增长7.3%。福建省国税总收入(含海关代征)2470.4亿元,增长6.2%;福建省地税系统组织各项收入2460.83亿元,下降2.2%。①

由图4-7可以发现,福建省一般公共预算总收入的变化趋势与GDP增长趋势相同,均保持着稳定增长,但其增长率均保持逐年下滑的趋势,由2012年的15.9%下降至2016年的6.6%(见图4-6、图4-7)。

二、福建省地方政府投融资平台发展情况

(一)福建省地方政府投融资平台发债情况

福建省发行的第一只地方政府投融资平台债券是"2006年厦门市路

① 资料来源:wind数据库。

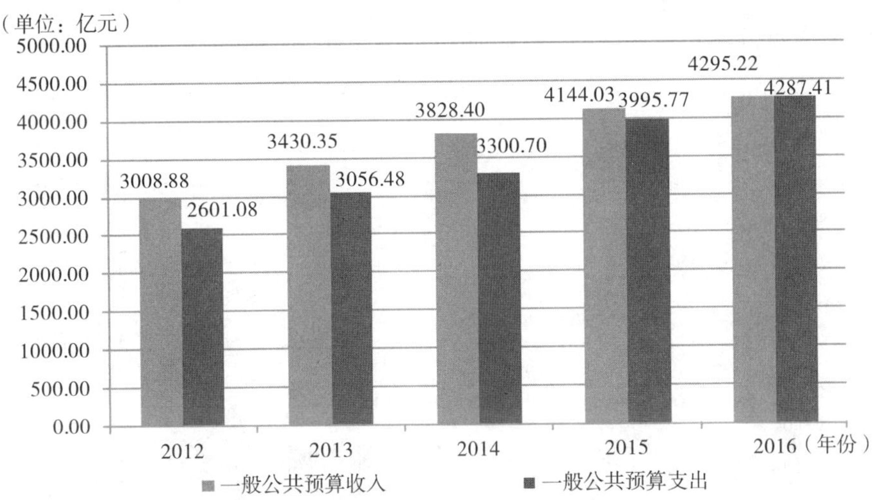

图 4-6　2012—2016 年福建省一般公共预算收支情况

资料来源:wind 数据库。

图 4-7　2012—2016 年福建省一般公共预算收入及其增速

资料来源:wind 数据库。

桥建设投资总公司企业债券”,于 2006 年 6 月 20 日成功发行后,直到 2010 年,福建省地方政府投融资平台才发行第二只地方政府投融资平台债券。2012 年以前,福建省地方政府投融资平台债券发行较少,从 2012

年起,债券发行规模得到较大提升,至 2016 年,福建省地方政府投融资平台债券发行只数达 111 只①。具体情况见图 4-8。

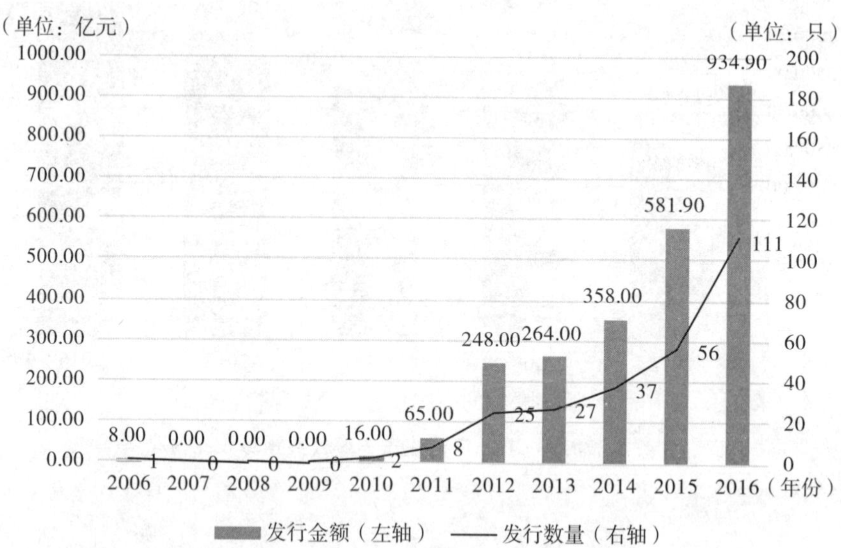

图 4-8 2006—2016 年福建省地方政府投融资平台债券发行情况

资料来源:wind 数据库。

从图 4-8 中可以看出,2014 年福建省地方政府投融资平台债券发行规模大幅增加,相比于 2013 年,发行规模增加将近 100 亿元,实现了巨大的飞跃,之后两年继续保持快速上升的趋势。这与福建省政府加大固定资产投资,积极扩大有效投资,特别是"加快基础设施建设"的工作目标有关。依据福建省政府公布的《2017 年工作计划及福建省国民经济和社会发展第十三个五年规划纲要》,未来几年内福建省将继续加大基础设施建设力度,进一步加强交通、能源、市政、水利、美丽乡村、信息、环保等基础设施建设,因此地方政府投融资平台债券发行规模也将继续稳定扩大。

2016 年福建省地方政府投融资平台债券发行量创历史新高。全年地方政府投融资平台共发行债券 111 只,发行规模达 934. 9 亿元,全年发行只数和发行规模均较 2015 年大幅增长约 50%。

① 资料来源:wind 数据库。

下面从债券期限、债券类型及债券发行人三个维度对福建省地方政府投融资平台的发行情况进行介绍。

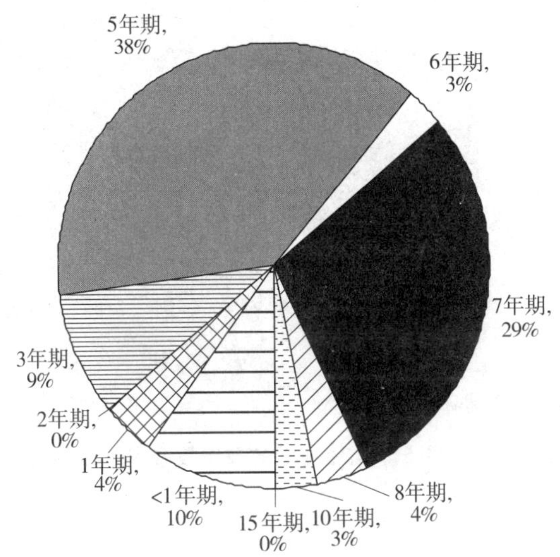

图 4-9　2006—2016 年福建省地方政府投融资平台债券期限分布

资料来源:wind 数据库。

从图 4-9 可以看出,福建省地方政府投融资平台发行的债券以 3 年期、5 年期、7 年期为主,累计占比达到 76%,<1 年期占 10%,其余期限的债券发行较少。

从图 4-10 可以看出,福建省地方政府投融资平台发行的债券以一般企业债、一般中期票据为主,累计占比达 72%,发行最少的是一般短期融资券,只有 4%。

从图 4-11 可以看出,福建省所辖市中,福州市、厦门市分别以 702. 9 亿元、699. 9 亿元发行额和 28%的占比遥遥领先其他城市,成为福建省地方政府投融资平台债券的最主要发行城市。排名第三、第四位的是龙岩市和漳州市,发行额分别为 551. 5 亿元、342 亿元,分别占比 14%、7%。其他城市合计占比 23%。①

① 资料来源:wind 数据库。

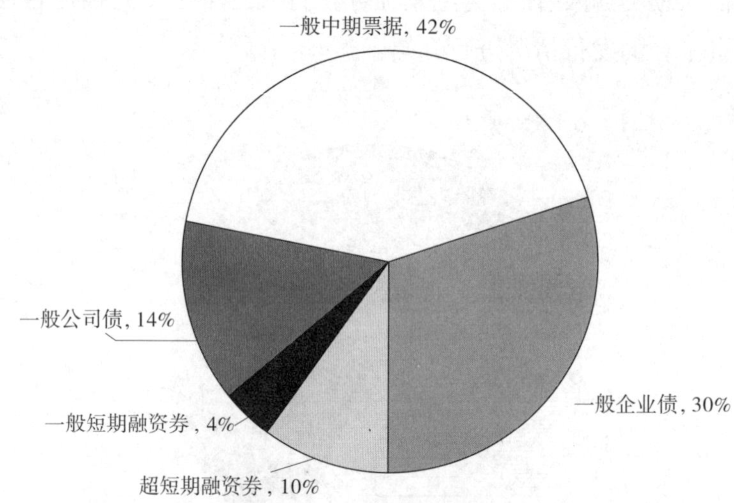

图 4-10　2006—2016 年福建省地方政府投融资平台债券类型分布

资料来源:wind 数据库。

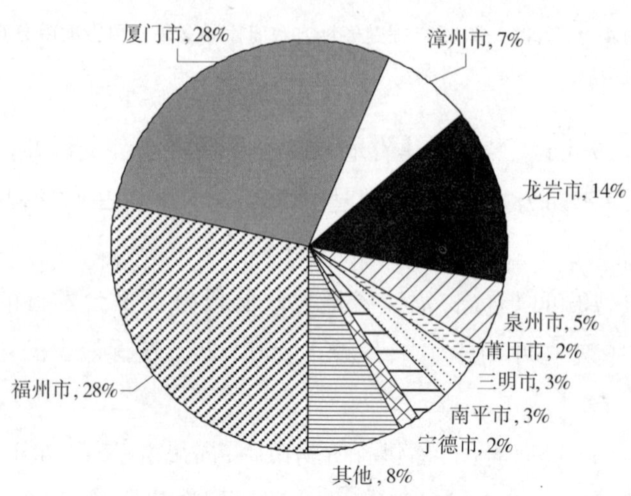

图 4-11　2006—2016 年福建省地方政府投融资平台债券发行人所在城市分布

资料来源:wind 数据库。

(二) 福建省省级地方政府投融资平台发展情况分析

本书选取了福建省评级为 AA-及以上的 97 家地方政府投融资平台作为研究对象,按其政府归属情况及业务范围划分为省、地级市、区县三级，其中16家省级公司，56家市级公司，25家县级公司。本部分将省级排名前7，市级、县级排名前10的地方政府投融资平台为例进行梳理，为地方政府投融资平台综合实力量化排名做好基础工作。数据截至2016年12月31日。

表4-1　福建省省级地方政府投融资平台排名一览表

排名	公司名称	得分	评级	所属证监会行业
1	福建省投资开发集团有限责任公司	47.99	AAA	综合
2	福建省交通运输集团有限责任公司	44.96	AA+	交通运输、仓储和邮政业
3	福建省高速公路有限责任公司	44.52	AAA	交通运输、仓储和邮政业
4	漳州市漳诏高速公路有限公司	42.53	AA	交通运输、仓储和邮政业
5	福建发展高速公路股份有限公司	40.93	AA+	交通运输、仓储和邮政业
6	福建建工集团有限责任公司	40.10	AA	建筑业
7	福州京福高速公路有限责任公司	36.94	AA-	交通运输、仓储和邮政业

资料来源：根据笔者整理计算获得。

在福建省省级平台参与排名的16家企业当中，排名前7的企业如表4-1所示。对前2名的企业各项指标进行分析可以发现，福建省投资开发集团有限责任公司总资产排名相对而言并不突出，但是其净资产位于前列，资产收益率表现优秀，资产负债率不到60%，在市场化指标上，福建省投资开发集团有限责任公司表现十分耀眼，市场化收入占比为100%，并且能够充分地利用市场融资工具进行项目建设的投融资。此外，在社会责任指标上，福建省投资开发集团有限责任公司积极参与福建工业园区的建设，积极引进优秀人才，积极投资环保绿色产业，为地区经济发展作出了重大的贡献。

对福建省交通运输集团有限责任公司而言，其盈余现金保障倍数为正，反映出公司盈余的质量较高，总资产与流动资产周转的相对迅速，反映出该公司在资金利用方面的高效。在市场化指标方面，该公司表现也较为突出，政府补贴占比不到3%，主营业务范围相对较广，融资渠道相对而言较为丰富。

(三)福建省市级地方政府投融资平台发展情况分析

表 4-2 福建省市级地方政府投融资平台排名一览表

排名	公司名称	得分	评级	所属证监会行业
1	厦门象屿集团有限公司	47.41	AAA	综合
2	厦门建发集团有限公司	45.13	AAA	综合
3	厦门国贸控股集团有限公司	44.30	AAA	综合
4	厦门港务控股集团有限公司	44.17	AAA	交通运输、仓储和邮政业
5	厦门建发股份有限公司	42.32	AAA	批发和零售业
6	宁德市国有资产投资经营有限公司	40.45	AA	综合
7	泉州市国有资产投资经营公司	40.34	AA+	建筑业
8	厦门翔业集团有限公司	40.27	AAA	交通运输、仓储和邮政业
9	建发房地产集团有限公司	39.58	AA+	房地产业
10	厦门港务发展股份有限公司	39.27	AA+	交通运输、仓储和邮政业

资料来源:根据笔者整理计算获得。

对福建省市级地方政府投融资平台进行分析,我们发现排名前 10 的企业当中有 8 家企业是厦门市政府平台。对这 8 家厦门市企业进行分析,可以发现:首先,厦门市政府平台总资产普遍较高,其盈余现金保障倍数均为正,反映出公司盈余的质量较高。其次,厦门市市级地方政府投融资平台的成本费用利润率、主营业务利润率虽相差较大,但均为正,说明这些公司主营业务收益情况良好。另外资产收益率和总资产报酬率均为正,说明考虑债权人在内时,各市级地方政府投融资平台在 2016 年均实现了正的收益。在社会责任方面,厦门市地方政府投融资平台均有一套完善的社会责任报告制度,并积极地参与厦门市城市建设、人才引进等,工作为厦门市经济建设作出了巨大的贡献。在市场化程度方面,厦门市地方政府投融资平台政府收入、政府补贴占比相对较低,融资渠道较为丰富,主营业务范围较广。总而言之,厦门市地方政府投融资平台转型较为成功(见表 4-2)。

（四）福建省县级地方政府投融资平台发展情况分析

表 4-3　福建省县级地方政府投融资平台排名一览表

排名	公司名称	得分	评级	所属证监会行业
1	闽西兴杭国有资产投资经营有限公司	41.18	AA+	综合
2	厦门海沧投资集团有限公司	36.74	AA+	综合
3	厦门思明国有控股集团有限公司	36.60	AA	房地产业
4	南安市贸工农投资经营有限公司	35.74	AA	建筑业
5	晋江市城市建设投资开发有限责任公司	35.23	AA+	建筑业
6	石狮市国有投资发展有限公司	34.91	AA-	电力、热力、燃气及水生产和供应业
7	莆田市高新技术产业园开发有限公司	34.39	AA	建筑业
8	永安市国有资产投资经营有限责任公司	33.79	AA	综合
9	长乐市国有资产营运公司	33.67	AA	建筑业
10	福建省连江县国有资产营运有限公司	33.63	AA	建筑业

资料来源：根据笔者整理计算获得。

对于排名靠前的县级地方政府投融资平台而言，从财务效益指标方面来看，其总资产报酬率均为正，这意味着在2016年说明考虑债权人在内时，各地方政府投融资平台在2016年均实现了收益；从资产运营指标来看，排名第一、第二的企业总资产周转率与流动资产周转率均较高，表示企业资产流转顺畅，公司资金利用效率高；从偿债能力来看，位于排名前列的几家企业负债率相对而言可能偏高，但是EBITDA利息倍数较大，偿债能力较强，此外速动比率偏小、流动比率适中，反映出这些企业敢于用杠杆促进自身企业的发展；从国资运营指标来看，排名靠前的企业均实现了国有资产的增值保值；从社会责任指标来看，以上企业积极参与园区开发绿色环保以及市政工程的建设，在城市建设过程中扮演了极为重要的角色，但是在社会责任报告制度方面，其仍有待完善；从市场化运营指标来看，排名靠前的企业政府补贴占比相对较低，公司基本上实现了完全市场化，同时也积极地运用资本市场工具进行直接融资（见表4-3）。

（五）福建省地方政府投融资平台变动情况

1. 2016 年福建省市级地方政府投融资平台新增情况

表 4-4 2016 年福建省地方政府投融资平台债券新增情况

序号	公司名称	发行金额（亿元）	发行利率（%）	主体评级	资金用途
1	平潭综合实验区交通投资集团有限公司	15.00	3.92	AA	平潭综合实验区金井安置房一期工程项目及平潭综合实验区澳前安置小区工程项目
2	厦门经济特区房地产开发集团有限公司	21.00	3.20	AA+	偿还银行贷款和补充流动资金
3	福州高新区投资控股有限公司	7.00	3.20	AA	5 亿元用于福州高新区海西高新技术产业园安置房一期项目建设；1.1 亿元用于福州高新区海西高新技术产业园高新大道工程项目；0.9 亿元用于福州高新区海西高新技术产业园侯官大道工程项目
4	三明市交通建设集团有限公司	13.00	3.68	AA	9 亿元将用于厦沙高速公路三明尤溪至沙县段高速公路项目，剩余 4 亿元用于补充营运资金
5	漳州市漳诏高速公路有限公司	5.00	3.23	AA	用于改善债务结构，偿还公司债务和补充营运资金
6	长乐市国有资产营运公司	10.00	4.50	AA	60%用于航城江莲片区旧城改造项目，其余 40%用于补充营运资金
7	龙岩铁路建设发展集团有限公司	8.00	4.98	AA	南平至龙岩铁路扩能工程石埠安置小区等六个项目建设
8	厦门思明国有控股集团有限公司	4.00	4.09	AA	3 亿元用于偿还部分银行贷款，1 亿元用于补充公司的营运资金
9	莆田市高新技术产业园开发有限公司	5.00	5.90	AA	涵江区兴涵水都安仁安置区建设项目，涵江区兴涵水都新港桥安置区建设项目
10	福州开发区国有资产营运有限公司	10.00	3.53	AA	琅岐环岛路西北段（二期）道路工程项目和琅岐环岛路东段（三期）道路工程

续表

序号	公司名称	发行金额（亿元）	发行利率（%）	主体评级	资金用途
11	宁德市交通投资集团有限公司	7.00	3.68	AA	3.00亿元用于沈海公路复线福安至蕉城漳湾段项目，2.00亿元用于沈海公路复线福鼎贯岭至柘荣段项目，剩余资金用于补充公司营运资金
12	三明福银高速公路有限责任公司	5.00	3.40	AA	用于归还银行借款

资料来源：wind 数据库。

2.2016年福建省地方政府投融资平台评级变动情况

（1）福州城市建设投资有限公司

2016年1月15日，联合资信对福州城市建设投资有限公司的主体评级由AA+调高至AAA，评级展望维持稳定，调高理由如下：

公司作为福州新成立的投资集团之一，是城市基础设施及配套、重点区域和旧屋区综合开发（含商业地产和保障类房地产）、新设产业园区、酒店餐饮业等的投资商、开发商、建设商和运营管理商，在外部经营环境、政府支持等方面具有一定优势。公司以工程施工和房地产销售业务为主，资产以存货、长期股权投资和其他非流动性资产等流动性较差的资产为主，整体资产质量一般，整体盈利能力较弱，政府补贴对公司盈利能力影响较大。公司片区综合改造业务将是未来几年业务重点，外部融资压力加大，片区综合开发收益将继续支撑公司利润水平。2016年，公司片区开发储备规模将得到显著扩大，公司盈利能力有望得到进一步提升。目前公司整体资产质量一般，债务负担适宜，且市政项目贷款由财政偿还。未来公司在城市基础设施建设领域能够得到政府的大力支持，公司主体信用风险极低。

（2）福鼎市城市建设投资有限公司

2016年10月8日，鹏元资信对福鼎市城市建设投资有限公司的主体评级由AA-调高至AA，评级展望维持稳定，调高理由如下：

2015年，福鼎市经济增长较快，优势产业发展良好，经济实力增强；福鼎市公共财政收入进一步增加；福鼎市政府在资本注入和财政补助方面持续给予公司大力支持，公司资本实力有所提升；公司在建的市政工程项目和在整理土地项目总投资规模较大，市政基础设施代建和土地整理业务收入数据来源较有保障；公司以持有的国有土地使用权为“14福鼎债”提供抵押担保，仍具有一定的增信作用。

（3）福州市水务投资发展有限公司

2016年7月27日，联合资信对福州市水务投资发展有限公司的主体评级由AA-调高至AA，评级展望维持稳定，调高理由如下：

福州市水务投资发展有限公司作为福州市（除马尾区外）重要的自来水供应和污水处理主体，继续保持区域垄断经营的显著优势。跟踪期内，福州市区域经济和财政实力稳步增长以及国家2015—2016年连续出台水务方面的鼓励政策，为公司发展提供了良好的外部环境；公司收到福州市政府在项目补贴及固化补贴等方面的持续支持；公司各项业务发展态势良好，收入和资产规模稳定增长，整体盈利能力不断增强。联合资信评估有限公司同时关注到，公司债务规模不断扩大、应收账款综合账龄较长、审计机构对公司财务报表持保留意见等因素对公司信用水平可能带来的不利影响。

未来，随着洋里污水处理厂三期、四期工程逐步步入正轨，公司供水和排水业务发展前景良好；随着水务行业相关鼓励政策的出台，公司自来水和污水处理价格有一定的上调预期，公司收入和利润水平有望进一步增长。

（4）福建漳州发展股份有限公司

2016年10月13日，联合资信对福建漳州发展股份有限公司的主体评级由A+调到AA-，评级展望维持稳定，调高理由如下：

福建漳州发展股份有限公司实施多元化发展，在汽车销售、水务业务以及国内贸易等领域处于区域领先地位，在经营规模、资源垄断、政府关系等方面具备一定的优势。近年来，公司营业收入波动提升，随着公司水务板块业务区域的扩张和供水能力的增强，水务板块收入持续增长，公司收入结构得以改善。

三、福建省地方政府投融资平台发展策略

（一）政策背景

1. 国企改革政策背景

福建省政府及国资委等相关管理部门在贯彻落实中央出台文件的基础上，也颁发了一系列地方性的政策及指导文件（见表 4-5）。

表 4-5　福建省关于国企改革的政策

序号	文件名称	责任单位
1	《福建省人民政府关于进一步扩大直接融资规模的若干意见》闽政〔2015〕67 号	福建省政府
2	《中共福建省委、福建省人民政府关于深化国有企业改革的实施意见》	福建省政府办公厅
3	《福建省人民政府办公厅关于切实抓好国有企业提质增效工作的通知》闽政办〔2016〕54 号	福建省政府办公厅
4	《福建省人民政府国有资产监督管理委员会关于印发〈所出资企业改制工作指引〉的通知》	福建省国资委
5	《福建省人民政府国有资产监督管理委员会关于印发〈福建省国企改革重组投资基金管理暂行办法〉的通知》	福建省国资委
6	《福建省人民政府国有资产监督管理委员会关于转发〈国务院办公厅关于建立国有企业违规经营投资责任追究制度的意见〉的通知》闽国资考评〔2017〕96 号	福建省国资委

资料来源：根据福建省人民政府相关资料整理获得。

2. 地方政府投融资平台改革的政策背景

《国务院关于加强地方政府融资平台公司管理有关问题的通知》（以下简称“19 号文”）要求地方政府重视地方政府融资平台债务规模迅速膨胀的问题，对融资平台进行清理规范。《国务院关于加强地方政府性债务管理的意见》（以下简称“43 号文”）禁止政府为融资平台提供融资担保并提出了新的指导思路，以“疏堵结合、分清责任、规范管理、防范风险、稳步推进”为原则，建立规范的地方政府举债融资机制。新《预算法》自 2015 年 1 月 1 日起实施，其中，和地方债务密切相关的是第 35 条规

定:经国务院批准的省、自治区、直辖市的预算中必需的建设投资的部分资金(公益性资本支出),可以在国务院确定的限额内,通过发行地方政府债券举借债务的方式筹措。这意味着地方政府可以依法举借债务,地方政府融资平台曾经作为地方政府举债的外衣已然失去部分职能。

为了顺应国务院政策的要求、适应新《预算法》的变化,地方政府投融资平台必须要实现自身的转型发展。

（二）地方政府投融资平台转型发展建议

根据《厦门日报》报道:2016 年,厦门市共有 4 家企业上榜“2016 中国企业 500 强”,它们分别是厦门建发集团有限公司(营业收入 1305. 69 亿元,排名 117 位,2015 年 116 位)、厦门国贸控股集团有限公司(营业收入 1026. 16 亿元,排名 141 位,2015 年 158 位)、厦门象屿集团有限公司(营业收入 656. 11 亿元,排名 207 位,2015 年 239 位)、厦门金龙汽车集团股份有限公司(营业收入 268. 35 亿元,排名 475 位,2015 年未上榜)。另外,根据上文对排名前 12 的省、市、县级地方政府投融资平台进行分析,我们可以发现:在省、市、县级地方政府投融资平台当中,厦门地区的企业表现极为突出,尤其是在市级参与排名的地方政府投融资平台当中,厦门企业更是独树一帜,获得了极好的成绩。

在经济下滑压力增大的背景下,为什么厦门市企业却能够逆流而上,取得辉煌的成绩,也许从建发集团董事长吴小敏的一次谈话中我们能够得到答案,“市场化改革,我们公司所有行业都处完全竞争性领域,企业发展完全按市场化来运作,进行市场化改革,包括积极推行企业管理制度改革、盈利和经营模式改革、人才培养和考核激励体系的改革,用改革换生机”。

厦门市的地方政府投融资平台通过高度市场化运行而在全国地方政府投融资平台中大放异彩,而地方政府投融资平台得以高度市场化运行的背后,则是出资人对企业监管的“充分放手”,2014 年,厦门市国资委主任林杰在一次记者采访时说,“使地方政府投融资平台适应市场化的浪潮,就需要坚持监管和服务并重,寓监管于服务之中,坚持‘管住、管少、管活、管好’的监管原则,让地方政府投融资平台最大程度地释放出自身的潜力”。另外，值得强调的是，厦门国资监管地方政府投融资平台的“管法”，厦门地方政府投融资平台的“活法”，得到国务院国资委的高度肯定与赞扬。

厦门市地方政府投融资平台转型的成功，证明了厦门市国资委在探索地方政府投融资平台发展规律，深耕市场化改革、优化资源整合以及转型发展方面已经走出了一条拥有自身特色的政府平台改革发展之路。

借鉴厦门市地方政府投融资平台转型的成功经验，我们可以因地制宜，有针对性地提出福建省地方政府投融资平台的转型方案。

1. 整合现有资源，重要产业布局 1—2 家企业

近年来，按照厦门市市委、市政府的指示，厦门市国资委对地方政府投融资平台进行了一轮新的市场化改革，通过实施“大集团、大企业”的战略，先后将地方政府投融资平台整合成一个又一个的大型国有企业，目前，在厦门市的重要产业上，厦门市国资委均布局有 1—2 家龙头国有企业，形成了适应“美丽厦门”发展战略要求的国资布局，通过地方政府投融资平台的国企化进一步推动国有资本向重点行业和领域集中、向战略新兴产业集中、向优势企业集中、向主业集中。整合重组后的地方政府投融资平台经营实力更强，市场竞争力更优，人才更加聚集，这为地方政府投融资平台做优、做大、做强提供了条件，更为厦门城市建设发展注入了生力军，为“美丽厦门”的战略实现添砖加瓦。例如，厦门市国资委于 2014 年组建的金圆集团定位为两岸金融中心的承建主体，信息集团成为创建国家信息消费示范城市的主力军，轨道集团担当了轨道交通建设的重任等。

借鉴厦门地方政府投融资平台通过优化重组从而顺利实现市场化的经验，我们得出一个结论：地方政府投融资平台整合现有资源的是促进地方政府投融资平台实现更好转型的前提和基础。整合现有的政府平台资源，完成同一产业地方政府投融资平台的优化重组能够有效地促进地方政府投融资平台化解自身债务，提升自身经营效率，增强市场竞争力，从而实现地方政府投融资平台的做大做强。因此，福建省省、地级市、区县各级地方政府应该整理自身现有资源，整合各大地方政府投融资平台，改变现有地方政府投融资平台在产业布局上杂乱无章的局面。根据各个地

方人文环境以及自身经济发展的特点，积极调动公司工作人员的工作热情，以大魄力完成地方政府投融资平台的优化重组，在当地的每个重要产业上分别布局1—2家企业，通过产业、人才以及其他资源的集聚，来增强各地方政府投融资平台的市场竞争力，实现政府平台的市场化转型。在完成地方政府投融资平台的整合之后，推动规模较大的投融资平台进一步组建金融平台，为投融资平台向国有资本管理公司的转型做准备。

2. 丰富企业的股权结构，完善地方政府投融资平台的市场化体系

厦门市地方政府平台的成功转型离不开其公司股权结构的多样化，自2006年厦门市国资委成立以来，厦门市国有企业便敞开自身股权投资，大力吸引社会资本加入平台参与地方政府投融资平台的运营，积极探索混合所有制经济等多种实现形式，通过公开向社会引进社会资本的方式，进一步多样化地方政府投融资平台的股权结构。其国资委领导曾在记者招待会上表示："为进一步增强国有资本的带动力，到2020年，厦门市二级企业以下多元化数量比例将达到80%以上。"由此可见，厦门市政府对推进地方政府投融资平台股权多元化的决心。

也正如厦门市政府所希望的一样，通过引进社会资本参与地方政府投融资平台的运营建设，厦门市地方政府投融资平台顺利地实现了自身市场化的转型。福建省省、地级市、区县各级地方政府投融资平台应充分吸收厦门市地方政府投融资平台股权多样化的经验，积极引入央企和民间资本，实现地方政府投融资平台股权结构的多元化，探索适合当地地方政府投融资平台的混合所有制改革。通过引入民间资本，化解债务压力，地方政府投融资平台可以顺利地实现转型。

此外，从2015年开始，财政部便大力推行PPP项目合作模式，并颁发了一系列法律法规。借助国内相关的鼓励政策，福建省各级政府亦可通过PPP的方式，联合社会资本，组成新的项目公司，推进地方政府投融资平台的开放合作，从而达到鼓励央企和民营企业参与地方城市基础建设，减轻地方政府的投融资压力的目的。

3. 积极创新平台监管模式，分类管理地方政府投融资平台

自2006年成立以来，厦门市国资委一直在与时俱进，转变思路，大胆

尝试新的监管模式，最终实现从“管资产”向“管资本”的观念转变。此外，厦门市国资委还对地方政府投融资平台实行分类管理制度，根据地方政府投融资平台所处的不同行业或领域、不同业务特点、不同的社会目标责任、不同市场地位进行科学的分类，将厦门市的政府投融资平台划分为竞争类企业、功能性保障类企业两类。厦门市国资委积极创新地方政府投融资平台监管新模式，改革企业管理制度、经营和盈利模式、人才培养和考核激励体系，分类管理不同行业、不同职能的地方政府投融资平台，最终实现了厦门地区地方政府投融资平台转型的成功，成为全国地方政府投融资平台市场化改革的一个旗帜性的标杆。

借鉴厦门市国资委创新的监管模式以及地方政府投融资平台分类管理的机制，福建省各地政府亦可向厦门市国资委学习，吸取其中对自身发展有益的因素，释放简政放权，放开对地方政府投融资平台的监管力度，杜绝政府官员担任企业领导的现象。让地方政府投融资平台凭借自身的资源和实力在市场中参与竞争。不去刻意追逐资产的增值，而是管理资本的去向，降低行政成本，提高企业经营效率。

4. 拓宽融资渠道，多元化融资方式

地方政府投融资平台要实现在融资方面的转型发展，就要摒弃传统的以土地抵押支持、以银行贷款为主的融资渠道。土地抵押以及银行贷款等融资渠道使得地方政府投融资平台的资金链较为紧张，财务风险非常的集中，这种风险不仅对商业银行来说是一个隐患，另外对于想要参与城市建设的社会资本也会存在着一定的“挤出效应”，产生负的外部性，造成社会福利的损失。因此，地方政府投融资平台应根据国家相应法律法规的规定，积极在资本市场上进行直接融资，按照国家的政策，选取相应的建设项目发行绿色债券、项目收益债以及其他产业类扶持债券，实现低成本的融资。

为降低融资成本，减轻政府债务负担，福建省亦可以学习重庆融资经验，采取政府参股，设立基金的方式，利用基金资金搭配的方式为城市建设募集低成本的资金。此外，在多元化的融资渠道中，地方政府投融资平台应着重运作 PPP 模式。最近几年，PPP 项目合作模式是中央以及各级地方政府大力推广的融资方式，受限于自身财政收入，地方政府鼓励社会资本参与城市建设项目的运作。对于公益性项目，政府通过可行性补贴的方式进行 PPP 项目的合作，而对经营性，有收益权的项目，则采取市场化的社会资本进行融资。

5. 完善社会责任报告制度，加强企业风险管理

厦门市的地方政府投融资平台通过市场化改革，建立了一套完善的社会责任报告制度，但是对于福建省大多数地方政府投融资平台而言，虽说披露了一定的社会责任，承担了大量的市政、社会公益事业的建设，但是其并没有形成一个固定的社会责任报告制度，因此，其他地方政府投融资平台在这方面有待加强。

此外，福建省政府融资平台数量众多、参差不齐，很多时候难以及时地把握地方政府投融资平台所面临的风险。为此，地方政府应该分级别建立投融资平台的风险预警机制。从宏观上来看，福建省应当建立一个覆盖其全省范围的政府融资平台财务数据库系统，通过设置合理的指标，形成一套风险预警机制，做到既能够评估当前地方政府投融资平台所面临的风险水平，又能预测未来一段时间地方政府投融资平台风险水平的变化，一旦风险水平达到预警机制的临界点时，风险预警装置便会自动报警。另外，从微观上来说，地方政府投融资平台自身也要加强对债务风险的管理控制，通过一套平台内部的风险预警机制，加强自身项目质量、资产负债管理，对项目的建设经营实行全过程管理，确保现金流的持续，保证融资平台的社会信用。

第二节　广东省地方政府投融资平台发展状况

一、广东省经济财政状况

（一）广东省经济发展情况

1. 广东省经济产出情况

根据公开统计数据显示，2016 年广东省实现地区生产总值 79512. 05

亿元，比2015年增长7.5%，达到年初增长目标7%—7.5%的最上限，增幅同比回落0.5个百分点，经济总量连续28年稳居全国第一位。如果把广东省当作一个独立的经济体，在世界排位约居第16位。全年走出上扬的微笑曲线，2016年广东省各季GDP累计增速上下波动幅度只有0.2个百分点，其中第四季度当季增速达到8.3%。2016年广东省第一、二、三产业增加值分别为3693.58亿元、34372.46亿元和41446.01亿元，分别增长3.1%、6.2%和9.1%①。

（1）主要经济指标运行总体保持平稳

广东省省委、省政府坚持在稳增长和调结构的平衡点上发力，各项主要经济指标全年运行波动幅度不大。2016年广东省规模以上工业增加值增长6.7%，从月度累计增速情况看，规模以上工业增加值累计增速运行在6.4%—6.9%，其中4月以来月度累计增幅波动只有0.1个百分点。社会消费品零售总额增长10.2%，比2015年提升0.1个百分点；从月度累计增速看，社会消费品零售总额累计增速运行在9.6%—10.2%，其中5月以来月度累计增幅波动只有0.2个百分点。进出口下降0.8%，降幅同比收窄3.1个百分点。固定资产投资增长10.0%，增幅同比回落5.8个百分点。

（2）经济增长基本面保持良好

物价保持平稳，2016年广东省CPI上涨2.3%，低于3%的年度目标，增幅连续5个月持平。在稳增长政策拉动下，宏观经济企稳筑底，需求增加逐渐传导至工业品价格领域，工业品价格降幅持续收窄。2016年工业生产者出厂价格指数同比下降0.6%，降幅同比收窄2.6个百分点，显示市场需求趋于活跃。购进价格指数同比下降2.0%，降幅同比收窄2.7个百分点，购进价与出厂价相差同比缩小0.1个百分点，“剪刀差”明显缩小。就业总体稳定，2016年城镇登记失业率2.47%，控制在3.5%年度目标以内，全年全省城镇新增就业147.1万人，就业困难人员实现就业17万人，分别完成年度计划的133.7%和170%。

① 资料来源：wind数据库。

(3)经济发展态势总体优于全国

与全国相比,广东省主要经济指标大部分高于全国,继续发挥对全国经济增长的重要贡献和支撑作用。2016 年,广东地区生产总值占全国的 10.7%,规模以上工业增加值增速比全国高 0.7 个百分点,固定资产投资增速比全国高 1.9 个百分点,进出口降幅比全国窄 0.1 个百分点。2016 年广东省人均 GDP 达到 72787 元,是全国的 1.3 倍(见图 4-12)。

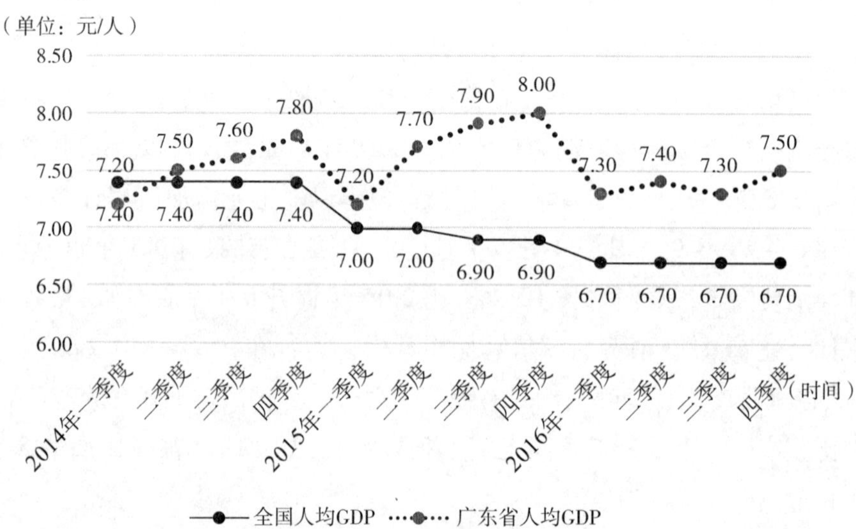

图 4-12　2014 年以来全国与广东省人均 GDP 逐季累计增速

资料来源:wind 数据库。

2. 广东省固定资产投资情况

(1)总量稳步提升,增速持续回落

受工业投资、民间投资增速创年内新低的影响,广东省固定资产投资增速延续了自四季度以来的回落态势,创 2001 年以来最低年度增速(见图 4-13)。

2016 年,广东省固定资产投资(不含农户)33008.86 亿元,同比增长 10.0%,增幅比前三季度回落 2.3 个百分点,比 2015 年回落 5.8 个百分点。其中,项目投资 22701.06 亿元,增长 5.6%;房地产开发投资总量超万亿元,达 10307.80 亿元,增长 20.7%,总量居全国第一位。扣除固定资产投资价格指数变动，固定资产投资实际增长 9.7%，同比回落 7.3 个百分点。①

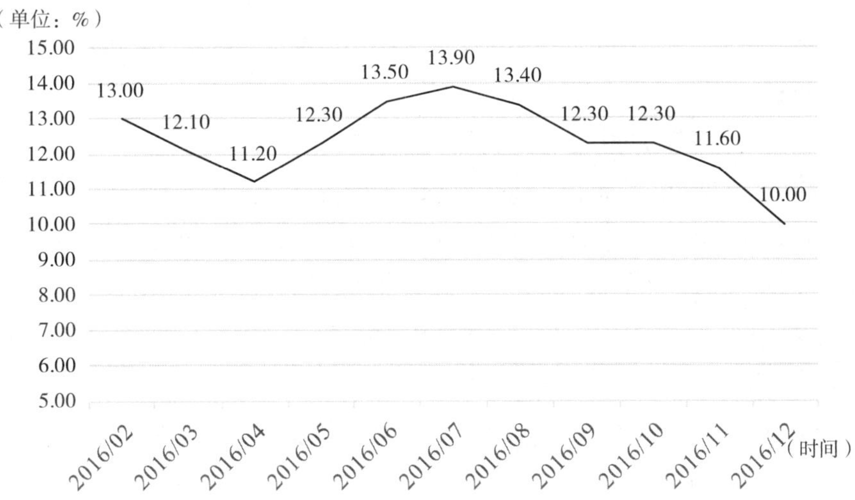

图 4-13　2016 年广东省固定资产投资累计同比增速

资料来源：wind 数据库。

与全国及东部主要省份相比，广东整体投资增速分别高于全国和东部地区 1.9 个、0.9 个百分点。在东部地区，广东省投资增速居第 4 位，分别比海南（11.7%）、浙江（10.9%）、山东（10.5%）低 1.7 个、0.9 个和 0.5 个百分点，排名比前三季度回落 3 位。2016 年，广东省固定资产投资总量占全国的 5.5%，比 2015 年提高 0.1 个百分点。

（2）民间投资比重进一步提高，外源性经济投资增长快于全省平均水平

2016 年，广东民间投资总量突破 2 万亿元大关，共完成 20504.39 亿元，同比增长 13.5%，增幅比前三季度回落 1.3 个百分点，比 2015 年回落 6.4 个百分点。其中，装备制造、电子及通信设备制造、医疗设备及仪器仪表制造等领域增幅均大幅高于整体投资增幅。民间投资占整体投资比重为 62.1%，比 2015 年提高 2.0 个百分点。

① 资料来源：wind 数据库。

2016 年,广东省内源性经济投资 28971.90 亿元,同比增长 9.1%,增幅比前三季度回落 1.7 个百分点,比同期外源性经济投资低 6.9 个百分点。外源性经济投资 4036.96 亿元,增长 16.0%,增幅高于全省投资增幅 6.0 个百分点。其中,港澳台商投资 2470.68 亿元,增长 18.7%;外商投资 1566.28 亿元,增长 12.0%。

(3)工业投资增速创年内新低,工业技改投资亮点纷呈

2016 年,广东工业投资总量突破万亿元大关,共完成 11051.68 亿元,同比增长 8.9%,比前三季度回落 2.7 个百分点,比 2015 年回落 11.9 个百分点,增速创年内新低。工业技术改造投资 3891.70 亿元,增长 32.8%,对工业投资增长的贡献率高达 106.7%,圆满完成《广东省工业转型升级攻坚战三年行动计划(2015—2017 年)》2016 年年度目标。其中,电气机械及专用设备、森工造纸技术改造投资增速均在 60%以上,医药、汽车技术改造投资增速高于 30%。

(4)基础设施投资增速稳中趋缓,城市建设再上新台阶

2016 年,广东省基础设施投资 7376.79 亿元,同比增长 5.7%,增幅较前三季度回落 0.5 个百分点,但比上半年加快 2.3 个百分点。从行业来看,铁路运输、航道整治扩能升级等项目建设势头迅猛,分别增长 40.7%和 36.8%。从新开工项目来看,深圳市城市轨道交通建设大幅提速,2016 年共新开工 6 号线二期、9 号线二期、3 号线东延段、4 号线三期、2 号线三期、3 号线南延段、5 号线南延段 7 条地铁线路,合计计划总投资超 400 亿元。从投产项目来看,广州、深圳各有 3 条地铁线路通车,地铁运营里程分别达到 308.7 公里和 285 公里,稳居全国第三、四位。

(5)推进重大项目建设,亿元以上项目支撑力度明显

2016 年以来,广东省推进重大项目建设,亿元以上项目对全省固定资产投资的增长起到了重要作用。2016 年,广东省亿元以上项目(不含房地产开发)完成投资 11881.63 亿元,同比增长 17.4%,增幅比同期整体固定资产投资、项目投资增幅分别高 7.4 个、11.8 个百分点,比 2015 年大幅加快 15.7 个百分点;亿元以上项目占项目投资的比重 52.3%,比 2015 年提高 5.2 个百分点,对整体投资和项目投资增长的贡献率分别达到

59.2%和145.9%。

(6)资金数据来源增速持续走低

2016年,广东省实际到位建设资金39510.62亿元,同比增长8.7%,增幅比同期投资低1.2个百分点。从主要资金数据来源渠道看,国家预算资金1911.77亿元,增长8.4%;国内贷款4993.53亿元,增长9.8%;利用外资263.73亿元,增长29.2%;自筹资金20769.67亿元,下降1.4%;其他资金(主要包括房地产开发投资中的定金、预付款及个人按揭贷款)11485.47亿元,大幅增长31.5%。

(二) 广东省地方财政情况

近年来,广东省财政总体实力不断扩大,财政收入保持较高增速。2016年,数据来源于广东的财政总收入达22830.37亿元,同比增长9.0%。地方一般公共预算收入突破1万亿元,达10390.33亿元,同比增长10.3%,连续19个月两位数增长,总量连续26年居全国第一位。其中税收收入8098.62亿元,增长11.1%。GDP的"含金量"进一步提高,地方财政一般公共预算收入占GDP的比重为13.1%,比2015年提高0.2个百分点;地方一般公共预算支出13447.42亿元,增长5.0%。[①] 2014—2016年广东省地方公共财政收入及增速如表4-6所示,其中2016年各地区地方一般公共预算收入及增速见表4-7。

表4-6　2014—2016年广东省地方公共财政收入及增速

年份	地方公共财政收入(亿元)	同比增速(%)
2014	8065.08	13.89
2015	9364.76	16.11
2016	10390.33	10.95

资料来源:wind数据库。

从表4-6可以看出,从2014年起广东省地方公共财政收入一直保持稳步增长的态势。2016年虽同比增速有所下降,但总体而言,公共财政

① 资料来源:wind数据库。

收入仍处于上升的趋势。

表 4-7　2016 年广东省分区域地方一般公共预算收入及增速

区域	地方一般公共预算收入(亿元)	地方一般公共预算收入增速(%)
珠三角	6923. 9	10. 7
粤东西北	990. 8	0. 4
东翼	285. 9	2. 6
西翼	292. 4	-2. 0
山区	412. 5	0. 6

资料来源:wind 数据库。

2016 年广东全省财政运行呈现总体平稳、稳中有进的态势;2016 年全省一般公共预算收入总量突破万亿元,广东成为全国首个地方公共财政收入跨入“万亿元俱乐部”的地区。与此同时,2016 年广东降成本行动计划成效显著,实现降成本超 2000 亿元,并力争在 2017 年全年再为企业减负超 2000 亿元。2016 年,广东全省一般公共预算收入总量突破万亿元,连续 26 年位居全国各省市首位;税收收入可比增长 11. 1%,非税收收入中的行政事业性收费收入负增长 19. 4%。

二、广东省地方政府投融资平台发展情况

截至 2016 年年末,广东省地方政府投融资平台共有 124 家,其中省级地方政府投融资平台共有 25 家,市级地方政府投融资平台共有 79 家,县级地方政府投融资平台共有 20 家。①

下面将详细统计广东省政府平台从 2007 年到 2016 年公开发行债券的情况,并从省级、市级和县级三个层级对地方政府投融资平台进行排名并对其各项指标进行分析。

（一）广东省地方政府投融资平台发债情况

广东省地方政府投融资平台在 2007 年到 2016 年间共公开发行 280

① 资料来源:wind 数据库。

只债券，发行规模总计3470.7亿元。从图4-14可以看出，广东省地方政府投融资平台公开发债规模从2012年开始快速增长，其中2012年共发行22只债券，发行总额达到310.30亿元；2013年共发行34只债券，发行总额达到434.90亿元；2014年共发行39只债券，发行总额为496.90亿元；2015年共发行56只债券，发行总额为697.30亿元；2016年债券发行数量迎来爆发式增长，全年共发行111只债券，发行总额合计1316.00亿元。

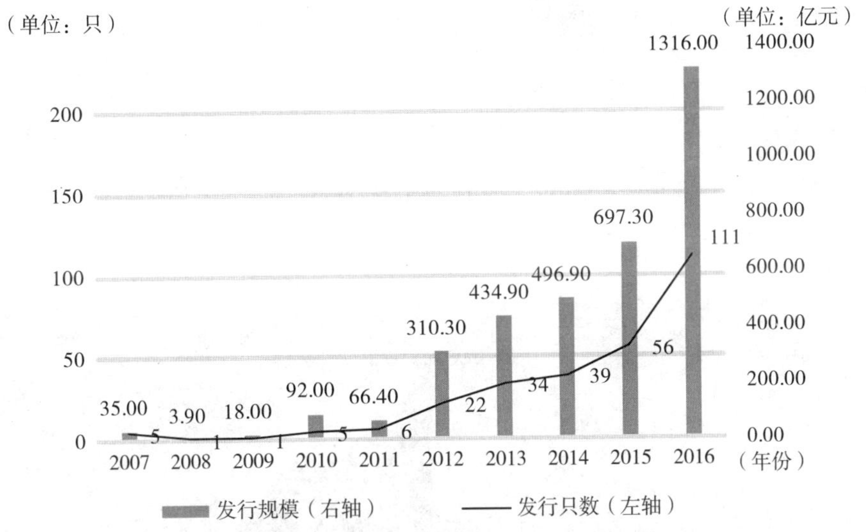

图4-14　2007—2016年广东省地方政府投融资平台公开发债情况

资料来源：wind数据库。

下面从债券期限、债券类型两个维度对广东省地方政府投融资平台债券融资的发行情况进行介绍。

从图4-15可以看出，2007年以来广东省地方政府投融资平台发行的债券以3年期、5年期、7年期为主，分别占总发行量的19%、34%和17%，合计占比达到70%；1年期及以下的占10%，10年期及以上的合计占16%，其余发行期限占比较少。

从图4-16可以看出，2007年以来广东省地方政府投融资平台公开发行的债券以一般企业债、一般公司债、一般中期票据为主，合计占比达

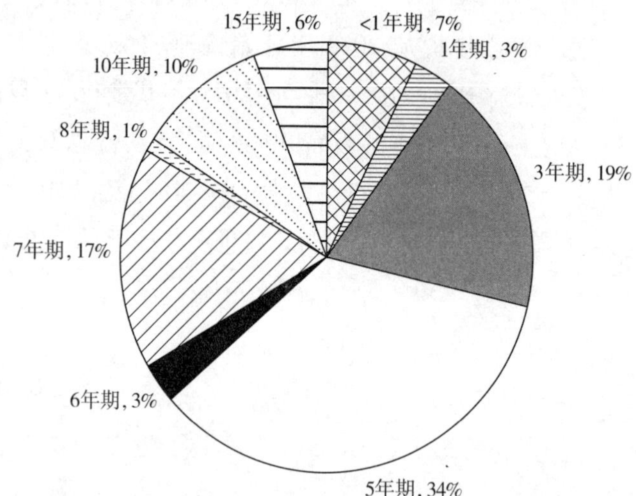

图 4-15　2007—2016 年广东省地方政府投融资平台公开发债期限统计

资料来源：wind 数据库。

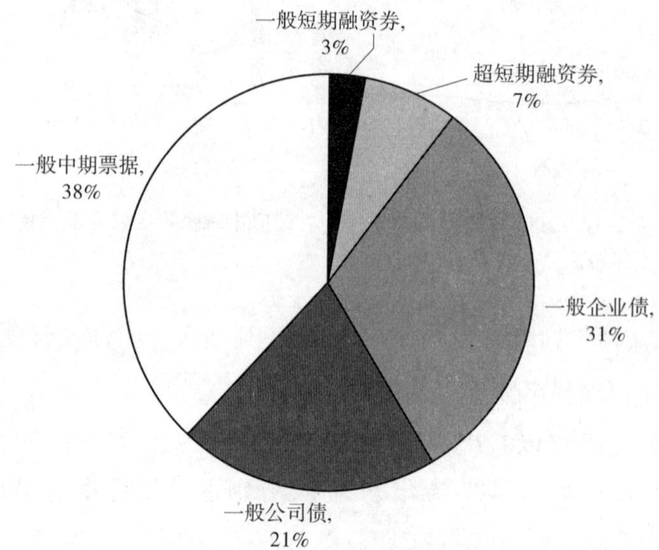

图 4-16　2007—2016 年广东省地方政府投融资平台公开发债类型统计

资料来源：wind 数据库。

90%,发行最少的为一般短期融资券,仅占发行总量的3%。

(二)广东省省级地方政府投融资平台情况分析

表4-8 广东省省级地方政府投融资平台排名一览表

排名	公司名称	得分	评级
1	广东电力发展股份有限公司	48.14	AAA
2	广东恒健投资控股有限公司	45.59	AAA
3	广东省交通集团有限公司	45.31	AAA
4	广东省广新控股集团有限公司	44.59	AA+
5	广东水电二局股份有限公司	43.67	AA
6	广东省公路建设有限公司	41.56	AA+
7	广东省建筑工程集团有限公司	41.31	AA+
8	广东省路桥建设发展有限公司	40.58	AAA
9	广东省铁路建设投资集团有限公司	40.54	AAA
10	广东省高速公路有限公司	39.10	AAA

资料来源:根据笔者整理计算获得。

通过对上述公司中前3家的财务表现、社会表现和市场化情况三方面的指标进行分析发现:

首先是财务表现指标。在财务效益方面,3家公司均具有较高的资产收益率和总资产报酬率;在资产运营方面,保持着较高的流动资产、存货和应收账款周转率水平,表明其对流动资产的占用率低,资金利用率高;在偿债能力方面,3家公司均保持着较高的现金流动负债比率,说明其短期偿债能力强;在发展能力方面,广东省交通集团有限公司的表现尤为突出,不论是当年还是三年资本平均增长率、三年销售平均增长率均为正,说明其公司规模和销售额三年以来均保持着稳定增长,具有很好的发展前景。

其次是社会表现指标。在国资运营指标方面,3家公司均实现了正的资本积累和较高的资本金利润率,其中,广东恒健投资控股有限公司虽然资本积累率相对较低,但实现了高达39.20%的资本金利润率,作为一个国有企业很好地实现了国有资本的增值；在社会责任指标方面，这 3 家公司均无任何被相关执法机关和监管机构进行处罚的情况，具有良好的正面形象，且均积极参与当地大型市政工程建设、推动园区开发和绿色发展进程等公益性活动，因此具有较高的社会贡献度。

最后是市场化情况指标。前 3 家公司的市场化收入占比均为 100%，且广东恒健投资控股有限公司的主营业务收入均由至少三种以上业务构成，市场化程度高。在融资渠道指标方面，广东省交通集团有限公司具有较高的融资渠道多样性，都发过三种及以上不同品种的债券，与之相匹配的是其相对较高的资产负债率，表明其利用财务杠杆维持公司经营的能力较强。

（三）广东省市级地方政府投融资平台情况分析

表 4–9　广东省市级地方政府投融资平台排名一览表

排名	公司名称	评级	所属证监会行业
1	广州金融控股集团有限公司	AAA	金融业
2	深圳市地铁集团有限公司	AAA	交通运输、仓储和邮政业
3	深圳市投资控股有限公司	AAA	综合
4	广州地铁集团有限公司	AAA	交通运输、仓储和邮政业
5	珠海华发集团有限公司	AAA	水利、环境和公共设施管理业
6	中山公用事业集团股份有限公司	AA+	电力、热力、燃气及水生产和供应业
7	广州市建筑集团有限公司	AA	建筑业
8	深圳高速公路股份有限公司	AAA	交通运输、仓储和邮政业
9	中山中汇投资集团有限公司	AA	综合
10	广州市城市建设投资集团有限公司	AAA	综合

资料来源：根据笔者整理计算获得。

通过对上述公司中前 5 家的财务表现、社会表现和市场化情况三方面的指标进行分析发现：

前 5 家公司的主营业务利润率均保持在 10%以上，表明其主营业务可以很好地为公司带来良好的收益。其中，广州金融控股集团有限公司（以下简称“广州金控”）实现了高达13.43%的净资产收益率和89.84%的成本费用利润率，远高于其他市级地方政府投融资平台的平均水平，说明其财务效益方面表现尤为突出。同时，前5家公司的存货周转率和应收账款周转率也保持在较高的水平，表明其对存货和应收账款的占用率低，即对上述资产利用率较高。

5家公司近三年平均资产增长率和销售增长率均高于20%，且均保持着高于60%的固定资产成新率。其中，广州金融控股集团有限公司在保持三年平均资产增长率为36.19%的水平下还实现了2016年高达714.79%的资产增长率，表明其发展前景极好。

除广州金融控股集团有限公司外，其余4家公司流动比率和速动比率都保持在较高的水平，反映了其较强的短期偿债能力。广州金融控股集团有限公司在此方面表现不佳，同时，其2016年的资产负债率高达95.20%。虽然“举债经营”使得公司能够利用财务杠杆维持正常运营，但仍要控制资产负债率在一个可控的范围内，需随时关注公司发生偿债风险的可能性。

除深圳市投资控股有限公司外，其余4家公司都实现了较高的国有资本积累率，做到了国有资产的增值保值。同时，深圳市投资控股有限公司虽资本积累率较低，但实现了高达70.04%的资本金利润率。

（四）广东省县级地方政府投融资平台情况分析

表4-10　广东省县级地方政府投融资平台排名一览表

排名	公司名称	评级	所属证监会行业
1	河源市润业投资有限公司	AA	建筑业
2	瀚蓝环境股份有限公司	AA+	电力、热力、燃气及水生产和供应业
3	广东南海控股投资有限公司	AA+	电力、热力、燃气及水生产和供应业
4	广州市番禺交通建设投资有限公司	AA	建筑业

续表

排名	公司名称	评级	所属证监会行业
5	鹤山市公营资产经营有限公司	AA-	建筑业
6	佛山市禅城区城市设施开发建设有限公司	AA	综合
7	梅县伟业基础设施建设投资有限公司	AA	房地产业
8	四会市国有资产经营总公司	AA	建筑业
9	深圳市深业基建控股有限公司	AA-	交通运输、仓储和邮政业
10	广州市番禺信息技术投资发展有限公司	AA	建筑业

资料来源：根据笔者整理计算获得。

通过对上述公司中前3家的财务表现、社会表现和市场化情况三方面的指标进行分析发现：

在财务效益指标方面，河源市润业投资有限公司虽主营业务利润率相对较低，但其2016年实现了高达48.84%的成本费用利润率，整体财务指标表现较好。

在资产运营指标方面，3家公司的不良资产率均保持在极低的水平，说明其资产质量较好。同时，广州市番禺交通建设投资有限公司的应收账款周转率保持在大于10的水平上，说明其对应收账款的占用率低，资产利用率高。另外，河源市润业投资有限公司的应收账款周转率较低是与其平均应收账款余额较少相匹配的。

在偿债能力指标方面，3家公司的资产负债率均低于50%，流动比率和速动比率都维持在相对较高的水平，表明其安全边际高，发生偿债风险的可能性较低。但河源市润业投资有限公司的流动比率高达51.18，实际上反映了该公司的资金利用率较低，因为公司的正常经营应该合理负债。

作为国有企业，河源市润业投资有限公司做到了国有资本的保值增值，且都实现了高于70%的资本金利润率，在国资运营指标方面表现良好。

（五）广东省地方政府投融资平台变动情况

1. 2016 年广东省地方政府投融资平台新增债券情况

表 4-11　2016 年广东省地方政府投融资平台新增债券情况

序号	公司名称	发行金额（亿元）	发行利率（%）	主体评级	资金用途
1	四会市国有资产经营总公司	11.00	4.59	AA	中国(四会)珠宝玉石首饰特色产业发展示范城一期工程、四会市地下停车场建设项目和补充营运资金
2	惠州市交通投资集团有限公司	10.00	4.16	AA+	惠州市中心客运枢纽工程项目和补充流动资金
3	惠州市交通投资集团有限公司	20.00	4.95	AA+	惠州市中心客运枢纽工程项目和补充流动资金
4	中山市城市建设投资集团有限公司	5.00	3.52	AA	偿还银行借款
5	中山市城市建设投资集团有限公司	10.00	4.00	AA	置换银行借款
6	中山市城市建设投资集团有限公司	7.50	3.72	AA	发行人本部及其下属公司补充营运资金及偿还即将到期银行借款本息
7	珠海华金资本股份有限公司	3.00	4.90	A+	补充公司营运资金
8	广东珠三角城际轨道交通有限公司	15.00	2.77	AA+	偿还公司本部即将到期的银行贷款本息
9	肇庆市高新区建设投资开发有限公司	8.00	3.97	AA	肇庆高新区电子信息产业园(三期)项目(第一阶段)
10	广州市番禺信息技术投资发展有限公司	6.00	3.52	AA	5 亿元用于归还银行借款,1 亿元用于补充公司本部及下属控股子公司生产经营活动所需营运资金
11	广州市番禺信息技术投资发展有限公司	5.00	4.50	AA	全部用于番禺智慧城市之国家数字家庭应用示范产业基地项目
12	鹤山市公营资产经营有限公司	3.00	4.08	AA-	鹤山市工业城产业园区建设工程项目

续表

序号	公司名称	发行金额（亿元）	发行利率（%）	主体评级	资金用途
13	鹤山市公营资产经营有限公司	9.00	5.08	AA-	鹤山市工业城产业园区建设工程项目
14	深圳市盐田港股份有限公司	3.00	3.12	AA+	偿还委托贷款
15	韶关市城市投资发展集团有限公司	10.00	3.67	AA	武广客运专线韶关综合客运枢纽建设项目和补充营运资金
16	瀚蓝环境股份有限公司	10.00	3.05	AA+	偿还公司及下属子公司银行借款和补充公司及下属子公司流动资金

资料来源：wind 数据库。

2. 2016 年广东省地方政府投融资平台评级变动情况

(1)珠海港股份有限公司

2016 年 5 月 9 日，中诚信证券评估有限公司对珠海港股份有限公司的主体评级由 AA-调高至 AA，评级展望维持稳定，调高理由如下：

政策红利为珠海港带来良好的发展机遇。随着国家“一带一路”战略的逐步推进、珠江—西江经济带深入开发、粤港澳经济带的一体化发展、横琴自贸区政策利好落地，将带动沿线、沿海区域大规模的项目建设、资源能源开发利用和全方位贸易服务往来，珠海港的转型发展面临良好的机遇。

腹地优势及完善的集疏运体系有效支撑公司港口物流业务。珠海港腹地经济稳步发展，集疏运体系不断完善，为珠海港运营提供了坚实的基础，同时公司继续深化西江战略，加快向综合物流服务提供商转型升级，江海联运物流网络的逐步形成将为公司未来港口物流业务的稳定发展提供有效支撑。

新能源板块业务快速发展。受益于燃气管网铺设的日益完善，公司天然气销售规模逐年提升；新收购的风电站亦给公司带来较大电力销售增幅，2015 年综合能源板块收入得到快速增长。

控股子公司拓宽直接融资渠道，有利于提高公司的资产流动性和市场价值。珠海港昇(代码 836052)登陆“新三板”后丰富了公司新能源板块的融资渠道,有利于提升市场核心竞争力,同时还有利于增强公司资产的流动性,提升持有资产的市场价值。

财务结构较为稳健。2015 年公司债务结构有所优化,当年资产负债率和总资本化比率分别为 48.89%和 39.61%,较 2014 年分别下降 1.78 个和 1.38 个百分点,整体处于行业中游水平,财务结构较为稳健。

(2)广东省高速公路有限公司

2016 年 5 月 31 日,大公国际资信评估有限公司对广东省高速公路有限公司的主体评级由 AA+调高至 AAA,评级展望维持稳定,调高理由如下:

2015 年以来,广东省经济持续较快增长带动公路运输需求及投资建设需求持续增长,省内高速公路行业仍面临良好的外部环境。

2015 年以来,广乐高速通行费收入增长较快,预计 2016 年广乐高速正式运营后,公司营业收入将得到较大幅度的增长。

公司股东广东省交通集团有限公司在广东省高速公路行业仍具有显著的区域专营优势,能够继续为公司提供有力支持。

(3)瀚蓝环境股份有限公司

2016 年 4 月 8 日,中诚信证券评估有限公司对瀚蓝环境股份有限公司的主体评级由 AA 调高至 AA+,评级展望由正面调至稳定,调整理由如下:

随着创冠环保(中国)有限公司和南海燃气发展有限公司的并入,公司已逐步由广东省佛山市南海区重要的公用事业平台发展成为全国性的综合环境服务商。

2015 年,公司公共事业业务范围进一步拓宽,区域垄断优势不断得到巩固,其业务范围逐步向全国领域拓展,目前固废处理业务已遍布广东、福建、湖北、辽宁、河北和贵州等城市,供水业务也已覆盖南海区全区。

公司全年各板块业务运营良好,收入规模稳步增长,并保持较好的盈利能力和获现能力。

三、广东省地方政府投融资平台发展的策略

（一）政策背景

1. 国企改革政策背景

为贯彻落实国务院、国家发改委等相关部门关于国有企业改革的政策，以及结合广东省自身情况尽快完成本省国有企业改革过程，广东省省委、广东省人民政府及广东省国资委紧跟中央的脚步，先后出台相关政策，规范和引导本省国有企业改革过程。具体文件见表4-12。

表4-12 广东省关于国有企业改革的文件

序号	部门	政策
1	广东省委、广东省人民政府	《中共广东省委、广东省人民政府关于全面深化国有企业改革的意见》（粤发〔2014〕15号）
2	广东省人民政府办公厅	《广东省人民政府办公厅印发关于深化省属国有企业改革的实施方案的通知》（粤府办〔2014〕60号）
3	广东省国资委	《关于规范省属企业发展混合所有制经济的意见》
4	广东省委、广东省人民政府	《中共广东省委、广东省人民政府关于深化国有企业改革的实施意见》

资料来源：根据广东省人民政府相关资料整理获得。

2012年，广东省出台《关于进一步深化国有企业改革的意见》，率先提出国有企业的“分类管理”理念，建议根据不同的功能定位及发展方向将国有企业分为竞争性和准公共性两种类型，为国企的分类管理和国企改革试点工作的顺利进行奠定了坚实的基础。

2014年8月，为贯彻落实党的十八届三中全会《中共中央关于全面深化改革若干重大问题的决定》，同时结合本省的情况，广东省针对性地先后出台了两个深化国企改革的指导性文件——《中共广东省委、广东省人民政府关于全面深化国有企业改革的意见》和《广东省人民政府办公厅印发关于深化省属国有企业改革的实施方案的通知》。前者主要强调要引入非国有资本积极发展混合所有制经济和推动国有资产优化配

置。后者的主要思路是和省属国有企业管理级次和功能定位，分类推进改革。随后，广东省国资委从省属的2000多家二级及以下企业中，择优选取了50家，并在这50家企业中试点开展体制机制的创新工作。

2015年1月，广东省再次出台《关于规范省属企业发展混合所有制经济的意见》，从分类实施、公开规范、公允作价、合作方选择和权益保障五个方面对省属企业发展混合所有制经济做了进一步的规范。

近两年，广东省国资国企改革进程还在不断推进。2016年，广东省委及广东省人民政府先后出台了《关于深化国有企业改革的实施意见》及系列配套文件。具体内容包括将广东省国有企业分为竞争性和准公共性两种并分类推进国有企业改革；调整优化国有资本布局结构和推进国有企业创新发展；推进国有资产资本化和构建产融结合的基金平台；实行出资人管理事项清单制度，开展省属企业国有资本运营公司和投资公司试点；出台推进市场化选聘省属企业高级管理人员工作的意见等。

2. 地方政府投融资平台改革政策背景

为贯彻落实中央关于规范地方政府债务的政策及加强广东省政府性债务管理，广东省政府先后出台相关政策，规范广东省政府性债务管理。具体文件见表4-13。

表4-13　广东省关于地方政府平台及地方债务管理法规

序号	部门	政策
1	广东省人民政府	《广东省人民政府关于加强政府性债务管理的实施意见》（粤府〔2015〕43号）
2	广东省人民政府办公厅	《广东省人民政府办公厅关于印发广东省政府性债务风险应急预案（试行）的通知》（粤办函〔2016〕56号）
3	广东省财政厅	《关于严格执行地方政府和融资平台融资行为有关规定的通知》（粤财金函〔2017〕12号）

资料来源：根据广东省人民政府相关资料整理获得。

2015年4月15日，为贯彻落实国务院出台的《关于加强地方政府性债务管理的意见》，广东省人民政府出台了《广东省人民政府关于加强政府性债务管理的实施意见》，从明确政府性债务管理责任、建立规范的地方政府举债融资机制、规范存量债务管理和建立考核问责机制等方面对如何正确和规范管理广东省政府性债务作了相应的规定。

2016年2月2日，广东省人民政府办公厅出台了《广东省人民政府办公厅关于印发广东省政府性债务风险应急预案（试行）的通知》，明确了要构建省、市、县三级政府债务风险防控体系，明确责任，完善机制，牢牢守住不发生区域性和系统性风险的底线，切实防范和化解财政金融风险，是对广东省政府性债务管理的进一步补充。

2017年1月25日，广东省财政厅出台了《关于严格执行地方政府和融资平台融资行为有关规定的通知》，针对部分地区存在贯彻执行法律法规规定不到位、风险意识较淡薄和管控措施不力等问题，以及变相举债、违法违规担保和违规使用债券资金等情况，进一步规范各地政府和融资平台融资行为。

（二）发展建议

1. 实现独立经营、自负盈亏

地方政府投融资平台作为独立的法人企业，应以独立经营、自负盈亏为经营目标。但实际上，在过去的情况下，一方面，地方政府投融资平台背后的实际控制人往往为当地政府，其董事、监事及高级管理人员等一般由政府直接委派，公司的各项重要决策如重大对外投资、变更股东等均需要当地政府出具政府文件来决定；另一方面，这种模式使得地方政府投融资平台实际上成为政府部门的延伸，承担了为政府融资和代政府提供服务的功能。

目前，地方政府投融资平台要实现市场化转型的当务之急就是要整理好其自身与地方政府之间的关系。地方政府投融资平台只有通过厘清政企关系、完善企业内部治理机制，尽快完成脱离地方政府、成为独立的国有公司的过程，才能成为真正的市场主体。

2. 引入资本运营模式

在理顺政企关系、逐渐脱离政府成为独立的法人企业之后，作为一个独立的成熟的市场主体，地方政府投融资平台应进一步向市场化转变。在过去作为对政府债务融资的补充，以“土地经营”为基本运营模式的基础上，引入“资本运营”模式，建立多渠道的运营体系。另外，也可借助上市来进一步扩大市场化的成分。一旦平台上市成功则可以享用更多的融资机会，上市也有助于提升地方政府投融资平台的知名度，增加品牌效应。

3. 完善内部控制体系

在地方政府投融资平台成功转型后，作为独立的国有企业及市场化主体，既要在当地政府的引导下继续完成国有企业改革的进程，也要注重不断完善公司本身的内部控制体系。地方政府投融资平台要尽快建立完善的内部责任制度，做到“岗责匹配”，从人员配置、日常经营和后台控制等方面逐渐完善公司的经营管理制度。同时，广东省地方政府投融资平台也要积极响应中央的号召及引导，逐步建立起全面的企业社会责任报告制度，定期报告公司的社会责任履行情况。

第五章　黄河及长江中游综合经济区重点省市地方政府投融资平台发展状况

第一节　河南省地方政府投融资平台发展状况

一、河南省经济财政状况

（一）河南省经济发展情况

1. 河南省经济产出情况

根据公开统计数据显示，2016 年全年河南省实现地区生产总值 40160.01 亿元，比 2015 年增长 8.51%。其中，第一产业增加值 4286.30 亿元，增长 4.2%；第二产业增加值 19055.44 亿元，增长 7.5%；第三产业增加值 16818.27 亿元，增长 9.9%；三次产业结构为 10.7 ∶ 47.4 ∶ 41.9。人均生产总值 42247 元，比 2015 年增长 7.99%。[①] 全区自 2012 年以来的 GDP 及人均 GDP 变化情况如图 5-1、图 5-2 所示。

从图 5-1 可以看出，自 2012 年以来，河南省的 GDP 实现稳定逐年增长，但是受经济下行压力的影响，GDP 年增长率逐年下降，从 2012 年的 9.91%降到了 2015 年的 5.93%，但是在 2016 年取得了回升，达到了 8.51%。[②] 从图 5-2 可以看出，河南省人均 GDP 在近年也呈上涨的趋势。

---

① 资料来源：wind 数据库。

② 资料来源：wind 数据库。

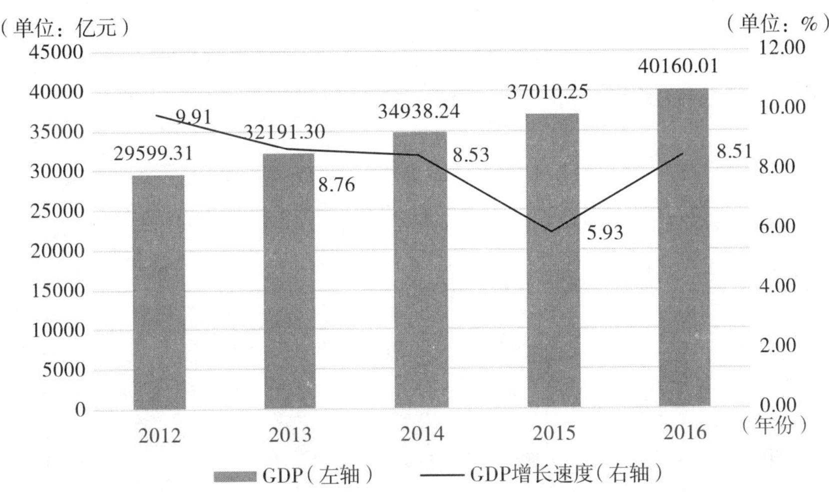

图 5-1　2012—2016 年河南省 GDP 及其增长速度

资料来源：wind 数据库。

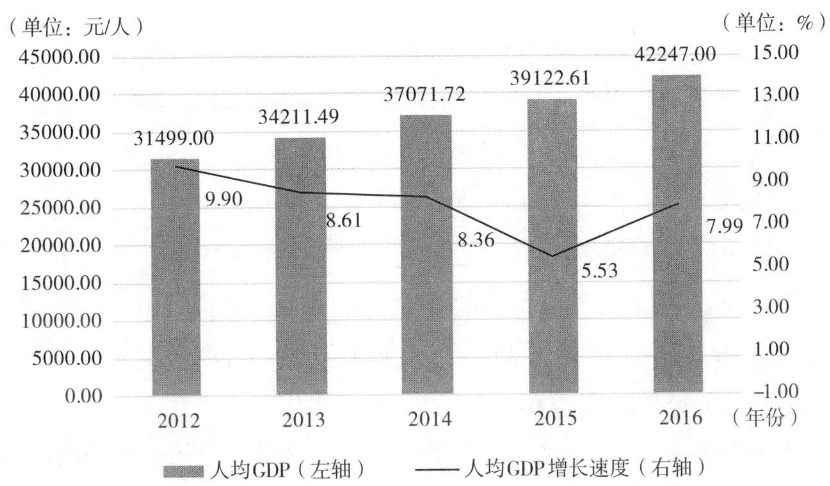

图 5-2　2012—2016 年河南省人均 GDP 及其增长速度

资料来源：wind 数据库。

在工业领域，2016 年全年河南省全部工业增加值 16830.74 亿元，比 2015 年增长 7.5%。规模以上工业增加值增长 8.0%。在规模以上工业中，分经济类型看，国有企业增加值下降 0.1%，集体企业增长 6.7%，股份制企业增长8.7%,外商及港澳台商投资企业增长5.5%;分门类看,采矿业增加值下降0.7%,制造业增长9.0%,电力、热力、燃气及水的生产和供应业增长2.5%;产品销售率98.1%。①

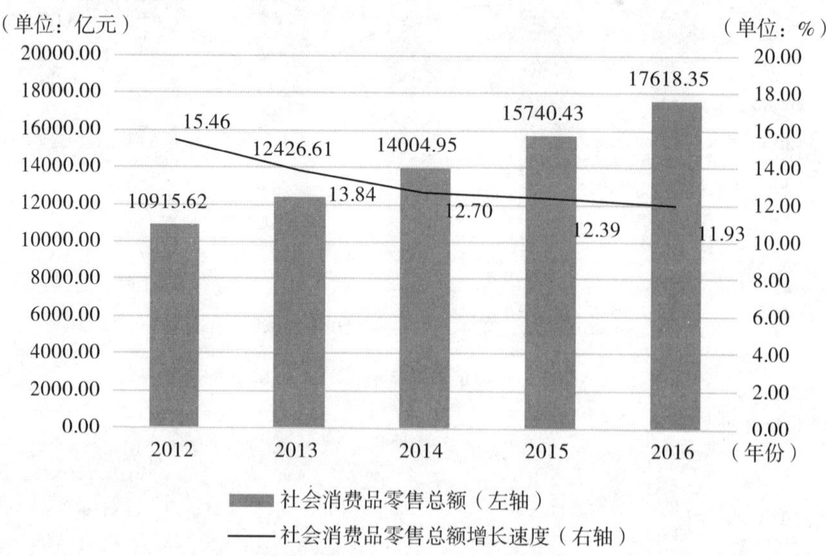

图5-3 2012—2016年河南省社会消费品零售总额及增速

资料来源:wind数据库。

2016年全年河南省社会消费品零售总额17618.35亿元,比2015年增长11.93%(见图5-3)。按经营地分,城镇消费品零售额666.31亿元,增长11.0%,其中城区消费品零售额392.83亿元,增长11.1%;乡村消费品零售额100.99亿元,增长11.3%。按消费形态分,商品零售705.34亿元,增长11.1%;餐饮收入61.96亿元,增长9.9%。②

如图5-3所示,社会消费品零售总额稳定增长,增长率在2016年以前缓慢下滑,但是2016年的增长率已经开始有触底上升的趋势。

2.河南省固定资产投资情况

2016年,河南省固定资产投资(不含农户,下同)39753.93亿元(见

① 资料来源:wind数据库。

② 资料来源:wind数据库。

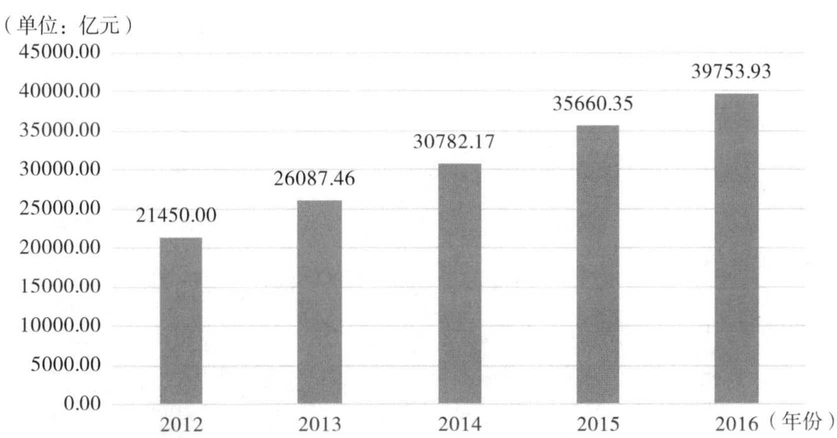

图 5-4　2012—2016 年河南省全社会固定资产投资完成额

资料来源：wind 数据库。

图 5-4），比 2015 年增长 11.48%。在固定资产投资中，第一产业投资 1932.11 亿元，比 2015 年增长 31.1%；第二产业投资 18523.16 亿元，增长 9.0%；第三产业投资 19298.66 亿元，增长 17.1%。基础设施投资 6770.19 亿元，增长 29.0%，占固定资产投资的 17.0%。工业投资 18536.63 亿元，增长 8.9%，占固定资产投资的 46.6%。民间投资 31414.73 亿元，增长 5.9%，占固定资产投资的 79.0%。

（二）河南省地方财政情况

2016 年，河南省地方财政总收入 4706.96 亿元，比 2015 年增长 5.6%。一般公共预算收入 3153.50 亿元，增长 8.0%，其中税收收入 2158.39 亿元，增长 8.9%，占一般公共预算收入的 68.4%（见图 5-5）。一般公共预算支出 7456.64 亿元，增长 9.4%，其中财政民生支出 5784.76 亿元，增长 9.4%，占一般公共预算支出的 77.6%。①

2012 年以来河南省的财政收入稳定上升，同时一般公共预算支出也保持着上升趋势。不仅财政收入的数量在增加，财政收入中税收收入的比重也呈现出逐年增加的趋势，说明财政收入的质量在提高。

① 资料来源：wind 数据库。

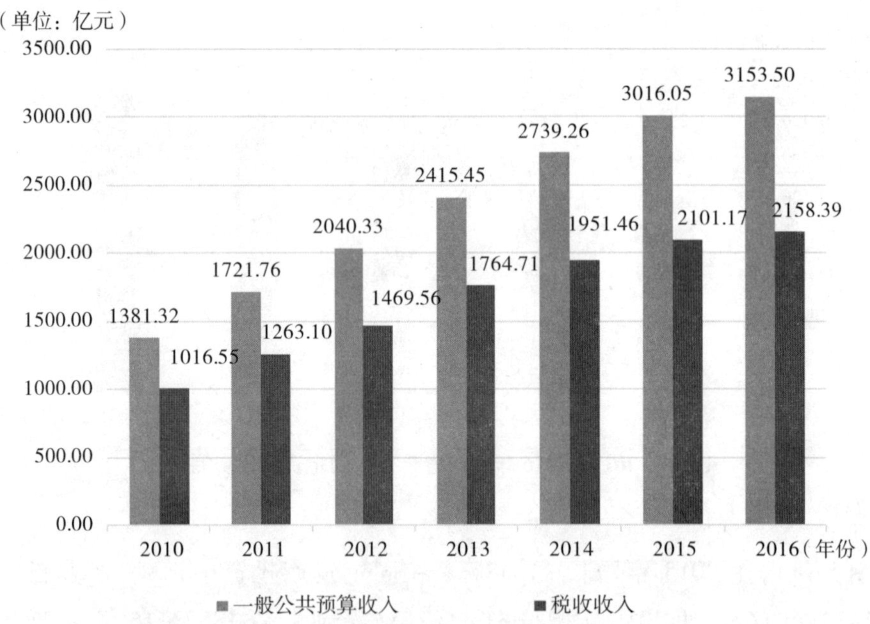

图 5-5　2012—2016 年河南省一般公共预算收入及税收收入

资料来源：wind 数据库。

二、河南省地方政府投融资平台发展分析

（一）河南省地方政府投融资平台发债情况

河南省发行的第一只地方政府融资平台债是“2007 年河南投资集团有限公司企业债券”，于 2007 年 5 月 17 日发行，当年共发行了 4 只地方政府融资平台债。2012 年后，河南省地方政府投融资平台债的发行规模得到很大的提升，当年发行 21 只债券，此后每年发行债券数量始终稳定在 20 只以上①。至 2016 年河南省的地方政府融资平台债发行数为 27 只，占全国总发行数的比重位居全国前列，发行数量与发行规模具体情况如图 5-6 所示。

从图 5-6 中也可以看出，2012 年河南省的地方政府融资平台债发行

① 资料来源：wind 数据库。

图 5-6　2007—2016 年河南省地方政府融资平台债发行情况

资料来源:wind 数据库。

规模实现了巨大的飞跃,之后两年继续保持稳定水平。这与河南省政府加大固定资产投资,特别是加强基础设施建设以及推进产业结构转型工作有关。依据河南省政府公布的《2017 年工作计划及河南国民经济和社会发展第十三个五年规划纲要》,未来几年内河南将继续保持基础设施建设力度,因此地方政府融资平台债发行规模也将继续保持稳定。

下面从债券期限、债券类型及债券发行人三个维度对河南省地方政府融资平台债的发行情况进行介绍。

从图 5-7 可以看出近 10 年河南省发行的地方政府融资平台债以 5 年期、7 年期为主,累计占比达到 71%,3 年期、6 年期、10 年期债券分别占比 6%、8%、7%,其余期限的地方政府融资平台债发行较少,总占比为 8%。

从图 5-8 可以看出近 8 年河南省发行的地方政府融资平台债以一般企业债、一般中期票据为主,其中一般企业债的发行规模达到 52%。

从图 5-9 可以看出,河南省所辖市中,郑州市作为省会,以 64 只地方政府融资平台债、51%的占比遥遥领先其他城市,成为河南地方政府融资平台债的最主要发行城市。排在第二名的是洛阳市,发行量仅为 5 只,占

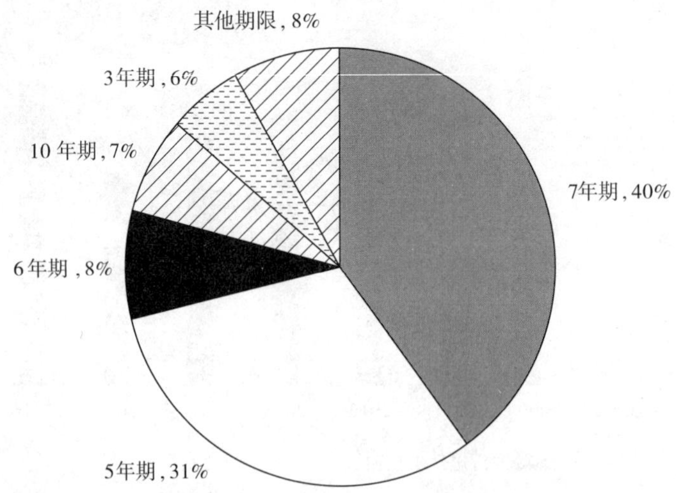

图 5-7　河南省地方政府融资平台债券期限分布情况

资料来源:wind 数据库。

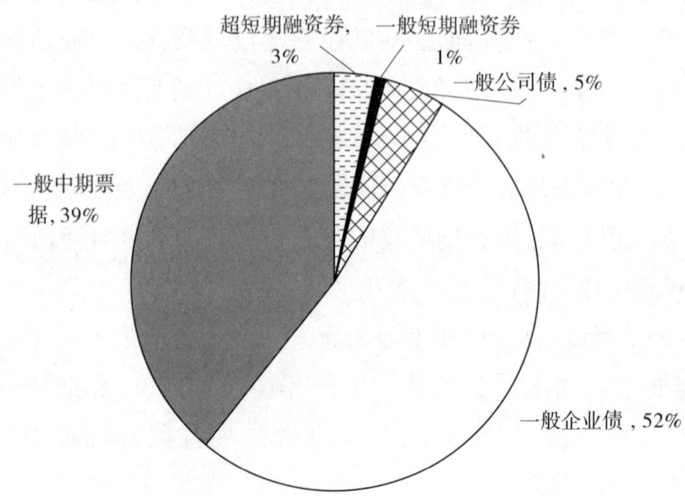

图 5-8　河南省地方政府融资平台债券类型分布情况

资料来源:wind 数据库。

比 4%,安阳市、永城市、南阳市等市发行数量相同,均为 3 只,其他众多地级市、县级市总发行量之和仅 35 只,占比 28%。

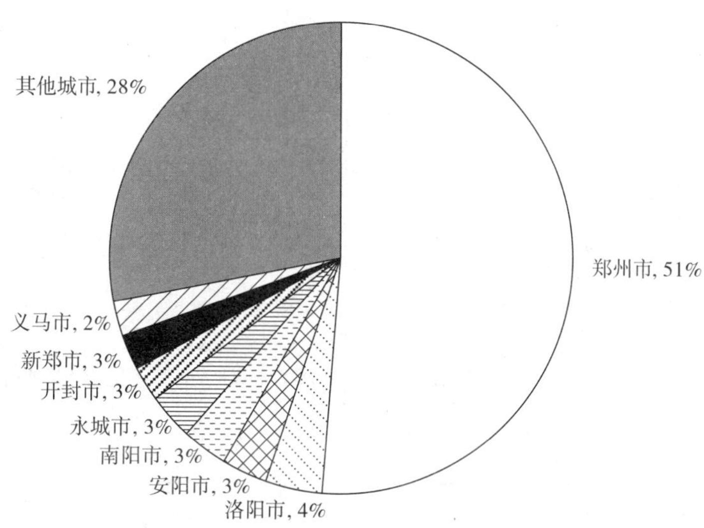

图 5-9　河南省地方政府融资平台债券发行人所在城市分布情况

资料来源：wind 数据库。

（二）河南省地方政府投融资平台排名及评价

本书选取了河南省评级为 AA 及以上的 43 家地方政府投融资平台作为研究对象，按其政府归属情况及业务范围划分为省、地级市、区县三级，其中 16 家省级公司，14 家市级公司，13 家县级公司参与排名。[①] 本部分分别从省级、市级、县级三个维度对河南省地方政府投融资平台的各项发展指标进行分析，为地方政府投融资平台综合实力量化排名做好基础工作。数据截至 2016 年 12 月 31 日。

1. 河南省省级地方政府投融资平台排名情况

河南省省级地方政府投融资平台共有 16 家公司参与排名计算，其中排名前 7 位公司情况见表 5-1。

表 5-1　河南省省级地方政府投融资平台排名一览表

排名	公司名称	得分	评级	所属证监会行业
1	河南交通投资集团有限公司	44.40	AAA	交通运输、仓储和邮政业

① 资料来源：wind 数据库。

续表

排名	公司名称	得分	评级	所属证监会行业
2	河南铁路投资有限责任公司	43.54	AA+	交通运输、仓储和邮政业
3	河南投资集团有限公司	43.24	AAA	综合
4	河南水利投资集团有限公司	42.34	AA+	建筑业
5	河南省国有资产控股运营集团有限公司	41.38	AA	综合
6	河南中原高速公路股份有限公司	40.35	AA+	交通运输、仓储和邮政业
7	河南省收费还贷高速公路管理有限公司	40.01	AAA	交通运输、仓储和邮政业

资料来源:根据笔者整理计算获得。

河南省省级地方政府投融资平台排名在全国范围内处于中等水平,各公司整体表现情况较为接近,分值处于40.01—44.40分,其中排名第一的河南交通投资集团有限公司在全国参与排名的全部603家省级地方政府投融资平台中排名第174名。

结合各公司具体的财务指标分析,相较于省内其他省级地方政府投融资平台,河南交通投资集团有限公司由于其较大的总资产规模(1667亿元)、良好的主营业务利润率,以及公司在所属区域基础设施领域具有的重要影响力而对河南省的经济发展具有举足轻重的作用,因此排名靠前。

相较于国内一些经济强省,如广东、江苏、浙江,以及直辖市北京、上海、重庆等地区的地方政府投融资平台而言,河南省省级地方政府投融资平台的综合表现还有差距。这种情况产生的主要原因是,相对而言,河南省政府的财政实力相对于其他经济强省较弱,与北京、上海这样的政治经济中心相比,中央的优惠政策较少,少数地方政府投融资平台的体制较为僵化,融资渠道多样化程度较低,公开发行的债券种类少,金额较小,资金数据来源主要依靠银行贷款,对于资本市场的利用能力较弱。

2. 河南省地市级地方政府投融资平台排名情况

表 5-2 河南省地市级地方政府投融资平台排名一览表

排名	公司名称	得分	评级	所属证监会行业
1	焦作市投资集团有限公司	44.45	AA	建筑业
2	郑州航空港兴港投资集团有限公司	44.34	AA+	房地产业
3	周口市投资集团有限公司	39.48	AA	建筑业
4	濮阳市投资集团公司	39.46	AA	水利、环境和公共设施管理业
5	郑州投资控股有限公司	39.19	AA	综合
6	驻马店市投资有限公司	37.60	AA	综合
7	郑州经开投资发展有限公司	36.83	AA+	房地产业
8	三门峡市财经投资公司	36.45	AA	综合

资料来源:根据笔者整理计算获得。

与河南省省级地方政府投融资平台相比,河南省地市级地方政府投融资平台在全国范围内排名分布较为均衡,整体分值处于 36.45—44.45 分。其中,排名第一的焦作市投资集团有限公司在全国参与排名的全部 1112 家市级地方政府投融资平台中排名第 5 名,三门峡市财经投资公司在全国范围内排名第 324 名。

结合各公司具体的财务指标分析,在全国范围内,郑州航空港兴港投资集团有限公司在总资产规模上有较大优势,在 2016 年公司总资产达到 844.43 亿元,在全国范围内的市级地方政府投融资平台中也是排名靠前。此外,该公司良好的资产收益率、重要的市场地位、极低的不良资产比率以及较高的三年资本平均增长率均为该公司加分。

在排名前 8 的市级地方政府投融资平台中,各公司总资产报酬率均为正,说明考虑债权人在内时,各地方政府投融资平台在 2016 年均实现了收益,其中焦作市投资集团有限公司取得了 12.67%的资产收益率表现相对比较突出,反映出了该公司有较强的盈利能力。河南省地方政府投融资平台的盈余现金保障倍数、成本费用利润率差异较大,但是主营业务利润率均不错,说明主营业务收益情况良好。河南省地方政府投融资平台的财务效益总体上情况比较乐观。因为这些地方政府投融资平台均积极参与市政工程建设、园区开发、人才引进等公益性活动，故综合社会贡献得分比较高。然而，建立并完善社会责任报告制度的公司并不多，在这方面需要继续完善。

3. 河南省区县级地方政府投融资平台排名情况

表 5-3　河南省区县级地方政府投融资平台排名一览表

排名	公司名称	得分	评级	所属证监会行业
1	禹州市投资总公司	38.64	AA	房地产业
2	汝州市鑫源投资有限公司	37.29	AA	综合
3	新郑新区发展投资有限责任公司	34.60	AA	房地产业
4	河南省济源市建设投资有限公司	33.67	AA	综合
5	新密财源城市开发建设有限公司	33.52	AA	建筑业

资料来源：根据笔者整理计算获得。

由于河南省县级地方政府投融资平台数量较少且分值差异较大，故仅选取前 5 名。河南省县级地方政府投融资平台排分值处于 33.52—38.64 分。其中，排名第一的禹州市投资总公司在全国参与排名的全部 592 家县级地方政府投融资平台中排名第 39 名，排名第 5 的新密财源城市开发建设有限公司在全国范围内排名第 285 名。

由于县级地方政府投融资平台在资产规模、当地政府的财政支持、融资渠道以及对于市场占有程度等各方面相对于省级、市级地方政府投融资平台均有明显劣势，因此整体分值较低。

总体来看，排名前列的县级企业总资产与流动资产周转率均较高，表示企业资产流转顺畅，公司资金利用效率高；从偿债能力来看，虽然部分企业资产负债率相对偏高，但是由于利息保障倍数较大，说明企业有正向稳定的现金流入足以负担其利息支出，此外企业保证了合适的速动比率、流动比率，使得短期偿债能力较强，反映出这些企业领导敢于用杠杆促进自身企业的发展；从市场化运营指标来看，排名靠前的企业政府补贴占比相对较低，数据来源于政府的收入较少，公司市场化程度较高。

（三）河南省地方政府投融资平台变动情况

1. 河南省地方政府投融资平台债券新增情况

表 5-4　2016 年河南省地方政府投融资平台债券新增情况

序号	公司名称	发行金额（亿元）	发行利率（%）	主体评级	资金用途
1	禹州市投资总公司	12.00	4.68	AA	新区域基础设施建设
2	禹州市投资总公司	12.80	3.89	AA	地下停车场建设项目
3	河南省农业综合开发公司	5.00	4.27	AA	置换银行借款
4	河南省农业综合开发公司	5.00	4.05	AA	置换银行借款
5	焦作市投资集团有限公司	10.00	4.26	AA	偿还金融机构借款
6	洛阳市新区建设投资有限责任公司	15.00	4.28	AA	拆迁安置住房项目
7	南阳高新区投资有限公司	8.80	6.45	AA-	安置小区建设
8	郑州航空港兴港投资集团有限公司	19.50	4.27	AA+	地下综合管廊、车场及附属工程项目
9	河南城际铁路有限公司	5.00	3.94	AA	偿还长短期借款及补充营运资金

资料来源：wind 数据库。

2. 2016 年河南省地方政府投融资平台评级变动情况

2016 年 4 月 29 日，鹏元资信评估有限公司对汝州市鑫源投资有限公司的主体评级由 AA-调高至 AA，对 2015 年 9 月 16 日发行的公司债券信用等级上调至 AA+，调高理由如下：

汝州市财政收入大幅上涨，公司是汝州市重要的投融资平台，得到当地政府在资产注入、财政补贴等方面的大力支持，公司自有土地较多，工程代建收入大幅增加，且国有土地使用权抵押的增信方式有效提升了本期债券的安全性；同时，汝州市地方财政对上级补助的依赖较大，财政自给率偏低，公司土地开发业务收入及盈利能力具有一定的不确定性、担保业务代偿风险较大、公司利润对财政补贴具有较大依赖、资产流动性一般、在建项目资金支出压力较大等风险因素。因此，对于该公司信用等级应进行合理调整。

三、河南省地方政府投融资平台发展的策略

（一）政策背景

1. 国企改革政策背景

党的十八届三中全会对国企改革和国有资产管理体制改革作出的总体部署和指引，并发布了《中共中央关于深化国有企业改革的指导意见》，标志着新一轮国企改革揭开帷幕。本轮国企改革主要解决国企盈利能力低和运营效率低两个问题，这两个问题产生的主要原因是国企政企不分、股权结构不合理、现代企业制度建设滞后和缺乏必要的中长期激励机制。有关部门颁发了一系列的文件，作为国企深化改革的建设规划。

2. 地方政府投融资平台改革政策背景

2009 年以来，中央加强了对地方政府投融资平台的规范治理，政策逐步收紧，出台了一系列政策文件规范引导地方政府投融资平台的转型发展。

河南省政府及国资委等相关管理部门在贯彻落实中央出台文件的基础上，也颁发了一系列地方性的政策及指导文件，见表 5-5。

表 5-5　河南省关于地方政府投融资平台的转型发展改革相关文件

序号	文件名称	责任单位
1	《河南省人民政府办公厅关于转发河南省政府存量债务清理甄别工作方案的通知》（豫政办〔2014〕170 号）	河南省人民政府办公厅
2	《河南省人民政府关于加强政府性债务管理的意见》（豫政〔2016〕11 号）	河南省人民政府
3	《河南省人民政府关于加强和改进企业国有资产监管工作的实施意见》（豫政〔2016〕45 号）	河南省人民政府
4	《河南省人民政府办公厅关于印发河南省政府性债务风险应急处置预案的通知》（豫政办〔2017〕39 号）	河南省人民政府办公厅

资料来源：根据河南省人民政府相关资料整理获得。

（二）发展建议

1. 河南省政府融资地方政府投融资平台现状及问题

(1)河南省政府融资地方政府投融资平台现状

针对河南省政府融资地方政府投融资平台发展模式提出建议，首先必须要结合河南省政府融资平台的具体情况来研究，省、市、县级地方政府投融资平台具体的现状如下：

一是省级投融资平台多以“一母集团，多子公司”的模式存在。以河南投资集团有限公司、河南交通投资集团有限公司、河南铁路投资有限责任公司、河南水利建设投资有限公司、河南省国土资源开发投资管理中心为代表，大型国有集团公司构成了河南省省级地方政府投融资平台的主体。省级融资地方政府投融资平台主要集中于固定资产投入、基础设施建设，在经营过程中有大量来源于政府的收入以及政府补贴，融资平台在为全省经济增长作出贡献的同时，也客观上成为地方政府性债务的主要承担者。

二是市级投融资平台不断进行创新转型发展。市级政府投融资平台的功能主要定位于负责城市建设、土地开发整理等方面的融资服务，河南省市级融资平台在运作中不断进行创新，具体体现在：一是积极吸引社会资本注入市级投融资公司，大力发展 PPP 模式，形成政府资金与社会资本相互协同的政府融资平台发展的新模式。二是推动招商引资，改善省内投融资政策环境，着力吸引外部资本流入。三是县级投融资平台逐步开展。河南省县级政府投融资平台主要围绕产业新区、经济技术开发区以及航空港等政策热点建设这一中心展开。

(2)当前河南省地方投融资平台存在的问题

一是地方政府投融资平台融资渠道单一，政府融资平台企业主要的融资渠道仍然是银行贷款，地方政府融资平台的资金需求比较依赖于银行信贷，地方政府融资平台往往资金需求量大，但因为有政府的显性或隐性担保使得其往往受到银行系统的青睐，这样单一的融资手段使风险主要由银行承担，可能使银行产生大量坏账，引发系统性风险，而且受国家货币政策宽松程度影响较大，缺乏稳定性。河南省省级投融资公司融资渠道太少，资金数据来源很有限，市县级投融资公司渠道单一更为明显。

二是地方政府投融资平台治理结构不合理，河南省投融资地方政府投融资平台多为政府直接出资设立的国有独资公司，由于受地方政府行政等因素干扰，公司的管理层架构模式较为僵化。公司构成中国有股份占有绝对优势比例，从而使得公司决策更多体现政府导向而非市场导向。其次，由于公司监事会独立性相对较差，公司内部对于日常经营的监督机制难以有序发挥作用。

三是地方政府投融资平台的融资状况不透明，偿债风险压力大，同时地方政府投融资平台体系监管缺失。地方政府偿债风险是指地方政府举借债务资金而带来的各种负面效应的可能性，主要包括地方政府的直接违约风险及其衍生的财政风险、金融风险和社会风险。投融资平台功能相对比较单一，投资功能较弱。

2. 河南省地方投融资平台的发展思路

（1）借鉴学习国外已有的地方政府成功转型经验

一是明确不同层次政府间的权力与责任。从国外经验看，建立比较健全的地方政府投融资体系应当基于政府间关系合理界定的基础之上。就河南省而言，应进一步完善分工更加合理的省、地级市、区县三层投融资体系。

二是可以考虑建立和完善地方政府破产制度。地方政府破产制度是各国在应对地方政府财政危机时采取的常见举措，即当债务到期无法偿还时，即实施破产程序。对于那些资金短缺，无法及时偿还本金或利息的政府，破产可以及时扭转政府债务不断积累的趋势，避免政府为了偿还债务而再举新债，使得债务雪球越滚越大。

（2）完善对投融资平台的监督管理

一是河南省政府应尽快推动建立联席会议制度。特别是建立省级政府投融资工作联席会议制度，定期召开会议，确保可以及时解决经营过程中遇到的问题。

二是整顿市级地方政府投融资平台、县级地方政府投融资平台，将其改造成为有现金流和净收益的经营公司，合并或取缔各类资质较差、实力较弱的公司，推动实力较强、资质较好的公司上市。与此同时，严格监控债务风险，促使地方政府投融资平台建立健全内部债务风险控制机制、内部还款机制和保障机制、规范公司经营过程中的决策和管理。

(3)资金数据来源多样化

一是要拓宽融资渠道，河南省应尽快争取获批发行地方政府债券，以规范政府的融资行为，使地方政府的合理融资行为公开化、融资渠道多元化，并对地方政府现存债务做进一步的清理，使既往债务显性化。这是让地方政府举债融资走向阳光、透明和规范化迈出的第一步。

二是推动发展产业投资基金。政府应鼓励企业设立投资基金，利用建立投资基金的方式吸引更多的外来资金以促进本地区经济发展，这对于一个地区经济的持续发展具有重要意义。

三是鼓励国有优质资产上市以进行直接融资。各级政府应抓住国有资本市场持续快速发展的机遇，推动那些资产规模大、资产质量高、盈利能力强的企业或企业集团在境内外资本市场上市。

(4)完善地方政府投融资平台治理结构

完善投融资平台治理结构，具体来讲要做到以下几点。

一是实现真正的市场化运营，通过社会招聘、人才引进等方式引进职业化的管理者，进一步规范公司运营操作程序并且建立行之有效的内部资金营运控制机制以及完善的信息披露机制。

二是进一步明确地方政府投融资平台的产权关系，按现代企业制度和法律程序，明确各项入股资产，遵循市场化机制完善法人治理和公司运作。

三是在经营管理方面，地方政府投融资平台要建立专业的管理层和经营部门，认真遵守游戏规则，在市场竞争中形成自己的核心竞争力。加快构建政府投融资平台的现代企业制度建设，形成良好的企业治理模式。

第二节　湖南省地方政府投融资平台发展状况

一、湖南省经济财政状况

（一）湖南省经济发展情况

1. 湖南省经济产出情况

2016年，湖南省全省地区生产总值31244.7亿元，同比增长7.9%。其中，第一产业增加值3578.4亿元，同比增长3.3%；第二产业增加值13181.0亿元，同比增长6.6%；第三产业增加值14485.3亿元，同比增长10.5%。按常住人口计算，人均地区生产总值为46063元，同比增长7.74%。全省三次产业结构为11.5∶42.2∶46.3，实现了由“二三一”向“三二一”的历史性转变。[①] 全省2012—2016年以来的GDP变化情况以及人均GDP如图5-10、图5-11所示。

从图5-10可以看出，2012年以来，湖南省的GDP实现逐年稳定增长，但是受经济下行压力的影响，GDP年增长率却逐年下降，从2012年的11.3%下降到了2016年的7.9%。同时从图5-11可以看出，湖南省人均GDP呈稳定上涨的趋势。

2016年湖南省工业增加值为11177.3亿元，同比增长6.6%。[②] 2012年以来历年情况如图5-12所示，与全省GDP的趋势一致，湖南省全部工业增加值逐年上升，但是其增长速度逐年下降。

2016年湖南省社会消费品零售总额为13436.53亿元，同比增长11.7%。限额以上批发和零售业商品零售额4999.1亿元，同比增长12.9%。其中，文化娱乐体育健康类零售额增长21.4%。分商品类别看，粮油、食品类零售额增长17.8%，书报杂志类增长64.8%，家用电器和音像器材类增长10.8%，文化办公用品类增长19.2%，通信器材类增长

① 资料来源：wind数据库。

② 资料来源：wind数据库。

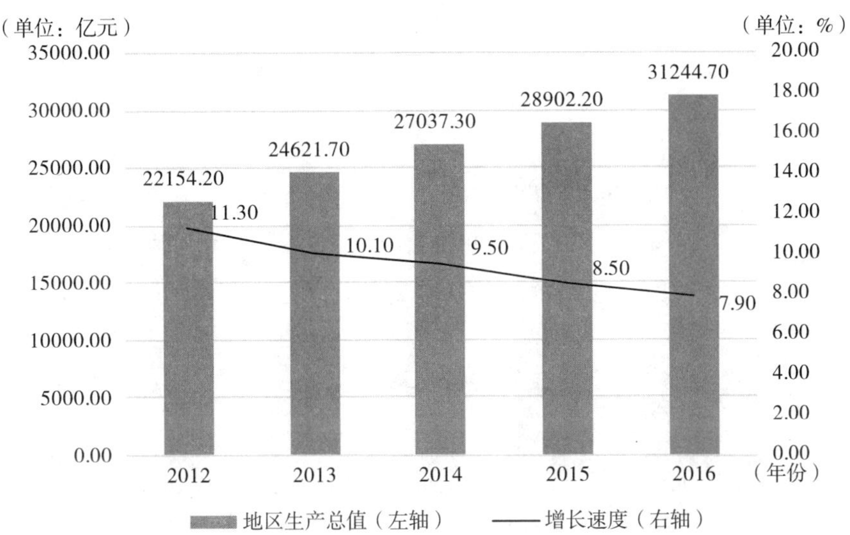

图 5-10　2012—2016 年湖南省生产总值(GDP)及其增长速度

资料来源:wind 数据库。

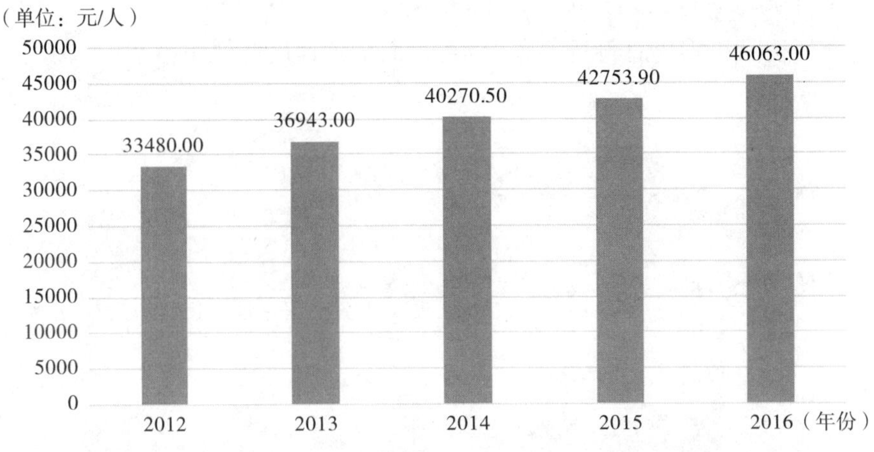

图 5-11　2012—2016 年湖南省人均 GDP

资料来源:wind 数据库。

20.0%,建筑及装潢材料类增长 37.3%,汽车类增长 15.1%。① 2012—

① 资料来源:wind 数据库。

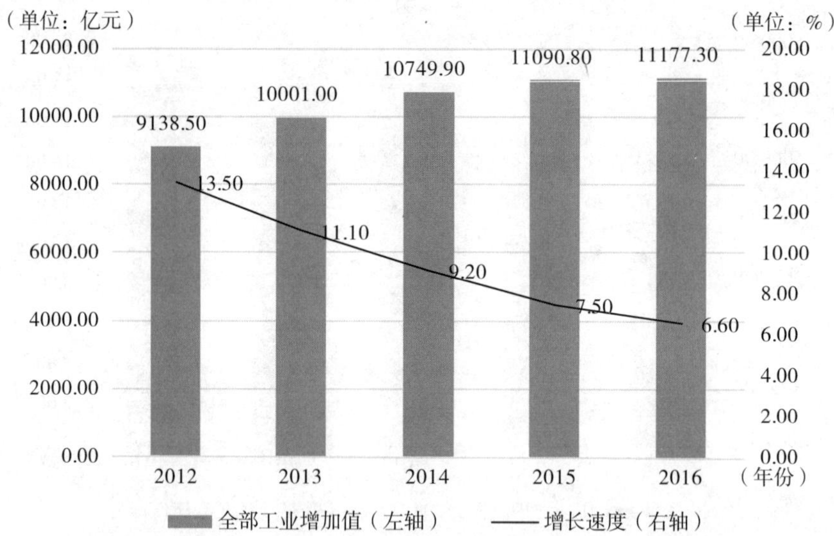

图 5-12　2012—2016 年湖南省全部工业增加值及其增长速度

资料来源：wind 数据库。

2016 年湖南省社会消费品年零售总额情况如图 5-13 所示。可以看出，社会消费品年零售总额逐年稳定增长，而增长速度缓慢下滑。

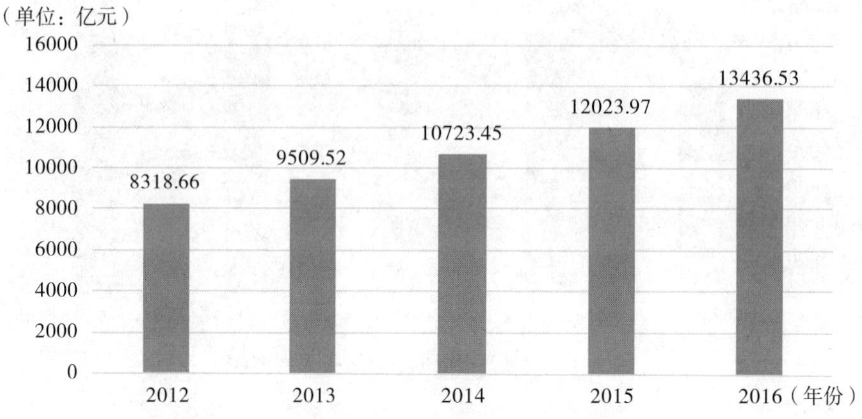

图 5-13　2012—2016 年湖南省社会消费品年零售总额

资料来源：wind 数据库。

2. 湖南省固定资产投资情况

2016 年湖南省全省固定资产投资(不含农户)27688.5 亿元,同比增长 13.8%。其中,民间投资 16381.3 亿元,增长 3.8%,占全部投资的比重为 59.2%。分经济类型看,国有投资 9253.5 亿元,增长 23.9%;非国有投资 18434.9 亿元,增长 9.4%。分投资方向看,民生投资 2674.6 亿元,增长 46.4%;生态投资 1246.7 亿元,增长 29.3%;基础设施投资 7349.9 亿元,增长 26.2%;高新技术产业投资 1774.4 亿元,增长 19.7%;技改投资 7196.0 亿元,下降 0.1%;战略性新兴产业投资 6396.0 亿元,增长 17.5%。分区域看,长株潭地区 10977.4 亿元,增长 13.9%;湘南地区 6262.6 亿元,增长 14.0%;大湘西地区 4598.6 亿元,增长 14.1%;洞庭湖地区 5640.0 亿元,增长 14.5%。①

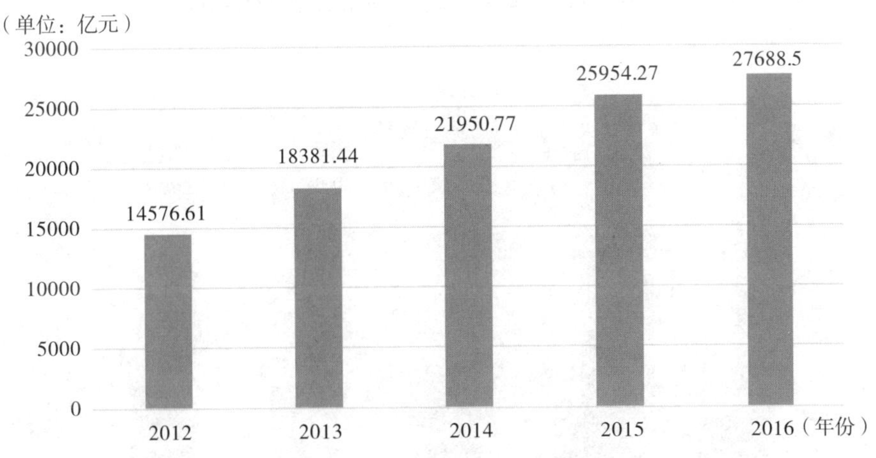

图 5-14　2012—2016 年湖南省全社会固定资产投资

资料来源:wind 数据库。

从图 5-14 可以看出,湖南省固定资产投资在 2012—2016 年呈稳定上升趋势,预计未来几年内仍会继续上升。

(二) 湖南省地方财政情况

湖南省政府各项财政收入指标在 2012—2016 年期间的情况如图

① 资料来源:wind 数据库。

5-15、图 5-16 所示。

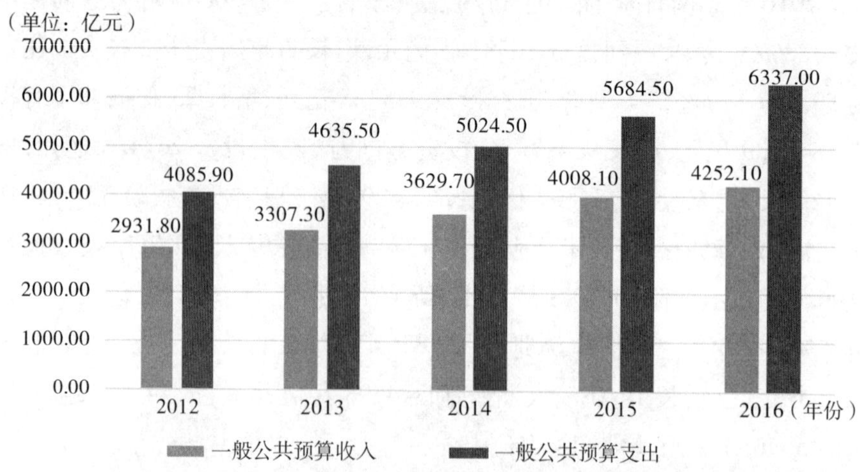

图 5-15　2012—2016 年湖南省财政一般公共预算收入与支出

资料来源:wind 数据库。

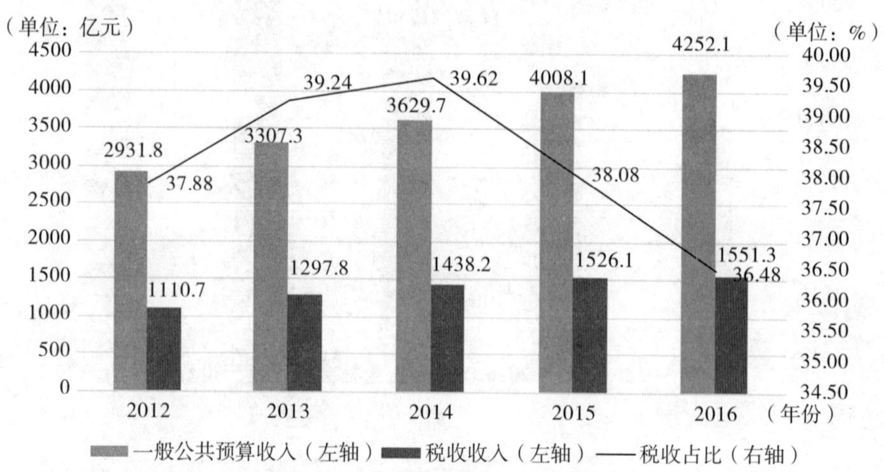

图 5-16　2012—2016 年湖南省财政收入结构

资料来源:wind 数据库。

从图 5-15 可知,2016 年湖南省一般公共预算收入 4252. 1 亿元,比 2015 年增长 6. 0%,其中,地方收入 2697. 9 亿元,增长 7. 3%。地方收入中,税收收入 1551. 3 亿元,增长 1. 6%。2016 年湖南省一般公共预算支出6337.0亿元，增长10.6%。其中，社会保障和就业支出882.4亿元，增长13.2%；城乡社区事务支出683.8亿元，增长24.0%；文化体育与传媒支出155.0亿元，增长38.7%；扶贫支出90.6亿元，增长1.4倍。①

从图5-16可以看出，2012年以来湖南省的财政收入稳定上升，同时一般公共预算支出也保持着上升趋势。同时可以看出，不仅财政收入的数量在增加，税收比重先上升后下降，虽然2014年后下降了，但税收收入呈上升趋势，财政收入的质量在不断提高。

二、湖南省地方政府投融资平台发展情况

（一）湖南省地方政府投融资平台发债情况

湖南省发行的第一只地方政府投融资平台融资债券是"2007年湖南省湘投控股集团有限公司公司债券"，于2007年12月26日发行，当年只发行了1只地方政府投融资平台融资债券。直到2011年，湖南省的地方政府投融资平台债券融资规模依旧没有产生实质性进展，从2012年开始，融资规模得到很大的提升，至2016年湖南省的地方政府投融资平台债券融资发行只数占全国总发行数的比重达到2.62%②。具体情况如图5-17所示。

从图5-17中可以看出，2012年、2016年湖南省的地方政府投融资平台融资债券发行规模实现了巨大的飞跃。这与湖南省主动适应把握引领经济发展新常态，坚持稳中求进工作总基调，着力推进供给侧结构性改革，着力加强保障和改善民生工作，着力推进农业现代化有关。未来几年内湖南省将继续加大基础设施建设力度，因此地方政府投融资平台融资债券发行规模也将继续稳定扩大。

下面从债券期限、债券类型两个维度对湖南省地方政府投融资平台融资债券的发行情况进行介绍。

---

① 资料来源：wind数据库。

② 资料来源：wind数据库。

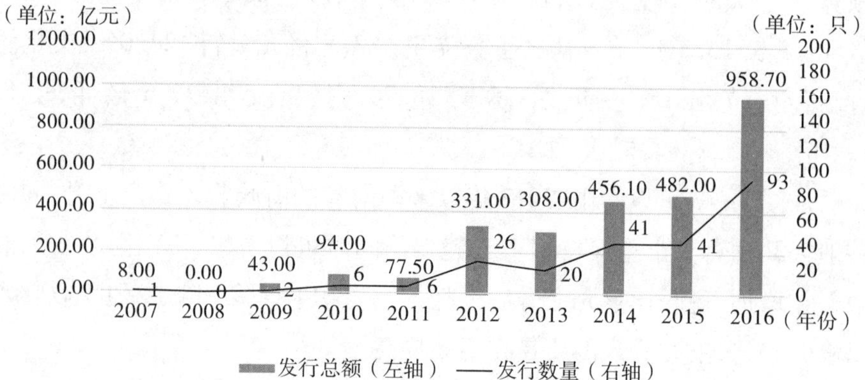

图 5-17 2007—2016 年湖南省地方政府投融资平台融资债券发行情况

资料来源：wind 数据库。

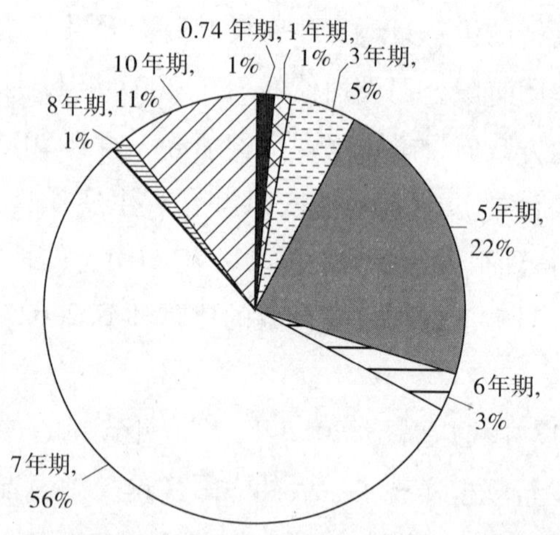

图 5-18 2007—2016 年湖南省地方政府投融资平台融资债券期限分布

资料来源：wind 数据库。

从图 5-18 可以看出近 10 年湖南省发行的地方政府投融资平台融资债券以 5 年期、7 年期、10 年期为主，累计占比达到 89%，3 年期和 6 年期合计占 8%，其余期限的地方政府投融资平台债券发行较少。

从图 5-19 可以看出近 10 年湖南省发行的地方政府投融资平台融资债券以一般企业债、一般中期票据为主，累计占比达 96%，一般短期融资券、超短期融资券、一般公司债占比都很少，分别为 1%、1%、2%。

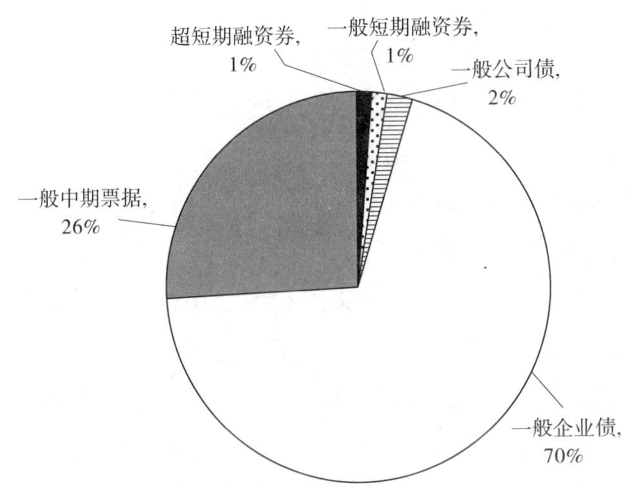

图 5-19　2007—2016 年湖南省地方政府投融资平台融资债券类型分布

资料来源：wind 数据库。

（二）湖南省地方政府投融资平台综合排名

1. 湖南省省级地方政府投融资平台综合排名

表 5-6　湖南省省级地方政府投融资平台综合排名

排名	公司名称	得分	评级	所属证监会行业
1	湖南省高速公路建设开发总公司	49. 43	AAA	交通运输、仓储和邮政业
2	湖南省建筑工程集团总公司	47. 08	AA+	建筑业
3	现代投资股份有限公司	46. 58	AA+	交通运输、仓储和邮政业
4	湖南兴湘投资控股集团有限公司	43. 08	AA	租赁和商务服务业
5	湖南湘投控股集团有限公司	42. 84	AA	综合
6	湖南铁路建设投资有限公司	42. 81	AA+	交通运输、仓储和邮政业

资料来源：根据笔者整理计算获得。

（1）财务表现情况

第一，财务效益。湖南省建筑工程集团总公司的资产收益率在可比公司中处于较高水平；湖南兴湘投资控股集团有限公司的成本费用利润率在可比公司中处于较高水平；各公司盈余现金保障倍数均处于较高水平，说明各企业的偿付借款利息的能力均比较强；各公司的主营业务利润率均处在合理水平,说明主营业务收益情况良好。总的来说,湖南省省级地方政府投融资平台的财务效益情况较好。

第二,资产运营。湖南铁路建设投资有限公司的存货周转率、应收账款周转率在可比公司中处于较高水平;各公司的总资产周转率、流动资产周转率均处于较高水平;各公司的不良资产比率均很低。总体来说,湖南省省级地方政府投融资平台的资产运营情况较好。

第三,偿债能力。湖南湘投控股集团有限公司的现金流动负债比率在可比公司中处于较高水平;各公司的资产负债率、EBITDA 利息倍数、速动比率、流动比率差别不大且均在合理范围内。总的来说,湖南省省级地方政府投融资平台的资本结构良好,偿债能力整体情况较好。

第四,发展能力。湖南省高速公路建设开发总公司的总资产增长率在可比公司中处于较高水平;现代投资股份有限公司的三年资本平均增长率在可比公司中处于较高水平;排名靠前的各公司的销售增长率、三年销售平均增长率、固定资产成新率均处于较高水平。总体来看,湖南省省级地方政府投融资平台的发展能力良好。

(2)社会表现情况

第一,企业责任。各公司在纳税管理、社会责任报告制度的建设方面所有地方政府投融资平台都表现良好;除了湖南铁路建设投资有限公司以外,均未发生失信的情况。总体来看,湖南省省级地方政府投融资平台的社会责任履行情况良好。

第二,国有资产运营。各公司均实现了国有资本的保值增值,都实现正的资本积累;在资本金利润率方面,湖南省高速公路建设开发总公司在可比公司中处于较高水平。结合社会责任和国有资产运营指标,可以看出湖南省省级地方政府投融资平台的社会表现良好,积极履行其社会责任并实现国有资产的增值保值。

(3)市场化情况

基于对市场化运营指标的分析,各公司的市场化收入占比均处在较高水平,说明地方政府投融资平台的市场化收入整体情况乐观;在政府补贴方面,各公司仍然严重依赖补贴收入;在融资渠道多样化方面,湖南省高速公路建设开发总公司、湖南湘投控股集团有限公司在省级可比公司中处于较高水平，实现了融资渠道的多样化；在主营业务集中度方面，湖南省高速公路建设开发总公司、湖南省建筑工程集团总公司、湖南兴湘投资控股集团有限公司、湖南湘投控股集团有限公司实现了主营业务的多元化。总体来看，湖南省省级地方政府投融资平台的市场化情况良好，但是企业仍需要拓宽主营业务，提高市场化进程。

2. 湖南省市级地方政府投融资平台综合排名

表 5-7 湖南省市级地方政府投融资平台综合排名

排名	公司名称	得分	评级	所属证监会行业
1	长沙市轨道交通集团有限公司	41.21	AAA	建筑业
2	株洲市城市建设发展集团有限公司	41.11	AA+	综合
3	张家界市经济发展投资集团有限公司	39.55	AA	居民服务、修理和其他服务业
4	湖南天易集团有限公司	38.18	AA	建筑业
5	常德市经济建设投资集团有限公司	37.95	AA+	建筑业
6	长沙经济技术开发集团有限公司	37.93	AA+	房地产业
7	邵阳市城市建设投资经营集团有限公司	37.64	AA	建筑业
8	株洲市国有资产投资控股集团有限公司	37.63	AA+	金融业
9	娄底市城市建设投资集团有限公司	37.44	AA	建筑业
10	湖南常德市德源投资开发有限公司	37.44	AA	建筑业

资料来源：根据笔者整理计算获得。

（1）财务表现情况

第一，财务效益。株洲市国有资产投资控股集团有限公司、娄底市城市建设投资集团有限公司的资产收益率在可比公司中处于较高水平；长沙市轨道交通集团有限公司、长沙经济技术开发集团有限公司、株洲市国有资产投资控股集团有限公司的总资产报酬率在可比公司中处于较高水平；张家界市经济发展投资集团有限公司、株洲市国有资产投资控股集团有限公司的主营业务利润率在可比公司中处于较高水平；张家界市经济发展投资集团有限公司的盈余现金保障倍数在可比公司中处于较高水平；长沙市轨道交通集团有限公司、娄底市城市建设投资集团有限公司的成本费用利润率在可比公司中处于较高水平。总的来说，湖南省市级地方政府投融资平台的财务效益情况较好。

第二，资产运营。株洲市国有资产投资控股集团有限公司的总资产周转率在可比公司中处于较高水平；株洲市城市建设发展集团有限公司、湖南天易集团有限公司、常德市经济建设投资集团有限公司的流动资产周转率在可比公司中处于较高水平；株洲市国有资产投资控股集团有限公司的存货周转率在可比公司中处于较高水平；长沙市轨道交通集团有限公司的应收账款周转率在可比公司中处于较高水平；排名前10的各公司的不良资产比率均很低。总的来说，湖南省市级地方政府投融资平台的资产运营情况较好。

第三，偿债能力。湖南天易集团有限公司的EBITDA利息倍数在可比公司中处于较高水平，说明公司的偿付借款利息的能力在可比公司中处于较高水平；常德市经济建设投资集团有限公司的现金流动负债比率在可比公司中处于较高水平，娄底市城市建设投资集团有限公司的速动比率在可比公司中处于较高水平，湖南常德市德源投资开发有限公司的流动比率在可比公司中处于较高水平，说明以上公司的短期偿债能力较强；排名前10的各公司的资产负债率差别不大且均在合理范围内。总的来说，湖南省市级地方政府投融资平台的资本结构良好，偿债能力整体情况较好。

第四，发展能力。张家界市经济发展投资集团有限公司的总资产增长率在可比公司中处于较高水平；长沙市轨道交通集团有限公司的销售增长率在可比公司中处于较高水平；排名前10的各公司固定资产成新率均处于较高水平。总体来看，湖南省市级地方政府投融资平台的发展能力良好。

（2）社会表现情况

第一，社会责任。排名前10的各公司在纳税管理、社会责任报告制度的建设方面所有地方政府投融资平台都做得很好且均不存在失信情况以及监管函、处罚决定。总体来看,湖南省市级地方政府投融资平台的社会责任履行情况良好。

第二,国有资产运营。排名前 10 的各公司均实现了国有资本的保值增值,都能实现正的资本积累。在资本金利润率和资本积累率方面,张家界市经济发展投资集团有限公司在可比公司中处于较高水平。结合社会责任和国有资产运营指标,可以看出湖南省市级地方政府投融资平台的社会表现良好,积极履行其社会责任并实现国有资产的增值保值。

(3)市场化情况

基于对市场化运营指标的分析,排名前 10 的各公司的市场化收入占比均处在较高水平,说明地方政府投融资平台的市场化收入整体情况乐观;在政府补贴方面,湖南天易集团有限公司依赖补贴收入较少;在融资渠道多样化方面,长沙市轨道交通集团有限公司在可比公司中处于较高水平,实现了融资渠道的多样化;排名前 10 的各公司均实现了主营业务多元化。总体来看,湖南省市级地方政府投融资平台的市场化情况良好,但是企业仍需要拓宽主营业务,提高市场化进程。

3. 湖南省县级地方政府投融资平台综合排名

表 5-8　湖南省县级地方政府投融资平台综合排名

排名	公司名称	得分	评级	所属证监会行业
1	张家界市武陵源旅游产业发展有限公司	39.62	AA	居民服务、修理和其他服务业
2	湘潭九华经济建设投资有限公司	39.58	AA	建筑业
3	长沙开福城市建设投资有限公司	36.80	AA	建筑业
4	宁乡县城市建设投资集团有限公司	35.84	AA	建筑业
5	长沙县星城建设投资有限公司	35.62	AA+	建筑业
6	宁乡经济技术开发区建设投资有限公司	35.52	AA	房地产业
7	郴州市新天投资有限公司	35.52	AA	水利、环境和公共设施管理业
8	浏阳市工业新城建设开发有限公司	35.10	AA	建筑业

续表

排名	公司名称	得分	评级	所属证监会行业
9	永兴银都投资建设发展(集团)有限公司	34.98	AA	房地产业
10	长沙市芙蓉城市建设投资有限责任公司	34.85	AA+	建筑业

资料来源:根据笔者整理计算获得。

(1)财务表现情况

第一,财务效益。张家界市武陵源旅游产业发展有限公司的资产收益率在可比公司中处于较高水平;张家界市武陵源旅游产业发展有限公司的总资产报酬率在可比公司中处于较高水平;张家界市武陵源旅游产业发展有限公司、长沙县星城建设投资有限公司的主营业务利润率在可比公司中处于较高水平;长沙县星城建设投资有限公司、张家界市武陵源旅游产业发展有限公司的成本费用利润率在可比公司中处于较高水平;排名前10的各公司的盈余现金保障倍数差别不大且均在合理水平。总的来说,湖南省县级地方政府投融资平台的财务效益情况较好。

第二,资产运营。张家界市武陵源旅游产业发展有限公司的总资产周转率、流动资产周转率、存货周转率在可比公司中处于较高水平;湘潭九华经济建设投资有限公司的应收账款周转率在可比公司中处于较高水平;排名前10的各公司的不良资产比率均很低。总的来说,湖南省县级地方政府投融资平台的资产运营情况较好。

第三,偿债能力。排名前10的各公司的EBITDA利息倍数差别不大且均在合理范围内;张家界市武陵源旅游产业发展有限公司的现金流动负债比率在可比公司中处于较高水平;宁乡县城市建设投资集团有限公司的速动比率、流动比率在可比公司中处于较高水平,说明以上公司的短期偿债能力较强。总的来说,湖南省县级地方政府投融资平台的资本结构良好,偿债能力整体情况较好。

第四,发展能力。张家界市武陵源旅游产业发展有限公司的总资产增长率在可比公司中处于较高水平;排名前 10 的各公司的销售增长率、固定资产成新率差别不大且均处在合理水平。总体来看,湖南省县级地方政府投融资平台的发展能力良好。

(2)社会表现情况

第一,社会责任。排名前 10 的各公司在纳税管理、社会责任报告制度的建设方面都表现良好;除湘潭九华经济建设投资有限公司以外的其他公司均不存在失信情况以及监管函、处罚决定。总体来看,湖南省县级地方政府投融资平台的社会责任履行情况良好。

第二,国有资产运营。排名前 10 的各公司均实现了国有资本的保值增值,都能实现正的资本积累。在资本保值增值率和资本积累率方面,张家界市武陵源旅游产业发展有限公司在可比公司中均处于较高水平;在资本金利润率方面,长沙开福城市建设投资有限公司在可比公司中处于较高水平。结合社会责任和国有资产运营指标,可以看出湖南省县级地方政府投融资平台的社会表现良好,积极履行其社会责任并实现国有资产的增值保值。

(3)市场化情况

基于对市场化运营指标的分析,排名前 10 的各公司的市场化收入占比均处在较高水平,说明地方政府投融资平台的市场化收入整体情况乐观;在政府补贴方面,各公司仍然严重依赖补贴收入;在融资渠道多样化方面,宁乡县城市建设投资集团有限公司、宁乡经济技术开发区建设投资有限公司、郴州市新天投资有限公司在可比公司中处于较高水平;长沙开福城市建设投资有限公司、宁乡县城市建设投资集团有限公司、宁乡经济技术开发区建设投资有限公司实现了主营业务多元化。总体来看,湖南省县级地方政府投融资平台的市场化情况良好,但是企业仍需要拓宽主营业务,提高市场化进程。

（三）湖南省地方政府投融资平台变动情况

1. 湖南省地方政府投融资平台新增情况

表 5-9 对 2016 年湖南省地方政府投融资平台首次公开发行债券情况进行了总结。

表 5-9　2016 年湖南省地方政府投融资平台新增发债情况

序号	公司名称	发行金额（亿元）	发行利率（%）	主体评级	资金用途
1	常德市德源棚户区改造投资建设有限公司	15.00	5.33	AA	用于常德经济技术开发区棚户区改造项目
2	郴州福城高新投资有限公司	15.00	4.73	AA+	12 亿元用于郴州经济开发区城前岭和长冲城中村棚户区改造项目及郴州经济开发区总部创意电商示范基地建设项目，3 亿元用于补充公司的营运资金
3	郴州市平台资产经营管理有限责任公司	15.00	5.34	AA+	用于郴州市城区综合停车场建设项目的投资建设
4	衡东县城市建设投资开发有限公司	12.00	6.60	AA	7 亿元用于综合养老产业项目，2 亿元用于城市停车场建设项目及 3 亿元用于补充营运资金
5	衡阳市交通建设投资有限公司	14.00	6.28	AA	5.5 亿元用于衡阳市中心城区公共立体停车库建设项目，2 亿元用于衡阳市船山路与蒸湘路交叉口地下商城及停车场建设项目，6.5 亿元用于衡阳市五星老年公寓建设项目
6	湖南环保科技产业园开发建设投资有限责任公司	15.00	4.17	AA+	5.25 亿元用于洪塘村农民保障住房一期工程项目，4 亿元用于长沙康庭园建设项目，2.75 亿元用于智庭园工业地产建设项目，剩余 3 亿元用于补充公司的营运资金
7	湖南邵东生态产业园开发建设投资有限责任公司	20.00	6.85	AA	18 亿元用于邵东县生态产业园地下综合管廊建设项目，2 亿元用于邵东县生态产业园地下停车场建设项目

续表

序号	公司名称	发行金额（亿元）	发行利率（%）	主体评级	资金用途
8	湖南省攸州投资发展集团有限公司	10.80	4.80	AA	7.2亿元用于攸县酒埠江酒仙湖景区建设项目，3.6亿元补充流动资金
9	怀化市交通建设投资有限公司	14.00	4.96	AA	5.5亿元用于沪昆高铁怀化南站站前广场及交通枢纽项目，1亿元用于湖南怀化大湘西游客集散中心建设项目，1亿元用于怀化市四方田安置区建设项目，2亿元用于怀化市月塘田安置区建设项目，3亿元用于怀化市迎丰组团10#村民安置区建设项目，1.5亿元用于沪昆高铁怀化南站站前广场安置片区综合开发（含岩头棚户区改造）建设工程
10	浏阳现代制造产业建设投资开发有限公司	11.00	4.72	AA+	7亿元用于浏阳创新创业示范基地建设项目，4亿元用于补充流动资金
11	娄底市万宝新区开发投资有限公司	10.00	4.42	AA	3亿元用于娄底市万宝新区百亩棚户区改造项目，3亿元用于湘中农产品冷链物流中心建设项目，其余4亿元用于补充企业运行的营运资金
12	宁乡县国有资产经营有限公司	5.00	4.89	AA+	8.8亿元用于宁乡县龙溪路片区棚户区改造项目；6.2用于亿宁乡县沙河片区城中村改造项目
13	平江县供水枢纽建设开发有限公司	6.00	6.64	AA	平江县东部供水枢纽工程项目的建设，运营及设备购置
14	汝城县城建开发有限责任公司	7.00	6	AA+	5.6亿元用于郴州市汝城综合养老产业项目，1.4亿元用于补充营运资金
15	邵阳都梁投资发展有限公司	11.10	5.50	AA	5.1亿元用于邵阳市武冈综合养老产业项目，3亿元用于邵阳市武冈城市停车场建设项目，3亿元用于补充流动资金
16	邵阳市宝庆工业新城建设投资开发有限公司	15.00	5.78	AA	用于邵阳市宝庆工业集中区湘商产业园项目（一期）的投资建设

续表

序号	公司名称	发行金额（亿元）	发行利率（%）	主体评级	资金用途
17	湘乡市城市建设投资开发有限公司	5.00	5.84	AA+	4亿元用于湘乡市棚户区改造建设项目(二期),法人主体为发行人;1亿元用于补充营运资金
18	湘乡市经济开发区建设投资开发有限公司	15.00	5.28	AA	10亿元用于湘乡创新创业示范基地建设项目,剩余5亿元用于补充流动资金
19	宜章县兴宜建设投资有限责任公司	8.00	5.49	AA	6亿元用于宜章县综合养老产业建设工程项目,剩余2亿元用于补充流动资金
20	永兴银都投资建设发展(集团)有限公司	8.80	5.60	AA+	用于永兴县两区同建安置房建设工程项目
21	永州市经济建设投资发展集团有限责任公司	13.00	3.55	AAA	8.8亿元用于永州市曲河安置小区等4个项目的建设,4.2亿元用于补充流动资金
22	岳阳市云溪区城市建设投资有限责任公司	7.00	5.18	AA	5.40亿元用于岳阳市云溪区松杨湖物流园建设项目,1.60亿元用于岳阳市云溪区瑞晨顶盛环保材料厂建设项目
23	长沙开福城市建设投资有限公司	11.00	3.73	AA+	4亿元用于九尾冲福泽园棚改安置房源建设项目(一期),2.5亿元用于开福区油铺街(S8)地块棚改安置房建设项目,4.5亿元用于补充营运资金
24	长沙市芙蓉城市建设投资有限责任公司	25.00	3.88	AAA	3亿元用于芙蓉生态新城一号安置小区二期工程建设项目,11亿元用于芙蓉生态新城二号安置小区建设项目,4亿元用于芙蓉生态新城三号安置小区建设项目,7亿元用于补充营运资金

资料来源:wind数据库。

2.2016年湖南省地方政府投融资平台评级变动情况

(1)岳阳市城市建设投资有限公司

2016年6月27日,大公国际资信评估有限公司对岳阳市城市建设投资有限公司的主体评级由 AA 调增为 AA+，评级展望为稳定，理由如下：

岳阳市城市建设投资有限公司（以下简称“岳阳平台”或“公司”），主要从事岳阳市城市基础设施建设投融资以及相关国有资产的经营管理业务。评级结果反映了 2015 年岳阳市经济财政继续保持增长，综合实力仍很强，公司在岳阳市城市建设中仍具有重要地位且继续得到政府的支持，公司盈利能力有所提升等有利因素；同时也反映了岳阳市政府债务压力较大，公司应收款项及存货在总资产中占比较高，一定程度影响资产流动性，有息债务大幅增加等不利因素。

（2）湖南昭山经济建设投资有限公司

2016 年 11 月 3 日，鹏元资信评估有限公司对湖南昭山经济建设投资有限公司的主体评级由 AA−调增为 AA，评级展望为稳定，理由如下：

该等级的评定是考虑到湘潭市经济和公共财政实力进一步提升，公司股东变更为湘潭市国有资产管理委员会，作为湘潭昭山示范区重要的投融资主体，公司继续在政府补助方面获得当地政府的大力支持，国有土地使用权为本期债券提供抵押担保等；同时也关注到，湘潭市财政自给率一般，公司整体资产流动性较弱，土地出让收入波动较大，在建项目资金压力较大，存在有息债务规模增长明显、未来偿债压力加大，本期债券抵押资产价值未重新评估等风险因素。

（3）长沙市轨道交通集团有限公司

2016 年 6 月 28 日，中诚信国际信用评级有限责任公司对长沙市轨道交通集团有限公司的主体评级由 AA+调增为 AAA，评级展望为稳定，理由如下：

中诚信国际肯定了长沙市政府很强的财政实力为公司城市轨道交通建设提供了良好的外部条件，长沙市政府对公司的大力支持，长沙市地铁线路初步成网，客运量和票务收入将大幅提升、部分地下空间已完成招商或前期准备工作，未来将得到租赁收入以及土地资源开发和棚户区改造等重大市政项目所实现的收益为公司地铁建设提供资金数据来源等因素对公司发展的积极作用。同时，中诚信国际也关注到公司未来资本支出规模较大、土地收入受政策影响较大以及公司业务具有较强的公益性，毛利率水平很低等因素对其整体信用状况的影响。

（4）长沙市芙蓉城市建设投资有限责任公司

2016年8月29日，东方金诚国际信用评估有限公司对长沙市芙蓉城市建设投资有限责任公司的主体评级由AA调增为AA+，评级展望为稳定，理由如下：

东方金诚认为，跟踪期内，作为长沙市的中心城区，芙蓉区在金融服务业和批发零售业等主导产业的带动下，经济继续保持快速发展，经济实力仍然较强；芙蓉区财政收入不断增长，一般公共预算收入占比仍较高，财政实力依然较强；长沙市芙蓉城市建设投资有限责任公司（以下简称“芙蓉平台”或“公司”）作为芙蓉区重要的基础设施建设主体，主要从事芙蓉区基础设施建设、土地开发整理和保障性住房建设，业务仍具有较强的区域专营性，继续得到当地政府提供的大力支持；中证信用增进股份有限公司为本期债券提供本息全额无条件不可撤销连带责任保证担保，具有很强的增信作用。同时，东方金诚也关注到，跟踪期内，受房地产市场波动和政府土地出让规划等因素影响，公司未实现土地开发整理业务收入，该业务收入未来存在一定的不确定性；公司在建基础设施建设和土地开发整理项目投资规模仍然较大，未来将面临一定的筹资压力；公司流动资产中变现能力较弱的存货和其他应收款占比较大，受限资产占比较高，资产流动性较弱。

（5）永兴银都投资建设发展（集团）有限公司

2016年7月27日，鹏元资信评估有限公司对永兴银都投资建设发展（集团）有限公司的主体评级由AA-调增为AA，评级展望为稳定，理由如下：

该评级结果是考虑到永兴县经济实力有所增强；公司代建业务（包括基础设施代建业务和土地整理业务）收入数据来源有保障，自来水业务和水力发电业务经营良好，公司资本实力大幅增强；永兴县政府给予公司大力支持。同时也关注到，永兴县财政收入和税收收入有所下滑，财政自给能力减弱；公司面临较大的资金压力，资产流动性较弱，盈利能力较弱，偿债压力加大等风险因素。

(6)衡阳市城市建设投资有限公司

2016年7月26日，联合资信评估有限公司对衡阳市城市建设投资有限公司的主体评级由AA调增为AA+，评级展望为稳定，理由如下：

衡阳市城市建设投资有限公司（以下简称“公司”）是衡阳市城市基础设施建设投融资主体。跟踪期内，市区域经济和财政实力不断增强，并在资产和资源整合、财政资金支持以及准经营性项目回购等方面给予公司持续支持。同时联合资信评估有限公司关注到，公司资产流动性偏弱、债务规模扩大、自身盈利能力弱以及伴随衡阳市未来项目建设力度的不断加大，将面临一定的融资压力等因素对公司经营和发展带来的不利影响。衡阳市城市建设力度的不断加大，政府代建业务呈扩大趋势，衡阳市不断增强的财政实力为公司持续获得政府支持提供了保障。伴随公司转型发展规划的不断推进和落实，为公司信用基本面形成有力支撑。

(7)邵阳市城市建设投资经营集团有限公司

2016年7月26日，大公国际资信评估有限公司对邵阳市城市建设投资经营集团有限公司的主体评级由AA调减为AA-，评级展望为稳定，理由如下：

邵阳市城市建设投资经营集团有限公司（以下简称“邵阳平台”或“公司”）主要从事邵阳市基础设施建设投融资、土地开发、自来水以及燃气供应等业务。评级结果反映了2015年邵阳市经济、财政实力不断增强，公司作为邵阳市重要的基础设施建设投融资主体，继续得到邵阳市政府的有力支持，公用事业业务仍具有区域专营优势等有利因素；同时也反映了邵阳市税收收入仍相对较低，市本级财力较弱的公司未来将面临一定的资本支出压力，土地资产在总资产中占比很高且抵押比例较大，资产流动性受到一定限制，有息负债大幅增加等不利因素。

(8)湘潭高新集团有限公司

2016年6月17日，鹏元资信评估有限公司对湘潭高新集团有限公司的主体评级由AA-调增为AA，评级展望为稳定，理由如下：

该评级结果是考虑到2015年湘潭市高新区经济总量及一般预算收

入继续增长:综合实力持续增强,湘潭高新营业收入实现大幅增长,并继续获得政府在财政补助等方面的较大支持,国有土地使用权抵押的增信方式有效提升本期债券的安全性;同时我们也关注到湘潭市高新区地方财政收入受土地出让收入变动的影响较大,公司土地转让收入出现大幅下滑,公司大部分基础设施项目暂未签订回购协议,存在收入波动风险,且未来资金支出压力较大等风险因素。

三、湖南省地方政府投融资平台发展的策略

(一) 政策背景

湖南省政府及国资委等相关管理部门在贯彻落实中央文件的基础上,颁发了地方性的政策及指导文件(见表5-10)。

表5-10　湖南省地方性政策及指导文件

文件名称	责任单位
《湖南省人民政府关于国有企业发展混合所有制经济的实施意见》(湘政发〔2017〕2号)	湖南省人民政府

资料来源:根据湖南省人民政府相关资料整理获得。

文件指出:"全面贯彻党的十八大和十八届三中、四中、五中、六中全会精神,深入贯彻习近平总书记系列重要讲话精神,全面落实中央和省委、省政府关于国有企业改革的决策部署,以公有制为主体、多种所有制经济共同发展的基本经济制度为导向,以有利于国有资本保值增值、提高国有经济竞争力、放大国有资本功能,有利于国有企业转换经营机制、健全企业法人治理结构、做强做优做大,有利于各种所有制资本取长补短、相互促进、共同发展为战略目标,以推进国有企业上市、引进各类社会资本参与国有企业改革、探索实施员工持股、投资参与非国有经济发展为主要实现形式,积极稳妥发展国有资本、集体资本、非公有资本等交叉持股、相互融合的混合所有制经济,增强国有经济活力、控制力、影响力和抗风险能力,为我省推进供给侧结构性改革、促进经济转型升级、实现中部崛起走在前列作出积极贡献。"

（二）发展建议

1. 集合优势，构建平台

为促进地方政府投融资平台的转型，第一个方面在于自身资源和优势。首先对国有企业和地方政府投融资平台的有效人力资源进行整合，提高团队的工作效率和综合素质以更加利于企业发展。在此基础上，通过对现有的国有资源和国有资产进行合理整合，集合国有资本和优势资源，盘活地方政府的企业资产，发展国有资本运营等优势项目，增加地方国有资本收益。第二个方面是可以构建新经济形态下的地方经济基础服务平台。注重企业发展对地方经济整体发展的示范效应和推动作用。科学设立各种地方投资服务平台和产业发展助推平台，如地区产业孵化器、"一带一路"服务平台、地方企业转型升级平台、互联网信息服务平台、大数据资源共享平台。根据湖南省自身特点，提出差异化、合理化的方法，打破信息壁垒，合理调配资源，充分激活地方经济活力，提高地方财政收入。第三个方面是可以构建新型的地方发展基金。通过对城镇化进程中基础设施建设项目进行商业规划，实现基础设施建设中长期收益的具体化和明细化，消除社会资本的顾虑，吸引社会资本和国际资本投入地方经济建设。使之切实成为地方政府债券、PPP 模式之外的地方基础设施建设的资金数据来源。

2. 成为真正的市场经营主体

融资平台转型意味着融资地方政府投融资平台开始走向独立经营、自负盈亏、自主承担风险的发展之路，必须转向真正的市场经营主体，实现市场化。这就需要：第一，科学构架规范化的融资地方政府投融资平台治理结构，做到政企分开、债权分明、管理有序；第二，通过重造业务流程和管理机构，不断培养和引进优秀人才等有效途径，有助于转型后融资地方政府投融资平台的资本运作能力、资源整合能力和风险控制能力。

3. 优化资本结构

行业性投融资地方政府投融资平台要保持持续的投融资能力，必须优化资本金结构，降低资产负债率。首先，地方政府投融资平台应该采取多种债务融资方式，单一的筹集银行贷款资金，不能满足企业发展的需要,企业可以积极寻找其他可行的债务融资方式,例如,由于境外资金成本较低,企业也可以积极利用境外资金,寻找可行的融资渠道;其次,应该增加权益性融资的比重,行业主管部门拨付的项目资本金可以参考债转股的方式,作为对地方政府投融资平台的持续投资,计入资本公积核算,这样也可以将建成的资产保留在地方政府投融资平台,增加净资产规模。最后,对于有承担项目运营管理职责的地方政府投融资平台要大胆尝试新型融资方式,在国家政策的大力支持的环境下,可以以吸收民间资本的方式进行融资,实现良性循环。

4. 注入优质资产

行业主管部门可以将更多优质的土地、建筑物等资产划拨给地方政府投融资平台,以帮助促进行业性投融资地方政府投融资平台的健康、可持续发展,同时也可以减轻政府及行业主管部门负担。地方政府投融资平台可以利用自身的团队优势、专业优势、管理优势,更好地开发利用优质资产,为自身成功转型发展奠定基础。同时,相关的资产收益可以用于弥补公益项目建设资金的不足。另外,可以将行业内的地方政府投融资平台投资建设的相关资产收费权、经营权授予地方政府投融资平台,这样,对于行业主管部门来说,减轻了资产运营管理的压力,对于地方政府投融资平台来说,可以实现稳定的资金流入,为良性运转提供了条件。

5. 地方政府积极转变观念

作为区域经济的重要管理者,地方政府应该积极为当地企业树立良好榜样和精神支撑。同时地方政府也应该与时俱进,依据新知识、新政策,转变传统的工作观念,改变传统的工作模式,发挥自己在政府债务管理工作中的带头作用,做到严格执行,绝不怠慢,同时要通过政策、财政资金等多种方式扶持其融资地方政府投融资平台的转型发展,使其依法依规经营,采用先进经营理念,不断提升经营水平。

地方政府要在债务管理中起主导作用,充分发挥国有资本的优势,加强资本运作,可以引入境内外投资者、管理层收购等多种方式,不断优化资本结构,实现国有资本增值。行业性投融资地方政府投融资平台,应该立足于公益性项目建设任务主线,逐步尝试参与投资半公益或经营性项目。利用资产规模优势、信用优势、人才优势，积极尝试参与对非公益性项目的投资，加强与其他企业甚至民营企业的合作，寻找收入及利润的增长点，寻求合作共赢之路，以经营性收益反哺公益性项目建设。除此之外，外部监管也一定要积极到位：财政部、国家发改委、中国人民银行、银监会等部委需要严格监督地方政府债务管理工作，一旦发现违法的不良现象，一定要追责到底，做到有法可依、有法必依、执法必严、违法必究。

第六章 东北及西北综合经济区重点省市地方政府投融资平台发展状况

第一节 黑龙江省地方政府投融资平台发展状况

一、黑龙江省经济财政状况

（一）黑龙江省经济发展情况

1. 黑龙江省经济产出情况

根据公开统计数据显示，黑龙江省 2016 年全年实现地区生产总值（GDP）15386.1 亿元，按可比价格计算，比 2015 年增长 6.1%。其中，第一产业增加值 2670.5 亿元，增长 5.3%；第二产业增加值 4441.4 亿元，增长 2.5%；第三产业增加值 8274.2 亿元，增长 8.6%。三次产业结构为 17.4 : 28.9 : 53.7。全省人均地区生产总值实现 40432 元，比 2015 年增长 2.46%。非公有制经济增加值 8176.6 亿元，比 2015 年增长 7.7%，占全省地区生产总值的 53.1%。①

从图 6-1、图 6-2 中可以看出，黑龙江省自 2012 年以来 GDP 处于不断上升的趋势，2014 年到 2015 年变化较小，其他年份均以较快速度增长。人均 GDP 的变化趋势与 GDP 相对应，2012 年以后不断上升，2014 年到 2015 年变化幅度较小。

2016 年黑龙江省全年实现社会消费品零售总额 8402.5 亿元，比

① 资料来源：wind 数据库。

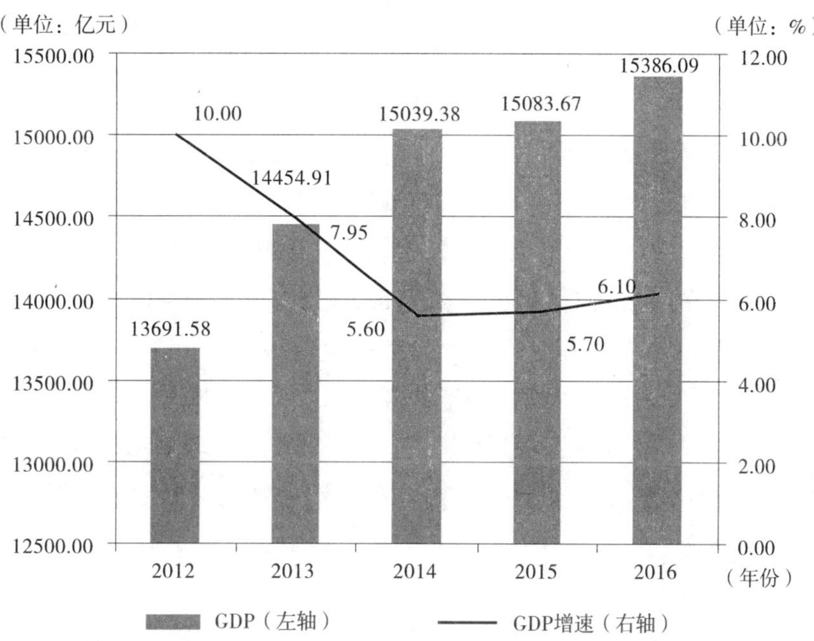

图 6-1　2012—2016 年黑龙江省生产总值（GDP）及其增长速度

资料来源：wind 数据库。

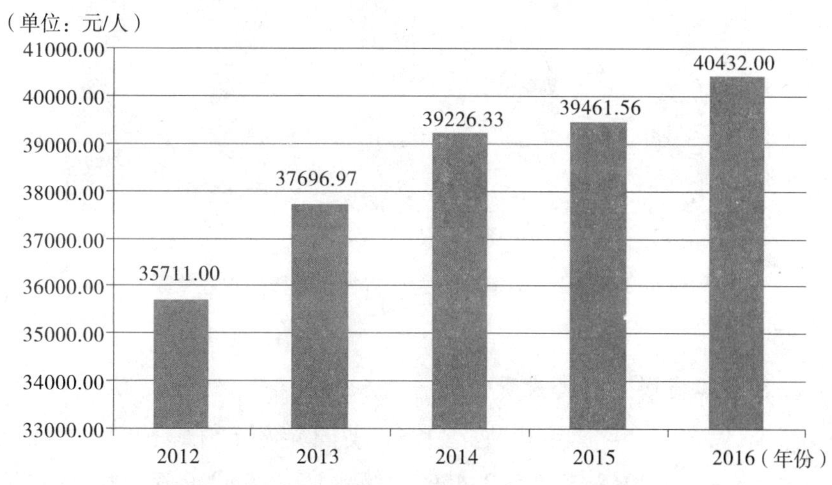

图 6-2　2012—2016 年黑龙江省人均 GDP

资料来源：wind 数据库。

2015 年增长 10.0%(见图 6-3)。按地域分,城镇零售额 7349.0 亿元,增长 9.9%,其中城区 6133.7 亿元,增长 10.2%;乡村零售额 1053.5 亿元,增长 10.4%。从行业看,批发业零售额 1269.4 亿元,增长 9.7%;零售业零售额 6129.7 亿元,增长 9.9%;住宿业零售额 93.6 亿元,增长 5.7%;餐饮业零售额 904.9 亿元,增长 11.3%。①

在黑龙江省全省限额以上批发零售企业统计的 27 类商品中,零售额比重较大的有:服装鞋帽纺织品类 475.2 亿元,汽车类 443.5 亿元,石油及制品类 329.3 亿元,粮油食品类 305.5 亿元,中西药品类 193.6 亿元。增长较快的有:建筑装潢材料类增长 44.0%,饮料类增长 20.6%,中西药品类增长 18.7%,书报杂志类增长 13.1%,化妆品类增长 12.8%,烟酒类增长 12.5%②。2012 年以来社会消费品零售总额情况如图 6-3 所示,可以看出黑龙江省每年的社会消费品零售总额都呈稳定上升的趋势。

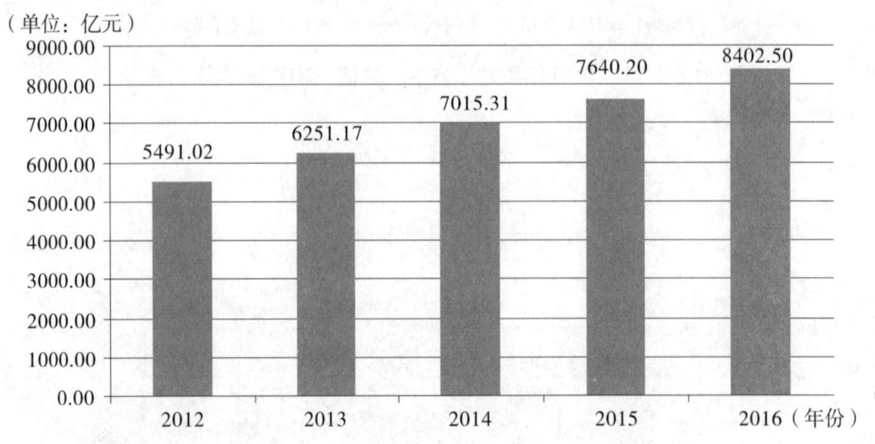

图 6-3　2012—2016 年黑龙江省社会消费品零售总额

资料来源:wind 数据库。

2. 黑龙江省固定资产投资情况

据统计,2016 年全年黑龙江省完成固定资产投资(不含农户)10432.6 亿元,比 2015 年增长 2.45%。第一产业完成投资 1008.6 亿元,

---

① 资料来源:wind 数据库。

② 资料来源:wind 数据库。

增长 11.6%;第二产业完成投资 3970.0 亿元,增长 2.4%;第三产业完成投资 5453.9 亿元,增长 6.9%。装备、石化、能源、食品四大主导产业完成投资 2784.4 亿元,增长 1.1%,占工业投资的 74.0%。民间投资 7114.7 亿元,增长 7.9%。① 从变化趋势来说,黑龙江省固定资产投资总额从 2012 年开始基本上呈上升趋势,比较突出的是 2013 年,固定资产总额从 2012 年的 9694.75 亿元猛增到 11453.08 亿元,之后又急速回落,从 2015 年开始稳步上升(见图 6-4)。

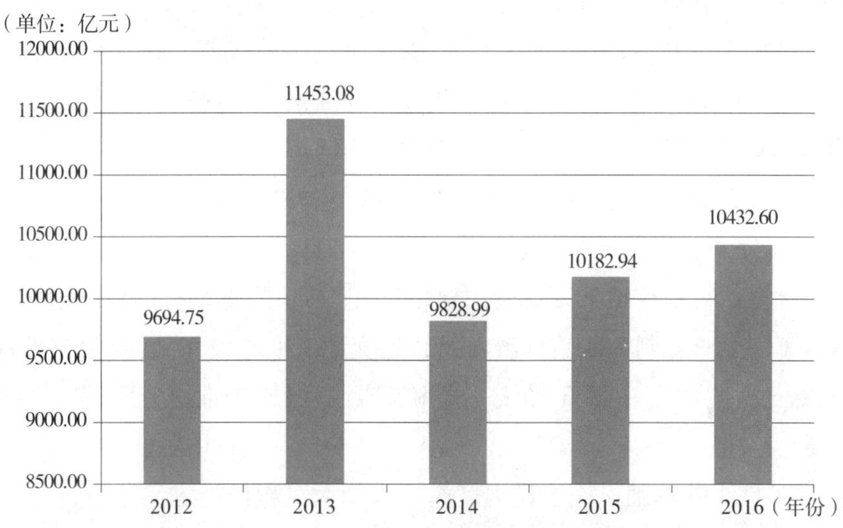

图 6-4　2012—2016 年黑龙江省固定资产投资变化趋势

资料来源:wind 数据库。

根据《2016 年黑龙江省国民经济和社会发展统计公报》可知,2016 年,黑龙江省加大了重大基础设施项目建设力度,全年施工项目 21798 个,增长 20.3%;新开工项目 16743 个,增长 25.4%。全省产业项目 7399 个,增长 23.9%,其中亿元以上产业项目 1031 个。

2016 年黑龙江省基础设施项目投资有以下四大特点:

一是现代综合交通运输网络加快构建。铁路,哈牡客专、哈佳快速铁路、哈尔滨火车站改造工程进展顺利,连接四煤城的牡佳客专开工。全年

① 资料来源:wind 数据库。

完成铁路投资 308.3 亿元。重点推进 61 个公路项目建设，完成投资 185.4 亿元。北安至富裕高速公路项目稳步推进，建成干线公路 329 公里、农村公路 4818 公里。机场，哈尔滨机场扩建、五大连池和建三江机场建设进展顺利，完成投资 22.5 亿元。

二是重大水利基础设施建设加快推进。全省水利项目完成投资 201.5 亿元，下达年度中央水利投资 150.9 亿元，连续两年居全国第一位，重点建设水利项目 24 项。黑龙江、松花江、嫩江干流治理主体工程和胖头泡蓄滞洪区主体工程、尼尔基引嫩扩建骨干一期主体工程基本建成；穆棱市奋斗水库、绥棱县阁山水库、农垦青龙山灌区、界河防护二期工程、大型灌区续建配套与节水改造工程及松花江沿岸灌区加快建设；鸡西、七台河市供水工程干线和鸡西支线全线完工。

三是城镇基础设施建设进一步加强。全省开复工“三供三治”项目 296 项，完成投资 114.8 亿元。投入资金 9000 万元，购置清冰雪机械设备 420 台套。哈尔滨地下综合管廊建设已开工 26 公里，完成管廊主体施工 20.63 公里。编制完成哈尔滨城市轨道交通二期建设规划，哈尔滨地铁 1 号线三期、2 号线一期、3 号线一期和二期工程加快推进，完成投资 48.1 亿元。

四是能源基础设施建设力度进一步加大。积极推进黑龙江省向扎鲁特直流工程汇集电力的 500 千伏齐南—兴安输变电工程，涉及黑龙江省的核准支撑要件已办理完毕。投资 70.2 亿元加快农网改造升级和电网建设。风电、光伏、生物质发电等可再生能源项目加快建设。全省可再生能源装机容量达到 759.2 万千瓦，当年新增 152.5 万千瓦。

（二）黑龙江省地方财政情况

根据《2016 年黑龙江省国民经济和社会发展统计公报》显示，2016 年全年黑龙江省实现公共财政收入 1148.4 亿元，比 2015 年下降 1.5%。其中，税收收入实现 827.8 亿元，下降 3.4%；非税收收入实现 320.6 亿元，增长 5.2%。在税收收入中，国内增值税 226.7 亿元，增长 20.2%；营业税 135.3 亿元，下降 22.4%；企业所得税 94.6 亿元，下降 6.0%；个人所得税 37.3 亿元，增长 4.8%。全省公共财政支出完成 4228.0 亿元，比

2015 年增长 5.2%。其中,农林水事务、城乡社区事务、一般公共服务和科学技术增长较快,分别增长 15.8%、10.6%、10.0%和 8.9%。

从黑龙江省财政情况变化趋势来看,2012 年到 2014 年,财政收入逐渐上升,2015 年出现下降,主要是因为 2015 年经济下滑,黑龙江省油、煤、粮、木四大传统产业领域集中出现负向拉动,导致政府财政收入下降,2016 年黑龙江省的财政收入继续呈下降趋势,主要是因为黑龙江省落实全面推开营业税改增值税试点、暂免征收部分小微企业增值税和营业税等结构性减税政策,2016 年全年减税降负 107 亿元;采取停征、扩大免征范围方式,调整降低行政事业性收费和政府性基金 21 项,减轻社会负担 1.2 亿元。财政支出方面,自 2012 年开始呈现逐年上升趋势,尤其是 2015 年和 2016 年,财政支出上升速度较快。

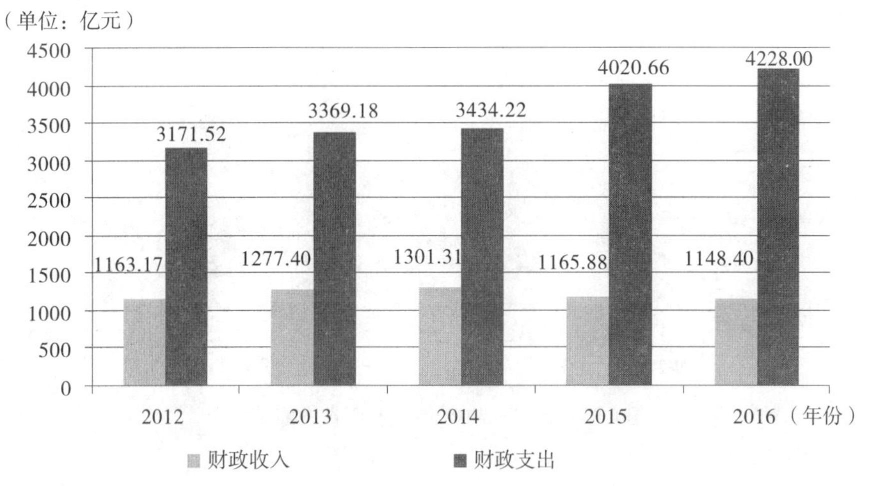

图 6-5　2012—2016 年黑龙江省政府财政收支情况

资料来源:wind 数据库。

二、黑龙江省地方政府投融资平台发展情况

(一) 黑龙江省地方政府投融资平台发债情况

通过对仍在存续期内的债券明细分析,黑龙江省公开发行的第一只地方政府投融资平台债券是"2009 年哈尔滨市城市建设投资集团有限公

司公司债券”，于 2009 年 3 月 12 日发行，当年仅发行这一只地方政府投融资平台债券。2011 年，黑龙江省地方政府投融资平台仅 4 只债券在存续期间，2011 年前黑龙江省地方政府投融资平台债券发行规模较小。2012 年黑龙江省地方政府投融资平台公开发行债券数量突然增加，发行金额达 172.5 亿元。但 2013 年，其发债只数又开始回落，随后几年保持稳定，每年发行 8 只债券左右，发行金额逐年下降①。具体情况如图 6-6 所示。

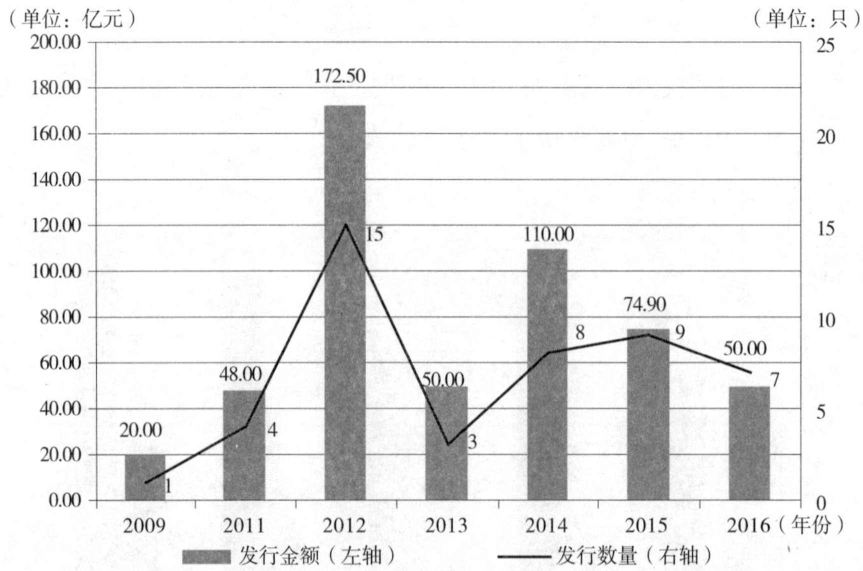

图 6-6　2009—2016 年黑龙江省发债统计

资料来源：wind 数据库。

从债券期限、债券类型、债券发行人的区域分布三个维度对黑龙江省地方政府投融资平台的债券发行情况进行分析，结果如下。

如图 6-7 所示，2009 年以来黑龙江省地方政府投融资平台发行债券主要以 7 年期、5 年期为主，累计占比达到 80%，其中 7 年期的债券最多，占比达 64%。

---

① 资料来源：wind 数据库。

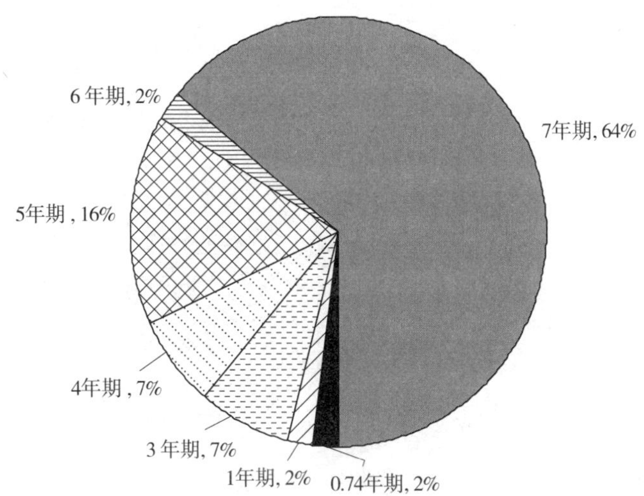

图 6-7　黑龙江省地方政府投融资平台债券期限分布

资料来源:wind 数据库。

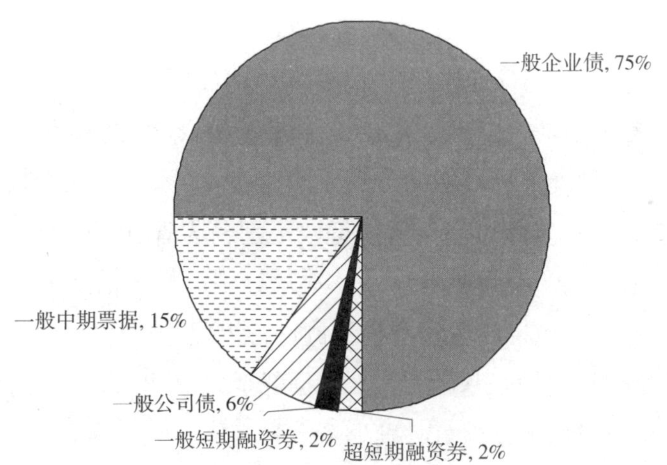

图 6-8　黑龙江省地方政府投融资平台债券类型分布

资料来源:wind 数据库。

如图 6-8 所示,2009 年以来黑龙江省地方政府投融资平台发行的债券以一般企业债、一般中期票据为主,累计占比达 90%,发行占比较少的是超短期融资券和一般短期融资券,分别只有 2%。

如图 6-9 所示,黑龙江所辖市中,哈尔滨市以 204.5 亿元发行额、39%的占比位居首位,牡丹江市以 75 亿元发行额、14%的占比位居第二。

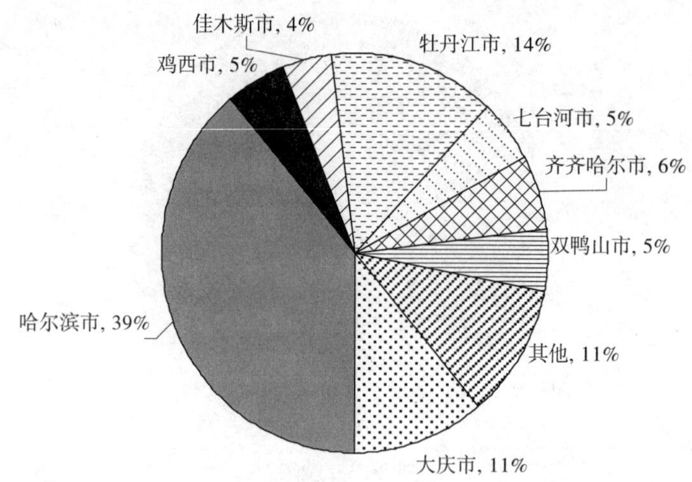

图 6-9　黑龙江省地方政府投融资平台债券发行城市分布

资料来源：wind 数据库。

排名第三、第四位的分别是大庆市和齐齐哈尔市，发行额分别为 57 亿元、31 亿元，占比分别为 11%、6%。其他城市合计占比 30%。

（二）黑龙江省地方政府投融资平台排名情况分析

本章选取了黑龙江省评级为 AA-及以上的 25 家地方政府投融资平台作为研究对象，按实际控制人所属行政级别分为省、市两级，其中 2 家省级平台公司，23 家市级平台公司①。本章分别以排名前 2 的省级和排名前 10 的市级地方政府投融资平台为例进行梳理，为地方政府投融资平台综合实力量化排名做好基础工作。数据截至 2016 年 12 月 31 日。

1. 黑龙江省省级地方政府投融资平台排名情况

表 6-1　黑龙江省省级地方政府投融资平台排名一览表

排名	公司名称	得分	评级	所属证监会行业
1	黑龙江省建设集团有限公司	45.41	AA	建筑业
2	黑龙江省高速公路集团公司	44.26	AA+	交通运输、仓储和邮政业

资料来源：根据笔者整理计算获得。

① 资料来源：wind 数据库。

对黑龙江省2家省级平台进行深入分析，可以发现，在财务效益方面，黑龙江省高速公路集团公司的资产收益率和总资产报酬率相对较高，并且公司主营业务利润率超过50%，显示出较强的创收能力。在资产运营情况方面，黑龙江省建设集团有限公司则具有明显优势，其流动资产、存货、应收账款周转率均超过100%，可见公司具有较高的资产运营管理效率，当然这也与资产属性和资源禀赋有关。

在偿债能力上，不论是短期偿债指标（流动比率和速动比率）还是长期偿债指标（EBITDA 利息倍数），2家省级地方政府投融资平台都具有较强的偿债能力，而在资产负债率上，黑龙江省高速公路集团有限公司仅有37.2%，表现相对更好。

黑龙江省建设集团有限公司因其良好的公司组织结构、业务运营模式和丰富的项目经验，建立起良好的社会声誉，所以公司发展稳中有进，近三年资本平均增长率达到22%，近三年销售平均增长率也保持在7%以上，显示出较强的创新发展能力。此外，在社会责任指标上，2家省级地方政府投融资平台均积极参与区域基础设施建设，积极引进优秀人才，推动平台业务市场化转型。持续优化公司组织架构，为地区经济发展作出了重大的贡献。

在融资渠道方面，2家省级地方政府投融资平台均发过两期信用债券，直接融资占比较低，公司仍以间接融资和债务置换为主要融资方式。未来逐步提高直接融资比例，对地方政府投融资平台市场化转型和可持续发展具有一定现实意义。

2. 黑龙江省市级地方政府投融资平台排名情况

表6-2　黑龙江省市级地方政府投融资平台排名一览表

排名	公司名称	得分	评级	所属证监会行业
1	哈尔滨市城市建设投资集团有限公司	40.09	AA	综合
2	哈尔滨投资集团有限责任公司	39.05	AA+	综合
3	大庆市城市建设投资开发有限公司	38.69	AA+	建筑业
4	黑龙江省鹤城建设投资发展有限公司	38.36	AA	建筑业

续表

排名	公司名称	得分	评级	所属证监会行业
5	鸡西市国有资产经营管理有限公司	37.27	AA	建筑业
6	七台河市城市建设投资发展有限公司	36.67	AA	建筑业
7	哈尔滨高新技术产业开发区基础设施开发建设有限公司	36.45	AA-	建筑业
8	双鸭山市大地城市建设开发投资有限公司	36.40	AA	综合
9	牡丹江市城市投资集团有限公司	35.92	AA	建筑业
10	哈尔滨物业供热集团有限责任公司	35.89	AA-	水利、环境和公共设施管理业

资料来源:根据笔者整理计算获得。

黑龙江省市级地方政府投融资平台共有23家,占据全省所有地方政府投融资平台的92%,对全省各地区的经济发展起着巨大的推动作用。对排名前10的市级地方政府投融资平台进行深入分析,我们发现,由于地区发展水平、主营业务模式和市场竞争程度的差异性,不同的地方政府投融资平台在各项指标上存在较大差异。

在主营业务方面,哈尔滨市城市建设投资集团有限公司和哈尔滨投资集团有限责任公司主营业务涉及领域较多且业务专营性较强,加之哈尔滨市地区经济和财政收入的稳步增长,有力地推动了这两家地方政府投融资平台的发展,实力强劲。此外,业务集中于建筑业的地方政府投融资平台共有6家,可见,基础设施建设和固定资产投资在黑龙江省地区发展中占据重要地位。

在财务效益方面,得益于灵活的资产管理模式,七台河市城市建设投资发展有限公司具有较高的总资产报酬率和资产收益率,其成本费用利润率接近48%,可见公司成本结构管理较为成熟。但在盈余现金方面,哈尔滨市城市建设投资集团有限公司表现突出,其盈余现金保障倍数为23,可见公司可周转现金较为充足。

在资产运营方面,前10家市级地方政府投融资平台均具有较为完善的资产管理体系,各项资产周转率均高于全省平均水准,其中鸡西市国有资产经营管理有限公司资产运营效率相对较高，公司存货周转率达到17.63%，应收账款周转率超过38%。

在偿债能力方面，前10家市级地方政府投融资平台的差异性较大。大庆市城市建设投资开发有限公司的EBITDA利息倍数约为92，其速动比率也达到6.18，在短期和中期偿债能力上均具有较强优势。鸡西市国有资产经营管理有限公司的EBITDA利息倍数为负数，应加强短期债务管理，重视中长期债务的计划制定和风险管理。

在发展评估方面，各地方政府投融资平台整体发展良好，多项指标呈稳步增长态势且突出表现在总资产增长率和销售增长率两方面。受益于良好的地区发展态势和丰富的能源禀赋，鸡西市国有资产经营管理有限公司在发展指标上表现突出，近三年销售平均增长率接近30%，固定资产成新率超过80%，可见公司发展势头强劲。

在融资结构方面，市级政府投融资平台的直接融资比例较为可观，其中哈尔滨投资集团有限责任公司累计发行4期信用债券，共募集资金27亿元。进一步提高直接融资比例，并加强相应的债务管理制度建设，创新业务发展模式，是黑龙江省市级地方政府投融资平台未来发展的可取之路。

3. 2016年黑龙江省地方政府投融资平台新增情况

2016年，牡丹江市城市投资集团有限公司发行两期企业债券。成为黑龙江省唯一新增发债的地方政府投融资平台，具体债券情况见表6-3。

表6-3　2016年黑龙江省地方政府投融资平台新增发债情况

序号	公司名称	发行金额（亿元）	发行利率（%）	主体评级	资金用途
1	牡丹江市城市投资集团有限公司	9.00	6.44	AA	主城区棚户区改造项目
2	牡丹江市城市投资集团有限公司	9.00	5.34	AA	主城区棚户区改造项目

资料来源：wind数据库。

4. 2016 年黑龙江省地方政府投融资平台评级变动情况

2016 年 7 月 26 日，大公国际对黑龙江省建设集团有限公司的主体评级由 AA-调高至 AA，调高理由如下：

黑龙江省建设集团有限公司主要从事房屋建筑、公路交通及基础设施建设、水利水电施工等业务。2015 年 8 月，黑龙江省人民政府国有资产监督管理委员会将黑龙江省水利水电集团有限公司无偿划转至公司，水利水电施工业务对公司收入及利润形成重要补充，公司区域竞争优势明显，仍具有较强的科研实力与资质，公路交通及基础设施新签合同额同比大幅增加等有利因素。

三、黑龙江省地方政府投融资平台发展的策略

（一）政策背景

党的十八届三中全会对国企改革和国有资产管理体制改革作出的总体部署和指引，并发布了《中共中央关于深化国有企业改革的指导意见》，标志着新一轮国企改革揭开帷幕。本轮国企改革主要解决国企盈利能力低和运营效率低两个问题，这两个问题产生的主要原因是国企政企不分、股权结构不合理、现代企业制度建设滞后和缺乏必要的中长期激励机制。有关部门颁发了一系列的文件，作为国企深化改革的建设规划。黑龙江省政府及国资委等相关管理部门在贯彻落实中央出台文件的基础上，也颁发了一系列地方性的政策及指导文件，见表 6-4。

表 6-4　黑龙江省关于国企改革政策的发布情况

序号	文件名称	责任单位
1	《中共黑龙江省委　黑龙江省人民政府关于全面深化国资国企改革的意见》	黑龙江省委、省人民政府
2	《关于黑龙江省国有企业发展混合所有制经济的实施意见》（黑国资联〔2016〕7 号）	黑龙江国资委
3	《关于加强和改进企业国有资产监督防止国有资产流失的实施意见》（黑国资联〔2017〕3 号）	黑龙江国资委

资料来源：根据黑龙江省人民政府相关资料整理获得。

（二）发展建议

以全面深化改革为契机，适应经济发展新常态，借助国家和地区政策引导国有企业发展转型，推动地方政府投融资平台“发展市场化”“结构合理化”和“融资多元化”进程，是经济社会新环境下，黑龙江省地方政府投融资平台未来发展的可取之路。

1. 明确发展定位，加快向城市产业经营实体转型

随着新《预算法》和43号文等一系列政策的实施，地方政府投融资平台的政策性融资功能被逐渐剥离，文件明确规定政府债务不得通过企业举债，企业债务不得推给政府偿还并对地方政府性债务存量进行甄别。基于国家政策的引导、地方政府的诉求和企业发展的需要，地方政府投融资平台应加快向带有融资性质的一般性国有企业转型，由单一融资平台向城市产业经营实体转型，将区域资源整合者和城市运营服务商作为地方政府投融资平台未来发展的新定位。

第一，理顺地方政府与地方政府投融资平台的关系。地方政府要结合地方政府投融资平台转型目标对下属地方政府投融资平台进行顶层设计和工作统筹，明确其独立的市场主体地位。政府要严格按照“产权清晰、权责明确、政企分开、管理科学”的要求完善地方政府投融资平台的法人治理结构，建立健全现代企业制度，实现产权治权相分离，并以产权为纽带强化国有资本监管，达到“简政放权、放管结合”的目的。一是“放”，通过简政放权杜绝不必要的行政干预，充分保障政府平台企业管理层的自主决策和监事会的独立监督；二是“管”，完善国有资产管理体制，以资本管理为主约束企业行为，防止国有资产流失。

第二，剥离地方政府投融资平台原有公益性业务。公益性业务和项目具有运营周期长、前期投资大和债务压力重等特点，对地方政府投融资平台和地方政府资金需求和债务结构影响较大，尤其对于一些经营性业务发展欠佳的地方政府投融资平台，对地方政府的债务支持和财政补贴的依赖度较高。基于此，剥离地方政府投融资平台原有的公益性业务，成立专门的政府债务管理公司就具有重要的现实意义。一方面，通过专项财政性资金通道以处理公益性项目积累的政府债务，有

利于缓解地方政府与地方政府投融资平台的“资金捆绑”现象;另一方面,大大保障公益性项目的规划和落实,切实提高区域基础建设水平和政府社会服务能力。

第三,整合重组地方政府投融资平台经营性业务,提高资源配置能力和范围。按照地方国企改革思路,应将成熟度比较高、具有较好经营性资产和业务的平台转变为地方国企序列,积极参与社会经济活动以实现国有资产保值增值。首先,加强地方政府投融资平台的业务整合和结构重组,兼顾发挥资产专项运营效益和经营业务规模效益;其次,引导和推动经营性和收益性较好的资产注入专营性政府平台企业,提升地方政府投融资平台的市场信用与融资承载能力,进一步增强平台企业的资源配置能力和范围。

2. 拓宽融资渠道,坚持“走出去”和“引进来”相结合

传统的地方政府投融资平台融资渠道以土地抵押为手段、以银行信贷为支持,这种单一的融资模式造成平台企业的资金链条的脆弱性和财务风险的集中性。所以,推动地方政府投融资平台转型,应首先在融资渠道上下功夫,推动建立多元化和市场化为特色的融资体系,引导企业提高直接融资比例,例如建立专门的股权基金或信托基金、发行企业债券、推行金融租赁、适时重组上市等,以加快平台企业金融创新步伐。

拓展多元化融资渠道,要坚持“引进来”和“走出去”的有机结合。一是“引进来”,应加强融资政策的对接和跟进,加快优质资产的归集和运营。依托土地、房产等优质资源,抓好项目规划,加大市场招商引资力度,依法利用土地挂牌出让、自主开发经营、引入非国有资本、产权置换、抵押贷款、物业租售等途径做好资金、产业“引进来”文章,实现资产总量、盘活存量和运营质量“三量齐升”;二是“走出去”,应通过引导国有资本合理流动,以控股、参股等方式进入其他优势产业,实施多元化实业经营战略,降低经营风险,提升国有经济竞争力和盈利能力,确保国有资本放大功能、服务于民。

在多元化的融资渠道中,地方政府投融资平台可着重研究和运作

PPP 模式。PPP 模式是当前各级政府大力推广的融资方式，国发〔2014〕43 号文建议政府平台企业使用政府与社会资本合作模式（“PPP 模式”）参与城市公共基础设施等有一定收益的公益性事业投资和运营；财经〔2014〕76 号文要求在城市供水、供暖、供气、污水和垃圾处理、保障性安居工程、地下综合管廊、轨道交通、医疗和养老服务设施等城市基础设施及公共服务领域开展 PPP 项目试点及示范。总结来看，政府鼓励社会资本参与项目运作，对公益性项目进行政府举债融资，而对经营性的项目推荐采取市场化的社会资本融资。

在 PPP 模式中，地方政府投融资平台作为政府代表参与前期项目调研、合作谈判以及后期项目营运与移交，兼顾发挥资产运营优势并补足项目资金短缺。参与 PPP 项目，地方政府投融资平台应首先建立 PPP 项目库，地方政府投融资平台应该优先选择市场反映良好、经营状况优秀、投资规模较大的项目，例如供暖、供水、污水处理以及轨道交通等民生和基建项目，做好项目招商引资工作，筛选经验丰富、实力雄厚的合作伙伴。其次，聘请专业的中介机构保证 PPP 模式的有序运作。最后，严格按监管机构的 PPP 模式操作流程，做到申请规范、程序到位，以保证项目的正常运行，规避项目运营风险。

3. 建立市场化公司管理体系，助力平台企业发展转型

合理适配的组织管理运行体系是保证地方政府投融资平台发展转型和战略目标实现的前提。地方政府投融资平台应综合考虑地方政府投融资平台的战略目标、外部环境和团队能力，探索并构建“市场化”“合理化”的公司架构、组织运行体系和人力资源管理体系。

第一，地方政府投融资平台应改革内部管理结构，对组织结构和管理流程进行改造。地方政府投融资平台应按照发展实际需要进行机构精简、设岗定编，整合撤并职能交叉、业务重合的部门及僵尸子公司，做到“一个萝卜一个坑”，人人肩上有责任，改变“政出多门、九龙治水”而导致的各自为政、权责不清的现象，强化执行力，提高工作效率。在组织结构上，建议设立审计、战略、风险、投资管理等专项委员会，引进独立董事制度，保障监事会监督权力的独立性，实现公司管理结构合

理化。

第二，地方政府投融资平台应建立灵活、高效的人力资源管理体系。地方政府投融资平台应提高社会招聘比例，招募有经验有创新想法的人才助力公司战略落实，完善绩效考核机制和员工培训制度，明确岗位职责，保证地方政府投融资平台的公司化管理切实可行。

第三，地方政府投融资平台要构建市场化和科学化的经营管理体系。在进行投融资决策时，地方政府投融资平台应对多种融资方案进行比较分析，根据自身的收入和项目盈利能力选择最适合的融资方式和渠道，做好财务预算和偿债计划。另外，对于投资项目要按照市场化的原则进行"成本—收益"分析，科学评估项目运作风险，并做好风险防控工作，把地方政府投融资平台打造成"产权清晰、权责明确、政企分开、管理科学"的现代市场化运作企业。

4. 完善资金使用及监管，切实保障资金科学高效运作

推动地方政府投融资平台市场化转型，必须对筹集资金的使用和监管进行加强，以切实保障投资项目的正常运转和市场化建设进程的有序进行。

第一，地方政府投融资平台应该完善公司治理机构和内部控制制度，发挥各级部门的监管和协调作用，确保资金使用的合理和高效。鼓励地方政府投融资平台适时建立公司债务公开制度和平台，及时、定时地把债务信息向社会民众公开，让公众成为地方政府投融资平台运作发展的监督者和督促者，增强债务的透明度和风险的可控性。

第二，地方政府应当建立一整套完善的资金监管体系，出台配套政策措施，督促地方政府投融资平台科学合理地使用资金。政府应加快建立全国地方政府投融资平台资金使用情况公示平台，及时披露各地方政府投融资平台的资金用途和债务情况，落实重大问题和突发情况的提醒和监督，并出台配套奖惩措施以保证信息披露制度的贯彻执行。

第二节　宁夏回族自治区地方政府投融资平台发展状况

一、宁夏回族自治区经济财政状况

（一）宁夏回族自治区经济发展情况

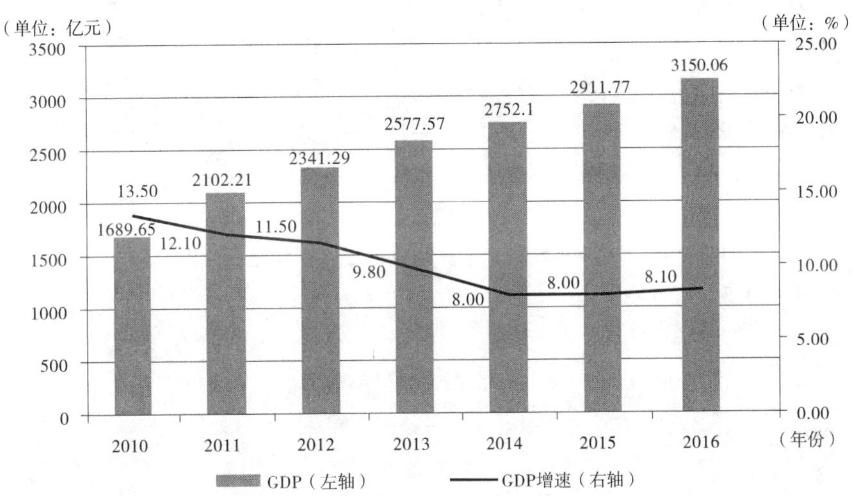

图 6-10　2010—2016 年宁夏回族自治区地区生产总值（GDP）及其增长速度

资料来源：宁夏回族自治区统计局。

1. 宁夏回族自治区经济产出情况

2016 年，宁夏回族自治区实现地区生产总值 3150.06 亿元（现价），按可比价格计算，同比增长 8.1%，增速比一季度、上半年和前三季度分别加快 1.2 个百分点、0.2 个百分点和 0.1 个百分点，比全国高 1.4 个百分点，居全国第 9 位。分产业看，第一产业增加值 239.96 亿元，同比增长 4.5%；第二产业增加值 1475.51 亿元，同比增长 7.8%；第三产业增加值 1434.59 亿元，同比增长 9.1%①。按常住人口计算，2016 年宁夏全区人均

① 资料来源：wind 数据库。

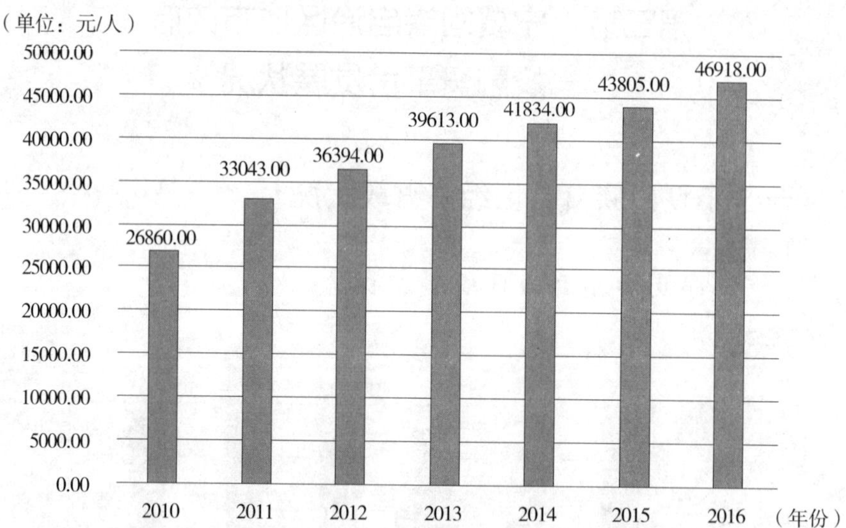

图 6-11　2010—2016 年宁夏回族自治区人均地区生产总值

资料来源：宁夏回族自治区统计局。

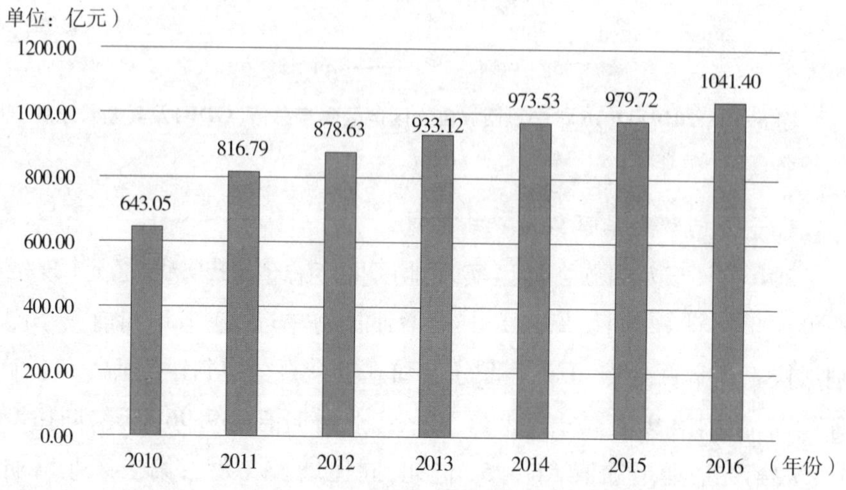

图 6-12　2010—2016 年宁夏回族自治区工业增加值

资料来源：宁夏回族自治区统计局。

生产总值 46918 元，同比增长 7.0%。

2016 年，宁夏回族自治区规模以上工业增加值 1041.4 亿元，按可比价格计算，同比增长 6.3%，增速比一季度和上半年分别加快 5.5 个百分点、0.1 个百分点，与前三季度持平，比全国高 1.5 个百分点，居全国第 12 位。从轻重工业看，规模以上轻工业增加值 200.7 亿元，同比增长 15.2%；重工业实现增加值 839.0 亿元，同比增长 5.8%。

2. 宁夏回族自治区社会消费品零售总额情况

2016 年，宁夏回族自治区实现社会消费品零售总额 850.10 亿元，比上年增长 7.7%，扣除价格因素，实际增长 7.0%。按经营地统计，城镇消费品零售额 780.89 亿元，增长 7.3%；乡村消费品零售额 69.21 亿元，增长 12.3%。按消费类型统计，商品零售额 707.59 亿元，增长 6.9%；餐饮收入额 142.51 亿元，增长 11.5%。

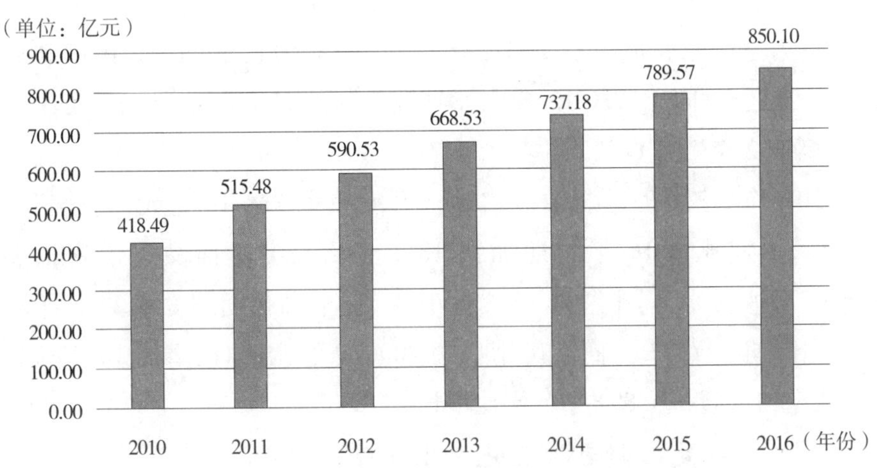

图 6-13　2010—2016 年宁夏回族自治区社会消费品零售总额

资料来源：宁夏回族自治区统计局。

3. 宁夏回族自治区固定资产投资情况

2016 年，宁夏回族自治区完成全社会固定资产投资 3835.46 亿元，同比增长 8.6%。其中，固定资产投资 3750.26 亿元，同比增长 8.6%，增速比全国高 0.5 个百分点。分产业看，第一产业完成投资 162.21 亿

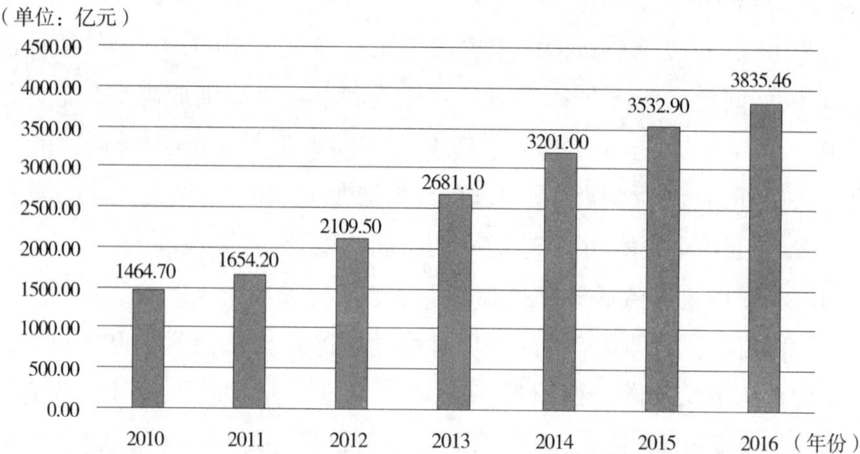

图 6-14　2010—2016 年宁夏回族自治区全社会固定资产投资额

资料来源：宁夏回族自治区统计局。

元，同比增长 19.9%；第二产业完成投资 1641.40 亿元，同比下降 1.3%；第三产业完成投资 2031.85 亿元，同比增长 17.1%。民间投资 2104.79 亿元，同比增长 13.8%，增速比全区全社会固定资产投资平均水平高 5.2 个百分点①。

2016 年，宁夏回族自治区房地产开发投资 728.16 亿元，同比增长 14.9%，增速比 2016 年同期加快 18.1 个百分点。商品房销售面积 966.07 万平方米，同比增长 15.1%，其中，住宅销售面积 830.22 万平方米，同比增长 17.2%。商品房销售额 409.71 亿元，同比增长 10.6%，其中，住宅销售额 325.89 亿元，同比增长 14.8%②。

（二）宁夏回族自治区地方财政情况

2016 年，宁夏回族自治区完成一般公共预算总收入 642.78 亿元，比上年增长 5.3%，完成地方一般公共预算收入 387.65 亿元，同口径增长 8.0%。其中，完成税收收入 246.55 亿元，下降 3.8%；完成非税收收入 141.10 亿元，增长 20.5%。增值税、营业税、企业所得税和个人所得税等

① 资料来源：wind 数据库。

② 资料来源：wind 数据库。

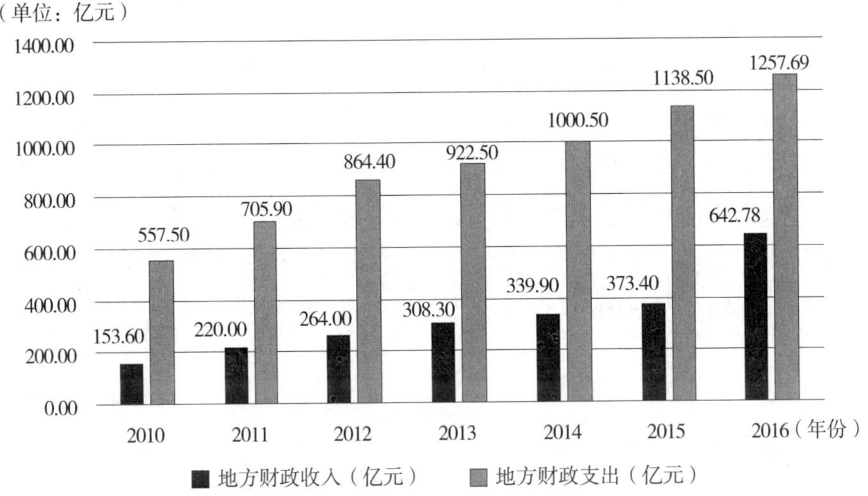

图 6-15 2010—2016 年宁夏回族自治区财政收入与支出

资料来源:宁夏回族自治区统计局。

主体税种分别完成 84.04 亿元、45.27 亿元、24.47 亿元和 9.85 亿元,增长 140%、-54.7%、-0.4%和 9.8%。

宁夏回族自治区完成一般公共预算支出 1257.69 亿元,同口径增长 10.2%。其中,一般公共服务支出 76.23 亿元,比上年增长 13.6%;教育支出 155.24 亿元,增长 8.9%;社会保障和就业支出 171.41 亿元,增长 17.2%;医疗卫生与计划生育支出 82.90 亿元,增长 11.9%;城乡社区支出 188.87 亿元,增长 29.4%;农林水支出 201.66 亿元,增长 21.3%;交通运输支出 73.61 亿元,下降 24.8%;住房保障支出 58.33 亿元,下降 19.3%。总体来看,2016 年各级财政部门紧紧围绕自治区党委、政府决策部署,加大资金统筹使用力度,创新财政支出方式,提升资金使用绩效,有力促进了全区经济社会健康持续发展。尤其是坚持底线思维,强化为民意识,进一步加大对民生事业的聚焦支持力度,各项民生支出达到 980.5 亿元,占一般公共预算支出的七成以上①。

① 资料来源:wind 数据库。

二、宁夏回族自治区地方政府投融资平台发展情况

(一)宁夏回族自治区地方政府投融资平台发债情况

宁夏回族自治区地方政府投融资平台在2007—2016年共公开发行11只债券,发行规模总计138亿元。从图6-16可以看出,宁夏回族自治区地方政府投融资平台发债规模从2014年开始快速增长,其中2014年共发行4只债券,发行总额达到43亿元;而后2015年下降到2只债券,发行总额40亿元;2016年仅发行1只4亿元的债券。

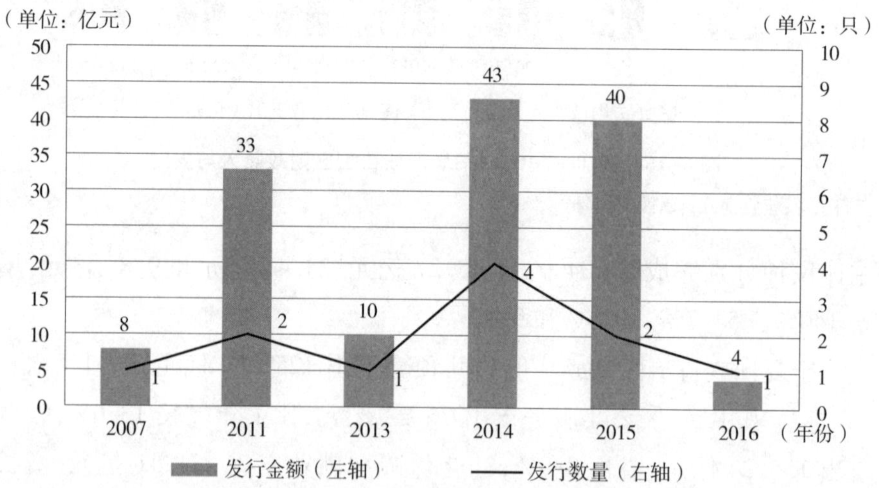

图6-16 2007—2016年宁夏回族自治区地方政府投融资平台发债情况

资料来源:wind数据库。

下面从债券期限、债券类型及债券发行人所在地三个维度对宁夏回族自治区地方政府投融资平台债券融资的发行情况进行介绍。

从图6-17可以看出,2007年以来宁夏回族自治区地方政府投融资平台发行的债券以7年期为主,占总发行量的37%;其次是5年期,占18%。

从图6-18可以看出,2007年以来宁夏回族自治区地方政府投融资平台公开发行的债券只有两种,其中近四分之三都是一般企业债,占比73%,此外一般中期票据占比27%。

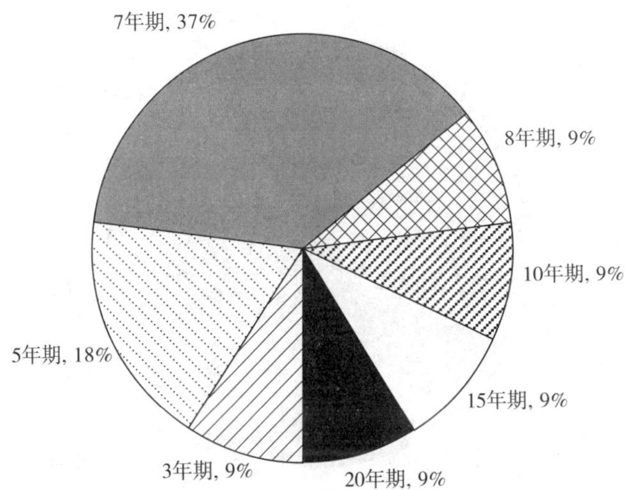

图 6-17　2007—2016 年宁夏回族自治区地方政府投融资平台发债期限统计

资料来源:wind 数据库。

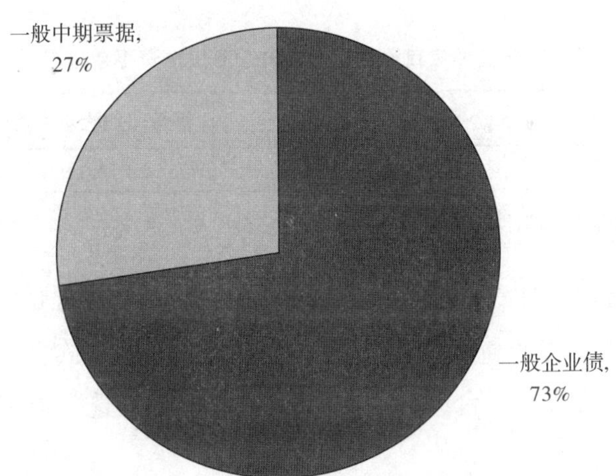

图 6-18　2007—2016 年宁夏回族自治区地方政府投融资平台发债类型统计

资料来源:wind 数据库。

从图 6-19 中可以看出,宁夏回族自治区发行债券的地方政府投融资平台大部分位于首府银川市(占 82%),少部分位于中卫市和吴忠市(各占 9%)。

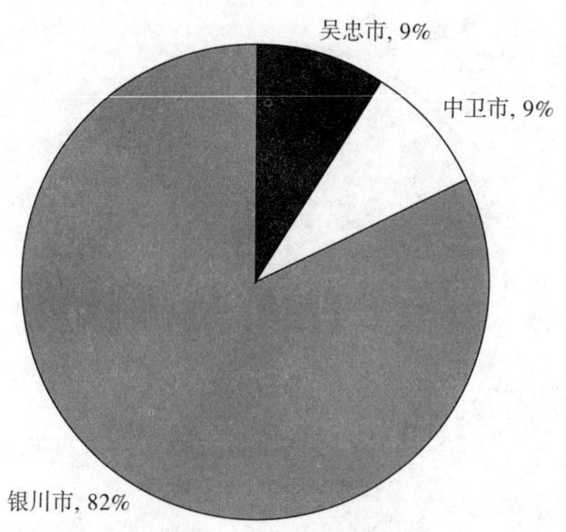

图 6-19　2007—2016 年宁夏回族自治区地方政府投融资平台债券发行人区域统计

资料来源：wind 数据库。

（二）宁夏回族自治区省级地方政府投融资平台发展分析

表 6-5　宁夏回族自治区省级地方政府投融资平台排名一览表

排名	公司名称	得分	评级	所属证监会行业
1	宁夏交通投资集团有限公司	47. 15	AA+	建筑业

资料来源：根据笔者整理计算获得。

根据数据统计和计算表格，可以看出宁夏交通投资集团有限公司在 2016 年年末总资产高达 5204 亿元，远远高于宁夏回族自治区其他省级的地方政府投融资平台（但由于债券到期、行业筛选等原因未被列入最终排名）。

从财务效益来看，宁夏交通投资集团有限公司的盈余现金保障倍数均为正，反映出公司盈余的质量较高。该公司的成本费用利润率和主营业务利润率都较高，说明公司主营业务收益情况良好。另外，其资产收益率和总资产报酬率均为正，说明将债权人考虑在内时，该公司在 2016 年均实现了正的收益。

从资产运营角度来看，该公司的不良资产比率极其低，仅为 0. 06%，说明公司经营中可以正常运转的资产充足,利用率高。公司的存货周转率为205.12%,说明其存货占用水平低,短期偿债能力较高。

从偿债能力来分析,该公司的现金流动负债比率为正,这说明该公司在经营活动中产生的现金流量多,能够保障债务按期偿还。该公司的EBITDA利息倍数为2.48,表示公司有足够的利润可以覆盖债务利息,偿债风险较小。但该公司的流动比率仅为0.7、速动比率仅为0.52,意味着公司的短期偿债能力有待提升。

根据发展能力指标来分析,该公司的总资产增长率和三年资本平均增长率均为正,说明公司一直处于资产不断增长的状态。同时,销售增长率和三年销售平均增长率均为正值,说明近三年来其销售额在持续增长。

从企业责任角度来看,该公司没有失信或被监管部门处罚的情况,但未重视企业社会责任报告制度的建设,这一方面需要改进。

从国资运营的角度来看,该公司实现了国有资本的保值增值,具体的资本积累率也为正值。同时,该公司的资本金利润率高达100.03%,说明企业盈利能力较强。该公司在综合社会贡献评级方面得分较高,意味着公司承接过大型市政工程、地区慈善事业,或在人才引进、园区开发、绿色发展等方面对该地区有较大的贡献。

从市场化运营指标来看,该公司的市场化收入为100%,政府补贴占比仅为2.35%,说明对政府的依赖程度较低,市场化改革较为成功。同时,该公司的区域市场占有度较高,在一定区域内具有垄断地位,并且主营业务丰富。

(三)宁夏回族自治区市级地方政府投融资平台发展分析

表6-6　宁夏回族自治区市级地方政府投融资平台排名一览表

排名	公司名称	得分	评级	所属证监会行业
1	银川通联资本投资运营有限公司	39.47	AA+	金融业
2	银川市城市建设投资控股有限公司	32.37	AA	建筑业
3	中卫市建设投资有限责任公司	30.20	AA-	综合

续表

排名	公司名称	得分	评级	所属证监会行业
4	银川高新技术产业开发总公司	29.53	AA	建筑业
5	吴忠市城乡建设投资开发有限公司	27.65	AA	建筑业

资料来源：根据笔者整理计算获得。

根据数据统计和计算表格，可以看出排名前两位的公司：银川通联资本投资运营有限公司和银川市城市建设投资控股有限公司的总资产分别高达453亿元和274亿元，而其他3家公司总资产属于千万级。

从财务效益来看，得分排名前两名的公司，即银川通联资本投资运营有限公司和银川市城市建设投资控股有限公司，盈余现金保障倍数均为正，反映出公司盈余的质量较高。这5家公司的成本费用利润率和主营业务利润率虽然相差较大，但均为正，说明这些公司主营业务收益情况良好。另外资产收益率和总资产报酬率均为正，说明将债权人考虑在内时，这些公司在2016年均实现了正的收益。

从资产运营角度来看，得分排名前两位的公司不良资产比率都很低，约为1%或2%；然而中卫市建设投资有限责任公司和银川高新技术产业开发总公司的不良资产比率相对较高，为11%。各公司的其他各项指标如存货周转率、流动资产周转率等均呈现出了差距很大的情况，说明各公司的具体运营状况差异明显。其中，银川通联资本投资运营有限公司的存货周转率最高，为220.08%，说明其存货占用水平低，短期偿债能力较高。

从偿债能力来分析，得分排名后三位的公司，其现金流动负债比率均为负值，这说明其现金流量为负数，从而只能依靠企业自有资金的周转来偿还企业的负债。这种情况很不利，增加了短期的资金风险，威胁到企业长期的发展。在EBITDA利息倍数方面，排名在前两位的公司相差不大，均约为3，表示公司有足够的利润可以覆盖债务利息，偿债风险较少。吴忠市城乡建设投资开发有限公司虽然排名靠后，但其EBITDA利息倍数高达3448，说明公司拥有极其充裕的缓冲资金来偿还利息。其中，需要着重关注的是银川高新技术产业开发总公司，其速动比率为 0.3，说明公司资产流动性较弱，偿还短期债务的能力差；其 EBITDA 利息倍数为 -54.819，说明其自身产生的经营收益不能支持现有的债务规模。如果企业不能保持按时付息的信誉，则长期负债不能延续，举借新债存在一定困难。

根据发展能力指标来分析，这 5 家市级地方政府投融资平台的总资产增长率和三年资本平均增长率有正有负，除银川市城市建设投资控股有限公司的总资产水平在 2014—2016 年内有所下降外，大部分公司处于资产不断增长的状态。在三年销售平均增长率方面，除银川高新技术产业开发总公司外，均为正值，说明近三年来其余公司销售额都出现了不同程度的增长。总体来看，宁夏回族自治区的市级地方政府投融资平台的发展能力良好。

从企业责任角度来看，这 5 家公司在纳税管理方面都做得很好，且均未发生失信情形或被监管部门处罚的情况。但这 5 家公司均未重视企业社会责任报告制度的建设，这一方面需要改进。

从国资运营的角度来看，首先，这 5 家市级地方政府投融资平台均实现了国有资本的保值增值。在资本金利润率方面，所有地方政府投融资平台都实现了正的利润，但相差较大。其中，银川市城市建设投资控股有限公司和银川高新技术产业开发总公司均实现了约 90%的资本金利润率，远远高于其他 3 家公司。得分排名第一的公司综合社会贡献评级较高，意味着公司承接过大型市政工程、地区慈善事业，或在人才引进、园区开发、绿色发展等方面对该地区有较大的贡献。

从市场化转型指标来看，银川高新技术产业开发总公司的市场化收入占比高于其他 4 家公司，为 100%，说明其收入全部来自自主经营的业务。政府补贴占比方面，得分排名前两名的银川通联资本投资运营有限公司和银川市城市建设投资控股有限公司分别为 13%和 14%，低于后三位的公司，说明这两家公司对政府的依赖程度较低，市场化改革较为成功。同时，得分排名第一的银川通联资本投资运营有限公司具有以下不同于其他公司的突出优势：有控股或参股的金融行业子公司；区域市场占有度较高,在一定区域内具有垄断地位;主营业务丰富。

(四)宁夏回族自治区地方政府投融资平台变动情况

2016年宁夏回族自治区未有新增地方政府投融资平台发债,现有地方政府投融资平台的评级情况未发生变动。

三、宁夏回族自治区地方政府投融资平台发展策略

(一)政策背景

1. 国企改革政策背景

2016年年底,宁夏回族自治区党委、政府召开了新组建的5家国有投资运营集团公司成立大会。宁夏建设投资集团公司、宁夏旅游投资集团公司、宁夏交通投资集团公司、宁夏农业投资集团公司和国有资产投资控股集团这5家新成立的企业,是宁夏在实施区直机关企业脱钩移交的基础上,针对区属国有企业小、散、弱的现状,全面贯彻落实习近平总书记在全国国有企业党建工作会议上的讲话精神,加大区属国有企业重组改革力度。

通过这一轮改革,宁夏回族自治区区属国有企业形成了"两级授权、三层架构"的监管体系,国有企业形成了"7+6"发展格局。"7"是指新成立的5家运营集团,加上宁夏国有资本运营集团和宁夏农垦集团;"6"是指宁夏电力投资集团、西部创业实业股份公司以及自治区参股的神华宁煤、中色东方、国电投青铜峡铝业和中铝宁夏能源集团。在监管体系上,这13家区属国有企业由国资委统一监管,其他企业按照分级分类原则由出资人履行监管职责,这有利于减少对企业生产经营的行政干预,激发企业的发展活力。

宁夏国资委主任李文华强调,2017年,要持续深化国企改革,力争被监管企业全年营业收入增长8%左右、实现利润增长10%以上,重点抓好切实完善国资监管体系、推进混合所有制改革等工作。他指出,2016年,是国企国资改革立柱架梁、击楫勇进的攻坚之年,也是在重点领域和关键环节取得突破性进展的一年。全区各级监管部门和国有企业坚决贯彻国务院和自治区党委、政府的决策部署,坚持以扭亏增盈为重点、深化改革

为动力、规范监管为手段、加强党建为保障，迎难而上、探索创新、执着前行，使各项工作取得明显进展和成效。一是企业运营走出低谷，二是顶层设计趋于完善，三是改革举措落地有声，四是监管方式再度优化，五是监督效能有所提升，六是国企党建有所加强。2016 年，宁夏回族自治区及五市国资部门监管和统计资产企业实现利润 46.92 亿元，同比增长 3.9 倍；上缴税费 69.6 亿元，同比增长 8.7%；资产总额接近 7000 亿元，净资产 1700 亿元，分别同比增长 10.3%和 7.3%；净资产收益率 2.9%；国有资本保值增值率 102.2%，结束了连续 18 个月的亏损局面，实现了“十三五”的良好开局，为宁夏回族自治区经济社会发展作出了应有的贡献。

2. 地方政府投融资平台改革政策背景

2009 年以来，中央加强了对地方政府投融资平台的规范治理，政策逐步收紧。从 2012 年开始，国家各部委（包括国务院、财政部、银监会等）就陆续出台相关政策规范地方政府债务融资行为。包括《国务院关于加强地方政府性债务管理的意见》、《地方政府性债务风险应急处置预案》、新《预算法》以及最新出台的《关于进一步规范地方政府举债融资行为的通知》等，分别从要求地方政府清理甄别地方存量债务、建立地方政府性债务风险机制和建立负面清单等方面逐步规范地方政府债务融资。为了积极响应中央政府号召，宁夏回族自治区政府发布了以下公告（见表 6-7）。

表 6-7　宁夏回族自治区关于地方政府平台及地方债务管理法规

序号	部门	文件名
1	宁夏回族自治区财政厅、发展和改革委员会	自治区财政厅、自治区发展和改革委员会关于转发《财政部　发展改革委关于进一步共同做好政府和社会资本合作（PPP）有关工作的通知》（宁财（金）发〔2016〕585 号）
2	宁夏回族自治区人民政府办公厅	《自治区人民政府办公厅关于进一步推进政府和社会资本合作模式（PPP）的实施意见》（宁政办发〔2017〕96 号）

资料来源：根据宁夏回族自治区人民政府相关资料整理获得。

2016 年 12 月 18 日，由银川市人民政府主办、银川通联资本及银川平台承办、中国现代集团和中国平台网合办的“国企改革与平台转型——银川模式解析”峰会在银川隆重召开。银川市副市长郭柏春说道:“这项改革的主要内容包括,实现国有资产由分散管理向集中管理、干部管理由行政化任命向专业化聘任、国有企业管理由分类监管向统一监管的‘三个转变’;集中处理好政府与市场、市场与国企、指标考核与合理分配之间的‘三个关系’;强化好国资委在产业布局、监管架构、考核体系、企业文化和人才机制建设方面的五项职能。具体改革内容还包括,以国有资产集中管理为核心,推行国企高管聘用去行政化;通过取消国有企业分类管理,破除市场壁垒,引入社会资本;通过资产整合,清理分类,聚合资金,打造国企航母;通过处理政府、国企、市场、管理者之间的关系,实现政府在市场中的调节作用,坚持政企分离,采用放管结合,做好监管职责,推动地区资源科学配置。同时,把对国有企业的利润指标作为唯一考核内容。通过制定考核目标,改变分配机制,激励管理者,等等。”

（二）发展建议

1. 明确转型方向,提升独立经营管理能力

地方政府投融资平台转型的必经之路便是走向市场,参与市场竞争。市场化改革之前应先明确分类,根据市场竞争的程度、公司的经营目标或主营业务特点等来准确界定企业未来的定位。在摆脱政府监管的初期,地方政府投融资平台需要建立全新的运营管理流程,细化并更新每个部门的规章制度,确定每一个环节上的变动。在落实后续的过程之前,建立对应的监管系统,并针对各种潜在威胁,提出解决方案。根据对不同的投融资或经营事业的选择,提出合理的运营计划,增强董事会的战略决策能力。同时,要通过预算、成本控制以及盘活存量等手段,有效地管控运营风险。在实施过程中逐步加强对市场的适应能力,并最终淡化其原本在政府内部的体制色彩。

2. 利用独特的地理优势,因地制宜

宁夏境内既有山地和丘陵,也有黄河冲击而成的平原,南部以流水侵蚀的黄土地貌为主,中部和北部则是以干旱的风蚀地貌为主。如此复杂多样的地表形态,为宁夏的经济发展提供了不同的条件。宁夏脱贫计划

的基础便是保证农业的顺利发展。俗话讲“天下黄河富宁夏”，宁夏的人均耕地占有量居全国第三。同时，宁夏位于黄河流域，灌溉格外便利。不仅如此，在国内外市场上，宁夏早就因“枸杞之乡”、各种绿色有机食品和清真牛羊肉等优质产品而闻名，得到了广泛的信任。对于寻求转型的地方政府投融资平台，发展农业成为一个风险最低的选择。

同时，宁夏还拥有丰富的矿产资源。各个能源开采类地方政府投融资平台应创新经营策略，大力探索新的经营领域，以避免过度依赖自然资源。在“西气东输”的关键地带，原油过境量超过 3500 万吨，使煤化工产业得以充分发展。除了焦炭、甲醇、烯烃等主要产品，还可以发展苯、芳烃等其他衍生产品。

被誉为“塞上江南”的宁夏回族自治区，堪称是中国生态的微缩盆景。这里既有广袤的平原，也有峻峭的高山；既有奔腾的黄河，也有宁静的翠绿湖水；既有粗犷的大沙漠，也有温柔的邻水乡镇。在著名的景点例如西夏王陵、六盘山和沙坡头，旅游产业已经发展成熟，但同时还有更大的市场留给新的参与者，有更多的自然景观有待开拓。

3. 突破“二高二低”财务瓶颈制约

各类地方政府投融资平台一直以来作为地方政府的融资工具，面临着严峻的市场化、实体化转型考验。在财务方面，首先，要降低资产负债率。地方政府投融资平台一旦失去政府的信用担保，很可能会由于缺乏资产信用而不能够继续进行融资活动。其次，应降低到期偿付债务的比例。在宏观经济下行的阶段，很多融资平台对外担保的比重较高，信用风险聚集的情况下易引发债务代偿。再次，各类地方政府投融资平台在转型时还应注意提高资产的流动性。在公司组建之初，政府出资不足或以存量土地资产作价、非经营性市政资产做抵充等原因都会导致地方政府投融资平台资产流动性不足、缺乏短期融资能力。最后，还应关注经营性现金流量的满足程度，各地方政府投融资平台应依靠自身经营活动创造现金，加强自身的再投资能力。因此，面临转型的地方政府投融资平台应着重开创新的融资渠道，汇集社会闲散资金。其间发展前景较好的公司可以选择上市来实现资产的证券化，或者借鉴前人的成功经验，例如推广 PPP 等模式来吸引社会资本参与到基础设施建设等公益性项目之中,加速公司的改革步伐。

首府银川更是具有突出的投资优势。在西部大开发、宁夏内陆开放型经济试验区、银川综合保税区等多重优惠政策的支持下,这里为海内外投资者提供了广阔的交流合作平台。同时,银川的多元人口,兼容并蓄,具有很强的包容性。各路文化在几千年的历史长河中碰撞、交融,所形成的独特文化底蕴极有利于全球贸易合作与发展。

第三节　新疆维吾尔自治区地方政府投融资平台发展状况

一、新疆维吾尔自治区经济财政状况

（一）新疆维吾尔自治区经济发展情况

1. 新疆维吾尔自治区经济产出情况

如图 6-20 所示,2016 年,新疆地区实现地区生产总值(GDP)9617. 23 亿元,按可比价计算,比 2015 年增长 7. 6%。其中,第一产业增加值 1648. 97 亿元,同比增长 5. 8%;第二产业增加值 3585. 22 亿元,同比增长 5. 9%;第三产业增加值 4383. 04 亿元,同比增长 9. 7%。三次产业结构为:第一产业 17. 1%,第二产业 37. 3%,第三产业 45. 6%。按常住人口计算,2016 年人均地区生产总值 40427 元,同比增长 5. 3%,按 2016 年全年平均汇率折算为 6086 美元①。

从历史情况来看,新疆一直保持着稳定增长的态势。图 6-20 以 GDP 为参照值,展现了新疆地区经济发展的历史情况。图 6-21 反映了 2010—2016 年,新疆地区三大产业国内生产总值的变化情况。从图中可以看出,自 2010 年以来,新疆地区第二、第三产业发展十分迅速,也表明新疆地区经济发展逐步从第一产业转移到第二、第三产业上来,且一直保持着比较良好的发展态势。

以 2016 年全年指标来看,新疆地区与其他四个自治区的横向对比见

① 资料来源:wind 数据库。

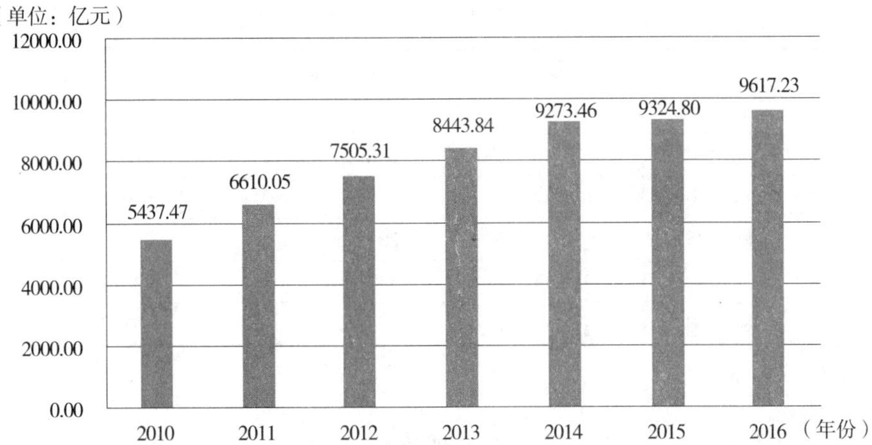

图 6-20　2010—2016 年新疆维吾尔自治区国内生产总值情况

资料来源：wind 数据库。

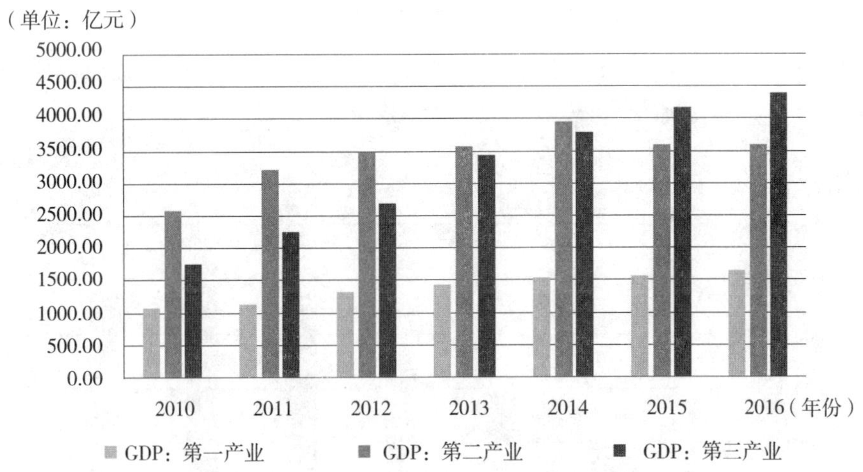

图 6-21　2010—2016 年新疆维吾尔自治区三大产业国内生产总值情况

资料来源：wind 数据库。

表 6-8。新疆地区国民生产总值低于内蒙古与广西，高于西藏与宁夏。但是人均 GDP 高于广西，低于内蒙古。总体而言，新疆地区各个指标除了明显优于西藏地区与宁夏地区之外，相比于内蒙古与广西，均处于弱势。

表 6-8　2016 年五个自治区经济指标比较

地区	GDP（亿元）	人均 GDP（元）	地方公共财政收入（亿元）	地方公共财政支出（亿元）
新疆	9617.23	40427.00	1298.95	413.83
西藏	1150.07	35143.00	20.60	160.00
内蒙古	18632.57	74069.00	201.65	452.63
宁夏	3150.06	46918.00	387.65	125.77
广西	18245.07	37876.00	155.62	447.25

资料来源：wind 数据库。

2. 新疆维吾尔自治区固定资产投资情况

2016 年新疆完成全社会固定资产投资（不含农户）9983.86 亿元，比 2015 年下降 6.9%。图 6-22 反映了新疆地区 2010—2016 年间城镇固定资产投资完成额变化情况。可以发现，2010 年以来新疆地区城镇固定资产投资完成额一直都保持着平稳增长的态势，但是在 2016 年城镇固定资产投资完成额出现了下降。

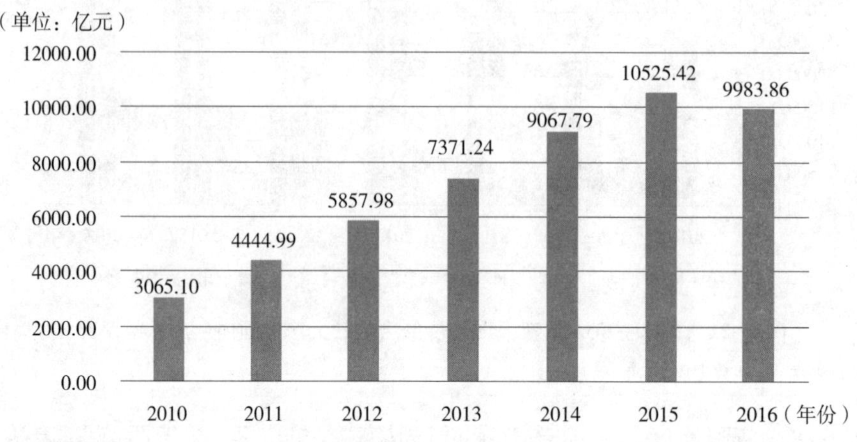

图 6-22　2010—2016 年新疆维吾尔自治区城镇固定资产投资完成额变化情况

资料来源：wind 数据库。

2016 年新疆第一产业投资 498.01 亿元，同比增长 35.9%；第二产业投资 3879.67 亿元，同比下降 25.1%；第三产业投资 5606.18 亿元，同比增长 8. 1%。在第二产业投资中,工业投资 3738. 46 亿元,同比下降 26. 1%①。

在固定资产投资(不含农户)中,国有及国有控股投资 6519. 17 亿元,同比增长 3. 7%,占固定资产投资(不含农户)的比重为 65. 3%。民间投资 3411. 30 亿元,同比下降 21. 7%,占固定资产投资(不含农户)的比重为 34. 2%。基础设施投资 3814. 72 亿元,同比下降 13. 2%,占固定资产投资(不含农户)的比重为 38. 2%②。

(二) 新疆维吾尔自治区地方财政情况

2016 年新疆维吾尔自治区财政收入 4930. 8 亿元。一般公共预算收入 1298. 95 亿元,同比下降 2. 4%,其中,税收收入 869. 2 亿元,同比增长 0. 9%。一般公共预算支出 4141. 4 亿元,同比增长 8. 9%。数据显示,非税收入占一般公共预算收入的比重为 33. 1%。2010—2016 年新疆维吾尔自治区一般公共预算收入情况如图 6-23 所示。

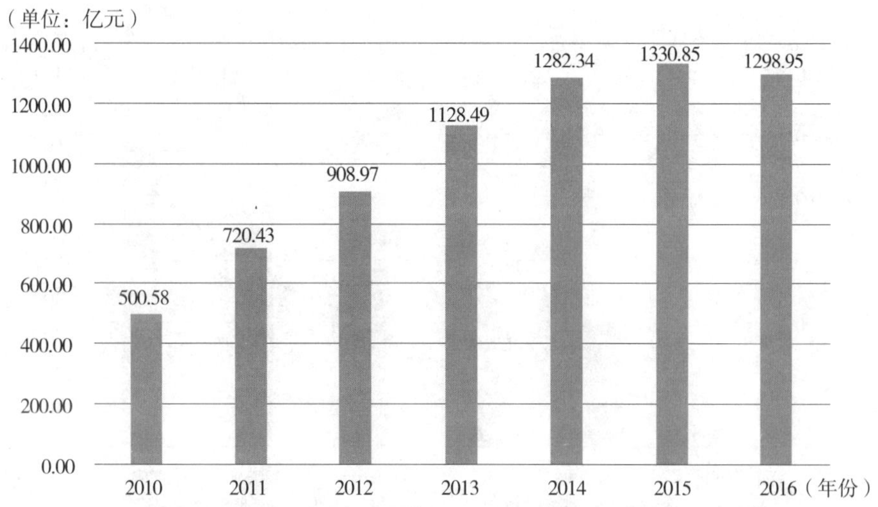

图 6-23　2010—2016 年新疆维吾尔自治区一般公共预算收入情况

资料来源:wind 数据库。

① 资料来源:wind 数据库。

② 资料来源:wind 数据库。

从图 6-23 可以看出,2010 年以来新疆维吾尔自治区的一般公共预算收入基本保持了上升趋势,但是在 2016 年出现了下降。

二、新疆维吾尔自治区地方政府投融资平台发展情况

(一)新疆维吾尔自治区地方政府投融资平台发债情况

新疆维吾尔自治区第一只地方政府投融资平台发行的债券是“2007 年新疆天富热电股份有限公司公司债券”,于 2007 年 3 月 22 日发行,当年共发行了 1 只平台债,金额只有 2.8 亿元。考虑金额过小,未在图 6-24 中展示。到 2011 年,新疆的平台债规模依旧很小,从 2012 年开始发债规模逐步上升,2016 年新疆的平台债发行只数占全国总发行数的比重达到 2.20%,排名为全国第 20 名。其 2011—2016 年六年间共发行 185 只债券,累计融资 1475.4 亿元。2016 年共发行债券 72 只,融资规模达 504.1 亿元。具体情况如图 6-24 所示。

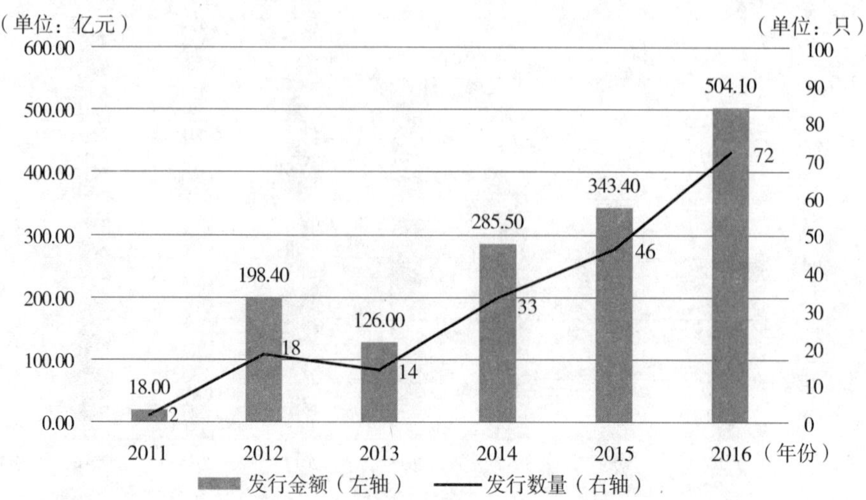

图 6-24 2011—2016 年新疆维吾尔自治区地方政府投融资平台发债情况

资料来源:wind 数据库。

从图 6-24 中可以看出,自 2012 年开始新疆的债券发行规模实现了巨大的飞跃,之后继续保持上升的趋势。这与新疆政府加大固定资产投资,特别是“加强基础设施建设工作,深入实施基础设施建设攻坚战”的

工作目标有关。依据新疆政府公布的《2017 年工作计划及新疆维吾尔自治区国民经济和社会发展第十三个五年规划纲要》，未来几年内新疆将继续加大基础设施建设力度，因此，今后新疆维吾尔自治区政府平台债券发行规模也将继续稳定扩大。

图 6-25 展示了 2011—2016 年新疆维吾尔自治区地方政府投融资平台公开发行债券情况，从图中可以看出，近几年公开发行债券数量和金额均处于回旋攀升的状态，其中，2016 年公开发行债券数量最多达 50 只，金额也达到近几年最大值，达 341.1 亿元。

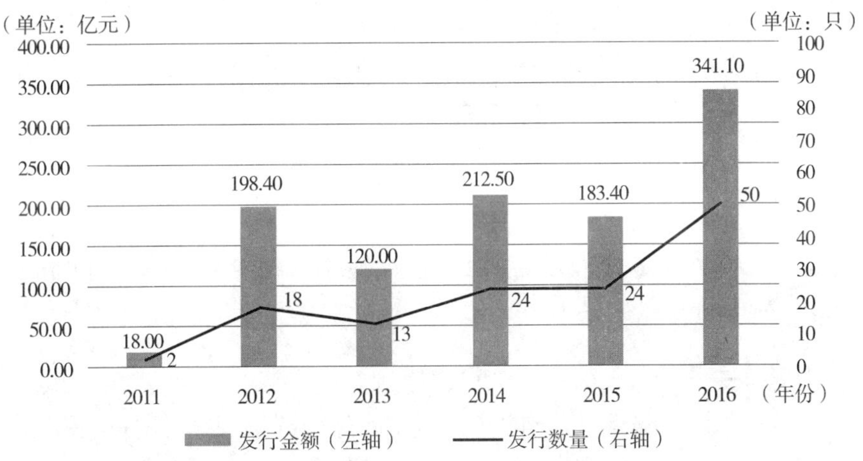

图 6-25　2011—2016 年新疆维吾尔自治区地方政府投融资平台公开发行债券情况

资料来源：wind 数据库。

下面从债券期限、债券类型两个维度对新疆维吾尔自治区地方政府投融资平台公开发债情况进行介绍。

1. 债券期限

图 6-26 是新疆维吾尔自治区地方政府投融资平台公开发债期限情况。

从图 6-26 可以看出近 6 年新疆地方政府平台公开发债期限以 5 年期为主，占比达 33%，其次是 7 年期债券，占比达 25%，紧随其后的是 3 年期债券，占比为 20%，其余期限债券发行较少。其中 5 年期、7 年期、3 年期债券累计占比达 78%。发行最少的是 7 年期以上的债券，占比仅有1%。

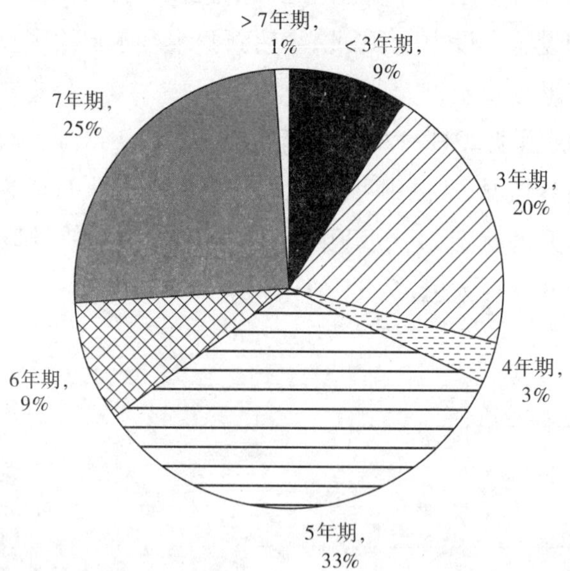

图6-26　2011—2016年新疆维吾尔自治区地方政府投融资平台公开发债期限情况

资料来源：wind数据库。

2. 债券类型

图6-27是新疆维吾尔自治区地方政府投融资平台发债种类情况。

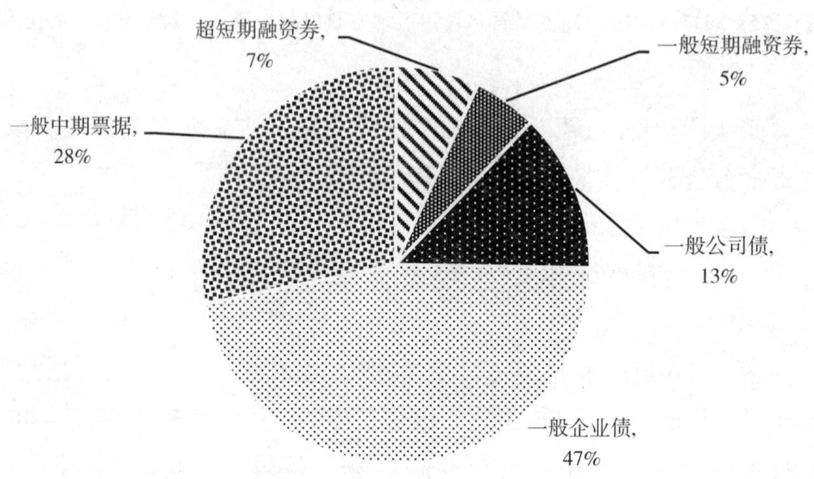

图6-27　2011—2016年新疆维吾尔自治区地方政府投融资平台发债种类情况

资料来源：wind数据库。

从图6-27可以看出，近6年来，新疆地方政府平台发债以一般企业债和一般中期票据为主，两者累计占比达75%，债券发行品种最少的是一般短期融资券，只占发行只数的5%。

（二）新疆维吾尔自治区省级地方政府投融资平台分析

表6-9　新疆维吾尔自治区省级地方政府投融资平台排名一览表

排名	公司名称	得分	评级	所属证监会行业
1	新疆投资发展（集团）有限责任公司	46.23	AA+	综合
2	新疆生产建设兵团国有资产经营有限责任公司	44.66	AA+	综合
3	新疆新业国有资产经营（集团）有限责任公司	43.71	AA+	综合
4	新疆金融投资有限公司	43.70	AA+	金融业
5	新疆生产建设兵团投资有限责任公司	35.09	AA+	金融业

资料来源：根据笔者整理计算获得。

表6-9展示了目前新疆维吾尔自治区省级地方政府投融资平台的得分排名情况。从表中可以看出，目前新疆维吾尔自治区省级地方政府投融资平台只有5家，且这些公司在全国的排名均比较靠后，这和其经济发展总体滞后有直接关系。其中仅有的这5家地方政府投融资平台所属行业主要分布在综合与金融两个行业类别中，评级都是AA+。在全国排名最靠前的是新疆投资发展（集团）有限责任公司，但是其总得分46.23分，在全国排名中也只有第80名。

其次我们对新疆维吾尔自治区省级地方政府投融资平台前5名公司各项指标进行分析。

1. 财务效益指标

首先，从主营业务利润率看，各公司主营业务利润率均为正值，表明均实现了正收益，但是各公司之间差距很大。其中新疆金融投资有限公司利润率达到了23.77%，其余四家均处在2%—10%区间。其次，从资产收益率及总资产报酬率看，总资产报酬率均为正，说明将债权人考虑在内时，各地方政府投融资平台在2016年均实现了收益。最后，新疆地方政府投融资平台的盈余现金保障倍数、成本费用利润率差异较大。

2. 资产运营指标

新疆维吾尔自治区省级地方政府投融资平台之间的资产运营指标差异明显。从不良资产比率来看，除新疆金融投资有限公司之外，其余各公司不良资产比率均低于1%，表明这些公司不良资产占比较少，风险较小；而新疆金融投资有限公司不良资产比率达到了3.96%，表明风险敞口较大。从总资产周转率、应收账款周转率、存货周转率等指标来看，新疆金融投资有限公司各项指标相对较高，表明其回款较快，资产周转相对于其他几家公司而言，相对良好。其余几家公司资产周转不够顺畅，蕴含一定风险。

3. 偿债能力指标

5家公司的资产负债率都相对较高，位于60%—80%区间，表明其很大程度上均利用负债方式融资促进企业发展，公司整体杠杆率较高。从EBITDA利息倍数指标来看，新疆生产建设兵团投资有限责任公司为-24.64，表明其偿债能力较差，存在一定违约风险；而其余公司该项指标均为正，风险相对较小。从现金流动负债比率、速动比率、流动比率等指标来看，各公司均有很大差异。以新疆新业国有资产经营（集团）有限责任公司而言，其流动比率为0.33，速动比率为0.31，资产变现能力较弱。

4. 发展能力指标

从总资产增长率来看，各公司均为正值，但增长速度有比较大的差异，表明各公司成长性差异明显，但均保持增长。从销售增长率、三年资本平均增长率、三年销售平均增长率等指标来看，新疆投资发展（集团）有限责任公司、新疆新业国有资产经营（集团）有限责任公司这两家公司各项指标均为正，表明其保持着比较好的成长性。新疆金融投资有限公司销售增长率为-30.40%，表明其销售大幅下降，经营存在一定压力。而新疆生产建设兵团国有资产经营有限责任公司、新疆生产建设兵团投资有限责任公司、新疆金融投资有限公司三家公司三年销售平均增长率均为负值，表明2014—2016年来，三家公司销售增长乏力，甚至出现了不同幅度的下降，未来需要密切关注销售情况。

5. 国资运营指标

从资本保值增值率指标来看，5 家公司均实现了 100%以上的增长，表明资本保值增值速度很快。在资本金利润率方面，各公司均为正值，但差异较大，表明各公司资本获利能力有很大差异。

6. 企业责任指标

各公司均很好地履行了纳税义务，但均未建立企业社会责任报告制度，表明各公司在该方面还有很大的改进空间。另外，各公司均收到过监管函、处罚决定以及被列入失信执行人名单中，说明各公司在履行社会责任方面在今后需加强重视，主动承担起各项社会责任与义务。

7. 市场化转型指标

除新疆生产建设兵团投资有限责任公司外，其余各公司市场化收入在总收入中占比均接近于 100%，表明市场化程度很高。但新疆生产建设兵团投资有限责任公司对于政府补贴与扶持的依赖程度相对较高，市场化程度低。此外各公司在所属区域市场占有率均在 50%以上，表明在公司所在区域有比较大的话语权。政府补贴方面，除新疆金融投资有限公司政府补贴占比较高之外；其余 4 家公司较低，表明其对政府依赖程度较低。从融资渠道来看，各公司融资渠道单一，也限制了公司的发展。

（三）新疆维吾尔自治区市级地方政府投融资平台分析

表 6-10　新疆维吾尔自治区市级地方政府投融资平台排名一览表

排名	公司名称	得分	评级	所属证监会行业
1	昌吉州国有资产投资经营集团有限公司	40. 50	AA+	建筑业
2	伊犁哈萨克自治州财通国有资产经营有限责任公司	39. 58	AA+	批发和零售业
3	乌鲁木齐经济技术开发区建设投资开发有限公司	39. 56	AA+	建筑业
4	新疆生产建设兵团第十二师国有资产经营（集团）有限责任公司	39. 43	AA	综合
5	阿拉尔统众国有资产经营有限责任公司	38. 91	AA	综合
6	乌鲁木齐经济技术开发区建设发展总公司	38. 80	AA	建筑业
7	第七师国有资产经营（集团）有限公司	38. 41	AA	综合

续表

排名	公司名称	得分	评级	所属证监会行业
8	新疆五家渠城市建设投资经营有限公司	37.98	AA	建筑业
9	和田玉鑫国有资产投资经营有限责任公司	37.97	AA	建筑业
10	克拉玛依市城市建设投资发展有限责任公司	37.60	AA+	建筑业

资料来源：根据笔者整理计算获得。

表6-10展示了新疆维吾尔自治区市级地方政府投融资平台的得分排名情况，可以看出，新疆维吾尔自治区市级地方政府投融资平台差异较大，部分较好的市级政府投融资平台排名靠前，也有个别市级政府投融资平台排名靠后，其中新疆地区市级地方政府投融资平台中排在前3名的公司在全国市级地方政府投融资平台排名中均处于前一百名。最好的昌吉州国有资产投资经营集团有限公司排第五十名。总体来看，市级地方政府投融资平台相比于省级地方政府投融资平台，在全国排名中更为靠前，更有竞争力。

我们对新疆维吾尔自治区得分排在前10名的市级地方政府投融资平台财务指标进行分析。

1. 财务效益指标

资产收益率与总资产报酬率方面，各地方政府投融资平台均为正值，且差异不大。主营业务利润率方面，各公司利润率都比较高，排名靠后的新疆五家渠城市建设投资经营有限公司主营业务利润率也有68.28%。从盈余现金保障倍数指标来看，各公司差异也很小且均为正值。

2. 资产运营指标

总体来看，各地方政府投融资平台的不良资产比率均很低，但是其他各项资产周转率均呈现出了很大的差距，说明各公司的具体资产运营状况差异明显。总体上，新疆维吾尔自治区市级地方政府投融资平台的资产运营状况差异很大，但除了少数公司，大部分公司资产运营良好。

3. 偿债能力指标

从资产负债率指标来看，各公司资产负债率普遍较低，未来还有比较大的融资空间；从 EBITDA 利息倍数指标来看，各公司情况基本相似，差异很小；从现金流动负债比率、速动比率、流动比率几项指标来看，各公司指标较低，具有一定的短期偿债压力。

4. 发展能力指标

从总资产增长率、销售增长率、三年资本平均增长率、三年销售平均增长率等几项指标来看，10 家市级地方政府投融资平台各指标均为正值，表明都保持了一定的增长速度与发展潜力。但各公司之间还是有比较明显的差异。比如，新疆五家渠城市建设投资经营有限公司的销售增长率为 12.75%，而昌吉州国有资产投资经营集团有限公司的销售增长率达到了 49.13%。

5. 国资运营指标

10 家公司的资本保值增值率均为正值，且高于 30%，表明公司资本保值增值情况比较好。从资本累积率与资本金利润率来看，各公司指标也均为正值，且差异不大。表明各公司国资运营方面差异不大，且均保持了比较好的增长。因为这些地方政府投融资平台均积极参与市政工程建设、园区开发、人才引进等公益性活动，故综合社会贡献得分均较高。

6. 企业责任指标

新疆维吾尔自治区市级地方政府平台得分排在前 10 名的公司均没有建立相应的企业社会责任报告制度，表明其在该方面还有很大的改进空间。但均积极履行了纳税义务。总体来看，地方政府投融资平台的社会责任履行情况良好，但是需要积极建立并完善社会责任报告制度。

7. 市场化转型指标

除乌鲁木齐经济技术开发区建设投资开发有限公司外，其余各公司市场化收入在总收入中占比较高，保持在 90%以上；另外有 6 家公司市场化收入占比达到 100%，说明总体而言各公司市场化水平较高。从公司在所属区域市场占有度指标来看，除乌鲁木齐经济技术开发区建设发展总公司只有 50%之外，其余公司市场占有率均达到了 100%。表明各公司在其所处区域有很高的市场占有度。但各公司普遍存在融资渠道单一的情况，制约了进一步的发展。

综上，我们可以发现：新疆维吾尔自治区市级地方政府投融资平台整体比省级地方政府投融资平台表现要好，且市级各公司（前10名）各项指标差异不是很大；但也看出各公司存在很多问题，比如融资渠道单一、短期偿债能力较弱等。

（四）新疆维吾尔自治区县级地方政府投融资平台分析

表6-11 新疆维吾尔自治区县级地方政府投融资平台排名一览表

排名	公司名称	得分	评级	所属证监会行业
1	新疆润盛投资发展有限公司	36.98	AA	综合
2	伊宁市国有资产投资经营有限责任公司	36.32	AA	房地产业
3	库尔勒城市建设（集团）有限责任公司	35.81	AA	建筑业
4	库车城市建设投资（集团）有限公司	35.69	AA	建筑业
5	喀什深喀投资发展有限公司	35.11	AA	建筑业
6	阿克苏信诚资产投资经营有限责任公司	33.79	AA-	综合
7	乌鲁木齐国有资产投资有限公司	33.58	AA	建筑业
8	喀什城建投资集团有限公司	33.57	AA	建筑业

资料来源：根据笔者整理计算获得。

表6-11展示了新疆维吾尔自治区县级地方政府投融资平台得分排名情况。可以看出，新疆维吾尔自治区县级地方政府投融资平台数量较少，只有8家公司发行过债券，且新疆维吾尔自治区县级地方政府投融资平台排名差异较大，且多数排名靠后。对其公司的外部环境及内部财务指标分析，我们可以发现：

各县环境相对于沿海地区较为恶劣。新疆地处中国最内陆、无沿海优势，虽有5600多公里边境线，但周围国家经济实力同样不容乐观，对于新疆发展的带动作用有限。同时，各县市环境恶劣、南疆沙漠众多、北疆气温极端，无较好的经济发展自然条件。

"一带一路"战略的提出为平台提供空前机遇。"一带一路"倡议中，配合"丝绸之路经济带"将有大量资本、货物通过新疆发往全球，届时新疆将成为重要的物资中转站，各县市政府平台应抓紧这一机遇，搭上"一带一路"的经济快车。利用上合组织的合作伙伴关系，推动县市经济发展。

对企业经营行业进行分析，新疆维吾尔自治区县级政府平台得分排在前 8 名的公司的经营范围以建筑业为主。可以看出，新疆维吾尔自治区的各个县级地方政府投融资平台主营业务行业相对单一，以农业、建筑业为主，且利润不稳定，应适时稳步推进产业升级及产业多样化，以此带动经济发展。

我们对新疆维吾尔自治区县级得分排在前 8 名的公司财务指标进行分析。

1. 财务效益指标

资产收益率、主营业务利润率与总资产报酬率方面，新疆维吾尔自治区县级地方政府投融资平台表现差异不大，并且均为正值。成本费用利润率上，这 8 家公司均为正值，但差异较为明显，可见这些公司的经济效益都较好。

2. 资产运营指标

新疆维吾尔自治区县级地方政府投融资平台的资产运营指标方面，总资产周转率、流动资产周转率、存货周转率均无较大差异。但是，应收账款周转率差距较大，库车城市建设投资（集团）有限公司应收账款周转率最高，为 1331. 46%，喀什深喀投资发展有限公司最低，为 44. 18%。此外，这 8 家公司的不良资产比率均较低，可见其资产质量较好。

3. 偿债能力指标

从指标分析可以看出，这 8 家公司的资产负债率差异较小，仅有一家公司超过 60%，即喀什城建投资集团有限公司。但在 EBITDA 利息倍数上，这些公司的表现差异较大，库尔勒城市建设（集团）有限责任公司的 EBITDA 利息倍数为-58. 40，远远低于全国平均水平，其余 7 家公司，均为正值且差异不大。现金流动负债比率上，有两家公司出现了负值，可见当期偿付短期负债的能力存在差异。速动比率、流动比率方面，这 8 家公司均为正值，并且差异较小，可见公司流动资产变现能力强。

4. 发展能力指标

总资产增长率方面差异较小，仅有库车城市建设投资（集团）有限公司为负。但销售增长率差异较大，喀什城建投资集团有限公司高达430.34%，而伊宁市国有资产投资经营有限责任公司低至-22.75%。在三年资本平均增长率、三年销售平均增长率方面，8家公司均为正值，说明主营业务增长较快。

5. 国资运营指标

这8家公司的资本保值增值率均出现了较大的正值。在资本金利润率方面，这8家公司均为正值，并且数值差异较小，可见资本金获利能力都较好。因为这些地方政府投融资平台均积极参与市政工程建设、园区开发、人才引进等公益性活动，故综合社会贡献得分均较高。

6. 企业责任指标

在新疆维吾尔自治区县级政府平台中，没有任何一家公司设立了社会责任报告制度，此外所有公司均履行了纳税责任。总体来看，地方政府投融资平台的企业责任履行情况良好，但是需要积极建立并完善社会责任报告制度。

7. 市场化转型指标

市场化水平8家公司存在较大差异，平均值为63.80%，低于全国水平，库车城市建设投资（集团）有限公司市场化收入达100%，而喀什深喀投资发展有限公司仅为1.91%。可见，新疆维吾尔自治区县级地方政府投融资平台的市场化程度整体较低，且有一些差异。但是，8家公司的政府补贴占比均较低，对政府的依赖程度均较低。在融资渠道方面，这些公司的融资渠道都较为单一，少数公司有3种及其以上的融资方式。

综上，我们可以发现，新疆维吾尔自治区县级地方政府投融资平台整体表现较低，考虑其公司位置、政府支持、市场化等因素，综合表现差异较大，从以上7种财务指标可以看出这些公司的整体财务状况较差、市场化程度较低，仍需积极推动企业经营模式先进化，建立企业社会责任报告制度。

三、新疆维吾尔自治区地方政府投融资平台发展的策略

（一）政策背景

2014年11月21日，新疆维吾尔自治区人民政府发布了《新疆维吾尔自治区人民政府关于加强自治区地方政府性债务管理的意见》（新政发〔2014〕82号），从加快建立规范的政府举债融资机制、对自治区政府债务实行规模控制和预算管理、控制和化解政府性债务风险几个角度进行了规范。

2017年，新疆维吾尔自治区财政厅印发《自治区新增地方政府债务限额分配管理暂行办法》，进一步健全自治区地方政府债务限额管理机制，规范新增地方政府债务限额分配管理，充分发挥地方政府债务在促进自治区经济社会发展的积极作用，防范财政金融风险。

2017年6月5日，新疆维吾尔自治区人民政府办公厅发布了《关于印发自治区地方政府性债务风险应急处置预案的通知》，并一同发布了《自治区地方政府性债务风险应急处置预案》，明确了风险处置机构与各部门的职责，提出建立预警和预防机制、应急响应机制等内容，进一步规范各地政府和融资平台的融资行为。

（二）发展建议

1. 逐步实现市场化管理

在新《预算法》的约束下，地方政府投融资平台的政策性融资功能要逐渐被剥离，不需要为无收益的公益性债务埋单。一方面，地方政府要将地方政府投融资平台内的内部官员逐渐撤离出来，转以投资者的身份加入董事会，通过股权而不是上下级关系对地方政府投融资平台进行管控。另一方面，地方政府投融资平台要改革内部的管理结构，对内部管理流程进行改造。设立审计、战略、风险、投资管理等专门委员会，引进独立董事制度，发挥监事会的权利监督作用。与此同时，地方政府投融资平台要对内部的管理人员进行社会招聘，完善绩效考核机制和薪酬考核机制，完善员工培训制度，明确岗位职责，使地方政府投融资平台的公司化管理更有

效率地进行。在地方政府投融资平台进行投融资决策时，对融资方案要综合比较、科学分析，根据自身的收入和项目的盈利能力选择最适合地方政府投融资平台的融资方式和融资结构。同时，也要做好财务预算和偿债计划。对于投资项目要完全按照市场化的原则进行“成本—收益”分析，做好风险防控工作。总之，要把地方政府投融资平台的功能定位于“市场化运作”，把地方政府投融资平台打造成“产权清晰、权责明确、政企分开、管理科学”的现代企业。

2. 推进企业信用建设

当前，大部分地方政府投融资平台都是以政府信用为基础，然而按照新形势下的改革精神，如《国务院关于加强地方政府性债务管理的意见》禁止政府为融资平台提供融资担保，必须推动地方政府投融资平台增加企业信用。企业信用建设可从以下三个方面推进。

（1）信用分立

将地方政府投融资平台中公益性业务剥离，成立政府债务管理公司。政府性债务还款主要依托预算统筹，依托政府信用。按照《地方政府性存量债务清理处置办法（征求意见稿）》，各级政府应统筹安排各类财政性资金，加大了到期政府偿债资金的力度。超收收入资金扣除按政策规定的各项计提后的土地出让收入等原则上要优先安排用于偿还到期债务，尚有剩余的方可用于其他支出。各部门和单位要调整优化支出结构，尽可能压缩不必要的专项支出以及经常性支出，来偿还债务。财政部门对预算应加大统筹力度，一般公共预算可偿债的财力不足以偿还到期专项债务的情况，可调入国有资本经营预算和政府性预算资金进行偿还；针对到期的专项债务，如果政府性基金预算不足以偿还，则可调入国有预算资金。分类整合那些完全依靠政府财政资金获取经营下的地方政府投融资平台，按要求退出或改制为PPP类型的企业。

整合经营性业务。按照地方国企改革思路，将成熟度比较高、接近一般地方国企、具有较好经营性资产和业务的平台，转变为地方国企序列（将平台公司转制成为普通国企是平台转型的一条路径），依托市场信用。根据《国务院关于加强地方政府性债务管理的意见》，如果有项目自身运营收入不足以还本付息的债务，可以通过依法注入优质资产，增强偿债能力。将经营性和收益性较好的资产注入地方政府投融资平台，提升地方政府投融资平台的市场信用与融资承载能力。

（2）风险缓解

按照《地方政府性存量债务清理处置办法（征求意见稿）》，各级财政部门应按照政府债务余额的一定比例建立偿债准备金。由政府建立流动性风险缓释机制，制定政府层面流动性风险预警管理办法，设立政府风险偿债准备基金，作为地方专项还款资金，资金数据来源为地方土地收入，用于城市建设的财政预算资金以及其他专项资金。当地方政府投融资平台面临流动性风险时，启动偿债机制，确保应急还款，保障地方政府投融资平台市场信誉和金融机构信贷资产安全。

（3）盘活存量

推动地方政府投融资平台存量资产资本化。一是盘活土地资产。统一规划，有序地将不具备出让条件的土地转化为有出让条件的，统一开发、统一出让，实现土地资源的资本化；二是盘活城市存量资产。通过引入融资租赁等金融产品，盘活城市排污管网，标准化厂房，租赁型保障性安居工程等固定资产，实现存量资产资本化；三是利用城市开发基金，夹层融资等创新性金融产品以及民间资本等外部资金，扩大资本金数据来源；四是清理沉淀信用，释放空间。对在银行抵押和质押的资产进行清理，对过度抵押和质押的资产进行信用释放，提升再贷款的资产支撑能力。

3. 拓宽多元化融资渠道

地方政府投融资平台要实现在融资方面的转型发展，就要摒弃传统的以土地抵押支持、以银行贷款为主的融资渠道。传统的融资渠道，使得地方政府投融资平台资金链条比较脆弱，财务风险比较集中。一方面，对商业银行来说是一个隐患；另一方面，对社会资本也有一定的“挤出效应”。地方政府投融资平台应该拓宽其融资渠道，大力推进市场化直接融资。建立城市基础设施建设股权基金，发行企业债券，尝试采用金融租赁、信托基金、上市等多种方式直接融资，加快金融创新步伐。

在多元化的融资渠道中，地方政府投融资平台可以着重运作 PPP 模式。PPP 模式是当前各级政府大力推广的融资方式，政府鼓励社会资本参与项目运作。对公益性项目进行政府举债融资；而对经营性的项目，则采取市场化的社会资本融资。在 PPP 模式中，地方政府投融资平台定位是作为政府的主体代表参与项目论证、合作谈判以及后期项目营运与移交。地方政府投融资平台借助 PPP 模式，通过特许经营、购买服务及股权合作等方式，实现公共产品和服务供给能力的增强，提高供给效率，实现利益共享。地方政府投融资平台首先建立 PPP 项目库与投资商库，地方政府投融资平台应该优先选择市场反应良好、经营状况优秀、投资规模较大的项目，例如城市供暖、污水处理以及轨道交通等项目，做好招商引资，筛选经验丰富、实力雄厚的合作伙伴。聘请专业的咨询机构，接受咨询服务，利用专业咨询机构运作 PPP 模式。严格按财政部 PPP 模式操作流程，做到程序到位，规范项目执行与移交。

4. 完善资金使用及监管

地方政府投融资平台为了实现转型发展，必须对筹集到的资金从使用情况、监管制度两方面进行完善。从地方政府投融资平台微观层面，应该完善公司治理机构和内部控制制度，发挥各级部门监管作用，落实资金的使用。地方政府投融资平台转型后应该确保债务透明，要及时、定时把债务信息向社会公开，让社会来监督地方政府投融资平台的运作，努力增强债务的透明度和风险的可控性。

从政府管理部门宏观层面来看，应当建立一套完善的资金监管体系，出台配套措施及文件，督促地方政府投融资平台合理有效地使用资金。建立全国地方政府投融资平台资金使用情况汇集系统，披露各地方政府投融资平台资金用途落实情况及相应风险，并严格保证信息的准确性，形成层层上报、层层管理的监管体系。

第七章　西南综合经济区重点省市地方政府投融资平台发展状况

第一节　贵州省地方政府投融资平台发展状况

一、贵州省经济财政状况

（一）贵州省经济发展情况

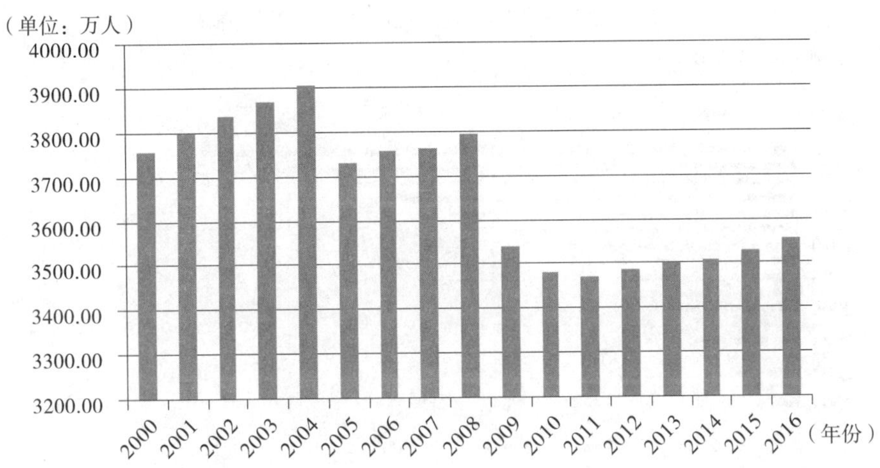

图 7-1　2000—2016 年贵州省人口变化情况

资料来源：wind 数据库。

1. 贵州省经济产出情况

2016 年贵州省地区生产总值 11734.43 亿元，比 2015 年增长 10.5%，增速高于全国（6.7%）3.8 个百分点。这是继 2015 年之后，贵州省 GDP

再次突破万亿元，继2010年后，贵州省连续6年GDP增速居全国前三位（见图7-2）。

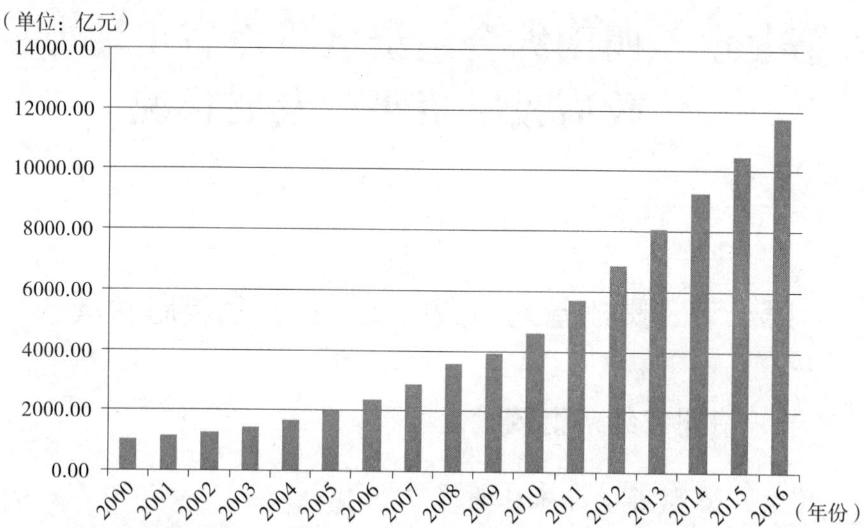

图7-2　2000—2016年贵州省国内生产总值情况

资料来源：wind数据库。

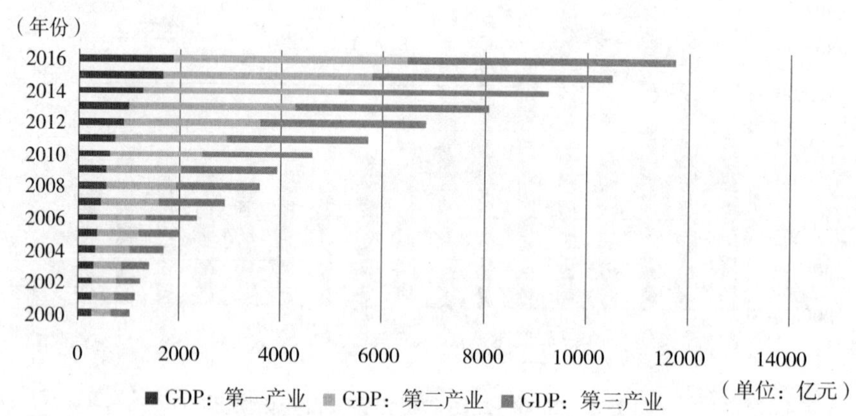

图7-3　2000—2016年贵州省三大产业国内生产总值情况

资料来源：wind数据库。

除了GDP快速增长，贵州省地区生产总值占全国经济总量的比重也在稳步提升，2016年这一比重为1.58%，比2015年提高0.05个百分点。如图7-3所示，第一产业增加值1846.54亿元，同比增长6.0%；第二产业增加值 4636.74 亿元，同比增长 11.1%；第三产业增加值 5251.15 亿元，同比增长 11.5%。人均地区生产总值达到 33127 元，同比增加 3280 元[①]。

2. 贵州省固定资产投资情况

如图 7-4 所示，2015 年，贵州省全社会固定资产投资总额 10945.54 亿元，同比增长 21.3%。2016 年固定资产投资 12929.17 亿元，比 2015 年增长 21.1%。按产业分，第一产业投资 289.20 亿元，同比增长 29.9%；第二产业投资 3076.84 亿元，同比增长 12.8%；第三产业投资 9563.13 亿元，同比增长 23.8%。

按重点领域分，基础设施投资 5340.13 亿元，比 2015 年增长 29.1%，占固定资产投资的比重为 41.3%。工业投资 3076.50 亿元，比 2015 年增长 12.0%，占固定资产投资的比重为 23.8%，其中，制造业投资 2019.23 亿元，增长 12.5%。租赁和商务服务业、科学研究和技术服务业、生物制药 3 个新兴产业投资分别比 2015 年增长 70.2%、47.5%、26.1%[②]。

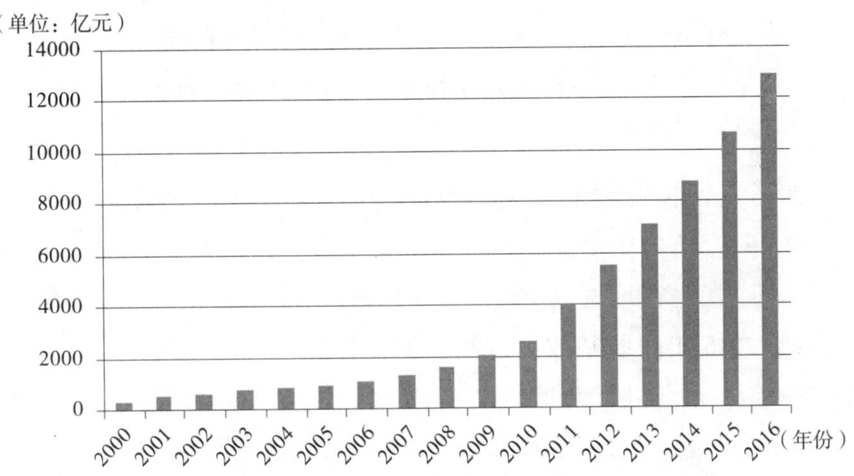

图 7-4　2000—2016 年贵州省固定资产投资完成额变化情况

资料来源：wind 数据库。

① 资料来源：wind 数据库。

② 资料来源：wind 数据库。

（二）贵州省地方财政情况

“十二五”时期，全省财政总收入从2010年的969.57亿元增加到2015年的2291.82亿元，增长1.36倍，年均增长18.8%；5年累计收入9315.43亿元，是“十一五”时期的2.72倍。一般公共预算收入从2010年的533.73亿元增加到2015年的1503.38亿元，增长1.82倍，年均增长23%；5年累计收入5863.59亿元，是“十一五”时期的3.24倍（见图7-5）。

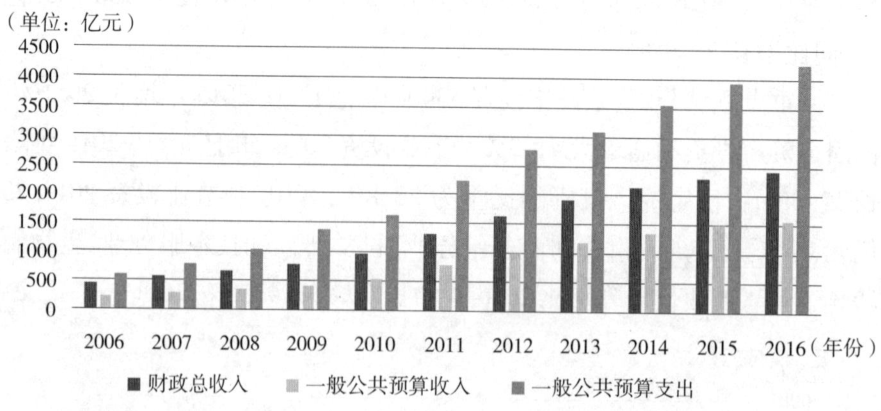

图7-5 2006—2016年贵州省一般公共财政收入情况

资料来源：wind数据库。

2016年，全省财政总收入2409.35亿元，比2015年同口径（下同）增加100.99亿元，同比增长4.4%。全省一般公共预算收入1561.33亿元，按照全面推开营改增试点及政府性基金转列一般公共预算管理等相关规定，调整2015年同期基数后，增收117.62亿元，同口径增长8.1%。其中，省本级一般公共预算收入294.28亿元，增收39.32亿元，同比增长15.4%；市县级一般公共预算收入1267.05亿元，增收78.31亿元，同比增长6.6%。全省一般公共预算支出4261.68亿元，增加311.04亿元，同比增长7.9%。其中，省本级一般公共预算支出903.02亿元，增加40.52亿元，同比增长4.7%；市县级一般公共预算支出3358.66亿元，增加270.52亿元，同比增长8.8%①。

① 资料来源：wind数据库。

二、贵州省地方政府投融资平台发展情况

（一）贵州省地方政府投融资平台发债情况

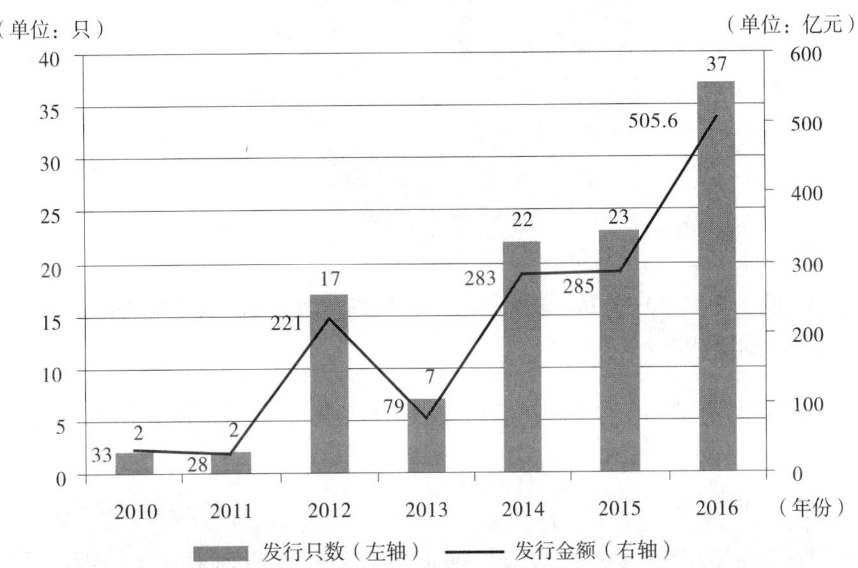

图 7-6　2010—2016 年贵州省地方政府投融资平台公开发行债券情况

资料来源：wind 数据库。

图 7-6 展示了贵州省近几年仍在存续期内的公开发行债券情况，截至 2017 年 6 月仍在存续期内最早公开发行的债券为 2010 年 8 月 27 日发行的企业债券，发行总金额为 28 亿元。贵州省 2014—2016 年公开发行债券数量有所上升，其中 2016 年上升最为明显，公开发债 37 只，公开发行总额为 505. 6 亿元。

下面从债券期限、债券类型及债券发行人区域分布三个维度对贵州省地方政府投融资平台发债情况进行介绍。

1. 债券期限

图 7-7 是贵州省地方政府投融资平台公开发行债券期限情况。

从图 7-7 可以看出，2010—2016 年贵州省地方政府投融资平台公开发行的债券期限以 7 年期为主，累计占比达到 58%，其次为 7 年期以上的

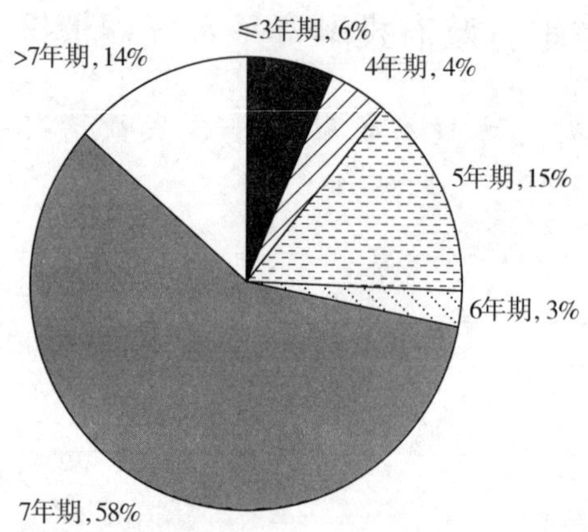

图 7-7　2010—2016 年贵州省地方政府投融资平台公开发债期限情况

资料来源:wind 数据库。

债券及 5 年期债券,分别占比 14%、15%。其中 6 年期的最少,占比仅为 3%。

2. 债券类型

图 7-8 是贵州省地方政府投融资平台公开发行债券种类情况。

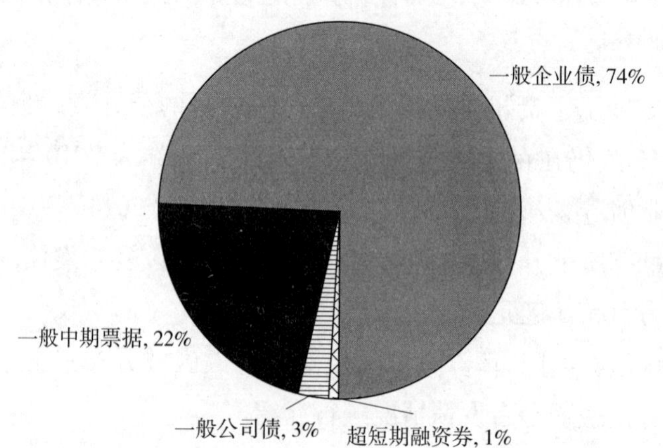

图 7-8　2010—2016 年贵州省地方政府投融资平台公开发债种类情况

资料来源:wind 数据库。

可见,2010—2016 年贵州省地方政府投融资平台公开发行的债券主要以一般企业债为主,累计占比达到 74%;其次为一般中期票据,占比为

22%；超短期融资券最少，占比仅 1%。

3. 债券发行人所属区域

图 7-9 是贵州省地方政府投融资平台公开发行债券发行人情况。

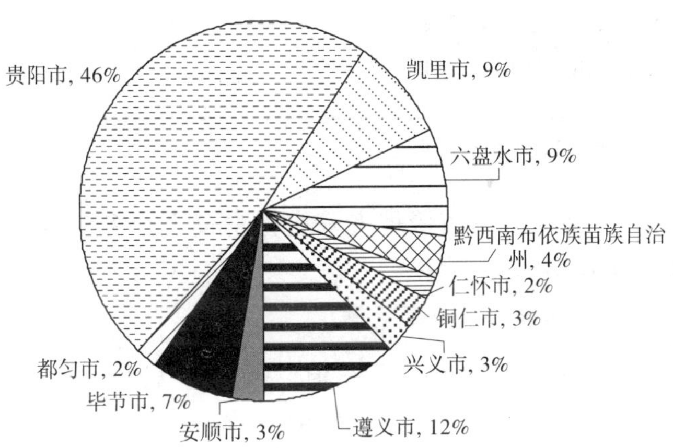

图 7-9　2010—2016 年贵州省地方政府投融资平台公开发行债券发行人区域情况

资料来源：wind 数据库。

由图 7-9 可以看出，贵阳市的发债数量最多，累计占比达 46%。都匀市、仁怀市发债数量最少，占比均仅为 2%。

（二）贵州省省级地方政府投融资平台分析

表 7-1 展示了贵州省省级地方政府投融资平台排名情况，可以看出，贵州省省级地方政府投融资平台在全国的排名适中，贵州高速公路集团有限公司、贵州铁路投资有限责任公司排名相对靠前，为贵州省省级政府平台前两名，其中贵州高速公路集团有限公司排名最高，在全国省级地方政府投融资平台中排名第 45 位。

表 7-1　2016 年贵州省省级地方政府投融资平台排名一览表

排名	公司名称	得分	评级	所属证监会行业
1	贵州高速公路集团有限公司	46.13	AAA	建筑业
2	贵州铁路投资有限责任公司	44.97	AA+	建筑业
3	贵州产业投资（集团）有限责任公司	43.14	AA+	综合
4	贵州交通建设集团有限公司	41.66	AA+	建筑业

续表

排名	公司名称	得分	评级	所属证监会行业
5	贵州盘江投资控股(集团)有限公司	41.56	AA+	电力、热力、燃气及水生产和供应业
6	贵州省公路工程集团有限公司	41.51	AA	房地产业
7	贵阳市城市发展投资(集团)股份有限公司	39.42	AA	交通运输、仓储和邮政业

资料来源:根据笔者整理计算获得。

下面,我们对贵州省省级地方政府投融资平台得分排在前 7 名的公司各项指标进行分析。

1. 财务效益指标

所有公司的资产收益率均为正值,并且相差较小,可见贵州省省级地方政府投融资平台在增加收入和节约资金的使用方面表现较好。此外,这 7 家公司在总资产报酬率、主营业务利润率方面都为正值,可见地方政府投融资平台的主营业务发展潜力大,获利水平较高;在成本费用利润率方面,均出现了不同程度的正值,可见这些公司的经济效益较高。

2. 资产运营指标

贵州省省级地方政府投融资平台在资产运营指标方面差异较大,主要表现在总资产周转率、流动资产周转率、存货周转率、应收账款周转率上。此外,这 7 家公司的不良资产比率均较低,可见其资产质量较好。

3. 偿债能力指标

从指标分析可以看出,这 7 家公司的资产负债率都较高,除贵州铁路投资有限责任公司资产负债率 35.15%、贵州产业投资(集团)有限责任公司 48.96%,其余公司均高于 50%。并且,这 7 家公司的息税折旧及摊销前利润(EBITDA)利息倍数均为正值,可见其充分利用资本市场的杠杆,推动企业内部资金流动。在现金流动负债比率方面,各公司的偿付短期负债的能力较好。速动比率、流动比率方面,这 7 家公司均为正值,并且差异较小,可见公司流动资产变现能力强。

4. 发展能力指标

除贵州产业投资(集团)有限责任公司的销售增长率为负值外,

其余公司的总资产增长率、销售增长率均为正值。贵州盘江投资控股(集团)有限公司在三年资本平均增长率上出现了负值,说明其持续发展水平相对较弱,而所有公司的三年销售平均增长率均表现为不同程度的正值。可见,贵州省省级地方政府投融资平台整体发展能力较好。

5. 国资运营指标

这7家公司的资本保值增值率均出现了较大的正值,其中贵阳市城市发展投资(集团)股份有限公司高达129.95%。在资本金利润率和资本积累率方面,各公司均表现为正值,数值有小幅差异,可见资本金获利能力有一定的差异。因为这些地方政府投融资平台均积极参与市政工程建设等公益性活动,故综合社会贡献得分较乐观。

6. 企业责任指标

排名前7的贵州省省级地方政府投融资平台均没有建立相关制度。所有公司均履行了纳税责任并没有相关处分。总体来看,贵州省省级地方政府投融资平台的社会责任履行情况良好,但是需要积极建立并完善社会责任报告制度。

7. 市场化转型指标

除贵州交通建设集团有限公司市场化收入在总收入中占比较低外,其余公司的市场化收入占比都较高,接近100%,并且市场占有度均较高,可见贵州省省级地方政府投融资平台的平均市场化程度较高。此外,贵州高速公路集团有限公司的政府补贴占比相对较高,为10.86%,其余公司均较低,不到1.00%,主营业务集中度与融资渠道单一程度也有所差异,贵州交通建设集团有限公司融资渠道较为单一。

（三）贵州省市级地方政府投融资平台分析

表7-2展示了贵州省市级地方政府投融资平台排名情况,通过对全年统计结果分析,贵州省市级地方政府投融资平台在全国的排名相对较差,均在200名以后,整体公司评级集中在AA+与AA,公司所属行业集中在建筑业与房地产业。

表 7-2　2016 年贵州省市级地方政府投融资平台排名一览表

排名	公司名称	得分	评级	所属证监会行业
1	遵义经济技术开发区投资建设有限公司	37.40	AA	房地产业
2	遵义市国有资产投融资经营管理有限责任公司	36.68	AA	建筑业
3	黔西南州兴安开发投资有限公司	36.40	AA	房地产业
4	六盘水市保障性住房开发投资有限责任公司	36.38	AA	房地产业
5	黔西南州宏升资本营运公司	35.65	AA	建筑业
6	遵义市投资(集团)有限责任公司	35.29	AA	综合
7	贵州凯里开元城市投资开发有限责任公司	35.13	AA	综合
8	贵阳市城市轨道交通有限公司	35.09	AA+	交通运输、仓储和邮政业
9	贵阳市城市建设投资(集团)有限公司	35.06	AA+	建筑业
10	都匀市国有资本营运有限责任公司	34.97	AA	房地产业

资料来源:根据笔者整理计算获得。

下面,我们对贵州省市级地方政府投融资平台得分排在前 10 名的公司财务指标进行分析。

1. 财务效益指标

贵州省市级地方政府投融资平台在资产收益率、总资产报酬率、主营业务利润率、成本费用利润率上均表现为不同程度的正值,这表明其资产及收益状况均表现较好。而在盈余现金保障倍数指标上,这 10 家公司出现了不同程度的负值,表明其在实际收益上表现差异较大。

2. 资产运营指标

贵州省市级地方政府投融资平台在总资产周转率、流动资产周转率、存货周转率上,均为正值,并且差异幅度较小,但在应收账款周转率上差异较大,其中遵义市国有资产投融资经营管理有限责任公司应收账款周转率最大,达 3965.81%,而黔西南州宏升资本营运公司应收账款周转率最小,仅为 9.62%。此外,这 10 家公司的不良资产比率均较低,可见其资产质量较好。

3. 偿债能力指标

从指标分析可以看出，这10家公司的资产负债率相对较高，仅黔西南州兴安开发投资有限公司、黔西南州宏升资本营运公司大于60%。EBITDA利息倍数差异较大，六盘水市保障性住房开发投资有限责任公司、遵义市国有资产投融资经营管理有限责任公司出现了不同程度的负值。在现金流动负债比率方面，这10家公司数据差异较大，可见偿付短期负债的能力表现有些差异。速动比率、流动比率方面，这10家公司均为正值，并且差异较小，可见公司流动资产变现能力强。

4. 发展能力指标

除贵阳市城市轨道交通有限公司外，其余公司总资产增长率均为正值。此外，在三年资本平均增长率上，所有贵州省市级地方政府投融资平台总资产增长率均为正值，可见这10家公司的持续发展水平都较好。

5. 国资运营指标

这10家公司的资本保值增值率均出现了较大的正值，其中遵义经济技术开发区投资建设有限公司达302.39%，在资本金利润率和资本积累率方面，所有公司都表现为不同程度的正值，但是数值差异较大，可见资本金获利能力差异较大。部分地方政府投融资平台积极参与市政工程建设、园区开发、人才引进等公益性活动，故综合社会贡献得分较乐观。

6. 企业责任指标

排名前10的贵州省市级地方政府投融资平台均没有建立相关制度，但所有公司均履行了纳税责任，个别公司出现失信执行人情况。

7. 市场化转型指标

除遵义经济技术开发区投资建设有限公司市场化收入在总收入中占比较低外，其余公司的市场化收入占比都较高，接近100%，并且市场占有度均较高，可见贵州省市级地方政府投融资平台的平均市场化程度较高。此外，这10家公司的政府补贴占比差异较大，贵阳市城市轨道交通有限公司、黔西南州宏升资本营运公司对政府的依赖程度较高。在融资渠道方面，近一半的公司融资渠道较为单一。

（四）贵州省县级地方政府投融资平台分析

表 7-3 展示了贵州省县级地方政府投融资平台排名情况，可以看出，贵州省县级地方政府投融资平台在全国的排名水平一般，通过比较分析，整体公司评级集中 AA 级，并且所属行业以建筑业为主。

表 7-3　2016 年贵州省县级地方政府投融资平台排名一览表

排名	公司名称	得分	评级	所属证监会行业
1	贵州宏财投资集团有限责任公司	36.15	AA	建筑业
2	贵阳白云城市建设投资集团有限公司	34.79	AA	建筑业
3	贵阳白云工业发展投资有限公司	34.16	AA	建筑业
4	贵阳观山湖投资（集团）有限公司	34.02	AA	建筑业
5	安顺市西秀区城镇投资发展有限公司	33.37	AA	建筑业
6	贵州省红果经济开发区开发有限责任公司	32.30	AA	建筑业
7	毕节市德溪建设开发投资有限公司	31.73	AA	建筑业
8	遵义市红花岗城市建设投资经营有限公司	31.27	AA	建筑业
9	金沙县建设投资集团有限公司	30.93	AA	建筑业
10	兴义市信恒城市建设投资有限公司	30.42	AA	房地产业

资料来源：根据笔者整理计算获得。

下面，我们对贵州省县级地方政府投融资平台得分排在前 10 名的公司财务指标进行分析。

1. 财务效益指标

贵州省县级地方政府投融资平台在资产收益率、总资产报酬率、主营业务利润率、成本费用利润率上均表现为不同程度的正值，这表明其资产及收益状况均表现较好，其中成本费用利润率差异相对较大。而在盈余现金保障倍数指标上，除贵州宏财投资集团有限责任公司外，其余公司均出现了不同程度的负值，表明其在实际收益上表现总体较差。

2. 资产运营指标

贵州省县级地方政府投融资平台在总资产周转率、流动资产周转率、存货周转率上，均为正值，并且差异幅度较小，但在应收账款周转率上差异较大。此外，这10家公司的不良资产比率较低，均不超过1.00%，可见其资产质量较好。

3. 偿债能力指标

从指标分析可以看出，这10家公司的资产负债率相对中等，均低于60.00%。EBITDA利息倍数差异较大，贵阳观山湖投资(集团)有限公司、毕节市德溪建设开发投资有限公司等出现不同程度的负值。在现金流动负债比率方面，这10家公司数据差异较大，除贵州宏财投资集团有限责任公司外，其余9家公司均出现了较大差异的负值。速动比率、流动比率方面，这10家公司均为正值，并且差异较小，可见公司流动资产变现能力强。

4. 发展能力指标

这10家公司的总资产增长率均为正值。在销售增长率方面，除毕节市德溪建设开发投资有限公司、贵阳白云工业发展投资有限公司、贵阳白云城市建设投资集团有限公司出现小幅负值外，其余公司均为正值。此外，在三年资本平均增长率上，所有贵州省县级地方政府投融资平台均为正值，可见这10家公司的持续发展水平都较好。

5. 国资运营指标

这10家公司的资本保值增值率均出现了较大的正值，其中安顺市西秀区城镇投资发展有限公司高达249.41%。在资本金利润率方面，所有公司都出现了不同程度的正值，但是数值差异较大，可见资本金获利能力差异较大。在资本积累率方面，除贵阳白云工业发展投资有限公司外，其余公司均为正值。综合社会贡献得分差异较明显，受公司业务性质及平台定位影响较大。

6. 企业责任指标

这10家公司均没有建立相关制度，但所有公司均履行了纳税责任，个别公司出现失信执行人情况。

7. 市场化转型指标

除安顺市西秀区城镇投资发展有限公司、贵阳白云城市建设投资集团有限公司市场化收入在总收入中占比较低外，其余公司的市场化收入占比都较高，接近100%，并且市场占有度均较高，可见贵州省县级地方政府投融资平台的市场化程度整体较高。此外，这10家公司的政府补贴占比均较高，最高为贵阳白云城市建设投资集团有限公司，达23.42%。在融资渠道方面，除贵州宏财投资集团有限责任公司外，其余公司的融资渠道均较为单一。

综上，我们可以发现：贵州省县级地方政府投融资平台整体表现一般，排名较为分散。部分公司市场化程度低，整体依赖政府补助，并在社会责任上表现较差，融资渠道过于单一。

（五）贵州省地方政府投融资平台变动情况

1. 贵州省地方政府投融资平台新增情况

表7-4　2016年贵州省地方政府投融资平台新增发债情况

序号	公司名称	发行金额（亿元）	发行利率（%）	主体评级	资金用途	日期
1	安顺市西秀区城镇投资发展有限公司	15.00	4.70	AA	7亿元用于西秀区2016年茶城片区城市棚户区改造项目，2亿元用于补充公司流动资金	2016/11/21
2	安顺渝坤房地产开发有限公司	14.00	5.48	AA	用于安顺市平台老党校地块棚户区改造项目	2016/11/9
3	毕节市德溪建设开发投资有限公司	5.00	5.10	AA	用于毕节市德溪新区城市地下综合管廊工程	2016/12/2
4	毕节市德溪建设开发投资有限公司	5.50	4.60	AA	用于毕节市德溪新区城市地下综合管廊工程	2016/11/16
5	大方县建设投资有限公司	5.50	6.00	AA-	5亿元将用于大方县城市停车场建设项目，0.5亿元将用于补充公司运营资金	2016/9/23
6	贵阳观山湖投资（集团）有限公司	10.00	4.48	AA	8亿元用于贵阳北站站前西广场建设项目，2亿元用于补充流动资金	2016/3/8
7	贵阳观山湖投资（集团）有限公司	15.00	4.87	AA	10亿元用于贵阳北站站前西广场建设项目，5亿元用于补充流动资金	2016/1/27

续表

序号	公司名称	发行金额（亿元）	发行利率（%）	主体评级	资金用途	日期
8	贵州省红果经济开发区开发有限责任公司	12.00	6.05	AA	以委托贷款形式投放于工商银行六盘水分行，并由其协助选择、推荐并经发行人确认，位于盘县政府管辖区域内或者经盘县政府同意的其他区域的小微企业	2016/1/13
9	金沙县建设投资集团有限公司	16.50	6.01	AA	8.25亿元拟用于金沙县新城区地下综合管廊工程，6.41亿元拟用于金沙县体育文化产业园建设项目，0.92亿元拟用于金沙县城区智能化机械立体停车场建设项目，0.92亿元拟用于贵州省金沙县产业园区标准化厂房热泵中央空调系统项目	2016/9/2
10	六盘水市保障性住房开发投资有限责任公司	22.00	5.08	AA	用于六盘水市德坞老街棚户区改造项目	2016/1/28
11	黔西南州兴安开发投资有限公司	13.90	5.90	AA	用于黔西南州兴义市三园片区棚户区改造、义龙试验区2015年棚户区改造项目（二期、三期、四期）	2016/6/21
12	水城县城市投资开发有限责任公司	10.60	4.98	AA	9.00亿元用于水城县2015—2016年棚户区改造项目，法人主体为发行人；1.60亿元用于补充公司流动资金	2016/11/21
13	遵义经济技术开发区投资建设有限公司	6.00	4.87	AA	用于汇川区2015年鸣庄城市棚户区改造建设项目	2016/1/21
14	遵义市红花岗城市建设投资经营有限公司	11.00	5.05	AA	用于舟水片区棚户区改造工程项目	2016/6/24
15	遵义市新区开发投资有限责任公司	14.00	5.99	AA	用于遵义市新蒲新区城市停车场建设项目	2016/4/6

资料来源：wind 数据库。

2. 贵州省地方政府投融资平台评级变动情况

(1)安顺虹阳国有资产投资营运有限责任公司

2016 年 5 月 11 日，鹏元资信评估有限公司对安顺虹阳国有资产投资营运有限责任公司的主体评级由 AA-调增至 AA，评级展望维持稳定。调增理由如下：

2015 年安顺市经济和财政实力持续增强，一般公共预算收入质量较好；安顺市经济实力持续增强，一般公共预算收入质量和稳定性较好；财政自给率依然较好，当地政府在在产划拨和财政补贴方面仍然给予公司大力支持，公司控股股东由安顺市经济技术开发区管委会变更为安顺市人民政府，未来有望获得安顺市人民政府更多的支持；第三方提供的无条件不可撤销连带责任担保仍可为本期债券的还本付息提供保障。

(2)贵阳白云工业发展投资有限公司

2016 年 6 月 17 日，鹏元资信评估有限公司对贵阳白云工业发展投资有限公司的主体评级由 AA-调增至 AA，评级展望维持稳定。调增理由如下：

跟踪期内贵阳市经济实力持续提升，公司继续获得地方政府的大力支持，公司资本实力大幅提升，业务持续性较好，国有土地使用权抵押增信仍能提升本期债券信用水平因素。同时也关注到，贵阳市经济结构调整压力大，公司资产流动性不强，未来资金需求量大，有息债务规模增长较快。

(3)都匀市国有资本营运有限责任公司

2016 年 6 月 26 日，鹏元资信评估有限公司对都匀市国有资本营运有限责任公司的主体评级由 AA-调增至 AA，评级展望维持稳定。调增理由如下：

都匀市马鞍山城市棚户区改造项目顺利推进，黔南州经济实力和财政收入保持较快增长，公司 2015 年在资产注入和财政补贴方面继续获得政府的大力支持，公司及黔南州国有资本营运有限责任公司的差额补足为偿债资金提供了一定的保障。同时也关注到了黔南州财政对上级补助依赖依然较高,财政自给能力较弱;公司在建棚户区改造项目尚需较大资金投入,公司面临较大资金压力,马鞍山项目建设进度存在一定不确定性;公司有息债务快速增长,偿债压力将进一步加重。

(4)贵阳市水利交通发展投资(集团)有限公司

2016 年 8 月 16 日,联合资信评估投资服务有限公司对贵阳市水利交通发展投资(集团)有限公司的主体评级由 AA 调增至 AA+,评级展望维持稳定。调增理由如下:

贵阳市水利交通发展投资(集团)有限公司是贵阳市水利交通基础设施建设主体,在区域内水利基础设施和交通枢纽建设领域处于相对垄断地位。跟踪期内,公司在资金注入方面得到贵阳市政府的持续支持;公司资产规模迅速扩张,收入及利润增长显著。

三、贵州省地方政府投融资平台发展策略

(一) 政策背景

1. 贵州省相关的国企改革政策的出台

2015 年 9 月 24 日,国务院国资委与贵州省人民政府签署“三供一业”分离移交工作协议,作为全国 9 个试点省份之一,该协议标志着驻贵州省中央企业和省属企业“三供一业”分离移交试点正式启动。

2015 年,省国资委分别开展了规范董事会建设试点、对规范的董事会进行授权经营试点、深化“三项制度”改革试点、开展混合所有制员工持股试点、开展国有资本投资公司和国有资本运营公司改革试点,这为贵州国企改革增添了活力与动力。

2. 贵州省相关的地方政府投融资平台改革政策的出台

2016 年 4 月 19 日,贵州省人民政府办公厅关于印发《贵州省政策性担保体系建设实施方案》(黔府办函〔2016〕79 号),提出建立完善省级政策性担保机构。

(二) 发展建议

1. 增强县级地方政府投融资平台的影响力

通过对贵州省省级、市级、县级地方政府投融资平台的分析可以看

出，其市级及县级地方政府投融资平台在全国层面表现相对一般。贵州省大多地方政府投融资平台投资的项目多为公益性项目，主要效益体现为社会效益，相关收入来源主要为政府的土地财政收入，而这一过程又需要周期，这就导致地方政府投融资平台缺乏稳定的现金流。然而，考虑到贵州省县级地方政府投融资平台在推进贵州省发展工业化、城镇化和农业现代化建设过程中发挥了积极的作用，贵州省县级地方政府投融资平台的转型发展尤其重要。因此，县级地方政府投融资平台可通过资源整合的方式，增强县级地方政府投融资平台的控制力和影响力，突出主营业务，强化核心能力和竞争力；根据下属各子公司的业务和经营状况，按照产业归属不同进行调整组合；增强集团公司的控制力和影响力，保证公司发展战略的顺利实现。

2. 加快推进融资地方政府投融资平台整合发展

目前贵州省内融资平台多而散，力量不足，市场化水平低，偿债能力弱，亟待整合。首先，可通过鼓励和引导贵州地方政府投融资平台转型，对做得好的地区给予奖励和扶持。积极聘请专家学者，为地方政府融资平台转型把脉，制定切实可行的转型工作方案，科学处理转型中遇到的难题。其次，贵州省可以考虑把兼并重组作为转型的重要手段，集中整合市级及市级以下投融资公司，以省级投融资公司为平台组建投融资集团，改变贵州省原来“小而多、小而散、小而乱”的局面。最后，贵州省可推动投融资集团在完成政府投资项目的基础上，依托资金优势进行产业链的垂直整合、相关行业的横向整合和多元化的混合整合，以大投资发展新产业、以大项目带动大转型，向金融和工程建设、商业地产和工业地产、城市服务业、公益产业等转型，成为投资与经营并重、工程建设与资本运营并举的综合性集团，培育自身造血功能。

3. 拓宽融资渠道，推进市场化

大部分市级、县级投融资平台的融资渠道较为单一，绝大多数来自商业银行的贷款，一旦国家政策和商业银行对此从严控制，地方政府投融资平台就可能产生流动性风险，因此多元化融资成为其内在要求。围绕国企改革方向，拓宽合作思路，扩大自主经营权，利用国有资本撬动社会资本，抢抓 PPP 运作模式带来的机遇。顺应当前国家大力推进政府和社会资本合作方面的形势，将积极参与 PPP 和企业自身的转型发展紧密结合起来，实现从最初履行政府出资方职责、获取股权收益向作为社会资本方投资运营区域开发项目的角色过渡和转变。通过深入沟通交流，取得政府大力支持，深度参与 PPP 运作，充分抓住市场机遇，加强与政府的沟通协调，转变思路观念，拓展外部市场，实现真正的转型发展。

第二节　重庆市地方政府投融资平台发展状况

一、重庆市经济财政状况

（一）重庆市经济发展情况

1. 重庆市经济产出情况

重庆是集山地、丘陵、草原、城市、农村、自然保护区、少数民族自治区等大农业、大工业、大交通、大流通并存的一座超大型城市，人口众多，区域发展不平衡，贫富差距较大，城镇化率只有 60%左右，有较大发展空间，约 25%的人口创造了约 44%的财富，50%的人口创造了 77%的财富，发展潜力巨大。如图 7-10 所示，2016 年重庆市地区生产总值 17558. 76 亿元，全市人均 GDP 达 57902 元，同比增长 9. 6%。全市经济保持了平稳运行的态势：三大产业协同发展，以现代特色效益农业为核心的农业现代化稳步推进，电子和汽车两大支柱产业支撑工业经济平稳增长，商务服务业，道路运输业，电信、广播电视和卫星传输服务业等行业带动服务业持续向好。

按产业分，第一产业增加值 1303. 24 亿元，同比增长 4. 6%；第二产业增加值 7755. 16 亿元，同比增长 11. 3%；第三产业增加值 8500. 36 亿元，同比增长 11. 0%。三次产业结构为：第一产业占 74. 2%，第二产业占 44. 2%，第三产业占 48. 4%。非公有制经济增加值 10728. 77 亿元，同比增长 10. 9%，占全市经济增加值的 61. 1%。其中，民营经济增加值 8760. 49 亿元，同比增长 12. 1%，占全市经济增加值的 49. 9%。

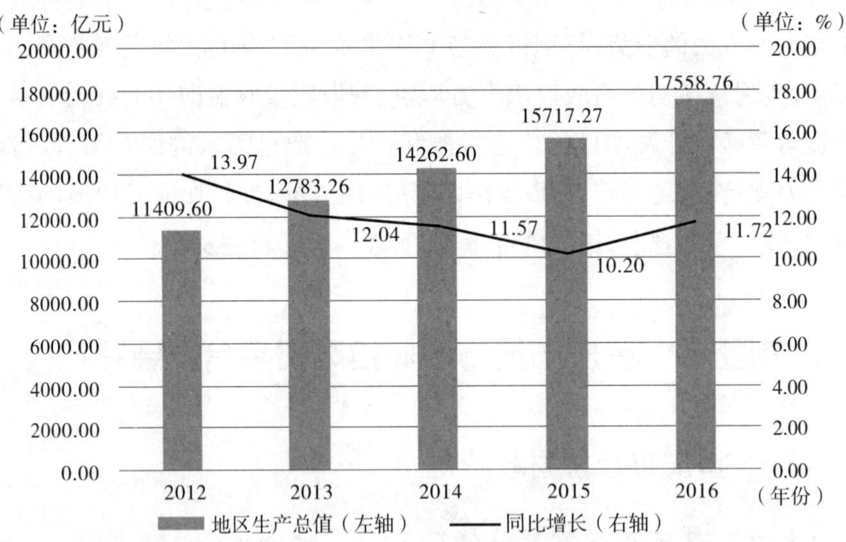

图 7-10　2012—2016 年重庆市地区生产总值

资料来源：wind 数据库。

(1)第一产业

重庆市耕地面积 162.2 万公顷，农用耕地开发度较高，农林牧渔全面发展，是全国重要的粮食主产区和商品猪肉生产基地。2016 年，全年全市农林牧渔业总产值达 1968.28 亿元，比 2015 年增长 4.5%。其中，农业、林业、牧业、渔业、农林牧渔服务业产值分别为 1151.77 亿元、73.43 亿元、627.45 亿元、85.30 亿元和 30.32 亿元，分别同比增长 4.4%、11.4%、3.0%、10.2%和 9.8%。2016 年，全年粮食总产量达 1166.0 万吨，比 2015 年增长 1.0%。

(2)第二产业

重庆市是国家重要的现代制造业基地，已形成了电子信息、汽车、装备制造、综合化工、材料、能源和消费品制造(6+1)千亿级产业集群。

如图 7-11 所示，2016 年，重庆市工业增加值 6040.53 亿元，比 2015 年增长 10.2%，占全市地区生产总值的 34.4%，其中，规模以上工业增加值同比增长 10.3%。在规模以上工业中，分经济类型看，国有企业增加值同比增长 0.5%，集体企业同比下降 12.8%，股份合作制企业同比增长

7.5%,股份制企业同比增长11.6%,外商及港澳台商投资企业同比增长5.7%,其他经济类型企业同比增长6.1%。分门类看,采矿业同比下降4.8%,制造业同比增长11.2%,电力、热力、燃气及水生产和供应业同比增长7.1%。

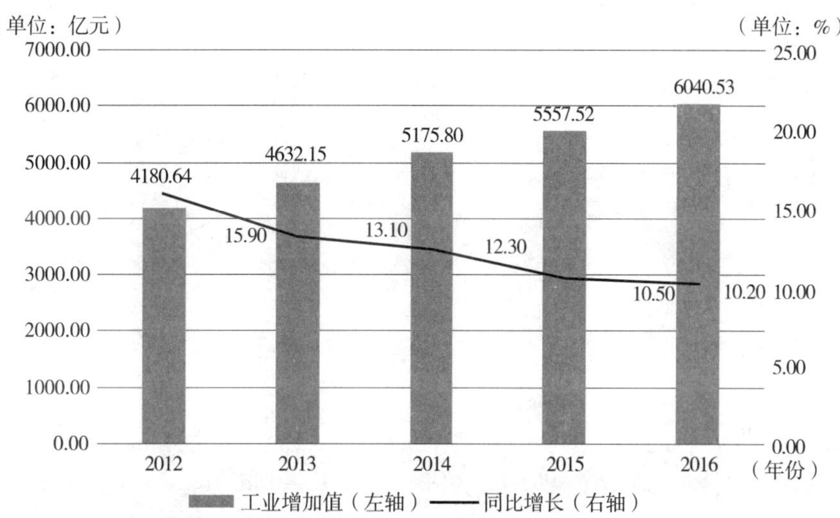

图7-11　2012—2016年重庆市工业增加值

资料来源:wind数据库。

(3)第三产业

重庆市是中国重要的现代服务业基地,已形成了农业农村和金融、商贸物流、服务外包等现代服务业。重庆拥有中国(重庆)自由贸易试验区、中新(重庆)战略性互联互通示范项目、内陆首个国家级新区——两江新区、重庆两路寸滩保税港区、重庆西永综合保税区、重庆铁路保税物流中心、重庆南彭公路保税物流中心、万州保税物流中心,过境72小时内免签,进口整车、水果、肉类、生鲜海产等口岸。2016年,重庆市批发和零售业增加值1470.85亿元,比2015年增长7.9%,占全市地区生产总值的8.4%;住宿和餐饮业增加值391.19亿元,比2015年增长7.7%,占全市地区生产总值的2.2%。

2.重庆市固定资产投资情况

如图7-12所示,2016年重庆市完成固定资产投资总额17361.12亿元,比2015年增长12.1%。其中,基础设施建设投资5660.87亿元,比2015年增长30.0%,占全市固定资产投资的32.6%;民间投资8858.50亿元,比2015年增长11.0%,占全市固定资产投资的51.0%。

图7-12　2012—2016年重庆市固定资产投资总额

资料来源:wind数据库。

2016年重庆市房地产开发投资3725.95亿元,比2015年下降0.7%。其中,住宅投资2319.97亿元,同比下降3.0%;办公楼投资166.04亿元,同比下降18.4%;商业营业用房投资704.37亿元,同比增长14.3%。全年主城区建成公租房327万平方米,完成城市棚户区改造356.64万平方米,完成农村危旧房改造6.44万平方米①。

（二）重庆市地方财政情况

1.重庆市财政收支执行概况

重庆市一般公共预算收入2227.9亿元,同比增长7.1%。其中,税收收入1438.4亿元,同比增长6%;一般公共预算支出4001.9亿元,同比增长4.9%。基金预算收入1497.3亿元,同比下降8.9%。其中,国有土地

① 资料来源:wind数据库。

使用权出让收入1412.4亿元，同比下降9.1%；全市基金预算支出1738.1亿元，同比增长0.4%。国有资本经营预算收入90.5亿元，同比下降0.1%；全市国有资本经营预算支出72.7亿元，同比下降2.9%。社保基金预算收入1328.2亿元，同比增长7.6%；全市社保基金预算支出1218.8亿元，同比增长10.7%。

总体上看，一般公共预算收入运行平稳，符合预期水平。全市一般公共预算收入同比增长7.1%。其中，税收收入同比增长6%，拉动一般公共预算收入增长3.9个百分点；非税收入同比增长9.1%，拉动一般公共预算收入增长3.2个百分点。

2. 区县级收入情况

区县级一般公共预算收入总体上增长较好，但都市功能核心区与拓展区增速低于全市平均水平。分区域看，都市功能核心区与拓展区、城市发展新区、渝东北生态涵养发展区和渝东南生态保护发展区分别同比增长2.7%、11.9%、10.1%和12.3%。分具体区县看，2016年重庆市38个区县一般预算收入有36个区县实现增长。一般预算收入排在前10名的区县情况见表7-5。

表7-5　2016年重庆市各区县一般预算收入前十名

排名	区县	一般预算收入（亿元）	同口径增减（%）
1	江北区	77.0	2.1
2	南岸区	70.5	-8.8
3	沙坪坝区	68.0	15.2
4	万州区	66.6	3.7
5	江津区	65.0	16.8
6	涪陵区	61.4	11.0
7	渝北区	60.3	11.7
8	九龙坡区	59.3	-2.7
9	璧山区	56.2	13.7
10	渝中区	51.0	9.2

资料来源：wind数据库。

二、重庆市地方政府投融资平台发展情况

（一）重庆市地方政府投融资平台发债情况

我们统计了2007—2016年重庆市地方政府投融资平台的发债(仍在存续期内的)情况。统计口径内,共发行债券223只,发行规模共计2683.20亿元(见图7-13)。

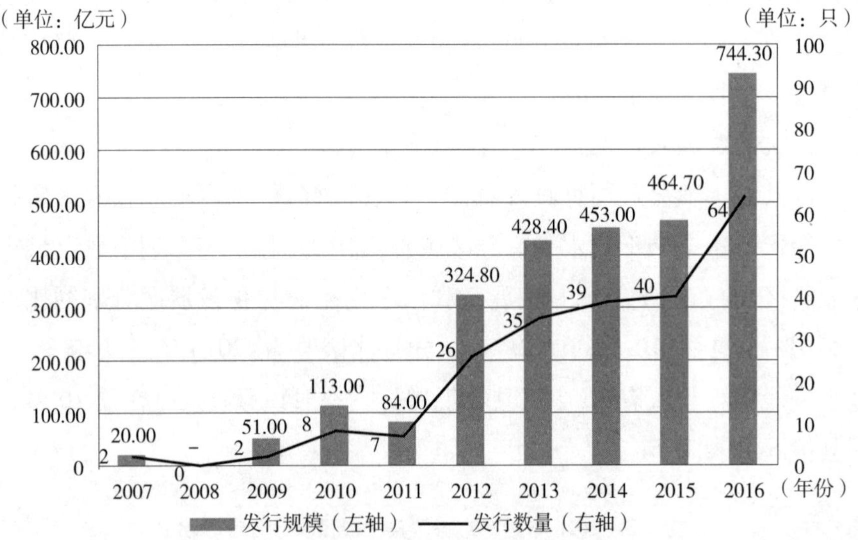

图7-13 重庆市地方政府投融资平台发债情况统计

资料来源:wind数据库。

从图7-13可以看出,2009年之前,重庆市地方政府投融资平台发行债券数量屈指可数。2009年开始进入起步阶段,但规模仍然很小,2011年较2010年还有所回落。2012年,重庆市地方政府投融资平台发债在数量和规模上较此前有了明显提高,自此开始进入一个较为稳定的发展期。至2015年,发债数量达40只,发行规模超过400亿元。2016年发债规模陡增,较2015年增长超过60%。

近年来重庆市加大固定资产投资,这与"加强基础设施建设工作,深入实施基础设施建设攻坚战"的工作目标有关。依据重庆市政府公布的《2017年工作计划及国民经济和社会发展第十三个五年规划纲要》,未来

几年内重庆市将继续加大基础设施建设力度,因此,地方政府投融资平台债发行规模也将继续稳步扩大。

下面从债券期限、债券类型两个维度对重庆市地方政府投融资平台债券的发行情况进行介绍。

从图 7-14 中可以看出,自 2002 年以来重庆市发行的地方政府投融资平台债以 3 年期、5 年期、7 年期为主,累计占比达到 89%,其中 7 年期发行占比最高,达 43%。总体与市场主流一般企业债券发行期限一致。

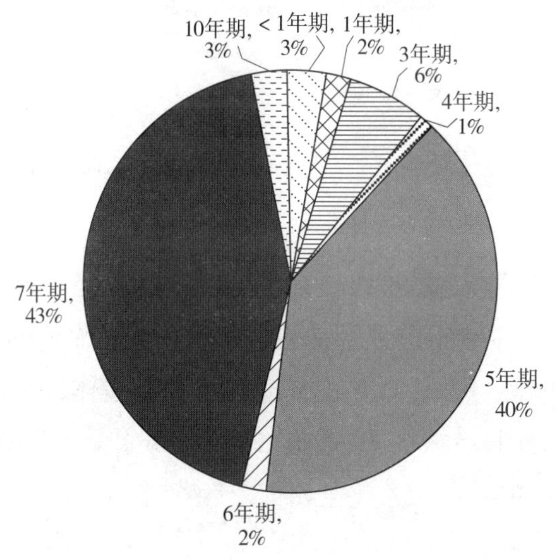

图 7-14　重庆市地方政府投融资平台发债期限情况

资料来源:wind 数据库。

从图 7-15 中可以看出,重庆市地方政府投融资平台发行的债券以一般企业债和一般中期票据为主,累计占比 88.79%,其次为一般公司债,占比 6.73%。

总体而言,重庆市地方政府投融资平台发行的债券主要为 7 年期一般企业债及 5 年期一般中期票据。

(二) 重庆市地方政府投融资平台发展指标分析

1. 重庆市市级平台发展情况

重庆市 16 家市级地方政府投融资平台得分排在前 8 名的公司情况

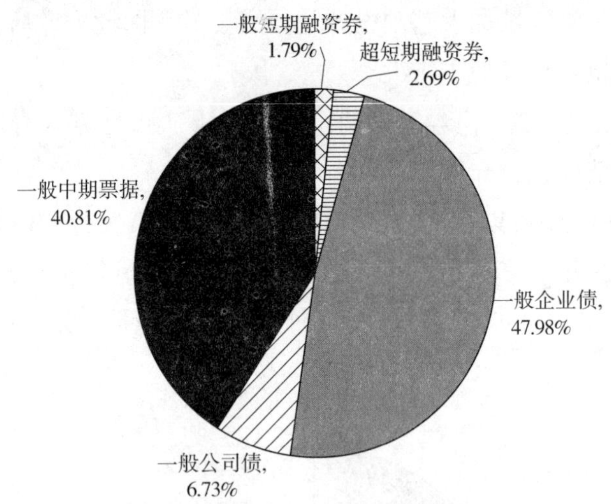

图 7-15 重庆市地方政府投融资平台发债种类情况

资料来源:wind 数据库。

如表 7-6 所示。整体来看,市级地方政府投融资平台得分差距不大,前 8 名地方政府投融资平台得分差距在 3 分左右。排名靠前的公司评级均为 AA+及其以上,排名大致与地方政府投融资平台主体评级结果相符。重庆市水利投资(集团)有限公司、重庆市城市建设投资(集团)有限公司得分较高,上述公司主要在财务效益和资产运营、偿债能力上表现较好。

表 7-6 2016 年重庆市市级地方政府投融资平台排名一览表

排名	公司名称	得分	评级	所属证监会行业
1	重庆市水利投资(集团)有限公司	45.57	AAA	建筑业
2	重庆市城市建设投资(集团)有限公司	45.54	AAA	建筑业
3	重庆市地产集团有限公司	45.28	AA+	综合
4	重庆西永微电子产业园区开发有限公司	44.22	AA+	综合
5	重庆交通旅游投资集团有限公司	43.16	AA-	综合
6	重庆高速公路集团有限公司	42.90	AA+	交通运输、仓储和邮政业
7	重庆北飞实业有限公司	42.78	AA	建筑业
8	重庆城市交通开发投资(集团)有限公司	42.78	AA+	建筑业

资料来源:根据笔者整理计算获得。

财务效益上看，重庆市水利投资（集团）有限公司拥有较高的盈余现金保障倍数（132.03 倍），重庆市城市建设投资（集团）有限公司拥有较高的成本费用利润率（35.71%）；偿债能力上看重庆市水利投资（集团）有限公司、重庆市城市建设投资（集团）有限公司拥有较低的资产负债率（分别为 49.83%、51.93%）和适度的流动比率（分别为 1.66 倍、1.89 倍）。

2. 重庆市区级平台发展情况

重庆市 25 家区级地方政府投融资平台排在前 10 名的公司情况如表 7-7 所示。整体来看，前 10 名地方政府投融资平台主体评级均为 AA 及其以上，所属行业多集中在房地产业和建筑业。重庆市江北嘴中央商务区投资集团有限公司、重庆两江新区开发投资集团有限公司、重庆市涪陵国有资产投资经营集团有限公司得分较高，上述公司主要在偿债能力、国资运营及市场化程度上表现较好。

表 7-7　2016 年重庆市区级地方政府投融资平台排名一览表

排名	公司名称	得分	评级	所属证监会行业
1	重庆市江北嘴中央商务区投资集团有限公司	40.69	AA+	房地产业
2	重庆两江新区开发投资集团有限公司	40.01	AAA	建筑业
3	重庆市涪陵国有资产投资经营集团有限公司	39.93	AA+	综合
4	重庆高科集团有限公司	39.44	AA+	房地产业
5	重庆悦来投资集团有限公司	39.29	AA+	建筑业
6	重庆开乾投资（集团）有限公司	39.00	AA	房地产业
7	重庆市渝南资产经营有限公司	38.15	AA	建筑业
8	重庆市江津区华信资产经营（集团）有限公司	37.72	AA+	建筑业
9	重庆市南岸区城市建设发展（集团）有限公司	37.59	AA+	建筑业
10	重庆市万州三峡平湖有限公司	37.48	AA	综合

资料来源：根据笔者整理计算获得。

从偿债能力看，重庆市江北嘴中央商务区投资集团有限公司拥有正常范围内的资产负债率（54.77%）、较高的 EBITDA 利息倍数（10.05 倍）、现金流动负债比率（30.90%）及流动比率（2.60），但速动比率

(0.55)稍低;重庆两江新区开发投资集团有限公司、重庆市涪陵国有资产投资经营集团有限公司的偿债能力主要体现在较低的资产负债率,二者的资产负债率分别为46.91%、37.09%,但二者的流动比率偏高(分别为4.55、2.63),而速动比率(分别为0.82、0.92)相较之下略微偏低。

从国资运营能力看,重庆市涪陵国有资产投资经营集团有限公司拥有不错的资本保值增值率(115.38%)、资本积累率(15.38%)及较高资本金利润率(50.06%);重庆市江北嘴中央商务区投资集团有限公司的资本保值增值率(101.81%)、资本金利润率(26.23%)及重庆两江新区开发投资集团有限公司的资本保值增值率(112.01%)、资本积累率(12.01%)也都处于中上水平。

从市场化运营上看,重庆市江北嘴中央商务区投资集团有限公司、重庆市涪陵国有资产投资经营集团有限公司市场化收入在总收入中占比均接近100%,主营业务中来自政府补贴等政府性收入的部分占比较少;重庆市江北嘴中央商务区投资集团有限公司、重庆两江新区开发投资集团有限公司来自政府的补贴收入占比分别为1.63%、0.30%,对政府补贴依赖程度较低;三家公司均发行过三种及以上的债券品种,融资渠道较为丰富。

此外,重庆市江北嘴中央商务区投资集团有限公司、重庆市涪陵国有资产投资经营集团有限公司也表现出不错的财务效益,资产收益率、总资产报酬率、主营业务利润率及盈余现金保障倍数都处于中上水平。

整体来看,区级25家公司在盈余现金保障倍数、现金流动负债比率、EBITDA利息倍数三个指标上表现较差,不少为负值,可以看出公司的盈利及现金状况有待提高。结合销售增长率看,也有不少公司为负值,说明业务萎缩是上述财务状况较差的原因之一。

3. 重庆市县级平台发展情况

如表7-8所示,重庆市县级地方政府投融资平台目前仅有重庆宏安投资(集团)有限公司一家。四大指标中,表现相对较好的是财务效益、偿债能力及国资运营能力指标。

表 7-8　2016 年重庆市县级地方政府投融资平台排名一览表

排名	公司名称	得分	评级	所属证监会行业
1	重庆宏安投资(集团)有限公司	30.29	AA-	房地产业

资料来源:根据笔者整理计算获得。

从财务效益看,资产收益率、总资产报酬率分别为 2.53%、1.92%,在重庆市地方政府投融资平台范围内处于中上水平;而盈余现金保障倍数为负。从偿债能力看,重庆宏安投资(集团)有限公司资产负债率为 43.34%,处于相对较低水平,流动比率及速动比率分别为 7.13 和 1.60。流动比率过高,而速动比率在合理范围内,二者差距较大,说明公司可能存在较多的库存积压,有待改善。从国资运营能力看,重庆宏安投资(集团)有限公司的资本保值增值率为 105.80%,资本积累率为 5.80%,资本金利润率为 11.52%,处于合理范围内。

从资产运营上看,重庆宏安投资(集团)有限公司的表现有待加强。总资产周转率(4.77%)、流动资产周转率(4.84%)、存货周转率(4.01%)均较低。从市场化运营上看,市场化收入在总收入中占比 14.12%,相对较低,公司未控股或参股任何一家金融企业,仅 2016 年发行过一只企业债,金融市场参与度有提升空间。此外,从发展能力上看,2016 年总资产增长率及三年资本平均增长率分别为 13.97%、15.44%,2016 年销售增长率及三年销售平均增长率分别为 1.04%、5.46%,有一定的提升空间。

(三) 重庆市地方政府投融资平台变动情况

1. 重庆市地方政府投融资平台新增情况

表 7-9　2016 年重庆市地方政府投融资平台新增情况

序号	公司名称	发行金额(亿元)	发行利率(%)	主体评级	资金用途
1	重庆市南州水务(集团)有限公司	6.00	4.23	AA	用于偿还金融机构借款

续表

序号	公司名称	发行金额（亿元）	发行利率（%）	主体评级	资金用途
2	重庆市南州水务（集团）有限公司	12.00	3.70	AA	用于偿还银行借款
3	重庆市璧山区城市建设投资有限公司	23.00	4.93	AA	分别用于璧山区绿岛新区安置房B区建设项目，璧山区绿岛新区安置房大旺片区建设项目
4	重庆经开区开发建设有限公司	15.00	3.95	AA	10.50亿元用于经开区纵三路道路工程，4.50亿元用于重庆经开区长江孵化楼工程项目
5	秀山工业发展投资有限公司	8.00	5.85	AA-	4.30亿元用于秀山县乌杨片区供排水建设项目，3.70亿元用于秀山县乌杨片区水环境综合整治工程
6	重庆宏安投资（集团）有限公司	12.00	5.75	AA-	9.80亿元用于奉节县熊家包，清水老场镇两片区棚户区改造项目，1.20亿元用于奉节县黄果社区安置房项目，1.00亿元用于奉节县凤凰名都安置房项目
7	重庆市南川区城市建设投资有限责任公司	12.00	4.20	AA	6.00亿元用于南川区城西片区棚户区改造项目，6.00亿元用于南川区氮肥厂片区棚户区改造项目的建设
8	重庆大足城乡建设投资集团有限公司	12.00	4.20	AA	6.00亿元用于南川区城西片区棚户区改造项目，6.00亿元用于南川区氮肥厂片区棚户区改造项目的建设
9	重庆新梁投资开发（集团）有限公司	9.00	4.76	AA-	用于梁平县双桂湖旅游休闲度假区项目
10	重庆市金潼工业建设投资有限公司	10.00	4.44	AA	6.00亿元用于重庆潼南创新创业示范基地项目，4亿元用于补充营运资金

资料来源：wind 数据库。

2.2016年重庆市地方政府投融资平台评级变动情况

（1）重庆市南川区惠农投资有限公司

2016年8月25日，鹏元资信评估有限公司对重庆市南川区惠农投

资有限公司主体评级由 AA-调升至 AA,评级展望维持稳定。评级调升理由如下:

重庆市南川区经济和财政实力有所增强。公司作为南川区重要的基础设施建设和投融资主体,南川区政府在资产注入及财政补助方面给予公司大力支持,将重庆坤唯实业有限公司和重庆联航投资开发有限公司100%股权无偿划转至重庆南川区惠农投资有限公司,大幅增强了公司的资本实力。同时公司 2015 年收到南川区财政局拨付的政府补助18153.07 万元,盈利状况得到改善。重庆三峡担保集团股份有限公司作为保证担保企业,2015 年经营稳健,其对本期债券提供的全额无条件不可撤销的连带责任保证担保,仍能有效提升本期债券的信用水平。

(2)重庆西部现代物流产业园区开发建设有限责任公司

2016 年 6 月 8 日,中诚信国际信用评级有限责任公司对重庆西部现代物流产业园区开发建设有限责任公司主体评级由 AA 调升至 AA+,评级展望维持稳定。评级调升理由如下:

沙坪坝区财政及经济实力平稳增强;作为"渝新欧"的重要载体,重庆西部现代物流园基础设施建设的推进对物流园区建设的推进、对重庆建设内陆开放高地具有重要意义,公司在重庆西部现代物流园建设方面发挥主导作用。2015 年,公司的管理费用收入确认标准有较大提升,拉动当年收入大幅增长。得益于股东进一步的支持,公司所有者权益继续增长。

(3)重庆园业实业有限公司

2016 年 6 月 6 日,东方金诚国际信用评估有限公司对重庆园业实业有限公司主体评级由 AA-调升至 AA,评级展望维持稳定。评级调升理由如下:

2015 年以来重庆市南川区经济保持增长,经济实力较强;重庆市南川区一般公共预算收入增长较快,财政实力较强;重庆园业实业有限公司是重庆市南川区工业园区重要的基础设施建设主体,主营业务具有较强的区域专营性,在财政补贴方面获得重庆市南川区地方政府的一定支持。

（4）重庆大晟资产经营（集团）有限公司

2016 年 6 月 24 日，中诚信国际信用评级有限责任公司对重庆大晟资产经营（集团）有限公司主体评级由 AA-调升至 AA，评级展望维持稳定。评级调升理由如下：

大渡口经济财政实力稳定增长，为公司提供良好的环境；大渡口区政府对公司发展持续给予大力支持；公司土地资产保持较高规模，未来将增加房地产销售收入。

三、重庆市地方政府投融资平台发展的策略

（一）政策背景

重庆市相关政策如表 7-10 所示。

表 7-10　重庆市地方政府投融资平台相关政策一览表

序号	发布部门	文件名
1	重庆市财政局	《重庆市财政局关于印发〈重庆市债务风险管理暂行办法〉的通知》（渝财外〔2008〕54 号）
2	重庆市奉节县人民政府	《奉节县人民政府关于印发奉节县政府性债务管理暂行办法的通知》（奉节府发〔2013〕165 号）
3	重庆市财政局	《重庆市财政局关于印发 2015 年政府性债务风险预警管理办法的通知》（渝财债〔2015〕175 号）
4	重庆市人民政府办公厅	《重庆市人民政府办公厅关于印发重庆市政府性债务风险应急处置预案的通知》（渝府办发〔2017〕53 号）
5	重庆市黔江区人民政府	《黔江区人民政府关于印发黔江区政府性债务风险应急处置预案的通知》（黔江府办发〔2017〕62 号）
6	重庆市人民政府办公厅	《重庆市人民政府办公厅关于加强融资平台公司管理有关工作的通知》（渝府办发〔2017〕74 号）

资料来源：根据重庆市人民政府相关资料整理获得。

2008 年以来，重庆市政府、重庆市财政局出台了系列相关政策对政府债务进行预警和管理。2017 年以来，重庆市承接《国务院关于加强地方政府性债务管理的意见》《国务院办公厅关于印发地方政府性债务应急处置预案的通知》等，5 月 3 日，重庆市人民政府办公厅出台了《重庆市

人民政府办公厅关于印发重庆市政府性债务风险应急处置预案的通知》（渝府办发〔2017〕53号），要求建立健全政府性债务风险应急处置工作机制，坚持快速响应、分类施策、各司其职、协同联动、稳妥处置，牢牢守住不发生区域性系统性风险的底线，切实防范和化解财政金融风险，维护经济安全和社会稳定。后续黔江区人民政府等辖区内相关政府相继出台政府性债务风险应急处置预案（见表7-10）。

2017年6月6日，为进一步加强地方政府投融资平台管理，切实厘清政府和企业的责任边界，加快推进地方政府投融资平台市场化转型，防范并化解财政金融风险，重庆市人民政府办公厅出台《重庆市人民政府办公厅关于加强融资平台公司管理有关工作的通知》（渝府办发〔2017〕74号），对包括2014年政府性债务清理甄别认定有政府性债务余额的地方政府投融资平台，截至2016年年底纳入重庆银监局监测的地方政府投融资平台、财政部重庆专员办调查统计确定的地方政府投融资平台、市和区县（自治县）人民政府认定的地方政府投融资平台清理并分类处理其债务，同时规范政府注资行为，严禁将公益性资产注入地方政府投融资平台，对已注入地方政府投融资平台的公益性资产进行全面清理。

（二）发展建议

近年来，重庆市不断加大固定资产及基础设施建设力度。2016年固定资产投资完成额占GDP比重超过90%。其中，基础设施建设投资达5660.87亿元，较2015年增长30%，自2001年以来年均增幅达到约20%。不断增长的固定资产及基础设施建设投资规模得益于重庆市几大平台的建设运营以及其多渠道融资所带来的资金支持。

整体来看，重庆市形成了由一家公司统筹，旗下多家公司各司其职的体系架构。各家地方政府投融资平台分别负责交通、水利、桥梁、通信及电力等城市建设和城市公益设施的主要板块，由金控公司统筹规划并为各个平台融资提供支持。既能涵盖城市建设的主要领域，也能较好地避免资金的重叠使用和挤占。

而对于地方政府投融资平台而言，土地是其重要的资产数据来源，地方政府投融资平台如何有效利用土地融资并实现可持续增值是其获得资金来源的重要因素。在土地利用上,重庆市也形成了一套有效的增值系统。一方面,借助土地储备及其收益权进行直接或间接融资,增强资金实力,并保证项目顺利建设;另一方面,土地经过整理、建设和配套后实现增值,按照市场情况合理出让,所获得的收益反过来用于偿还融资款项及补充建设投资。通过两方面的操作,实现土地、建设、融资的闭合链条,通过良性循环,不仅完成了建设任务,也使得公司资产充实,资金周转得到支持,实现螺旋上升的效果。

根据重庆地方政府投融资平台的以上特点,在近年来地方政府债务规范及国企转型的大背景下,对地方政府投融资平台转型提出以下建议。

1. 发展自身业务,转型产业类公司

传统的地方政府投融资平台,收入及融资都相当程度地依赖政府,未通过公司自身业务的补充、发展、运作、创收来化解债务并提高盈利。由于地方政府投融资平台传统业务多是基础设施建设、土地开发等,带有公益性质,投资形成资产较少,收入及利润也甚微,一旦脱离政府支持,地方政府投融资平台很难适应偿债及盈利的要求。地方政府投融资平台可考虑通过自身的管控优势及资源,引导产业发展,并通过设立子公司等形式纳入新业务,如投资高新企业及当地优势企业,使营业收入构成多元化,在新业务拓展过程中为公司注入市场化动力,并平滑单一业务带来的经营周期风险及市场波动。已有产业类业务的地方政府投融资平台,可考虑对现有业务进行经营,实现业务的转型升级,所覆盖领域投资需求疲乏的可考虑转型为实体产业。

近年来,重庆通过大力实施五大功能区域发展战略、内陆开放、实施科技创新驱动战略、推进供给侧结构性改革实现功能转换。改变了 GDP 增长靠政府投资,特别是政府债务投资拉动的传统发展路径,呈现出新业态、产生出新经济,从而实现经济连续的较高增长。重庆在经济结构转型背景下,已经实现了电子信息业的孕育、汽车业的壮大和装备制造业的精深。地方政府投融资平台可顺势对上述优势企业进行投资并实现产业的信息化和电子化,以丰富收入的来源结构。而已有产业类业务的地方政府投融资平台的转型升级可参照重庆交旅在二级公路费改税后的转型等案例。

2. 补充资本投资功能，加深金融结合度

重庆市现有的几大地方政府投融资平台已初步形成了“术业专攻”型结构，为继续发挥各自在特定领域的比较优势以及为发展并转型产业类业务提供了可能，现有平台应继续维持各自的相对独立性，既能弱化相互之间在融资和业务上的重叠和非必要竞争，也能继续保持资金的投向专用性。同时，为了提高整个大平台体系的盈利性，除了依靠传统基础设施建设、土地整理业务以及已有产业类业务外，可在目前的平台中择优择机组建以获取投资收益为目的的资本投资公司。因投资公司相较于此前的地方政府投融资平台，能够参与到更多行业、更广领域的投资，不仅能收获相对更高的资本增值，也能通过投资项目的多样化，调节匹配长短期资金，使得整个平台体系的资金流转和运作更为灵活，为日后的可持续发展奠定基础。

同时，我们也在前文公司评价分析中提到，发展较为不错的平台，旗下都控股或参股金融类公司，其余公司可以考虑接入金融板块、参股金融企业，逐渐建立起多元化的融资渠道，通过加强信息的流通性和融资的专业性来降低成本。同时，由于金融公司本身就承担了信息加工的中介职能，地方政府投融资平台通过与当地金融公司结合，在长期合作中对地方企业的了解将更加深入，平台作为中间人也能够协调政府与企业的关系，从长远来看有利于地方经济的整体发展和缓解政府压力。

3. 借 PPP 之风助力转型

在国企改革与地方政府债务管理的双重背景下，地方政府投融资平台面临着巨大的转型压力。而国家在系列规范性文件出台之后，也陆续出台了系列指导性政策，如鼓励推广 PPP 模式，提出地方政府投融资平台可以通过 PPP 模式参与供水、供气、垃圾处理等有一定收益的项目，助力其转型升级。地方政府投融资平台可以发挥在项目前期管理及工程建设方面的优势和经验，代表国资部分参股 PPP 项目公司。除了上述在项目运作和管理上的经验，地方政府投融资平台还能够充分充当政府与项目公司、社会资本之间的润滑剂，协调各方的关系，加快推进 PPP 项目，并加强各类资本之间的合作。对于PPP模式，重庆市已经享受过PPP带来的益处。2012—2015年，在全国经济增长乏力的背景下，重庆GDP仍保持着突出的增长速度，分别实现了12.3%、10.9%、11%和10.7%的两位数增长。而政府债务率从2012年的92.8%降至2015年的77%，新增债务的化解方式之一就采用了PPP模式。2015年，重庆PPP项目投资额为1300亿元，带动基础设施投资增长25%。据重庆市发展改革委公布的数据，2016年重庆市签约PPP项目34个，总额超过1300亿元。其中，高速公路项目8个、水利项目5个、市政项目8个、独立桥隧项目3个、土地整治项目3个、园区建设运营项目3个、社会事业项目3个、铁路项目1个。地方政府投融资平台可趁这股PPP大力推进之风，积极探索转型路径。2014年8月、2016年2月，重庆市政府、重庆市发展和改革委员会分别出台了《重庆市PPP投融资模式改革实施方案》（渝府发〔2014〕38号）、《重庆市发展和改革委员会关于建立全市PPP项目储备库的通知》（渝发改投〔2016〕109号）对PPP模式及项目进行指导。一方面，承接上述方案和通知，重庆市在《财政部关于坚决制止地方以政府购买名义违法违规融资的通知》及《财政部关于进一步规范地方政府举债融资行为的通知》对PPP项目的要求下，对入库PPP项目做好筛选和规范工作；另一方面，重庆市平台可以根据对PPP项目运营模式、盈利模式等的了解，合理挑选能够发挥自身优势的项目，使重庆几大平台的专业领域特长在PPP模式中充分发挥。同时在PPP背景下，重庆市地方政府投融资平台可结合资本市场多种融资方式，创新融资渠道，如PPP资产证券化。通过PPP模式撬动社会资本，在成功案例基础上不断吸引多种类型资本投入，不仅对地方政府投融资平台的资金压力缓解有益，也对部分地方政府投融资平台的混合所有制改革有一定的启示作用。同时，地方政府投融资平台可根据自身发展情况，寻求PPP资产证券化等融资方式上的指导和建议，让资本市场为其转型注入新的动力。

4. 建立政府风险防范和化解机制

其一，为防止债务风险积累和爆发，政府相关部门须建立一套预警体系，其中需要建立一系列的预警指标体系和控制指标，以负债率、债务率、偿债率等为重点，对政府债务的规模、结构和安全性进行动态监测和前瞻性评价，及时发现潜在问题，最大限度地防范平台债务危机。其二，财政部门应建立专门的偿债基金以便出现偿债危机时能够按时足额偿还。其三，对项目可实行项目法人责任制，强化平台投资风险约束机制，建立项目分级制，根据经营性、准经营性与非经营性项目的属性决定项目的主体、运作模式、资金渠道等。

2017 年重庆市及所辖区县政府已出台相关预警方案，如《重庆市政府性债务风险应急处置预案》将债务风险事件级别划分为Ⅰ级（特别重大）、Ⅱ级（重大）、Ⅲ级（较大）、Ⅳ级（一般）四个等级，对每一级风险事件进行量化并对每一级应急措施进行细化。又如南川区在强化债务风险指标的预警评估中，定期运用总债务率、逾期债务率、新增债务率、偿债率、综合债务率等指标，对地方政府性债务的规模、结构、发展趋势、逾期情况、风险程度进行分析评估。今后的预警体系，可对指标进行动态改进并尝试引入更多的风险评估模型、压力测试等，保持预警指标的时效性和适用性，如可向银行等金融机构借鉴风险管理的相关经验。

参 考 文 献

[1]巴曙松:《地方政府投融资平台的发展及其风险评估》,《西南金融》2009 年第 9 期。

[2]巴曙松、王劲松、李琦:《从城镇化角度考察地方债务与融资模式》,《中国金融》2011 年第 19 期。

[3]白晶洁:《地方政府融资平台存量债务风险及发展对策——基于国发 43 号文出台背景下的辽宁视角》,《地方财政研究》2015 年第 1 期。

[4]白璐璠、王春成:《PPP 模式与地方公共财政负债管理》,《中国财政》2014 年第 8 期。

[5]边江璐、周涨、毛兴斌:《浅析我国城投公司现状——以重庆“八大投资集团”为例》,《现代物业·现代经济》2013 年第 12 期。

[6]财政部财政科学研究所课题组:《城镇化进程中的地方政府融资研究》,《经济研究参考》2013 年第 13 期。

[7]蔡冬冬、闫铮、李金子:《地方政府投融资平台的信用风险及发展建议》,《宏观经济管理》2017 年第 3 期。

[8]蔡书凯、倪鹏飞:《经济新常态触发的地方政府融资转型与匹配》,《经济体制改革》2015 年第 2 期。

[9]蔡书凯:《新型城镇化下地方政府融资可持续机制构建》,《当代经济管理》2013 年第 12 期。

[10]陈炳才、田青、李峰:《地方政府融资平台风险防范对策》,《中国金融》2010 年第 1 期。

[11]陈刚:《地方政府融资平台风险管理问题研究——以上海市普陀区为例》,上海交通大学,2013 年。

[12]陈海峰:《关于地方政府融资平台规范运行的思考》,《中国证券期货》2012 年第 2 期。

[13]陈健夫:《立宪主义视野下的地方政府债务化解思路》,《经济问题探索》2013 年第 8 期。

[14]陈科武:《地方政府融资的概念、风险及对策建议》,《现代经济信息》2011年第8期。

[15]陈娜:《福建省地方政府债务管理研究》,《福建金融》2016年第4期。

[16]成式、王勇:《地方政府融资平台融资若干新动向及思考》,《金融前沿》2011年第4期。

[17]成涛林:《地方政府融资平台转型发展研究——基于地方债管理新政视角》,《现代经济探讨》2015年第10期。

[18]大公国际资信评估有限公司:《地方政府融资平台的发展阶段、矛盾特征及转型模式》,《债券》2014年第11期。

[19]董其江、高伟波:《地方政府融资平台风险评估与管理对策研究》,《农业发展与金融》2012年第2期。

[20]耿军会、胡恒松:《政府投融资平台公司转型发展研究综述》,《区域经济评论》2017年第3期。

[21]郭英、李永奎:《地方政府融资模式的国际比较和中国适应性选择:文献述评》,《金融讲坛》2011年第3期。

[22]国家信息中心经济预测部宏观政策动向课题组:《规范地方融资平台比发行地方债更可行》,《中国证券报》2012年第3期。

[23]国莉媛、丁玲、刘宇会:《新形势下地方政府融资平台构建与机制运行风险防范研究》,《中国市场》2015年第21期。

[24]韩复龄:《关注地方融资平台的债务风险》,《中国金融家》2011年第11期。

[25]郝绮丽:《地方政府融资平台贷款的风险与防范》,《新金融》2011年第11期。

[26]贾康、李讳光:《关于城市公债问题的研究》,《上海财税》2002年第8期。

[27]贾璐:《地方政府融资模式选择——基于政府债务风险治理视角的分析》,《财政监督》2012年第23期。

[28]江源:《论地方政府投融资平台的转型发展》,《广东科技》2014年第3期。

[29]康俊:《河南省地方政府投融资平台规范发展研究》,《江苏商论》2014年第7期。

[30]李宝庆:《城市化发展中的地方投融资体系构建研究》,浙江大学,2011年。

[31]李国莉:《河南省"政府投融资平台"问题风险的防范化解及其转型发展》,《开封大学学报》2016年第1期。

[32]李天德、陈志伟:《新常态下地方政府投融资平台转型发展探析》,《中州学刊》2015年第4期。

[33]李侠:《地方政府投融资平台的风险成因与规范建设》,《经济问题探索》2010年第2期。

[34]梁肖羽:《我国地方政府融资平台风险防范研究》,西北大学,2014年。

[35]林中元:《政府融资平台公司应对“国发[2014]43号文”的对策》,《重庆与世界》(学术版)2015年第1期。

[36]凌华、唐弟良、顾军:《公司化运作的地方政府贷款风险控制》,《金融研究》2005年第3期。

[37]刘东民:《中国城投债特征、风险与监管》,《国际经济评论》2013年第3期。

[38]刘继广:《地方投融资平台向综合性金融集团转型的思考》,《金融教育研究》2014年第7期。

[39]刘家凯:《地方政府债务风险形成机理分析》,《财会研究》2012年第11期。

[40]刘文:《云南省曲靖市地方政府融资平台转型研究——基于国发43号文的债务新视角》,《时代金融旬刊》2017年第2期。

[41]刘文霞:《关于加强地方政府投融资平台建设的几点建议——以山东省德州市为例》,《科技信息》2011年第8卷。

[42]刘向前:《当前形势下融资平台转型发展的思考——以D市城投为例》,《金融经济》2015年第2期。

[43]刘新颖:《新形势下地方融资平台路在何方》,《时代金融》2015年第3期。

[44]刘煜辉、沈可挺:《中国地方政府公共资本融资:问题、挑战与对策——基于地方政府融资平台债务状况的分析》,《金融评论》2011年第3期。

[45]罗春婵:《地方债务危机早期预警指标体系分析》,《金融经济》2012年第9期。

[46]马海涛、吕强:《我国地方政府债务风险问题研究》,《财贸研究》2004年第2期。

[47]马可:《地方政府融资平台存在的问题及转型发展的建议》,《经济研究导刊》2015年第13期。

[48]毛桂荣:《日本公共服务法人及其改革:对中国的启示》,《日本明治学院大学法学研究》2011年第91期。

[49]梅建明、刘秦舟:《欠发达地区政府融资平台转型发展的若干建议》,《财政研究》2014年第8期。

[50]梅建明、詹婷:《地方政府融资平台债务风险与“阳光融资”制度之构建》,《中南民族大学学报》2011年第4期。

[51]米璨:《我国地方政府投融资平台产生的理论基础与动因》,《管理世界》2011年第3期。

[52]宓燕:《地方政府债务绩效评价指标体系研究》,《经济与管理》2006年第12期。

[53]莫兰琼、陶凌云:《我国地方政府债务问题分析》,《上海经济研究》2012年

第8期。

[54]潘小玲:《按照债务管理新要求重塑地方投融资平台》,《中国财政》2014年第14期。

[55]彭化非:《借鉴日美经验规范我国地方政府融资行为》,《南方金融》2012年第10期。

[56]瞿定远:《中国地方政府投融资平台风险研究》,华中科技大学,2012年。

[57]饶思利:《我国公共物品供给中的PPP模式研究:基于地方政府行为方式的视角》,西南财经大学,2016年。

[58]山东省金融学会课题组:《公共品供给理论视角下地方政府融资平台的规范及发展——兼论地方政府融资机制改革》,《金融发展理论与实践》2011年第9期。

[59]上海国有资本运营研究院政府决策咨询专项课题组:《上海地方政府投融资平台投融资机制创新研究》,《上海行政学院学报》2012年第5期。

[60]沈冀:《基于可持续发展的地方政府投融资平台运营模式研究——以W市城投平台为例》,东南大学,2014年。

[61]盛明科、邵梦洁:《地方政府政绩困局的成因及其化解——以财政分权理论为视角》,《当代经济管理》2013年第9期。

[62]时红秀:《我国地方政府债务问题研究》,《国家行政学院学报》2010年第5期。

[63]舒丹:《地方政府融资平台与地方政府性债务》,《中国经贸》2015年第23期。

[64]宋立:《分类分流解决地方政府债务问题》,《宏观经济管理》2004年第4期。

[65]孙慧、陈杨杨、范志清:《从国际经验看我国地方政府融资平台发展创新》,《国际经济合作》2010年第10期。

[66]孙杰:《资产证券化与化解地方政府债务风险》,《中国金融》2012年第21期。

[67]孙久文、丁鸿君:《地方政府投融资体系建设研究——以北京市东城区为例》,《经济体制改革》2012年第3期。

[68]覃敏健:《加强广西政府投融资平台建设的若干建议》,《广西经济》2013年第4期。

[69]谭长路:《地方政府投融资平台建设的模式分析》,《甘肃金融》2009年第7期。

[70]汪星:《新常态下地方政府投融资平台转型发展探析》,《企业改革与管理》2016年第9期。

[71]王兵兵:《地方政府融资平台的发展与转型:深圳经验》,《南方金融》2013年第2期。

[72]王国刚:《关于“地方政府融资平台债务”的冷思考》,《财贸经济》2012 年第9 期。

[73]王弘:《地方融资平台转型路在何方》,《决策》2016 年第 11 期。

[74]王权:《日本地方政府融资平台分析及对我国的启示》,《现代日本经济》2014 年第 3 期。

[75]王晔:《地方政府融资平台的法律审视》,《湖湘论坛》2012 年第 1 期。

[76]王元京、高振华、何寅子:《地方政府融资面临的挑战与模式再造——以城市建设为例》,《经济理论与经济管理》2010 年第 10 期。

[77]王蕴、胡金瑛、徐策:《我国地方政府债务性融资模式选择》,《经济研究参考》2012 年第 2 期。

[78]魏国雄:《建立地方政府融资平台的融资约束机制》,《中国金融》2009 年第20 期。

[79]魏加宁:《地方政府债务风险化解与新型城市化融资》,机械工业出版社2014 年版,第 86 页。

[80]温来成、张偲:《地方政府投融资平台发展前景研究》,《经济参考研究》2014年第 38 期。

[81]吴蔚、艾军卫:《地方政府投融资平台风险管理研究》,《对外经贸》2012 年第 3 期。

[82]伍毅荣、魏劭琨:《中国城投债现状、风险与机遇》,《银行家》2013 年第 1 期。

[83]徐建国、张勋:《中国政府债务的状况、投向和风险分析》,《南方经济》2013年第 1 期。

[84]徐幸:《新常态下地方政府融资平台工作路径建议》,《浙江经济》2015 年第6 期。

[85]杨雄、曾祥记、沈君玉、卢迎春:《高速公路建设投融资体系研究与风险防范对策》,《交通财会》2008 年第 1 期。

[86]杨正荣:《地方政府融资平台设立和运行中的法律问题探析》,《甘肃金融》2010 年第 12 期。

[87]于娟:《新形势下河南省地方政府投融资平台转型探析》,《经贸实践》2016年第 2 期。

[88]翟艳赟:《新常态下地方政府投融资平台转型发展探析》,《财经界》(学术版)2016 年第 13 期。

[89]詹向阳:《关于我国地方政府融资平台的辩证思考》,《中国市场》2011 年第46 期。

[90]张立勇:《规范地方政府融资平台发展》,《中国金融》2012 年第 4 期。

[91]张鹏:《地方政府投融资平台风险的分析和对策》,电子科技大学,2010 年。

[92]张平:《资产证券化与地方政府融资平台建设》,《经济体制改革》2010 年第 4 期。

[93]张文君:《化解地方政府同融资平台风险迫在眉睫》,《江西行政学院学报》2011 年第 1 期。

[94]张学锋:《宁夏地方政府融资平台风险防范问题研究》,宁夏大学,2013 年。

[95]张玉平:《地方政府融资平台风险治理研究——基于风险责任分配的视角》,《对外经贸》2016 年第 7 期。

[96]张志勇:《经济新常态下地方政府投融资平台转型发展问题及对策分析》,《商业时代》2017 年第 9 期。

[97]仉建军:《我国地方政策性投融资体系构建研究》,《改革与战略》2009 年第 8 期。

[98]赵璧、朱小丰:《地方政府投融资平台综述》,《经济研究参考》2011 年第 10 期。

[99]赵锐:《我国地方债务规模扩大的制度分析与对策研究》,《商业文化》2012 年第 7 期。

[100]周青:《地方政府投融资平台风险管理与度量研究》,重庆大学,2011 年。

[101]朱志宏:《新常态下地方政府投融资平台转型发展探析》,《管理观察》2016 年第 4 期。

[102]邹宇:《加快政府投融资平台转型是实现可持续发展的必然选择——由政府主导向市场驱动转变》,《城市》2008 年第 11 期。

[103]Allen Schick, "Budgeting for Fiscal Risk", *The World Bank*, 2000.

[104] Coen Kruger, " Valuing and Managing Risk Associated with Government Contingent Liabilities", *Working Paper*, *World Bank*, 1998.

[105]David N. Hyman, "The Economics of Governmental Activity", *New York*: *Holt*, *Rinehart and Winston*, *Inc*. 1970.

[106]Fu Wenjun, "Principles and Countermeasures on the Investment and Financing Platform of Risk Prevention and Control of Local Government", *China Techno forum*, 2013, No.9, pp.51-56.

[107] Hana Polackova, Brixi Allen Sehiek, Ma Jun, " Government at Risk: Contingent Liabilities and Fiscal Risk", *The World Bank and Oxford University Press*, 2002.

[108]Ho-Mou Wu, Shiliang Feng, "A Study of China's Local Government Debt with Regional and Provincial Characteristics", *China Economic Journal*, 2014, pp. 277-298.

[109]Hongwei Gai, Xingxia Hou, "The Investigation of Local Government Investment and Financing Platform Problems and Countermeasures", *Proceedings of* 2014 *first*

International Conference on Industrial Economics and Industrial Security, pp.479-484.

[110] Ji Chung Yang, "Impact Measurement for Public Investment Evaluation: An Application to Korea.", *Journal of Policy Modeling*, No.5, 2005, pp.535-551.

[111] Jian Chang, Lingxiu Yang, Yiping Huang, "How Big is the Chinese Government debt?" *China Economic Journal*, Dec.18, 2013, pp.152-171.

[112] Jun Ma, "Hidden Fiscal Risks in Local China", *Australian Journal of Public Administration*, No.72, 2013, pp.278-292.

[113] Kunyu Tao, "Assessing Local Government Debt Risks in China: A Case Study of Local Government Financial Vehicles", *China & World Economy*, No.23, 2105, pp. 1-25.

[114] Liuqin, "Regulate Local Government Financing Platform for the Development of Thinking", *Local Finance Res*, 2010 No.11, pp. 38-43.

[115] Lu Yan, "Construction of Innovative Platform For Agricultural Sciences and Technologies in Guangxi", *Journal of Southern Agriculture*, July 2011.

[116] MaJun, "Monitoring Fiscal Risks of Sub - national Governments Selected Country Experiences", *The World Bank and Oxford University Press*, 2002.

[117] Morten Falco, Anders Herten, "Public Private Partnership Tool for Stimulating Investments in Broad Band", *Telecommunications Policy*, No.9, 2010, pp.496-504.

[118] Robert Osei - Kyei, Albert P.C. Chan, "Reviews of Studies on the Critical Success Factors For Public-Private Partnership Projects from 1990 to 2013", *International Journal of Project Management* , August 2015, pp.1335-1346.

[119] Wang Ye, "Discussion of China's Local Government Investment and Financing Information", *Scio-tech Inform Dev Eco*, 2011, No.8, pp.161-169.

[120] William Easterly, "When IS Fiscal Adjustment an Illusion ", *Economic Policy*, No.4, 1999, pp.57-86.

[121] Wu Qian Wei, "On the Cause of the Rapid Development of Local Government's Investment and Financing Platform and Risk Prevention", *Journal of Chaohu College*, May, 2013.

[122] Xue Jie, "Research on the Construction and Development of Technological Innovation Platform of Specialized Town in Guangdong Province", *Science and Management of S. & T.*, September 2008.

[123] Yinqiu Lu, Tao Sun, "Local Government Financing Platforms in China: A Fortune or Misfortune?" *IMF Working Paper* No. 13 Vol.243, 2014.

[124] YU Ying-Min, WANG Bei, "Government Debt Scale versus Local Fiscal Risk: On the Case of Ningbo Debt Crisis", *Journal of Central University of Finance & Economics*,

September 2015.

[125] Zhibin Chen, Jun Pan, Liangliang Wang, Xiaofeng Shen, "Disclosure of Government Financial Information and the Cost of Local Government's Debt Financing—Empirical Evidence from Provincial Investment Bonds for Urban Construction", *China Journal of Accounting Research*, No.3, 2016, pp.191-206.

后　记

地方政府投融资平台萌生于改革开放初期,起步于亚洲金融危机期间,快速发展于次贷危机后,在我国地方经济发展中扮演着重要的角色。地方经济以地方政府投融资平台为抓手实现了快速发展,同时也导致了地方政府债务规模的急剧扩大,产生了一些不利于经济稳定发展的因素。新的时代背景下,国家开始逐步规范地方政府投融资平台的相关行为,拉开了地方政府投融资平台转型的序幕。

本书立足于中央严控地方政府债务、力促平台转型的时代大背景,力争全面地分析我国地方政府投融资平台的现状,通过构建一个较为完整的地方政府投融资平台评价体系,特选取我国除西藏外30个省(直辖市、自治区)的地方政府投融资平台作为样本,从省级、地市级、区县级三个层面基于地方政府投融资平台的历史数据进行量化分析,为地方政府投融资平台今后成功转型提供理论支撑。全书具体的写作分工如下:

第一章"中国地方政府投融资平台转型发展评价总报告",由胡恒松、鲍静海、胡继成主笔;第二章"北部沿海综合经济区重点省市地方政府投融资平台发展状况",北京、天津、河北分别由耿军会、王雪琪和高海龙、徐丹主笔;第三章"东部沿海综合经济区重点省市地方政府投融资平台发展状况",上海、浙江、江苏分别由任爱华和杨梅、胡瑞华和徐东方、王小彩和杨孟阳主笔;第四章"南部沿海经济区重点省市地方政府投融资平台发展状况",福建、广东分别由刘照、张明艳主笔;第五章"黄河及长江中游综合经济区重点省市地方政府投融资平台发展状况",由李静主笔;第六章"东北及西北综合经济区重点省市地方政府投融资平台发展状况",黑龙江、宁夏、新疆分别由苏跃辉和刘晓燕、魏洪福、张学军和唐飞主笔;第七章“西南综合经济区重点省市地方政府投融资平台发展状况”,贵州、重庆分别由赵晓明、孟晓倩和钱宇主笔。

我国地方政府投融资平台数量较多,为了增加本书所采用数据的严谨性、完整性,我们专门建立了地方政府投融资平台数据库,对每一家平台公司的主营业务、财务报表、融资渠道等方面逐一进行分析。本书所建立的地方政府投融资平台数据库均采用最新的2016年年报数据,如此庞大的数据库的建立要感谢河北金融学院、兴业证券股份有限公司固定收益事业总部及清华大学、北京大学、中国人民大学等在校研究生的辛苦付出,是他们的勤奋工作才得以让本书有充分的数据支撑,也使得这次完整的地方政府投融资平台评价体系的建立成为可能。

本书综合地方政府投融资平台的财务数据、主营业务、社会表现、融资方式等多个维度进行分析,但仍存在一些不足,有待改善。本书样本是截至2016年年末仍在存续期内的公开发行债券的地方政府投融资平台,对于发行的债券已经不在存续期内的地方政府投融资平台没有纳入样本中,不在存续期的债券数据是未来需要补充和改进的地方。

最后,本评价工作从萌生想法到查找数据、构建评价模型以及结果输出,历时一年之久,其间离不开很多人的帮助。首先,感谢河北金融学院陈尊厚、杨兆廷、韩景旺、王宪明等校领导的支持,以及学校诸多教授的相助;其次,感谢中国人民大学区域与城市经济研究所所长孙久文教授、中央财经大学中国公共财政与政策研究院院长乔宝云教授、中央民族大学经济学院副院长李克强教授、中国社科院工经所叶振宇研究员以及人民出版社郑海燕主任的指点,使得评价工作思路越来越清晰;最后,感谢兴业证券股份有限公司固定收益事业总部黄奕林、栗蓉、肖一飞、李毅、费超、付海洋、卢山川、韩瑞姣、蒋政、夏宇彤、王笛、陈韧等同仁的支持。在本书的校对过程中,南开大学谭远华和徐佳杰、北京师范大学何君璇、北京大学胡云川、清华大学王骋宇、中央财经大学钟辉强、北京工商大学张成成和秦贝贝、中国人民大学张经纬和乔北辰、北京理工大学霍茹、中山大学刘忠磊、北京交通大学王浩博等在校研究生给予了大力支持。

由于编写组成员水平有限，加之第一次尝试撰写此类评价报告，此书难免存在诸多不严谨、不科学、不完整的地方，恳请各位读者批评指正，欢迎通过邮箱沟通交流。今后我们将再接再厉、不断完善。